HERMENÊUTICA
E INTERPRETAÇÃO
JURÍDICA

www.saraivaeducacao.com.br
Visite nossa página

RICARDO MAURÍCIO FREIRE SOARES

HERMENÊUTICA E INTERPRETAÇÃO JURÍDICA

5ª edição
contém jurisprudência selecionada e questões de concursos
para carreiras jurídicas e do Exame de Ordem – OAB
2023

 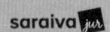

Av. Paulista, 901, Edifício CYK, 4º andar
Bela Vista – São Paulo – SP – CEP 01310-100

SAC | sac.sets@saraivaeducacao.com.br

DADOS INTERNACIONAIS DE CATALOGAÇÃO NA PUBLICAÇÃO (CIP)
VAGNER RODOLFO DA SILVA - CRB-8/9410

S676h   Soares, Ricardo Mauricio Freire

         Hermenêutica e interpretação jurídica / Ricardo Mauricio Freire Soares. - 5. ed. - São Paulo : SaraivaJur, 2023.

         472 p.

         ISBN: 978-65-5559-878-0 (Impresso)

         1. Direito. 2. Hermenêutica. 3. Interpretação jurídica. I. Título

                                         CDD 340
2022-3273   CDU 34

Índices para catálogo sistemático:

1. Direito   340
2. Direito   34

Diretoria executiva	Flávia Alves Bravin
Diretoria editorial	Ana Paula Santos Matos
Gerência de produção e projetos	Fernando Penteado
Gerência editorial	Thais Cassoli Reato Cézar
Novos projetos	Aline Darcy Flôr de Souza
	Dalila Costa de Oliveira
Edição	Jeferson Costa da Silva (coord.)
	Marisa Amaro dos Reis
Design e produção	Daniele Debora de Souza (coord.)
	Flavio Teixeira Quarazemin
	Camilla Felix Cianelli Chaves
	Claudirene de Moura Santos Silva
	Deborah Mattos
	Lais Soriano
	Tiago Dela Rosa
Planejamento e projetos	Cintia Aparecida dos Santos
	Daniela Maria Chaves Carvalho
	Emily Larissa Ferreira da Silva
	Kelli Priscila Pinto
Diagramação	Rafael Cancio Padovan
Revisão	Juliana Bormio
Capa	Lais Soriano
Produção gráfica	Marli Rampim
	Sergio Luiz Pereira Lopes
Impressão e acabamento	Gráfica Paym

Data de fechamento da edição: 14-11-2022

Dúvidas? Acesse www.saraivaeducacao.com.br

Nenhuma parte desta publicação poderá ser reproduzida por qualquer meio ou forma sem a prévia autorização da Saraiva Educação. A violação dos direitos autorais é crime estabelecido na Lei n. 9.610/98 e punido pelo art. 184 do Código Penal.

| CÓD. OBRA | 15897 | CL | 608125 | CAE | 812037 |

Bordada de cigarras toma o campo/ — Que dizes, Marco Aurélio, dessas velhas filósofas do simples?/ Pobre é teu pensamento!/ Corre a água do rio mansamente. / — Oh, Sócrates! Que vês na água que corre para a amarga morte?/ Que pobre e triste fé!/ Despetalam-se as rosas sobre o lodo./ — Oh, doce João de Deus!/Que vês nestas pétalas graciosas?/ Pequeno é teu coração!

(FEDERICO GARCÍA LORCA)

A porta da verdade estava aberta,/ mas só deixava passar/ meia pessoa de cada vez./ Assim não era possível atingir toda a verdade,/ porque a meia pessoa que entrava/ só trazia o perfil de meia verdade./ E sua segunda metade/ voltava igualmente com meio perfil./ E os meios perfis não coincidiam./ Arrebentaram a porta. Derrubaram a porta./ Chegaram ao lugar luminoso/onde a verdade esplendia seus fogos./ Era dividida em metades/ diferentes uma da outra./ Chegou-se a discutir qual a metade mais bela./ Nenhuma das duas era totalmente bela./ E carecia optar. Cada um optou conforme/ seu capricho, sua ilusão, sua miopia.

(CARLOS DRUMMOND DE ANDRADE)

Creio no Mundo como num malmequer, porque o vejo. Mas não penso nele, porque pensar é não compreender... O Mundo não se fez para pensarmos nele (Pensar é estar doente dos olhos), mas para olharmos para ele e estarmos de acordo... Eu não tenho filosofia: tenho sentidos... Se falo na Natureza não é porque saiba o que ela é, mas porque a amo, e amo-a por isso, porque quem ama nunca sabe o que ama, nem sabe porque ama, nem o que é amar... Amar é a eterna inocência, e a única inocência é não pensar...

(FERNANDO PESSOA)

Interpretai com frescura e vivacidade —/ se não tirarmos ou libertarmos o sentido da letra,/ algo aí nos ficará oculto.

(GOETHE)

Ao Nosso Senhor do Bonfim, justo guardião de Salvador, da Bahia e do Brasil.

Aos meus avós, Hilda e Fernando (in memoriam).

PREFÁCIO DA QUINTA EDIÇÃO

I

Hermenêutica e Interpretação Jurídica, o livro de Ricardo Maurício Freire Soares, que tenho a honra de apresentar, é uma obra bastante completa que aborda todas as questões que podem surgir em relação à interpretação do Direito, inclusive muitas que fazem parte da teoria das fontes do Direito ou de outros âmbitos específicos, mas que incidem no tema do livro e foram abordadas numa perspectiva instrumental para uma melhor compreensão do assunto. O resultado é uma visão muito ampla e detalhada da Hermenêutica em geral e da interpretação jurídica em particular.

Sobre a primeira, o livro também inclui um magnífico Prólogo de Giancarlo Magnano San Lio, que se concentra na parte filosófica inicial do texto. Endossando plenamente as considerações do professor italiano, vou me deter nas questões relacionadas à interpretação jurídica que são abordadas no texto e particularmente naquelas que acredito possam complementar de alguma forma as orientações de seu autor em relação à evolução dos ordenamentos jurídicos e seu impacto na vertente hermenêutica e na transformação dos processos de interpretação e aplicação do Direito.

Nessa perspectiva histórica, não podemos deixar de destacar a estreita relação entre a interpretação jurídica e o exercício do poder pelo Direito. A interpretação nunca foi neutra, como afirma o autor desta obra, e sua consideração em nível teórico e doutrinário tem sido associada à vontade do poder de controlar o processo de aplicação do Direito e das narrativas jurídicas socialmente significativas. Temos boa prova disso na configuração da interpretação no primeiro constitucionalismo em relação à posição do juiz perante a lei.

O Poder Judiciário caracteriza-se naquele momento histórico como um poder invisível e nulo, cuja função é pronunciar as palavras da lei, e cujas sentenças devem sempre corresponder ao texto expresso da lei[1]. O juiz será considerado literalmente como escravo da lei na opinião do Tribunal de Lyon ao Projeto do Código de Napoleão[2]. Recordemos aqui a famosa tese do silogismo de Cesare Beccaria: "Em todo delito um silogismo perfeito deve ser feito pelo juiz. A lei geral será colocada como maior, quanto menor a ação de acordo ou não com a lei, da qual se inferirá a liberdade ou a punição como consequência. Quando o juiz por força ou vontade quer fazer mais de um silogismo, abre-se a porta para a incerteza[3].

Deve-se notar, em todo caso, que a luta entre os tribunais e o poder político na França remonta ao período absolutista. Nessa altura já estava implantado o *référé*, instituição pela qual os juízes eram obrigados a consultar o monarca nos casos em que tivessem dúvidas sobre a aplicação da lei régia. Este mecanismo é estabelecido em 1667, em uma portaria régia pela qual "se nos julgamentos dos julgamentos que estiverem pendentes em nossos tribunais surgir alguma dúvida ou dificuldade quanto à execução de nossas Ordenações, Editais, Declarações e Cartas Patentes, nós os proibimos de interpretá-los, mas queremos que eles tenham que retirar para Nós, para saber qual será a nossa intenção"[4].

---

1 Montesquieu, *De l'Esprit des Lois*, 1735. Tecnos, 1987, pp. 107 y ss.
2 Cfr. A. Ross, *Theorie der Rechtsquellen. Ein Beitrag zur Theorie des positiven Rechts auf Grundlage dogmenhistorischer Untersuchungen*, Franz Deuticke, Leipzig y Viena, 1929, p. 35. Como Ross indica a respeito da Revolução Francesa: quando a soberania é transferida do Monarca para o Povo, inicia-se uma nova era. Caracteriza-se essa nova era, não que diga respeito à doutrina das fontes, pela consideração do direito, expressão do voto onipotente do poder soberano, como fonte de tudo ou do Direito, sem que haja lugar para jurisprudência ou costume. *Ibidem*, pp. 34 y ss.
3 C. Beccaria, *Dei delitti e delle pene*, 1764, Alianza Editorial, Madrid, 1982, p. 31. Esta tese se encontra no capítulo dedicado a la interpretacão das leis, no qual também se indica (p. 32) que "um código fixo de leis, que deve ser observado à risca, não deixa mais poder ao juiz do que examinar e julgar as ações dos cidadãos se estão ou não de acordo com a lei escrita".
4 Citada em Y. L. Hufteau, *Le référé législatif et les pouvoirs du juge dans le silence de la loi*, Presses Universitaires de France, Paris, 1965, p. 10.

Como indica Hufteau, durante o período absolutista o monarca dispunha de dois mecanismos para proteger sua atividade legislativa perante os tribunais, um preventivo, o *référé*, outro repressivo, a cassação das sentenças dos parlamentos. A luta entre o poder político e os tribunais continuou após a Revolução, dada a contínua interferência deste último nas questões políticas e a constante obstrução das reformas legislativas. A extração social dos juízes (nobreza de toga) os aproximou mais dos interesses da nobreza do que dos da burguesia.

O *référé législatif* não era a única proteção dos revolucionários contra a interferência dos tribunais no trabalho legislativo: o direito de protesto e de negação de registro, que havia sido tão eficaz na luta dos juízes contra o poder régio, foram abolidos. O objetivo final não era outro senão o de converter o direito na única fonte do Direito. Quanto ao *référé législatif*, a lei de 16 a 24 de agosto de 1790 instituída no título II, art. 12, que os tribunais "não poderão fazer regulamentos, mas dirigir--se-ão ao Legislativo sempre que julgarem necessário, seja para interpretar uma lei, seja para fazer uma nova"[5].

A configuração do ordenamento jurídico e a interpretação do Direito do primeiro constitucionalismo respondem às características de um momento revolucionário, de imposição da ordem social das novas classes que ocupavam o poder do Estado. Nessas condições, é compreensível que a lei tenha sido imposta por sua eficácia ou "força" (expressão em si significativa: a "force da lei") e negada a capacidade de interpretá-la ou modulá-la aos tribunais para garantir a plena imposição de mandatos destinados a promover a nova ordem social. Assim, como veremos a seguir, juntamente com a proibição de interpretação, o princípio da hierarquia seria fator essencial na configuração do sistema de fontes do Direito. A posterior transição do princípio da hierarquia para o princípio da competência implicará uma reavaliação do papel dos tribunais no ordenamento jurídico e marcará também a transformação do Estado de Direito em Estado de Direito constitucional com Constituições Normativas baseadas na democracia pluralista.

Enquanto a hierarquia como princípio estruturante do Estado de Direito não deixa espaço (no plano teórico, naturalmente) para a

---

5 *Ibidem*, pp. 1-5, 9 y ss.

interpretação da lei pelos tribunais, o princípio da jurisdição, por sua própria natureza, exige a intervenção dos tribunais e especificamente da competência constitucional para resolver conflitos normativos. O princípio da competência, ao contrário do princípio da hierarquia, gera uma relação interna que não é direta, mas mediada por uma terceira norma (aquela que atribui competências e define o alcance material das normas em conflito) e, portanto, requer uma prévia delimitação competencial para resolver o conflito. Em última análise, todos esses conflitos são resolvidos apelando-se à "constituição material" kelseniana, às normas que estabelecem as condições de produção das demais normas[6]. No Estado de Direito constitucional, essas e outras transformações vão gerar um posicionamento diferente dos tribunais perante a lei e uma visão diferente do papel da jurisdição no processo de interpretação e aplicação do Direito.

II

Mas comecemos pelo princípio da hierarquia[7], esse conceito espúrio, na caracterização de Crisafulli[8]. É, claro, porque sua configuração moderna inicial no Estado de Direito será transferida para o estado constitucional através da imagem do Stufenbau, ao qual será atribuída uma configuração hierárquica. Essa atribuição foi inevitável, levando-se em conta a própria imagem que descreve o processo de produção normativa kelseniana e o contexto jurídico em que a teoria é gerada, em plena

---

6 "Constituição é usada aqui em sentido material, isto é, com esta palavra entende-se a norma ou normas positivas, por meio das quais se regula a geração de normas jurídicas gerais", H. Kelsen, *Reine Rechtslehre*, 2ª edición, 1960, Verlag Franz Deuticke, Viena, reimpresión de 1967, p. 228.
7 Cfr. sobre as questões que se desenvolvem seguidamente, Francisco Balaguer Callejón, "Controllo di costituzionalità e relazioni tra ordinamenti", en *Scritti in onore di Paola Bilancia, federalismi.it*, n. 4/2022. Versão portuguesa atualmente sendo impressa no Brasil.
8 Vezio Crisafulli, "Gerarchia e competenza nel sistema costituzionale delle fonti", *RTDP*, 1960.

afirmação do princípio da hierarquia e desdobramento da força de lei[9].

Como muitas vezes acontece, teorias que iluminam e prefiguram novas realidades (neste caso jurídico) não podem evitar adesões e resíduos das antigas.

A lei articula sua relação com as demais fontes do Estado de Direito por meio da atribuição de uma força específica às normas jurídicas. Uma força de lei que se projeta na eficácia dessa fonte e que contém em si uma dupla condição hierárquica, à qual se incorporam tanto seus aspectos substanciais quanto formais. Por isso, a contradição substancial do direito pelas fontes subordinadas é também uma contradição com a norma sobre a produção jurídica fundamental do sistema, que estabelece a condição soberana do direito. A invalidade decorre da contradição com uma fonte entendida como suprema porque expressa a

---

[9] A expressão "força da lei" se inseria na Constituição francesa de 1791, em cujo Título III, Capítulo III, Seção III, art. 6, estabelecia-se por referência aos decretos aprovados pelo corpo legislativo, que "os decretos sancionados pelo rei, e os que lhe forem apresentados por três legislaturas consecutivas, têm força de lei e levam o nome e o título de leis. Cfr. la recopilación de Charles Debbasch y Jean-Marie Pontier, *Les Constitutions de la France*, Dalloz, Paris, 1983, p. 26. Em todo caso, a formulacão doutrinária do conceito moderno de força de lei, como força formal de lei, corresponde a Paul Laband, por referência justamente aos efeitos (a eficácia) das leis. Cfr. P. Laband, *Das Staatsrecht des Deutschen Reiches*, 5ª edición, 1911, reimpressão de Scientia Verlag, Aalen 1964, Tomo II, pp. 68 y ss. Para Paul Laband, a eficácia das leis repousa em parte em sua forma e em parte em seu conteúdo, de modo que é possível distinguir entre a força formal e a força material da lei. A força formal implica que qualquer ato de estado decretado sob a forma de lei só pode ser modificado ou revogado por meio de um novo ato legislativo (força passiva), enquanto pode revogar por sua parte (força ativa) as disposições anteriores que contrariem isso. *Das Staatsrecht des Deutschen Reiches*, cit., tomo II, p. 68. A força formal independe do conteúdo da lei, é também independente da entrada em vigor da lei (ou seja, também se desdobra durante o período de *vacatio legis*, a partir do momento da publicação). A força formal não está sujeita a condições constitucionais, estando à disposição do legislador na sua relação com o regramento.

vontade geral e a soberania nacional ou popular, além de ser expressão de uma racionalidade que lhe é imanente[10]. Estamos falando de uma ordem simples, articulada em torno da lei e do princípio da hierarquia, em que a categoria fundamental do sistema será a "eficácia" das regras, pois é um momento revolucionário, a imposição do mundo moderno contra para a propriedade. Assim, a ordenação do sistema de fontes se projeta para fora, para a eficácia das normas, pois a validade da lei era inquestionável como expressão da soberania: era a lei que determinava, pelo princípio da hierarquia, a validade do resto das normas do ordenamento jurídico[11]. A força da lei será, assim, uma expressão indireta da força dos grupos sociais que promoveram as transformações históricas que deram origem ao mundo moderno. A prioridade naquele momento era promover a mudança no ordenamento jurídico por meio da efetividade da lei. A eficácia será, assim, a categoria jurídica fundamental do Estado de Direito[12].

---

10 No livro preliminar do projeto de Código Civil do ano VIII, seu art. 1 enunciava: "Existe um direito universal e imutável, fonte de todas as leis positivas; não é mais que a razão natural, que governa os homens". Ante as críticas dos Tribunais a esse tipo de declaração "metafísica", responderá Portalis "nos pareceu sábio incluir parte de ciência e parte de legislação". Cfr. J.L. Sourioux, "*Source du droit en droit privé*" en *APhD*, tomo 27, 1982, p. 34. Claramente, para os redatores do Código, a lei era expressão da razão, e esta não era uma questão aberta, mas um fato científico.
11 Como indica Paola Bilancia, "a vitória da representação política com a Revolução Francesa fez com que o direito aparecesse essencialmente na forma de direito, o direito positivo era essencialmente o direito aprovado pelos representantes e a transição para o princípio do cumprimento do direito de toda atividade do Estado tornou-se o caráter essencial de Estado de Direito, atribuindo assim poderes ilimitados ao legislador". Paola Bilancia, "Lo stato di diritto come valore in una dimensione *spaziale*", *Nomos* 1-2012, p. 1.
12 Cfr. Francisco Balaguer Callejón, *La proiezione della Costituzione sull'ordinamento giuridico*, Cacucci Editore, Bari, 2012. Existe versão em português: Francisco Balaguer Callejón, *A Projeção da Constituição Sobre o Ordenamento Jurídico*, Saraiva, São Paulo, Brasil, 2014. Cfr. Igualmente, Francisco Balaguer Callejón,

Nesse contexto histórico, o conceito de força foi elaborado por referência a uma característica imanente do direito (que projetou o domínio dos grupos que inspiraram a revolução no primeiro constitucionalismo para a esfera jurídica) a uma característica essencial de sua própria condição de uma lei suprema de origem, não sujeita a limites legais. No entanto, no Estado Constitucional de Direito, uma vez que a Constituição passou a determinar as condições de produção normativa de todas as fontes, inclusive do direito, a força não pode ser mais do que um dos traços definidores de cada categoria, de acordo com o que regras, ou em geral as normas sobre a produção jurídica do sistema, estabelecem[13].

O Estado Constitucional de Direito baseia-se no pluralismo como valor fundamental. Dessa diversidade decorre a impossibilidade de construir o sistema em torno da lei, como bem entendia Kelsen, pois a lei expressa a vontade da maioria governante e não lhe é atribuído todo o poder de configurar a ordem, com a correspondente potencialidade de violar os direitos das minorias. Portanto, a própria lei deve estar sujeita à Constituição e a jurisdição constitucional tem a missão fundamental de garantir a democracia e os direitos das minorias[14]. Submeter

---

Validez y vigencia de las normas, em *Diccionario histórico judicial de México*: ideas e instituciones. Suprema Corte de Justicia de la Nación. México, 2010.

13 Como indica Franco Modugno, "antes de tudo, historicamente, a força da lei, como noção absoluta e unitária, nasceu com a elaboração doutrinária do estado constitucional moderno representativo, como expressão típica da soberania, ilimitação e incontrolabilidade da lei, o ato em que a vontade suprema foi substanciada do estado; enquanto hoje, num regime de soberania popular (art. aparece subordinada, em princípio (...) à Constituição e ao controle de constitucionalidade, acabando por perder todas aquelas características que historicamente a distinguiram". Franco Modugno, *Legge-Ordinamento Giuridico, Pluralità degli Ordinamenti*, Dott. A. Giuffrè Editore, Milano, 1985, p. 39.

14 Para Kelsen, "não só os atos administrativos individuais são suscetíveis e necessitam de controle judicial, mas também as regras gerais dos regulamentos, e especialmente as leis, sem outra diferença, mas o controle dos primeiros refere-se à sua legalidade e o dos segundos à sua constitucionalidade. Esse controle cabe à

a lei à Constituição supõe dissociar os elementos formais e substanciais que antes convergiam no princípio da hierarquia. O substancial continua sendo uma característica do direito em sua relação com as fontes inferiores, mas enquanto o próprio direito estiver sujeito à Constituição e não a contradisser. As formais deixarão de ser inerentes à lei porque a lei não tem mais poder abrangente para configurar a ordem, nem mesmo em sua relação com a regulação.

Certamente, é possível dizer que a lei pode regular qualquer área anteriormente regulamentada por um regulamento, e pode modificar livremente o conteúdo desse regulamento. Em geral, essa afirmação está correta, sem prejuízo das nuances de cada sistema de origem. Mas o que a lei não pode mais fazer é delegar à regulação livremente, violando as reservas constitucionais da lei. A reserva da lei, que no Estado de Direito era faculdade do legislador, no Estado Constitucional de Direito não é apenas um limite ao poder normativo, mas também um

---

jurisdição constitucional, cuja função é tanto mais importante para a democracia quanto a manutenção da Constituição dentro do processo legislativo representa um interesse eminente para a minoria, para cuja proteção os preceitos de quórum, maioria qualificada etc. Por isso, se a minoria deve ter assegurada sua existência e eficácia política, tão valiosa para a essência da democracia, se não deve ser exposta à arbitrariedade da maioria e se a Constituição não deve ser uma *lex imperfecta* ou sem sanção, deve ser concedida a possibilidade de apelar direta ou indiretamente para um tribunal constitucional". Hans Kelsen, *Vom Wesen und Wert der Demokratie*, 1920, versão espanhola da segunda edição de 1929, de Rafael Luengo Tapia y Luis Legaz y Lacambra, Editorial Labor, Barcelona, 1934, p. 106. De tal maneira que "se se constata que a essência da democracia não é a onipotência da maioria, mas o compromisso constante entre os grupos representados no Parlamento pela maioria e pela minoria e, portanto, na paz social, a justiça constitucional aparece como um meio particularmente adequado para realizando essa ideia", Hans Kelsen, "La garantie juridictionnelle de la Constitution (La Justice constitutionnelle)", 1928, versão espanhola de Rolando Tamayo y Salmorán, revisada por Domingo García Belaunde, *Anuario Iberoamericano de Justicia Constitucional*, n. 15, Madrid, 2011, p. 297.

limite ao próprio legislador[15]. Para que a lei não tenha mais controle sobre o que no Estado de Direito poderia ser considerado um aspecto formal da hierarquia. Do substancial sim, porque a contradição do regulamento com a lei se resolve necessariamente em favor da lei como norma hierarquicamente superior. Não formalmente, porque o direito não tem mais a capacidade incondicional de regular a produção jurídica, nem mesmo a de caráter infralegal, como tinha no Estado de Direito.

Essa ruptura histórica, essa dissociação entre as esferas formal e substancial do direito não se coloca como problema na abordagem kelseniana[16], que se limita a estabelecer as condições para um ordenamento jurídico de acordo com a ideia de democracia pluralista e baseado na ideia de "constituição material", ou seja, as normas que estabelecem as condições de produção das demais normas[17]. Esse tipo de norma, que mais tarde seria caracterizada por Tomaso Perassi como "normas de produção jurídica"[18], será considerada por Kelsen como superordenadas, do ponto de vista lógico, as normas cuja produção eles venham a regular. Aqui está a chave do problema, porque essa superordenação lógica não é uma hierarquia, nem tem nada a ver com o princípio da

---

15 Cfr. Francisco Balaguer Callejón, *Fuentes del Derecho*, vol. II, Tecnos, Madrid, 1992. Cfr. igualmente, Francisco Balaguer Callejón (Coord.) *Manual de Derecho Constitucional*, 16. ed., v. I, Tecnos, Madrid, 2021.

16 Possivelmente porque estava presente antes na doutrina do Direito Público alemã a dissociação entre um conceito material e um conceito formal de lei. Assim, para Paul Laband, "a palavra direito tem um duplo sentido na jurisprudência, que pode ser descrito como material e formal", em uma relação entre os dois que não é gênero para espécie porque são dois termos diferentes que se caracterizam um pelo conteúdo e outro pela forma" P. Laband, *Das Staatsrecht des Deutschen Reiches*, cit., Tomo II, pp. 1 y 63.

17 *Vide*, Supra, nota 6.

18 Em sua *Introducción a la Ciencia Jurídica*, publicada inicialmente como parte introdutória de seu *Curso de instituciones de derecho público* em 1919-20. Cfr. Tomaso Perassi, *Introduzione alle Scienze Giuridiche*, 1922, reimpressão de CEDAM, Padova, 1967, pp. 34, 38, 57-8.

hierarquia ou com a força da lei, ainda que a imagem de Stufenbau possa dar essa impressão.

Para entender a diferença, basta considerar que a hierarquia do Estado de Direito expressa uma força imanente no próprio direito, que deriva da unificação nessa fonte dos aspectos substanciais e formais do ordenamento jurídico. A lei era expressão da soberania e sintetizava nele o que definiríamos hoje como regra sobre a produção jurídica fundamental do sistema (aspecto formal) e a capacidade de se impor sobre qualquer outra fonte por meio de sua força específica (aspecto substancial). Quando Kelsen diferencia as normas da constituição material (que expressam, a despeito do termo "material", o aspecto lógico ou formal da ordem) da força efetiva da lei (que não será mais uma condição imanente, mas dependerá sua correspondência com as normas sobre a produção jurídica) subtrai do princípio de hierarquia um elemento fundamental, posteriormente definido como princípio de competência pela doutrina italiana[19] e o converte em plano doutrinário, que mais tarde seria afirmado na prática constitucional da segunda metade do século XX em um resíduo histórico em sua função de configuração ordinária. Um resíduo dessa perspectiva, mas operacional de forma muito ampla porque continua a disciplinar a relação entre

---

19 A origem doutrinária do princípio da competência é geralmente colocada em Carlo Esposito, em oposição ao princípio da hierarquia. Esposito certamente faz uma forte crítica à tese do ordenamento gradual e hierárquico das normas, baseado na ideia da unidade da vontade estatal. Carlo Esposito, *La validità delle leggi. Studio sui limiti della postestà legislativa, i vizi degli atti legislativi e il controllo giurisdizionale*, 1934, reimpressão de. A. Giuffrè Editore, Milano, 1964, p. 61. A obra de Esposito será fundamental para definir, em termos atuais, os contornos dogmáticos do principio de competência. Importantes contribuições doutrinárias sucessivas serão as de Zanobini: *Gerarchia e parità tra le fonti*, publicado inicialmente em 1939 e reeditado em Zanobini, *Scritti vari di Diritto Pubblico*, Dott. A. Giuffré Editore, Milan, 1955, e a de Crisafulli anteriormente citada: *Gerarchia e competenza nel sistema costituzionale delle fonti*, de 1960. Naturalmente, o fundamento último dessas e de outras construções se encontra em Santi Romano, *L'Ordinamento Giuridico*, 1917-1918. Cfr. a edição de 1946, Sansoni, Firenze, 1962.

direito e regulação, embora agora não mais como força imanente do direito, mas a partir das condições estabelecidas pela Constituição.

Adolf Merkl, discípulo de Kelsen, estava ciente dessa ruptura e procurou atenuá-la e recompor o princípio da hierarquia, diferenciando duas escalas hierárquicas dentro da ordem: a hierarquia que vem do fundamento da validade ou determinação das normas, e a hierarquia que vem da força, da capacidade de derrogar as normas. Para este autor, a diferença de grau entre as normas pode advir tanto da capacidade de determinação quanto da capacidade de derrogação da norma superior. Ambos os aspectos não necessariamente coincidem nas mesmas normas, de modo que pode haver uma pluralidade de escalas, de forma que uma norma ocupe uma posição superior à outra em relação a um critério hierárquico, enquanto sua posição é semelhante (de paridade) ou inferior em relação ao outro critério hierárquico[20].

Mais recentemente, Alessandro Pizzorusso faria um esforço semelhante, defendendo a existência de uma dupla hierarquia dentro do sistema de origem. Em primeiro lugar, a hierarquia das fontes ou normas, que deriva da eficácia normativa das diferentes fontes. É uma estrutura hierárquica que se baseia na intensidade da eficácia normativa das diferentes manifestações da vontade do Estado e que dá origem às várias fontes do direito (Constituição, lei, regulamento etc.). Em segundo lugar, ao contrário da hierarquia normativa anterior, uma hierarquia instrumental que se produz entre as normas de produção jurídica e as demais normas (incluindo também as normas de produção jurídica em seu aspecto passivo, na medida em que são reguladas por elas mesmas). Enquanto a hierarquia normativa se baseia na intensidade diversa da vontade política, a hierarquia instrumental se baseia em uma

---

20 Adolf Merkl, "Prolegomena einer Theorie des rechtlichen Stufenbaues", publicado inicialmente em 1931, versão italiana incluída na coleção A. Merkl, *Il duplice voto del diritto. Il sistema kelseniano e altri saggi*. Giuffrè Editore, Milano, 1987, pp. 38 y ss. Existe versão espanhola traduzida do alemão por Juan L. Fuentes Osorio y Miguel Azpitarte Sánchez, Prolegómenos a una teoría de la estructura jurídica escalonada del ordenamiento, *Revista de Derecho Constitucional Europeo*, nº 2 (julio-diciembre de 2004) y 3 (enero-junio 2005).

relação lógica de instrumentalidade, existente entre as normas sobre a produção jurídica e as normas produzidas[21].

Sem embargo disso, essas tentativas doutrinárias são, a meu ver, incompatíveis com a grande transformação histórica que o Estado Constitucional de Direito acarreta em relação ao Estado de Direito, que não é simplesmente jurídico, mas tem raízes mais profundas. A configuração do pluralismo político como princípio essencial da democracia e da ordem constitucional implica necessariamente renunciar ao princípio da hierarquia como princípio articulador do sistema de fontes (ainda que continue sendo implantado em setores específicos). A democracia pluralista será projetada sobre todo o sistema, obrigando ao estabelecimento de novos critérios de relação entre as fontes que possibilitem a preservação do pluralismo político. A grande contribuição kelseniana, a atenção à validade das normas e o controle jurisdicional que garante a normatividade da constituição supõem uma transformação essencial. Se no Estado de Direito as categorias essenciais eram a hierarquia e a eficácia, no Estado Constitucional de Direito as categorias essenciais serão a competência e a validade.

Do ponto de vista técnico, a diferença é óbvia. Enquanto o princípio da hierarquia expressa uma relação direta entre as normas, o princípio da competência implica uma relação entre as normas mediada por uma terceira norma, uma norma de produção jurídica. A estrutura de ambos os princípios é completamente diferente, o que os torna incompatíveis entre si. A tal ponto que duas normas com o mesmo grau formal podem ter uma relação de competência que determine a nulidade de uma delas por contradizer a outra norma em relação a uma norma de produção jurídica. Isso pode ocorrer em relação aos vícios formais das leis no que diz respeito aos regulamentos parlamentares, que têm o mesmo grau, ou também pode ocorrer em certos sistemas em que o parâmetro de constitucionalidade incorpora normas do mesmo grau para determinar a constitucionalidade uma das outras (como é o caso da Espanha com o bloco de constitucionalidade).

---

21 Cfr. Alessandro Pizzorusso, *Delle Fonti del Diritto*. Commentario del Codice Civile, art. 1-9, Nicola Zanichelli Editore/Soc. Ed. Del Foro Italiano, Bologna-Roma, 1977, pp. 6 y ss. Existe segunda edição, de 2011.

A hierarquia e a efetividade nos remetem em sua origem ao desdobramento histórico de um novo ordenamento jurídico que quis se impor aos dispersos regimes normativos do Antigo Regime, estabelecendo unidade e racionalidade. Competição e validade nos levam à necessidade de articular essa unidade e racionalidade dentro dessa nova ordem, já estabelecida, entre os diferentes setores sociais que compõem uma sociedade plural. O trabalho pacificador do direito se expressa, assim, através da grande construção doutrinária kelseniana no plano teórico, embora só venha a se consolidar no aspecto normativo na Europa a partir das constituições posteriores à Segunda Guerra Mundial.

III

A competência e a validade são os princípios estruturantes dos sistemas de democracia pluralista, baseados em uma Constituição normativa. Mas esses princípios exigem uma nova ordem de valores e uma nova atitude metodológica que se manifesta em tendências como as refletidas neste excelente trabalho de Ricardo Maurício Freire Soares: uma maior abertura e flexibilidade dos processos interpretativos, a invocação aos princípios e a atenção aos processos de argumentação. Uma vez rompida a homogeneidade do sistema jurídico em torno da lei, os canais abertos para o seu conhecimento seguirão o mesmo caminho. O conceito de ciência típico do racionalismo tradicional baseava-se na natureza absoluta da razão, da verdade e da lógica. Pelo contrário, a concepção de ciência do racionalismo crítico baseia-se na instrumentalidade da razão, na consensualidade da verdade e no pluralismo da lógica.

No campo jurídico, novas tendências caminham na mesma direção. Do tratamento lógico formal do Direito, com a pretensão de conhecer a verdade, evolui para o tratamento dialético, destinado a justificar a decisão. As novas teorias da argumentação não aspiram mais à demonstração de suas teses, mas a promover sua aceitação. A objetividade passa a ser buscada no rigor do discurso jurídico ou no consenso que ele origina por meio de sua fundamentação. Da mesma forma que o ordenamento jurídico se torna cada vez mais complexo, estruturando-se com base em princípios muito diversos, seu tratamento metodológico é igualmente complicado, abrindo caminho para uma variedade de perspectivas. O pluralismo e o consenso são assim introduzidos através de todos os resquícios da nova ordem[22].

A teoria de Häberle da sociedade aberta dos intérpretes da Constituição[23] é fundamental a partir dessa concepção pluralista. Encontramos nela uma correspondência entre a Constituição do pluralismo como objeto de interpretação e a interpretação plural de uma diversidade de sujeitos aberta à sociedade como um todo. Tanto o objeto (Constituição) quanto o sujeito da interpretação (a sociedade aberta dos intérpretes constitucionais) expressam esse componente pluralista. Häberle propõe uma interpretação em que cada pessoa tem a capacidade de contribuir com sua própria interpretação e, assim, contribuir para a construção global da imagem da Constituição em uma determinada sociedade. A interpretação constitucional torna-se assim a busca da verdade, que, como o próprio Häberle indica, é também a busca da justiça, porque a justiça é a verdade do Direito[24]. Uma busca da verdade comum que se compartilha, que é obra de todos e cada um dos cidadãos, de modo que cada um contribua com seu fragmento de verdade, para que juntos possam reconstrui-la como um mosaico.

IV

A última questão que vou desenvolver das muitas que a obra de Ricardo Maurício Freire Soares levanta com grande maestria (e com

---

22 Cfr. Francisco Balaguer Callejón, *Fuentes del Derecho*, vol. I, Tecnos, Madrid, 1991.

23 Peter Häberle, Die offene Gesellschaft der Verfassungsinterpreten: Ein Beitrag zur pluralistischen und prozessualen Verfassungsinterpretation, *JuristenZeitung*, 1975, pp. 297-305.

24 Podemos relembrar os textos clássicos de W. Von Humboldt em que a ciência se caracteriza como uma busca permanente da verdade. Reformulei essa referência especificamente para a ciência jurídica da seguinte forma: "a ciência do Direito é a busca permanente da Justiça porque a Justiça é a Verdade do Direito". Un Jurista universal nacido en Europa. Entrevista a Peter Häberle, por Francisco Balaguer Callejón, *ReDCE*, núm. 13, Enero-Junio de 2010. Disponível em: <https://www.ugr.es/~redce/REDCE13/articulos/12Entrevista.htm>.

cuja abordagem concordo plenamente) é a da relação entre a jurisprudência e a interpretação do Direito. Do meu ponto de vista, a aplicação das normas jurídicas contidas no pronunciamento das sentenças por si só não gera a criação da lei. Esta aplicação é orientada para o caso concreto e só tem eficácia *inter partes*. Nesse sentido, é imprescindível caracterizar previamente o que entendemos por fonte do direito. Nem o postulado da generalidade das normas nem o da abstração são operativos para esses propósitos, pois, embora ambos tenham se configurado historicamente, como indica N. Bobbio[25], como princípios lógicos inerentes às normas, na realidade responderam a uma configuração ideológica destinada a garantir a igualdade formal e a segurança jurídica. Uma distinção operativa é a de A. Pizzorusso[26], para quem as normas jurídicas são aquelas que têm efeitos *erga omnes*, em oposição a todas (ainda que não sejam gerais ou abstratas). Ao contrário, os atos que têm efeitos *inter partes* carecem dessa condição normativa. Portanto, não é o caso das sentenças judiciais, pelo menos no que diz respeito ao pronunciamento dessas sentenças.

Muito diferente é o caso daqueles julgamentos que contêm um pronunciamento sobre a validade das normas, como é o caso da jurisdição constitucional[27]. A própria existência da jurisdição constitucional e as condições estruturais de seu funcionamento, independentemente de sua prática específica, já esclarecem dúvidas quanto à sua capacidade de criar Direito. Se esse debate poderia ser feito em termos clássicos sobre o controle da constitucionalidade dos atos, não é possível realizá-lo em relação ao das normas.

Em relação ao controle de atos, a capacidade de criação de Direito da jurisdição constitucional pode ser discutida nos termos em que

---

25 Cfr. N. Bobbio, *Teoria della Norma Giuridica*, G. Giappichelli Editore, Torino, 1958, pp. 230 y ss.
26 A. Pizzorusso, *Delle Fonti del Diritto. Commentario del Codice Civile,* cit., pp. 15 y ss.
27 Cfr. Francisco Balaguer Callejón, A função normativa das sentenças constitucionais, em Luiz Guilherme Marinoni; Ingo Wolfgang Sarlet (Coords.), *Processo Constitucional*, Revista dos Tribunais, Porto Alegre, 2019, pp. 517-52.

tradicionalmente tem sido feito com relação à atividade jurisdicional do Judiciário (embora a resposta deva ser claramente positiva). No entanto, em relação ao controle das normas, esse debate sequer se coloca: toda vez que a jurisdição constitucional decide sobre as normas que processa, está afetando diretamente o ordenamento jurídico. Assim, na medida em que a jurisdição constitucional tem o controle das normas como núcleo essencial de sua função, pode-se afirmar que uma de suas características estruturais consiste na capacidade de inovação nos processos constitucionais e também no tipo de material jurídico que é utilizado pela jurisdição constitucional, essencialmente legislativa e constitucional. A segunda característica é o seu caráter complementar.

A jurisprudência é fonte de produção complementar do ordenamento jurídico. No Código Civil espanhol, é assim indicado no que diz respeito à jurisprudência do Supremo Tribunal (artigo 1.6 CC: "a jurisprudência complementará o ordenamento jurídico com a doutrina que, repetidamente, estabelece o Tribunal Supremo ao interpretar e aplicar a lei, o costume e os princípios gerais do direito". Uma fonte que só intervém quando se produz o exercício da função jurisdicional.

Talvez a característica mais notável seja a terceira, sua natureza fragmentária. No plano técnico, a complementaridade da jurisprudência, seja ela ordinária ou constitucional, tem sua manifestação na maneira como se formam as cadeias normativas que finalmente serão aplicadas pelos agentes jurídicos. O legislador pode, com base no arcabouço constitucional, estabelecer uma cadeia completa de enunciados que sejam aplicáveis pelos agentes jurídicos. Esse poder é inerente ao princípio democrático em que se baseia a ordem constitucional. Ao contrário, a função normativa das sentenças constitucionais só opera na reparação ou na conformação de alguns enunciados da cadeia normativa, os que foram questionados ou os que requerem formulação própria (porque não existem e é necessário para ir para os mecanismos de integração do sistema) ou um ajuste aos princípios do sistema.

Poderíamos dizer que, enquanto o legislador tende a completar as formulações normativas, a jurisdição constitucional tende a processar dispositivos ou normas que só serão aplicáveis em contextos normativos previamente definidos pelo legislador. Uma avaliação diferente poderia ser feita sobre a relação entre a jurisdição constitucional e a Constituição. A contribuição da jurisdição constitucional para a produção do direito constitucional também opera em um contexto normativo anterior. No entanto, neste caso, a capacidade de incidência dos acórdãos constitucionais é maior e a sua intervenção menos fragmentada.

Com efeito, o trabalho jurisdicional é produzido aqui em um contexto bastante reduzido e em enunciados que podem configurar-se como regras diretamente aplicáveis a seus destinatários. Quando a sentença especifica essas afirmações, está condicionando a função legislativa e a atuação dos tribunais. Uma mudança de sentido na interpretação realizada pela jurisdição constitucional (ou seja, o ordenamento jurídico, na capacidade de criar Direito).

Partindo, portanto, da consideração da função normativa dos juízos constitucionais como característica estrutural inerente à competência constitucional das Constituições normativas e não como mera consequência de sua evolução prática, cabe agora examinar quais são as características dessa capacidade de produção jurídica. Uma delas é a sua complexidade devido às diferentes naturezas de produção de novas normas a partir dos mesmos enunciados constitucionais, que pode gerar consequências imprevisíveis.

Para compreender adequadamente a natureza e o alcance da função normativa dos juízos constitucionais, devemos partir da diferenciação feita por V. Crisafulli entre "disposição" e "norma"[28]. A disposição é o conteúdo do ato normativo, enquanto a norma é o resultado dele. A disposição é a fórmula normativa destinada a estabelecer uma norma,

---

28 Estabelecida inicialmente por Crisafulli, em Atto normativo, *EdD*, tomo IV, 1959, pp. 258-260, precisada por este mesmo autor em Disposizione (e norma), *EdD*, tomo XIII, 1964 y mantida em sua *Lezioni di Diritto costituzionale*, vol. II, cit., pp. 39 y ss.

perfeitamente diferenciável da norma formulada da mesma[29]. Nas palavras de Guastini, a disposição é um enunciado que constitui o objeto da interpretação, enquanto a norma é um enunciado que constitui o produto ou o resultado da interpretação[30].

A distinção entre disposição e norma vem a quebrar, na realidade, a diferenciação entre interpretação e produção do direito no trabalho jurisprudencial. A norma aplicada parte da disposição, do texto normativo, mas se constrói a partir desse trabalho jurisprudencial. Tarefa que, no caso da jurisprudência constitucional, pode levar à exclusão de certas normas que poderiam ser extraídas de dispositivos legais ou obrigar a aplicação de uma norma específica extraída daquele dispositivo. Dessa forma, a norma final aplicável será fruto do dispositivo, do texto legal e da produção jurisprudencial que operar sobre aquele texto legal. As chamadas "sentenças interpretativas"[31] são, na verdade, algo mais do que uma mera interpretação do texto legal, pois definem a norma válida a partir do dispositivo legal.

V

Existem muitas outras áreas, para além das que aqui desenvolvi, nas quais gostaria de contribuir com uma perspectiva complementar à contida no trabalho de Ricardo Maurício Freire Soares. Mas já me estendi demasiado simplesmente na referência a algumas delas, como é o caso da interpretação em relação à evolução dos sistemas jurídicos (e especificamente na transformação do Estado de Direito em Estado Constitucional de Direito) e com o valor normativo da jurisprudência constitucional. Estou certo de que os leitores deste esplêndido livro

---

29 Cfr. V. Crisafulli, Atto normativo, cit., p. 260, Disposizione (e norma), cit., pp. 195 y ss., *Lezioni di Diritto costituzionale*, vol. II, cit., pp. 41-2.
30 Cfr. Riccardo Guastini, Disposizione vs. Norma, en *GC*, fasc. 1, Parte segunda, 1989, p. 6.
31 Como indica Silvestri, a distinção entre disposição e norma constitui a base teórica mais amplamente aceita das sentenças interpretativas. Cfr. Gaetano Silvestri, Le sentenze normative della Corte costituzionale, em *Scritti su la Giustizia costituzionale, in Onore di Vezio Crisafulli* (I), CEDAM, Padova, 1985, p. 768.

também acharão inevitável abrir um diálogo com o texto. Esse diálogo figurado talvez seja o melhor exemplo do valor do livro à medida que é capaz de estimular a reflexão sobre as questões mais relevantes da hermenêutica e da interpretação no campo do Direito.

FRANCISCO BALAGUER CALLEJÓN
Professor Catedrático de Direito Constitucional da Universidade de Granada. Catedrático Jean Monnet de Direito Constitucional Europeu. Catedrático Jean Monnet *ad personam* de Direito Constitucional Europeu e Globalização. Diretor da *Revista de Direito Constitucional Europeu*. Presidente da Fundación Peter Häberle. Coordenador do Mestrado Oficial em Direitos Fundamentais em perspectiva nacional, supranacional e global. Diretor do Centre of Excellence on European Integration and Globalization (Ei&G). Professor visitante nos EUA, Itália, Portugal e França. Membro da Comissão de Acompanhamento do Centro de Pesquisa em Direito Público do Instituto de Ciências Jurídico-Políticas da Faculdade de Direito da Universidade de Lisboa. Membro do Comitê Científico do Centro di Ricerca sui Sistemi Costituzionali Comparati (Universidade de Génova, Itália). Membro do Collegio dei Docenti do curso de Dottorato di Ricerca in Internazionalizzazione dei sistemi giuridici e diritti fondamentali (Segunda Universidade de Nápoles, Itália). Membro da Societas Iuris Publici Europaei (SIPE, Georg-August-Universität, Alemanha).

PREFÁCIO DA QUARTA EDIÇÃO

O DIREITO ENTRE A HERMENÊUTICA FILOSÓFICA E A HISTÓRIA

O LIVRO DE RICARDO MAURÍCIO FREIRE SOARES, INtitulado *Hermenêutica e Interpretação Jurídica*, revela não somente a oportunidade da obra, mas também a óbvia relevância do tema que aborda, ou seja, a análise da relação entre a hermenêutica e o direito. Uma questão de considerável profundidade teórica e com repercussões evidentes no cotidiano de cada comunidade, regida por diversas normas jurídicas.

O texto em comento também assume um valor de importância histórica e filosófica específica, como é demonstrado claramente (sobretudo) na primeira parte, ao analisar a teoria hermenêutica desenvolvida por importantes historiadores da filosofia e da cultura, a partir de Schleiermacher e prosseguindo através de Dilthey, Heidegger, Gadamer, Ricoeur e Habermas. Estes são autores que marcaram e influenciaram de forma significativamente para a constituição da hermenêutica na sua forma contemporânea, efetivamente libertando-a do papel original de ser simplesmente técnica (vale dizer, como uma interpretação essencialmente filológica-gramatical dos textos, especialmente os sagrados) e transferindo-a para dentro do horizonte mais amplo do conhecimento histórico e filosófico. A hermenêutica passa a assumir um significado muito mais amplo do que antes, representando uma tentativa de "compreender" o mundo histórico e humano e, portanto, de suas muitas e variadas produções culturais, entre os quais pode e deve certamente ser incluído o direito.

A partir de Schleiermacher (se você quiser fixar um ponto de partida para este processo histórico, com todo o cuidado, no entanto, que isso deve necessariamente envolver), e, em seguida, especialmente com Dilthey, o ato de "compreender" significa olhar para qualquer tentativa de capturar as diferentes expressões do conhecimento humanístico (da arte à religião, da filosofia à história, do direito e assim por diante), considerando-o dentro de um processo não simplesmente "técnico-científico", ou seja, destinado a reconduzir, de modo esquemático e rigoroso, certos efeitos para as causas que os produziram, mas, em vez disso, marcado principalmente pelo envolvimento emocional também cheio de sentimento do sujeito gnoseológico em relação ao objeto investigado, com referência específica, é claro, ao mundo histórico-humano. Trata-se, em outras palavras, de diferenciar a "compreensão" da simples "explicação", mais usada principalmente no contexto das ciências chamadas de "rigorosas" ou "exatas", e isto também à luz das diferenças entre aquelas que, na Alemanha, são definidas como *Geisteswissenschaften* em face da *Naturwissenschaften*. Percebe-se bem a razão pela qual a simples explicação causal, certamente válida e geralmente aceita no âmbito das ciências naturais, não pode deixar de ser substancialmente inadequada quando alguém quiser entender, de forma autêntica, o horizonte da existência humana, na qual tanto a cultura quanto a história apresentam-se como dimensões constituintes absolutamente essenciais. Esta ordem de considerações permitiu iniciar, na Alemanha do século XIX, o famoso e complexo debate sobre o estatuto epistemológico, objeto e metodologia das ciências, um debate de muitas vozes que viria a estender-se por todo o século XX, permanecendo ainda nos dias de hoje.

Colocando em outras palavras, tratava-se de recuperar a ideia absolutamente fundamental e decisiva de Dilthey acerca do "homem completo", entendido como indivíduo, articulado e complexo, por isso nunca totalmente reduzido a uma conotação exclusiva de um sujeito do conhecimento científico, mas, para ser entendido, isto sim, como alguém que, além de "descrever", também "sente'" e "quer" de modo igualmente determinante e significativo. Isso significa expandir as fronteiras do sujeito do conhecimento, tal como define Kant com sua *Crítica da Razão Pura*, referindo as suas propriedades gnoseológicas a um escopo mais amplo, que é capaz de abranger da mesma forma, numa perspectiva sempre dinâmica e dialética, suas posteriores funções essenciais, substancialmente ligadas às dimensões do sentimento, da vontade, da fantasia. Trata-se, por assim dizer, de "historicizar" o sujeito kantiano, colocando de volta em suas veias um sangue autêntico, parafraseando uma conhecida afirmação de Dilthey. Deste ponto de vista, então, é necessário proceder a uma diversa consideração metodológica (e não só) das ciências humanas, entre as quais, pelo menos para o que diz respeito à sua constituição histórica inevitável (que, no entanto, é parte absolutamente substancial), para certamente incluir o direito, objeto, dentre outros (não por acaso) de considerações significativas, por Dilthey, no famoso *Einleitung in die Geisteswissenschaften* de 1883.

O trabalho de Ricardo Maurício Freire Soares aqui apresentado leva em conta, de modo seguramente relevante e certamente não muito frequente em estudos sobre o direito e sua interpretação, estas considerações históricas e filosóficas que estão na base da teoria hermenêutica contemporânea e que, portanto, mostra-se profícua e absolutamente essencial para os propósitos de uma mais plausível teoria da interpretação jurídica. Nesta perspectiva, ele enfatiza fortemente a insuficiência de qualquer tentativa de considerar a hermenêutica (incluindo, mas não limitada ao objetivo de uma interpretação mais precisa e significativa do direito) como uma simples técnica filológico-gramatical, a ser exercida sobre a letra de dispositivos legais, sublinhando a necessidade urgente de superar uma hermenêutica, por assim dizer, essencialmente "técnica" em favor de uma Hermenêutica "Filosófica". Partindo de uma hipótese interpretativa fundamental, a gênese da hermenêutica "técnica" como o instrumento original da exegese da bíblia e de textos sagrados em geral, praticada de formas diferentes nas diversas tradições e que marcaram a história cultural religiosa, o autor mostra como, através de uma primeira extensão do objeto de investigação, abrangendo a literatura não exclusivamente sagrada, chega-se à formulação da hermenêutica filosófica contemporânea que incorpora, expande e radicalmente transforma, com o pensamento de Schleiermacher, a concepção desta disciplina humanística fundamental.

Esta concepção renovada da hermenêutica faz o seu caminho, de forma decisiva, no período romântico, sendo significativo que isso ocorra também graças ao trabalho de um teólogo protestante como Schleiermacher, que, no entanto, é capaz de ampliar, de forma muito significativa, a própria perspectiva, inaugurando um novo senso hermenêutico, por exemplo, a primeira grande tradução importante e interpretação filosófica dos Diálogos de Platão (ou seja, de um filósofo pré-cristão). O instrumento técnico é tão radicalmente transformado em uma forma muito mais ampla de entendimento filosófico, onde os dados filológicos permanecem imprescindíveis e fundamentais, mas agora inseridos num contexto muito mais amplo de referências, onde as hermenêuticas, por assim dizer, setoriais e especializadas devem ser aprendidas (mas não simplesmente anuladas) no contexto de uma teoria geral da hermenêutica doravante entendida como arte (a expressão aqui é certamente significativa) da interpretação.

E não é por acaso, portanto, que a teoria romântica venha depois ser retomada e aprimorada, de forma decisiva, por Wilhelm Dilthey, o renomado historiador e filósofo alemão, que começa seus próprios estudos tentando reconstruir o trabalho de Scheleiermacher, alcançando (em tempos muito longos) a laboriosa, problemática, mas absolutamente fundamental, publicação dos volumes monumentais dos *Leben Schleiermachers*.

O pressuposto de Dilthey, em referência à fundação da hermenêutica e, mais geralmente, da reformulação do objeto e do estatuto metodológico da *Geistwissenschaften*, é muito simples e linear, decorrendo de uma consideração de evidência imediata, isto é, do fato que, no âmbito do saber humano, ao contrário do que acontece com as *Naturwissenschaften*, há uma coincidência substancial entre o sujeito e o objeto no processo gnoseológico. No caso do primeiro, na verdade, o ser humano estuda a si mesmo e suas próprias produções culturais e espirituais (ou simbólicas, para citar Ernst Cassirer), o que implica o elemento decisivo mencionado acima, isto é, a absoluta incapacidade de considerar todas as possibilidades de uma suposta consciência "pura e asséptica", ou "objetiva", no sentido de uma gravação dos dados puros de uma realidade externa e estranha ao sujeito que a investiga. Em suma, o pressuposto identificável com o sujeito cartesiano (e de muitas maneiras, kantiano), que surge "oposto" a um mundo que é totalmente diferente e independente dessa consciência que o examina. Dilthey observa, com razão, como a assunção desse pressuposto cartesiano inevitavelmente estraga qualquer forma de conhecimento do mundo humano, que deve antes ser considerado e planejado com as participações sentimentais, emocionais e valorativas do sujeito que olha e investiga um determinado objeto. A partir deste ponto de vista, a hermenêutica pode e deve assumir renovada consistência histórica e filosófica, a fim de lidar com um horizonte relacional (aquele entre sujeito e objeto, em primeiro lugar) absolutamente dinâmico e nunca totalmente redutível a qualquer esquematismo de matriz explicativo-causal (como é o caso da explicação *naturwissenschaflich*). A dimensão filosófica funde-se aqui, de modo essencial e constitutivo, com a constituição histórica de cada processo hermenêutico.

Através da reformulação posteriormente operada por Martin Heidegger, tendo em vista a "questão ontológica" que constitui o fulcro de toda a sua especulação filosófica, a hermenêutica assume uma nova direção, onde a referência é, agora, à contínua necessidade/possibilidade de *Dasein* para interpretar e, portanto, viver plenamente as diferentes e contínuas facetas de sua própria existência: e certamente não é uma coincidência que Heidegger possa dedicar um longo parágrafo (o 77) do seu trabalho mais conhecido, *Ser e Tempo*, de 1927, apenas para a ideia da historicidade desenvolvida por Dilthey (e, em diálogo contínuo com estes, por Paul Yorck von Wartenburg).

Deve-se a um aluno de Heidegger, ou seja, Hans-Georg Gadamer, a sucessiva e definitiva transformação da hermenêutica numa arte em geral da interpretação da vida e de todas as suas instâncias, portanto, a "codificação" desta disciplina na forma, em linhas gerais, contemporânea. Deve ser dito, porém, que aqui faz-se uma transformação radical, em essência, do projeto de Dilthey, cujo problema absolutamente crítico era a fundação da história e da análise da historicidade, problema que na abordagem hermenêutica de Gadamer é dissolvido ou deliberadamente evitado, o que é realmente bem compreensível, considerando as grandes transformações, não só culturais, naquele momento (por exemplo, quando se examinam os argumentos decisivos feitos a este respeito por Max Weber).

Ricardo Maurício Freire Soares logra reconstruir os pontos essenciais da teoria hermenêutica de Gadamer, debruçando-se, entre outras coisas, na consideração decisiva sobre a distância entre o horizonte histórico do intérprete e o objeto interpretado, para, em seguida, apreciar a posterior transformação do pensamento de Paul Ricoeur, a fim de encontrar um possível ponto de encontro entre as novas instâncias da compreensão e aquelas tradicionalmente reconhecidas e aceitas da explicação. Segundo o autor da presente obra, abandonando o primado da subjetividade e o idealismo de Husserl, assumindo a pertença participativa como pré-condição de todo esforço interpretativo (Heidegger e Gadamer), Ricoeur desenvolve suas concepções teóricas, sem esquecer os precursores da teoria geral da interpretação (Schleiermacher e Dilthey).

Finalmente, o autor evoca, muito adequadamente, algumas considerações de Jürgen Habermas sobre o problema da interpretação, concluindo, assim, esta reconstrução histórica importante em torno do significado e papel da hermenêutica como uma renovada possibilidade de realizar uma interpretação mais profunda do direito e de suas aplicações mais específicas. Trata-se, certamente, de um dos pontos fortes do trabalho de Ricardo Maurício Freire Soares, onde a reflexão histórico-filosófica, nesta perspectiva agora ligada a um novo desdobramento da teoria hermenêutica, funda-se, sabiamente, na premissa (e, em muitos aspectos, no verdadeiro e próprio fundamento) de que qualquer possibilidade de entendimento, no seu significado mais amplo e em seu significado mais autêntico, do direito liga-se, inelutavelmente, à constituição essencialmente histórica e cultural do fenômeno jurídico, antes mesmo de sua dimensão simplesmente teórica e normativa.

Com base nessa perspectiva, Ricardo Maurício Freire Soares avança para uma consideração mais específica do direito desenvolvido na modernidade e na pós-modernidade, seguindo para examinar temáticas específicas e de relevante atualidade, sem deixar de referir as novas legislações brasileiras, tendo o cuidado de apresentar uma casuística jurisprudencial, com diversos exemplos de tipologia hermenêutico-jurídica (a histórica, a sistemática, a extensiva e assim por diante). Em última análise, trata-se de um texto que tem o mérito e a capacidade de combinar a análise de problemas teóricos e específicos do direito com considerações históricas e filosóficas mais amplas, ressaltando o sentido e o tempo histórico do direito como uma área relevante de manifestação cultural, mesmo antes da simples regulação da vida prática dos diferentes contextos sociais, algo próprio do ser humano, agora entendido no mais autêntico e complexo sentido de expressão.

Catânia - Itália, junho de 2016.

GIANCARLO MAGNANO SAN LIO
Professor de História da Filosofia, Diretor do Departamento de Ciências Humanas da Universidade de Catânia.

SUMÁRIO

PREFÁCIO DA QUINTA EDIÇÃO..................................... IX
PREFÁCIO DA QUARTA EDIÇÃO..................................... XXIX

PARTE I NOÇÕES FUNDAMENTAIS DE HERMENÊUTICA E INTERPRETAÇÃO DO DIREITO

1. Hermenêutica e interpretação................................. 3
2. Matrizes filosóficas da hermenêutica jurídica............... 6
   2.1 A origem do saber hermenêutico.......................... 6
   2.2 A hermenêutica romântica de Friedrich Schleiermacher.... 7
   2.3 A hermenêutica histórica de Wilhelm Dilthey............. 9
   2.4 A metaciência hermenêutica de Emilio Betti.............. 10
   2.5 A hermenêutica ontológico-existencial de Martin Heidegger.. 18
   2.6 A hermenêutica filosófica de Hans Georg Gadamer......... 20
   2.7 A hermenêutica estruturalista-fenomenológica de Paul Ricoeur... 21
   2.8 A hermenêutica crítica de Jürgen Habermas............... 22
3. A finalidade da interpretação do direito.................... 30
4. Interpretação do direito: uma atividade de compreensão...... 34
5. Interpretação do direito e a polissemia da linguagem humana... 37
6. Métodos de interpretação jurídica........................... 44
7. Do subjetivismo ao novo objetivismo jurídico: vontade do legislador x vontade da lei................................ 49
8. Tipologias de interpretação jurídica........................ 53
   Sinopse da Parte I.. 57

PARTE II A PÓS-MODERNIDADE JURÍDICA E O PARADIGMA HERMENÊUTICO EMERGENTE

1. Fundamentos do projeto da modernidade 69
2. Os elementos da modernidade jurídica 73
3. O colapso da modernidade jurídica 76
4. Caracteres da cultura jurídica pós-moderna e seus reflexos hermenêuticos 81
5. O juspositivismo, a teoria pura do direito e a interpretação jurídica 88
6. Pós-positivismo jurídico, a virada hermenêutica e a interpretação do direito principiológico 101
7. A principiologia jurídica como norte hermenêutico 108
8. A interpretação jurídica e o pensamento tópico 116
9. A interpretação do direito e o culturalismo jurídico 120
10. A interpretação jurídica e a nova retórica 129
11. A interpretação do direito e procedimentalismo discursivo 138
12. A interpretação do direito e o neoconstitucionalismo 146
    Sinopse da Parte II 151

PARTE III TÓPICOS ESPECIAIS DE HERMENÊUTICA E INTERPRETAÇÃO DO DIREITO

1. Hermenêutica, integração do direito e o problema das lacunas jurídicas 177
2. Hermenêutica e o problema das antinomias jurídicas 180
3. Interpretação do direito e as cláusulas gerais 185
4. Interpretação do direito e as máximas de experiência 188
5. Interpretação do direito e os conceitos jurídicos indeterminados.... 191
6. Interpretação do direito e o fenômeno da discricionariedade 195
7. Interpretação do direito e o papel da jurisprudência 200
8. Interpretação do direito, *stare decisis* e teoria dos precedentes 205
9. Interpretação do direito e a função hermenêutica das súmulas ... 213
10. Interpretação do direito e a aparente dicotomia segurança jurídica *x* justiça 224
11. O princípio da dignidade da pessoa humana e a nova interpretação jurídica 227

SUMÁRIO **XXXIX**

12. O princípio da proporcionalidade e a nova interpretação jurídica..... 236
13. O novo Código de Processo Civil: contributos para a hermenêutica jurídica no brasil 242
14. A Lei de Introdução às Normas do Direito Brasileiro: inovações e parâmetros para a hermenêutica jurídica pátria......................... 247
15. Hermenêutica jurídica sem hermetismo: a necessidade da democratização da interpretação do direito 252
Sinopse da Parte III 256

PARTE IV JURISPRUDÊNCIA SELECIONADA: EXAME PRÁTICO DE *HARD CASES*

1. Proposta metodológica 283
2. Hermenêutica e interpretação do direito 285
3. A dimensão axiológica da interpretação jurídica..................... 287
4. Regras de hermenêutica 289
5. Interpretação do direito e linguagem 291
6. Intérpretes do direito 293
7. Interpretação restritiva x interpretação extensiva 296
8. Interpretação literal 298
9. Interpretação histórica 300
10. Interpretação sistemática 302
11. Interpretação sociológica 305
12. Interpretação teleológica 307
13. Interpretação do direito e conceitos indeterminados 310
14. Interpretação do direito e principiologia jurídica 313
15. Interpretação do direito e o princípio da dignidade da pessoa humana 315
16. Interpretação do direito e o princípio da proporcionalidade...... 318
17. Interpretação do direito e a ponderação de valores.................. 320
18. Interpretação do direito e o princípio da igualdade 323
19. Interpretação do direito e os princípios republicano e democrático... 325
20. Interpretação do direito e a tutela da identidade de gênero 327
21. Interpretação do direito, crise sanitária e vacinação 329
22. Interpretação do direito e a superação hermenêutica do argumento da legítima defesa da honra... 332

23. Interpretação do direito, racismo e a criminalização da homotransfobia 335
24. Interpretação do direito, ponderação e o conflito entre os direitos fundamentais à liberdade religiosa e à proteção ambiental dos animais 338
25. Interpretação do direito, aborto e os limites da interrupção da gestação 340
Sinopse da Parte IV 343

Questões de hermenêutica e interpretação jurídica 345

Referências 421

PARTE I

NOÇÕES FUNDAMENTAIS
DE HERMENÊUTICA E INTERPRETAÇÃO DO DIREITO

CAPÍTULO UM

HERMENÊUTICA E INTERPRETAÇÃO

AS ORIGENS DA PALAVRA HERMENÊUTICA RESIDEM NO verbo grego *hermeneuein,* usualmente traduzido por interpretar, bem como no substantivo *hermeneia,* a designar interpretação. Uma investigação etimológica destas duas palavras e das orientações significativas básicas que elas veiculavam no seu antigo uso esclarece consideravelmente a natureza da interpretação em teologia, literatura e direito, servindo no atual contexto de introdução válida para a compreensão da hermenêutica moderna.

Destaca que a palavra grega *hermeios* referia-se ao sacerdote do oráculo de Delfos. O verbo *hermeneuein* e o substantivo *hermeneia* remetem à mitologia antiga, evidenciando os caracteres conferidos ao Deus-alado Hermes. Esta figura mítica era, na visão da antiguidade ocidental, responsável pela mediação entre os Deuses e os homens. Hermes, a quem se atribui a descoberta da escrita, atuava como um mensageiro, unindo a esfera divino-transcendental e a civilização humana.

Hermes traz a mensagem do destino. *Hermeneuein* é esse descobrir de qualquer coisa que traz a mensagem, na medida em que o que se mostra pode tornar-se mensagem. Assim, levada à sua raiz grega mais antiga, a origem das atuais palavras, hermenêutica e hermenêutico, sugere o processo de tornar compreensíveis, especialmente enquanto tal processo envolve a linguagem.

A etimologia registra ainda que a palavra interpretação provém do termo latino *interpretare* (*inter-penetrare*), significando penetrar mais para dentro. Isto se deve à prática religiosa de feiticeiros e adivinhos, os quais introduziam suas mãos nas entranhas de animais mortos, a fim de conhecer o destino das pessoas e obter respostas para os problemas humanos. Decerto, não há como negar a compatibilidade da referida metáfora de Hermes quando constatamos o objeto mesmo das especulações suscitadas pela hermenêutica: a interpretação. É que o intérprete, nos variegados planos da apreensão cognitiva, atua verdadeiramente como um intermediário na relação estabelecida entre o autor de uma obra e a comunidade humana.

A hermenêutica é, seguramente, um tema essencial para o conhecimento. Tudo o que é apreendido e representado pelo sujeito cognoscente depende de práticas interpretativas. Como o mundo vem à consciência pela palavra, e a linguagem é já a primeira interpretação, a hermenêutica torna-se inseparável da própria vida humana.

Historicamente, a hermenêutica penetrou, de forma gradativa, no domínio das ciências humanas e da filosofia, adquirindo, com o advento da modernidade, diversos significados. Neste sentido, Palmer (1999, p. 43-44) assinala que o campo da hermenêutica tem sido interpretado (numa ordem cronológica pouco rigorosa) como: 1) uma teoria da exegese bíblica; 2) uma metodologia filológica geral; 3) uma ciência de toda a compreensão linguística; 4) uma base metodológica da *geisteswissenschaften*; 5) uma fenomenologia da existência e da compreensão existencial; 6) sistemas de interpretação, simultaneamente recolectivos e inconoclásticos, utilizados pelo homem para alcançar o significado subjacente aos mitos e símbolos. Cada definição representa essencialmente um ponto de vista a partir do qual a hermenêutica é encarada; cada uma esclarece aspectos diferentes, mas igualmente legítimos do ato da interpretação, especialmente da interpretação de textos. O próprio conteúdo da hermenêutica tende a ser remodelado com estas mudanças de perspectiva.

Buscando uma síntese das definições expostas, a hermenêutica será utilizada, no presente trabalho, para designar um saber que procura problematizar os pressupostos, a natureza, a metodologia e o escopo da interpretação humana, nos planos artístico, literário, teológico e jurídico.

Por sua vez, a prática interpretativa significa uma de compreensão dos fenômenos culturais, que se manifestam através da mediação comunicativa estabelecida entre uma dada obra e a comunidade humana.

Sendo assim, a Herrmenêutica Jurídica figura como um campo relativamente autônomo da Hermenêutica Geral, que se ocupa da reflexão acerca das premissas, da natureza, da metodologia e da finalidade da interpretação do direito, entendida como uma atividade de mediação comunicativa que promove a compreensão do fenômeno jurídico enquanto objeto integrante da cultura humana.

CAPÍTULO DOIS

MATRIZES FILOSÓFICAS DA HERMENÊUTICA JURÍDICA

2.1 A origem do saber hermenêutico

A INVESTIGAÇÃO DOS FUNDAMENTOS FILOSÓFICOS da hermenêutica se justifica, especialmente no campo jurídico. Isto porque o horizonte tradicional da hermenêutica técnica se revela insuficiente para o desiderato da interpretação do direito. Enquanto instrumental para a exegese de textos, o saber hermenêutico é reduzido, nesta perspectiva, a um caleidoscópio intricado de ferramentas teóricas, com vistas à descoberta de uma verdade previamente existente.

Ao revés, torna-se necessário um novo tratamento paradigmático, porque, mais amplo, capaz de radicar em novas bases a interpretação jurídica. Trata-se da hermenêutica filosófica, uma proposta de reunir os problemas gerais da compreensão no tratamento das práticas interpretativas do direito.

Neste sentido, afigura-se oportuna a lição de Arruda Júnior e Gonçalves (2002, p. 233), ao sustentar que, no ambiente jurídico, a hermenêutica técnica mais tem servido de abrigo metodológico para os que acreditam ser a interpretação uma atividade neutra e científica, na qual outros universos de sentido, como o dos valores, dos interesses e da subjetividade, não exercem ingerência alguma. Discutir a hermenêutica filosófica, como um novo paradigma cognitivo para saber, e a prática jurídica envolvem a reformulação preliminar daquele território metodológico, no qual são radicalmente delimitadas as possibilidades de percepção e funcionamento do direito. A concepção hermenêutica sugere formas alternativas, menos cientificistas e mais historicizadas, para as gerações vindouras apreenderem o direito como um, entre os diversos outros componentes do fenômeno normativo-comportamental mais geral.

Sendo assim, dando vazão a esta hermenêutica filosófica, cumpre mapear as referências teóricas mais importantes para o delineamento do saber hermenêutico, especialmente, a partir da Idade Moderna.

Com efeito, após o surgimento das antigas escolas de hermenêutica bíblica, em Alexandria e Antioquia, passando, durante a Idade Média pelas interpretações Agostiniana e Tomista das sagradas escrituras, a hermenêutica desembarca na modernidade como uma disciplina de natureza filológica. Nos albores do mundo moderno, a hermenêutica volta-se para a sistematização de técnicas de leitura, as quais serviriam à compreensão de obras clássicas e religiosas. As operações filológicas de interpretação desenvolvem-se em face de regras rigorosamente determinadas: explicações lexicais, retificações gramaticais e crítica dos erros dos copistas. O horizonte hermenêutico é o da restituição de um texto, mais fundamentalmente de um sentido, considerado como perdido ou obscurecido. Numa tal perspectiva, o sentido é menos para construir do que para reencontrar, como uma verdade que o tempo teria encoberto.

Deste modo, é possível afirmar que cada uma das definições doutrinárias sobre a teoria da interpretação reflete mais do que um estágio histórico do saber hermenêutico, indicando abordagens relevantes para o problema interpretativo. Ideias como a recusa à literalidade textual, a historicidade, a abertura aos valores, a dialogicidade e o horizonte linguístico estão umbilicalmente ligadas à hermenêutica jurídica e ao exercício da interpretação do direito, como será examinado doravante.

2.2 A hermenêutica romântica de Friedrich Schleiermacher

A hermenêutica penetra, então, no campo dos saberes humanos. Na virada do século XVIII para o século XIX, com o teólogo protestante Friedrich Schleiermacher (1768-1834), assiste-se a uma generalização do uso da hermenêutica. Schleiermacher é considerado o pai da moderna hermenêutica, de tal modo que as teorias hermenêuticas mais importantes na Alemanha do século XIX trazem as suas marcas.

Ao afirmar, em célebre conferência proferida em 1819, que a hermenêutica como arte da compreensão não existe como uma área geral, mas apenas como uma pluralidade de hermenêuticas especializadas, Schleiermacher justificou o seu objetivo fundamental de construir uma hermenêutica geral como arte da compreensão, que pudesse servir de base e de centro a toda a hermenêutica especial.

Em Schleiermacher (1999, p. 5), a hermenêutica está relacionada com o ser humano concreto, existente e atuante no processo de compreensão do diálogo. A hermenêutica transforma-se verdadeiramente numa arte da compreensão. Embora conservando os seus laços privilegiados com os estudos bíblicos e clássicos, a hermenêutica passa a abarcar todos os setores da expressão humana. A atenção está cada vez mais orientada não apenas para o texto, mas, sobretudo, para o seu autor. A leitura de um texto implica, assim, em dialogar com um autor e esforçar-se por reencontrar a sua intenção originária.

Para tanto, como se depreende dos escritos de Schleiermacher, seria necessário abandonar a literalidade da interpretação gramatical em prol do que ele denominou interpretação psicológica. Caberia, assim, ao intérprete mapear as circunstâncias concretas que influenciaram a elaboração do texto, recriando a mente do autor de acordo com os influxos sociais que marcaram sua existência.

Segundo o autor, psicologizar refere-se ao esforço de ir para além da expressão linguística, procurando as intenções e os processos mentais do seu autor. Considera, pois, o problema interpretativo como inseparável da arte da compreensão, naquele que ouve. Só esta argumentação ajudaria a ultrapassar a ilusão de que o texto tem um significado independente e real, separável do evento que é compreendê-lo.

Com o advento do pensamento de Schleiermacher, a hermenêutica deixa de ser vista como um tema disciplinar específico do âmbito da teologia, da literatura ou do direito, passando a ser concebida como a arte de compreender uma expressão linguística. A estrutura da frase e o contexto significativo são os seus guias, constituindo os sistemas de interpretação de uma hermenêutica geral. Schleiermacher ultrapassou, assim, decisivamente a visão da hermenêutica como um conjunto de métodos acumulados por tentativas e erros, sustentando a legitimidade de uma arte geral da compreensão anterior a qualquer arte especial de interpretação.

2.3 A hermenêutica histórica de Wilhelm Dilthey

É, entretanto, com a obra do filósofo e historiador Wilhelm Dilthey (1833-1911), que a hermenêutica adquire o estatuto de um modo de conhecimento da vida humana, especialmente apto para apreender a cultura, irredutível em si mesma aos fenômenos naturais. Depois da morte de Schleiermacher, o projeto de desenvolver uma hermenêutica geral esmoreceu, perto do final do século XIX, quando Wilhelm Dilthey começou a vislumbrar na hermenêutica o fundamento para as *Geisteswinssenschaften*. A experiência concreta, histórica e viva passa a ser o ponto de partida e o ponto de chegada do conhecimento humano.

Conforme elucida Palmer (1999, p. 127), Dilthey propõe o desmantelamento do eu transcendental dos idealistas alemães, valorizando a experiência humana no processo hermenêutico. Situa, pois, a tarefa interpretativa no plano histórico, propondo a explicação e a compreensão, respectivamente, como modos de cognição da natureza e da realidade sociocultural. O projeto de formular uma metodologia adequada às ciências que se centram na compreensão das expressões humanas – sociais e artísticas – é primeiramente encarado por Dilthey no contexto de uma necessidade de abandonar a perspectiva reducionista e mecanicista das ciências naturais, e de encontrar uma abordagem adequada à plenitude dos fenômenos.

Segundo ele, os novos modelos de interpretação dos fenômenos humanos tinham que derivar das características da própria experiência vivida, baseando-se nas categorias de sentido e não nas categorias de poder, nas categorias de história e não das matemáticas. A diferença entre os estudos humanísticos e as ciências naturais não está necessariamente nem num tipo de objeto diferente que os estudos humanísticos possam ter, nem num tipo diferente de percepção; a diferença essencial está no contexto dentro do qual o objeto é compreendido.

Com efeito, Dilthey acreditava que compreensão era a palavra-chave para os estudos humanísticos. A compreensão não é um mero ato de pensamento, mas uma transposição e uma nova experiência do mundo tal como o captamos na experiência vivida. Não é um ato de comparação consciente e reflexivo, é antes a operação de um pensar silencioso que efetua a transposição pré-reflexiva de uma pessoa para outra. A compreensão tem valor em si mesma, para além de quaisquer considerações práticas. Os estudos humanísticos se debruçam amorosamente sobre o particular. As explicações científicas raramente são valorizadas em si mesmas, mas, sim, devido a qualquer outra coisa.

As consequências hermenêuticas da historicidade são evidentes em todo o pensamento de Dilthey. Na teoria hermenêutica, o homem é visto na sua dependência relativamente a uma interpretação constante do passado, que se compreende a si próprio, em termos de interpretação de uma herança e de um mundo partilhados, que o passado lhes transmite, uma herança constantemente presente e ativante em todas as suas ações e decisões. A moderna hermenêutica encontra a sua fundamentação teórica na historicidade.

Nesse sentido, o texto, enquanto objeto hermenêutico, figura como a própria realidade humana no seu desenvolvimento histórico. A prática interpretativa deve restituir, por assim dizer, a intenção que guiou o agente no momento da tomada de decisão, permitindo alcançar o significado da conduta humana. A riqueza da experiência humana possibilita ao hermeneuta internalizar, por uma espécie de transposição, uma experiência análoga exterior e, portanto, compreendê-la.

O contributo de Dilthey foi alargar o horizonte da hermenêutica, colocando-o no contexto da interpretação dos estudos humanísticos. Concebeu, assim, uma interpretação centrada na expressão da experiência vivida. Isto satisfez dois objetivos básicos em Dilthey: primeiramente focar o problema da interpretação num objeto com um estatuto fixo, duradouro e objetivo; segundo, o objeto apelava claramente para modos históricos de compreensão, mais do que para modos científicos, só podendo compreender-se por uma referência à própria vida, em toda a sua historicidade e temporalidade.

2.4 A METACIÊNCIA HERMENÊUTICA DE EMILIO BETTI

Outra grande referência intelectual da Hermenêutica Geral e Jurídica foi Emilio Betti (1890-1968), grande jusfilósofo, historiador e educador da doutrina italiana, cujo pensamento transitou em diversos ramos do conhecimento e do direito positivo.

Suas reflexões sobre os fenômenos jurídico se baseiam não apenas na tradição do direito romano, mas também na corrente do realismo, vertente intelectual predominante entre os juristas italianos do século XIX e do início do século XX, preocupados com relações humanas em seu desenvolvimento social, tais como Vico, Romagnosi, Gioberti, Rosmini, Ferrari, Del Vecchio e Santi Romano.

Inspirado também nos estudos de Friedrich Schleiermacher, Wilhelm Dilthey e Carl Gustav Jung, Emilio Betti procurou delinear a hermenêutica como uma verdadeira teoria geral das ciências espirituais, apresentando-a como uma espécie de superciência das modalidades de interpretação.

Com efeito, Emilio Betti examinou os discursos jurídicos, a partir da realidade fática, sem renunciar aos conteúdos mutáveis do direito vivo, insistindo na necessidade de não perder de vista a pluralidade dos componentes históricos e a diversidade dos valores da convivência humana. O estudo do direito não se reduziria a uma mera descrição dos conteúdos normativos de uma ordem jurídica, não devendo as experiências jurídicas ser enrijecidas e formalizadas da mesma forma que conceitos abstratos ou comandos imperativos, mas, isso sim, devendo ser consideradas em uma perspectiva dinâmica e real.

Segundo ele, os enunciados das normas jurídicas não seriam meros juízos de natureza cognitiva, mas, em verdade, instrumentos de ação, representando as soluções dadas a um problema de convivência, prestando-se, pois, a operações hermenêuticas de adaptação à vida social. Os conceitos jurídicos, uma vez enquadrados historicamente, figurariam como ferramentas indispensáveis para que os juristas refletissem continuamente sobre a evolução social dos ordenamentos jurídicos.

Decerto, Emilio Betti acreditava os juristas que seguem atentamente os temas do direito antigo acabam se referindo a eles com olhos atentos aos acontecimentos atuais, pois não é possível reviver o conjunto de condições que caracterizaram períodos históricos remotos. Estava convencido de que o passado não pode voltar, ainda que as referências pretéritas possam enriquecer os contemporâneos de forma particularmente intensa, precisamente porque permitem interpretar os conteúdos cambiantes do tempo, possibilitando a comparação diacrônica das experiências jurídicas.

Emilio Betti afirmava que o desenvolvimento do direito e seu passado fazem parte de um movimento incessante que cresce sem parar até o presente, e que o jurista deve, acima de tudo, ser um bom intérprete do contexto histórico-social no qual os princípios e regras jurídicas estão inseridos.

Ele estava particularmente interessado nas mudanças propiciadas pela interpretação jurídica, entendendo que o intérprete do direito atual não poderia ignorar as condições que são o resultado do desenvolvimento histórico da coletividade. O grau de adequação e pertinência às expectativas sociais, bem como a contínua renovação das ferramentas conceituais e dos critérios de interpretação jurídica, constituiriam, ao mesmo tempo, o resultado e a prova da contínua evolução dos ordenamentos jurídicos.

Qualquer atividade interpretativa, inclusive a interpretação jurídica, dependeria de uma forma representativa, na qual se materializa o espírito objetivado que constitui o objeto a ser interpretado. A interpretação figura, assim, como uma atividade que tem por objetivo atingir a compreensão de formas representativas criadas por outra mente, condição prévia para o fluxo da comunicação intersubjetiva e para a realização da objetividade dos resultados hermenêuticos.

Conforme as lições de Emilio Betti (1990, p. 305), as formas representativas que constituem o objeto de interpretação são essencialmente objetivações de uma espiritualidade que nela se assentou, devendo ser entendidas, por conseguinte, de acordo com o espírito que nelas está objetivado.

Com efeito, o objeto da interpretação não seria uma a vontade do autor, que se reporta à vontade do intérprete, mas a objetivação de uma espiritualidade, resultante na forma representativa, que se insere entre os sujeitos. Assim, a atividade interpretativa figura como um processo complexo, para o qual comparece uma forma representativa entre dois entes espirituais. O objeto da interpretação do direito abrangeria as normas jurídicas, as declarações e os comportamentos, todos figurando como elementos submetidos ao crivo das valorações dos juristas.

Segundo Emilio Betti (1956, p. 72), o processo interpretativo ostenta natureza tridimensional, que envolve o espírito vivente do intérprete, uma espiritualidade objetivada numa forma representativa e a própria forma representativa. A interpretação objetiva então reconstruir um espírito que, através da forma de representação, fala ao espírito do intérprete, em direção inversa do próprio processo criativo.

Como a forma representativa exterioriza-se sempre intencionalmente, o hermeneuta se depara com uma expressão realizada de um fenômeno consciente. Dada a sua natureza intencional, qualquer manifestação discursiva pressupõe uma comunhão de fala, enquanto pressuposto necessário para as práticas de interpretação geral e jurídica.

A forma representativa, substrato ou instrumento material perceptível, consiste na veiculação da espiritualidade daquele que, através dela, se manifesta, comunicando-se com o mundo. A ação comunicativa depende, assim, de pelo menos duas espiritualidades, isto é, de uma comunidade de fala que possibilite a objetividade na interpretação, através de um processo dialético.

Por sua vez, o entorno de uma forma representativa do discurso deve ser considerado pelo intérprete e ele contempla as dimensões linguística (textual) e extralinguística (contextual). A primeira consubstancia o plano verbal e a outra se refere à esfera situacional. Cabe ao intérprete mediar e integrar essas duas instâncias para a mais adequada compreensão do objeto hermenêutico.

Ao buscar essa objetividade hermenêutica, o intérprete deve repensar ou recriar em si o pensamento ou a criação do autor. O intérprete há de subordinar-se ao criador da forma representativa, isto é, reconstruir e reproduzir o pensamento do autor a partir do próprio pensamento, tornando aquele algo próprio. Tal objetividade interpretativa somente é atingida mediante a subjetividade do intérprete, ciente da necessidade de abertura, sensibilidade, solidariedade e alteridade.

Consoante o magistério de Emilio Betti (1956, p. 32), toda dialética do processo cognoscitivo da interpretação decorre de uma antinomia entre a subjetividade do entender e a objetividade do sentido a atribuir, como, de outra parte, da antinomia entre a atualidade do sujeito e da anterioridade do objeto. O intérprete revela-se como o espírito atual, pois só os indivíduos têm consciência e capacidade de compreender as formas representativas.

De um lado, a subjetividade inseparável e a espontaneidade de entender e, do outro, a objetividade do sentido anterior que se pretende recompor. O intérprete deve então reconstruir a ideia originária e colocá-la de acordo com a vida presente. A interpretação demonstra ser inevitável a subjetividade do compreender, enquanto se manifesta a objetividade do sentido, caracterizando-se antinômico o processo interpretativo, polarizando a atualidade do sujeito que conhece e a alteridade do objeto que se põe a conhecer.

Além da sua pessoalidade individual, envolta por um mundo espiritual comum aos demais sujeitos pensantes, que carrega também dentro de si, o intérprete figura como o porta-voz de uma coletividade espiritual. Deveras, o hermeneuta está sujeito à influência de uma atmosfera de vivente espiritualidade, a qual condiciona o ponto de vista historicamente condicionado da atividade interpretativa.

Qualquer forma de representação da cultura humana, como sucede com o fenômeno jurídico, jamais pode ser considerada algo concluso e perfeito. Ao contrário, é obra que provoca permanentemente o intérprete a traduzi-la, reconstruindo criativamente o seu sentido. O intérprete não figura como um sujeito passivo, encontrando-se em postura dinâmica dentro do processo interpretativo. O objeto diante do qual ele se encontra não é qualquer coisa, mas consiste na objetividade de uma mente, cuja intencionalidade o intérprete busca identificar e compreender através do contato com as formas representativas, reconhecendo e reconstruindo o seu sentido, combinando a sua inteligência com a sua vontade.

Nesse sentido, no âmbito da interpretação jurídica, o texto do diploma legal não é mais que um dado, destinado a vivificar-se em interação com a realidade social e com a tradição histórica. O fenômeno jurídico deve ser apreendido em sua totalidade, observando-se a evolução histórica do sistema jurídico, da doutrina e da jurisprudência. No intento de reconstrução, sem o instrumento dogmático adequado, o jurista não pode acertar, com precisão científica a diferenciar uma questão histórica de outra, uma concepção de outra diferente, um meio técnico de solução de problema e um meio distinto.

O intérprete do direito deve levar em consideração dois parâmetros cognitivos, mediante os quais realiza a interpretação: o critério histórico-subjetivo e o critério histórico-objetivo. Pelo primeiro, considerado invariável, reconhecem-se na lei e demais fontes jurídico-normativas, no momento da sua criação, as valorações originárias, imanentes e latentes, reveladoras da sua finalidade. O segundo, considerado variável conforme as exigências da sociedade na qual a lei ou fonte jurídica vigora, mostra por quais atualizações a norma jurídica passou e às quais se deve sujeitar no momento da interpretação, em razão das mudanças sociais e das novas tendências formais e materiais do ordenamento jurídico.

Ademais, Emilio Betti (1956, p. 33) propõe uma metodologia hermenêutica, descrevendo quatro cânones hermenêuticos, que serviriam como guias para orientar a mais correta e adequada interpretação de forma representativa, inclusive, no mundo jurídico, a saber: os cânones da autonomia e totalidade (referentes ao objeto), os cânones da atualidade da compreensão e o da adequação do entendimento (pertinentes ao objeto).

Com efeito, o cânone da autonomia reconhece que as formas representativas que constituem o objeto da interpretação são essencialmente objetivações do espírito e, em particular, manifestações do pensamento. Deve-se, portanto, reivindicar a superioridade do sentido imanente da declaração, em confronto com a literalidade abstratamente considerada. A letra, embora constitua o veículo da comunicação, é menos importante do que a mensagem, razão pela qual o intérprete a deve buscar e colaborar com a sua apreensão. No campo do Direito, o reconhecimento da autonomia do objeto leva o intérprete a considerar não a textualidade da legislação ou de outra fonte jurídico-normativa, mas, em verdade, a *ratio legis* – o fim a ser alcançado numa dada situação concreta.

Por sua vez, o cânone da totalidade implica a correlação existente entre as partes constitutivas da forma representativa com toda a manifestação do pensamento, ou seja, verifica-se uma conexão biunívoca de sentido entre o todo e seus respectivos elementos constitutivos. O intérprete deve considerar o objeto hermenêutico como integrante de uma totalidade, a qual ele resta integrado em sinergia dialética. Este cânone explicita ao intérprete a constatação de que entre a parte e o todo deve existir uma necessária coerência, cabendo, assim, ao hermeneuta avaliar essa congruência no curso de sua atividade interpretativa.

Para Betti (1990, p. 313), a aplicação desse cânone significa reportar-se sempre ao contexto no qual a parte está inserida. Assim, de um ponto de vista gramatical, insere-se na totalidade da língua em que o discurso foi formulado. Sob a perspectiva psicológica, na totalidade da vida e personalidade do autor, em relação às quais cada manifestação singular constitui um momento, ligado aos demais por um nexo de recíproca influência e afinidade. Do ângulo técnico, significa ater-se ao problema que a obra buscou desenvolver, mesmo se eventualmente o autor não teve clara percepção desse aspecto, de acordo com a sua específica natureza.

A seu turno, o cânone da atualidade da compreensão orienta o intérprete a recorrer a si mesmo durante o desenvolvimento do processo criativo, revivendo e resolvendo o problema hermenêutico através da atualidade do pensamento, numa transposição do círculo da própria vida espiritual em virtude da mesma síntese com que se reconhece e reconstrói a forma representativa que está sendo interpretada.

De acordo com o pensamento de Emilio Betti (1990, p. 209), o cânone da atualidade da compreensão aponta para a possibilidade de o intérprete reconstruir o pensamento do criador da obra, ou até mesmo a sua experiência de vida, a partir de sua experiência própria. Uma inversão existencial pela qual, no movimento hermenêutico, o intérprete deve percorrer de novo, em sentido retrospectivo, o marco genético da forma representativa, fazer, em si próprio, a reflexão desse percurso cognoscitivo.

Quando se interpreta, é preciso atentar para a inevitável subjetividade daquele que interpreta e a necessidade da compreensão objetiva. O intérprete, ao empenhar-se em conhecer o objeto, não se submete a um processo mecânico e passivo. Para realizar uma interpretação efetiva da forma representativa, o hermeneuta deve comparecer espontaneamente diante do objeto, animando-o com sua própria vida, numa experiência atual. A subjetividade do sujeito que interpreta não deve constituir óbice para a compreensão, mas condição indispensável de sua possibilidade. O intérprete precisa colocar à disposição do processo hermenêutico todo o acúmulo de conhecimentos e vivências, como também demonstrar a humildade e abnegação próprias de uma abertura congenial em relação ao objeto hermenêutico.

De outro lado, o cânone da adequação do entendimento implica que o intérprete deve projetar a sua própria individualidade em harmonia com a incitação emanada do objeto hermenêutico, a fim de que um e outro possam encontrar uma empatia e uma consequente vibração uníssona de natureza espiritual. Este cânone assinala, portanto, ao hermeneuta a necessidade de adesão à essência da forma representativa, o que se alcança com imersão autêntica e espontânea do sujeito no objeto interpretado.

Logo, deve o intérprete entrar em sintonia com a forma representativa, a partir de uma transfiguração para outra espiritualidade, revivendo-a como coisa que se torna própria, para que exista um acordo entre dois polos espirituais e seja obtida a tessitura semântica indispensável ao livre transcurso da interpretação.

Saliente-se, por oportuno, que o processo interpretativo de transferência para o outro não significa a anulação da própria identidade do hermeneuta e a descrição neutra do objeto, porquanto o intérprete deve preservar a sua singularidade existencial, não sendo admissível a anulação da individualidade do seu espírito nem mesmo no curso das atividades interpretativas meramente reprodutivas, como sucede, por exemplo, com as traduções.

No tocante às etapas do desenvolvimento do processo hermenêutico, Emilio Betti elenca ainda os chamados momentos de interpretação, os quais se manifestam como fases complementares e interdependentes, durante todo o esforço de realização da atividade interpretativa. Do ponto de vista temporal, seriam quatro os momentos da interpretação: filológico, crítico, psicológico e técnico.

A primeira tarefa do intérprete costuma ser com o aspecto filológico, que se relaciona à compreensão dos símbolos, a fim de enfrentar questões como sinonímia, metonímia, homonímia, metáfora, denotação e conotação de signos linguísticos. Todas as particularidades ligadas à linguagem devem ser observadas aqui, assim como superados todos os obstáculos que inviabilizam o entendimento textual e contextual das formas representativas da cultura.

Depois desse momento inicial, o intérprete chega normalmente a uma fase denominada de instância crítica, quando então são ajustadas as eventuais incongruências e atendidos os aspectos lógicos em consonância com o contexto metalinguístico de cada objeto hermenêutico.

Por sua vez, no momento psicológico, o intérprete se vê diante da exigência de reconstruir o objeto, internamente, e reconhecê-lo, podendo compreender a forma representativa ou manifestação discursiva melhor que o próprio criador, dependendo do estado espiritual em que se encontrava o autor no momento da gestação de uma determinada obra.

A seu turno, o momento técnico da interpretação jurídica chama a atenção do hermeneuta para o objetivo da compreensão do significado da forma representativa ou da manifestação discursiva no mundo, conforme a lógica específica de cada objeto hermenêutico.

No tocante ao papel dos juristas na interpretação jurídica, Emilio Betti considera a ciência jurídica um verdadeiro órgão da consciência social de uma dada época, a qual funcionaria como instância intelectual chamada a interpretar princípios e regras jurídicas, por meio da integração contínua do significado dos textos escritos e dos comportamentos humanos.

Merecem destaque aqui os princípios gerais do direito, enquanto critérios axiológicos e diretivas histórico-condicionadas da ordem jurídica, os quais permitiram o desenvolvimento de uma interpretação integrativa capaz de descortinar as tendências evolutivas do fenômeno jurídico numa dada sociedade.

Sendo assim, os juristas representariam potenciais intérpretes, destinados a contribuir para a adequação do direito vigente às demandas da comunidade, desempenhando a relevante função social de renovação contínua da ordem jurídica em face da realidade circundante. Ao desempenharem essa desafiadora missão, os estudiosos do direito atuariam, permanentemente, como protagonistas do inesgotável processo hermenêutico de formação e aperfeiçoamento do ordenamento jurídico.

2.5 A hermenêutica ontológico-existencial de Martin Heidegger

Durante o século XX, firma-se uma hermenêutica radicada na existência. Merece registro a contribuição existencialista de Martin Heidegger (1889-1976).

Deveras, Heidegger (1997, p. 11) opera duas rupturas em relação à concepção preconizada por Dilthey. A hermenêutica não é inserida no quadro gnosiológico, como um problema de metodologia das ciências humanas. Não se trata, como em Dilthey, de opor o ato de compreensão, próprio das ciências humanas, ao caminho da explicação, via metodológica das ciências naturais. A compreensão passa a ser visualizada não como um ato cognitivo de um sujeito dissociado do mundo, mas, isso sim, como um prolongamento essencial da existência humana. Compreender é um modo de estar, antes de configurar-se como um método científico.

Por isso mesmo, o ser não somente não pode ser definido, como também nunca se deixa determinar em seu sentido por outra coisa, nem como outra coisa. O ser é algo derradeiro e último que subsiste por seu sentido. Trata-se de algo autônomo e independente que se dá em seu sentido. O ser não se deixa apreender ou determinar nem por via direta nem por desvios, nem por outra coisa, nem como outra coisa. Ao contrário, exige e impõe que nos contentemos com o tempo de seu sentido e nos liames com todas as realizações a partir de seu nada, isto é, a partir de seu retraimento e de sua ausência.

Com efeito, pensar é o modo de ser do homem, no sentido da dinâmica de articulação de sua existência. Pensando, o homem é ele mesmo, sendo outro. Pensar o sentido do ser é escutar as realizações, deixando-se dizer para si mesmo o que é digno de ser pensado como o outro. O pensamento do ser no tempo das realizações é inseparável das falas e das línguas da linguagem.

A partir de Heidegger, a indagação hermenêutica considera menos a relação do intérprete com o outro do que a relação que o hermeneuta estabelece com a sua própria situação no mundo. O horizonte da compreensão é a apreensão e o esclarecimento de uma dimensão primordial, que precede a distinção sujeito/objeto: a do ser-no-mundo. O homem só se realiza imerso numa realidade que o envolve e do qual ele faz parte. É essa condição existencial que caracteriza originariamente o ser-no-mundo. O ser-no-mundo, contudo, não quer dizer que o homem se acha no meio da natureza, ao lado de árvores, animais, coisas e outros homens. Em verdade, o ser-no-mundo não é nem um fato, nem tampouco uma necessidade no nível concreto do mundo real. O ser-no-mundo é uma estrutura de realização. Por sua dinâmica, o homem está sempre superando os limites entre o interior de sua subjetividade e o mundo exterior.

Sendo assim, na visão de Heidegger, o enfoque de toda a Filosofia reside no ser-aí, vale dizer, no ser-no-mundo, ao contrário dos julgamentos definitivos acerca das coisas-no-ser ou coisas-lá-fora. A pedra angular de seu monumento teórico é o conceito de Dasein, ou seja, a realidade que tem a ver com a natureza do próprio ser. Heidegger rompe, assim, o dualismo sujeito-objeto em favor de um fenômeno unitário capaz de contemplar o eu e o mundo, conciliando as diversas dimensões da temporalidade humana – passado (sido), presente (sendo) e futuro (será) – como momentos que integram a própria experiência hermenêutica.

2.6 A hermenêutica filosófica de Hans Georg Gadamer

Posteriormente, emerge um novo paradigma hermenêutico, que conforma a atividade interpretativa como situação humana. Desponta o fecundo pensamento de Hans Georg Gadamer (1900-2002), para quem a interpretação, antes de ser um método, é a expressão de uma situação do homem.

Para Gadamer (1997, p. 10), o hermeneuta, ao interpretar um objeto, está já situado no horizonte aberto pela obra, o que ele denomina círculo hermenêutico. A interpretação é, sobretudo, a elucidação da relação que o intérprete estabelece com a tradição de que provém, pois, na exegese de textos literários, o significado não aguarda ser desvendado pelo intérprete, mas é produzido no diálogo estabelecido entre o hermeneuta e a obra.

Ao procurarmos compreender um fenômeno histórico a partir da distância histórica que determina nossa situação hermenêutica como um todo, encontra-mo-nos sempre sob os efeitos de uma história concreta. A iluminação dessa situação não pode ser plenamente realizada em face da essência mesma do ser histórico que somos. Logo, devemos tentar nos colocar no lugar do outro para poder entendê-lo. Da mesma forma, devemos tentar nos deslocar para a situação do passado para ter assim seu horizonte histórico. O ato de compreender é sempre uma fusão de horizontes.

Sendo assim, compreender o que alguém diz é pôr-se de acordo sobre a coisa. Compreender não é deslocar-se para dentro do outro, reproduzindo suas vivências. A compreensão encerra sempre um momento de aplicação e todo esse processo é um processo linguístico. A verdadeira problemática da compreensão pertence tradicionalmente ao âmbito da gramática e da retórica. A linguagem é o meio em que se realiza o acordo dos interlocutores e o consequente entendimento sobre a coisa, sendo a conversação hermenêutica um processo pelo qual se procura chegar a um acordo.

Pode-se falar numa conversação hermenêutica, pois o texto traz um tema à fala, mas quem o consegue é, em última análise, o desempenho do intérprete. O horizonte do intérprete é determinante para a compreensão do texto. A fusão de horizontes pode ser compreendida como a forma de realização da conversação. A natureza dialógica da compreensão possibilita a realização da consciência histórica.

Na tradição escrita, o fenômeno linguístico adquire seu pleno significado hermenêutico. Nela se dá uma coexistência de passado e presente única em seu gênero, pois a consciência presente tem a possibilidade de um acesso livre a tudo quanto fora transmitido por escrito. A consciência que compreende pode deslocar e ampliar seu horizonte, enriquecendo seu próprio mundo com toda uma nova dimensão de profundidade.

Sendo assim, o significado emerge à medida que o texto e o intérprete se envolvem na dialética de um permanente diálogo, norteado pela compreensão prévia que o sujeito cognoscente já possui do objeto – a chamada pré-compreensão. É esta interação hermenêutica que permite ao intérprete mergulhar no oceano linguístico do objeto hermenêutico, aproveitando-se da abertura interpretativa de uma dada obra.

2.7 A hermenêutica estruturalista-fenomenológica de Paul Ricoeur

Como síntese da evolução das ideias anteriores, desenvolve-se a fundamentação hermenêutica de Paul Ricoeur (1913-2005). O notável pensador adota uma posição conciliadora em face da dicotomia diltheyana entre compreensão e explicação.

Com efeito, Ricoeur (1989, p. 8) torna a referida dicotomia complementar através da consideração do fenômeno humano como intermédio simultaneamente estruturante (o intencional e o possível) e estruturado (o involuntário e o explicável), articulando a pertença ontológica e a distanciação metodológica.

A constituição da hermenêutica enquanto saber autônomo é um dos seus temas fulcrais. Abandonando o primado da subjetividade e o idealismo de Husserl, assumindo a pertença participativa como pré-condição de todo esforço interpretativo (Heidegger e Gadamer), Ricoeur desenvolve suas concepções teóricas, sem esquecer os precursores da teoria geral da interpretação (Schleiermacher e Dilthey).

Procura-se, assim, consolidar um modelo dialético que enlace a verdade como desvelamento (ontologia da compreensão) e a exigência crítica representada pelos métodos rigorosos das ciências humanas (necessidade de uma explicação). Deste modo, o escopo da interpretação será reconstruir o duplo trabalho do texto através do círculo ou arco hermenêutico: no âmbito da dinâmica interna que preside à estruturação da obra (sentido) e no plano do poder que tem esta obra para se projetar fora de si mesma, gerando um mundo (a referência).

Com a interpretação de um texto, segundo Ricoeur, abre-se um mundo, ou melhor, novas dimensões do nosso ser-no-mundo, porquanto a linguagem mais do que descrever a realidade, revela um novo horizonte para a experiência humana.

De acordo com Ricoeur, porque a hermenêutica tem a ver com textos simbólicos de múltiplos significados, os discursos textuais podem configurar uma unidade semântica que tem – como os mitos – um sentido mais profundo. A hermenêutica seria o sistema pelo qual o significado se revelaria, para além do conteúdo manifesto. O desafio hermenêutico seria tematizar reflexivamente a realidade que está por detrás da linguagem humana.

Deste modo, é possível afirmar que cada uma destas definições reflete mais do que um estágio histórico do saber hermenêutico, indicando abordagens relevantes para o problema da interpretação. Ideias como a recusa à literalidade textual, a historicidade, a abertura aos valores, a dialogicidade e o horizonte linguístico estão umbilicalmente ligadas à hermenêutica jurídica e ao exercício da interpretação do direito.

2.8 A hermenêutica crítica de Jürgen Habermas

Jürgen Habermas (1929), eminente filósofo e sociólogo germânico, desponta como um dos maiores intelectuais da atualidade. O seu pensamento e sua produção intelectual, inclusive no campo da hermenêutica geral e jurídica, restam ligados à tradição da Escola de Frankfurt e ao Pragmatismo Contemporâneo.

Jürgen Habermas propõe a ideia de uma racionalidade comunicativa como uma proposta de emancipação do ser humano, que seria um instrumento cognitivo amplo, capaz de compreender a descrição da realidade, a manifestação de valores, a expressão dos sentimentos e o desenvolvimento dos processos comunicativos.

Sendo assim, Jürgen Habermas (1987, p. 15) desenvolve a teoria discursiva da ação comunicativa, modelo racional de interação comportamental, por meio do uso da argumentação e da expansão do debate público, com vista à obtenção de consensos. Os estudos de Habermas focam na ação comunicativa como forma de apreensão do conhecimento, da ética, da política, da economia e do direito.

Deveras, a comunicação é a primeira e mais importante instância de uma sociedade humana, por ser ela que permite a sociabilidade e a racionalização. O uso da linguagem permite a dinâmica das interações humanas, a eticidade e a compreensão mútua das mensagens permutadas entre os mais diversos agentes sociais. Tal modelo de ação comunicativa oportuniza a construção de acordos no espaço público, sem coerção física, mas pela força do melhor argumento.

Habermas (1984, p. 13) sustenta que essa interação se daria na esfera pública, espaço de discussão que incluiria diversos grupos sociais e agentes estatais, transcendendo o âmbito estatal para alcançar qualquer espaço de interação e discussão existente nos escaninhos da realidade social.

A ação comunicativa deveria ser balizada por algumas pretensões enquanto situação ideal de comunicação: inteligibilidade, como facilidade na compreensão; verdade, como embasamento em informações consistentes; sinceridade, no sentido de lealdade na exposição de ideias; correção normativa, significando conformidade com normas e valores.

Assim, a ação comunicativa, como processo dialógico, livre e racional, revela-se extremamente relevante para a consolidação da democracia, possibilitando fundamentação ética das ações individuais e o convencimento esclarecido das pessoas sobre a legitimidade de uma dada conduta.

Com efeito, a partir de sua teoria da ação comunicativa, Habermas (1997, p. 15) desenvolve reflexões sobre o regime democrático de cunho deliberativo, a qual se constituiria e se aperfeiçoaria pelos procedimentos decisórios da coletividade, que propiciam a coexistência dos diferentes atores e a participação de diversos grupos na produção de normas sociais.

Ao longo do seu transcurso histórico, a sociedade ocidental foi moldada com base na construção de discursos hegemônicos, com a vontade da maioria prevalecendo sobre as aspirações das minorias. Tradicionalmente, mesmo perante o reconhecimento formal de uma igualdade formal de direitos, as regras morais e jurídicas espelhariam os valores, visões de mundo e desejos de uma dada cultura majoritária.

Jürgen Habermas (2002, p. 11) ressalta que a ausência de um canal de interlocução que permitisse às minorias participarem da normatização ética poderia gerar conflitos em razão da repressão e desprezo à sua cultura e às suas demandas por ampliação de direitos. Para Habermas, uma norma ética só seria legitimamente válida se fosse fruto de amplo debate público, sendo imprescindível a inclusão do outro e correlato o reconhecimento da pluralidade para a formação de sociedades plenamente democráticas.

Para alcançar esse desiderato, Jürgen Habermas defende que haja amplo debate público para a produção do consenso, como base axiológica comum pela qual os indivíduos conciliam interesses e pretensões em busca de seus respectivos objetivos. Esse debate livre e racional permite a construção de uma democracia que tenha como método a deliberação. A legitimidade da tomada de decisões políticas resultaria de abrangente e inclusiva discussão pública, envolvendo os diferentes segmentos e indivíduos potencialmente afetados pelo processo decisório.

Assim, tal modelo comunicativo de democracia deliberativa buscaria aproximar diferentes grupos e agentes sociais através da obtenção do consenso, mediante o uso do discurso e do exercício da argumentação na esfera pública, a fim de propiciar uma normatização justa, porque capaz de harmonizar os diferentes interesses e valores de uma sociedade plural.

No que se refere ao mundo jurídico, Jürgen Habermas (1997, p. 15) apresenta uma concepção doutrinária própria, a qual se afasta tanto do positivismo jurídico, que situa o direito apenas no plano normativo, quanto das correntes realistas, que o entendem apenas a partir da facticidade. Haveria, nas sociedades atuais, uma tensão interna entre a positividade do direito, seu caráter coercitivo que independe da aceitação do destinatário para sua aplicação, e a pretensão de legitimidade da ordem jurídica, condição necessária para sua validade no Estado Democrático de Direito. A tensão externa ocorreria entre, por um lado, no plano da facticidade, a capacidade sempre parcial do direito de modificar a realidade, garantindo sua efetividade e, por outro, no âmbito da validade, a normatividade contrafactual das normas jurídicas, que não podem depender da completa efetividade para a preservação da validade da ordem jurídica.

Com efeito, a teoria da ação comunicativa faz com que o princípio do discurso se converta no eixo fundamental do próprio regime democrático, porquanto a legitimidade das normas jurídicas somente pode ser atingida através de procedimentos de validação discursiva.

Emerge, pois, uma nova concepção acerca da relação entre Direito e Moral. A razão prática, guia de uma conduta exclusivamente individual, é substituída pela razão comunicativa, a qual não admite uma instância de fundamentação última para orientar diretamente a ação humana. Ocorre a substituição do normativismo imediato da razão prática pelo normativismo mediato da razão comunicativa, mormente em face da necessidade de observância do princípio do discurso para a criação das normas jurídicas.

Resta, pois, superado o modelo tradicional da filosofia da consciência que sustenta uma normatividade prescritiva para o comportamento. Afasta-se então a possibilidade de o direito positivo fundar-se no direito natural de cunho racional, visto que as leis dependem do consenso construído entre todos os sujeitos envolvidos no exercício de uma racionalidade comunicativa.

Deveras, a compreensão procedimentalista do direito pretende demostrar que os pressupostos comunicativos e as condições do processo de formação democrática da vontade são a única fonte de legitimação. Tal visão revela-se incongruente com a ideia segundo a qual o direito positivo pode deduzir sua legitimidade de um direito superior, mas também com a vertente empirista que nega qualquer modalidade de legitimação que ultrapasse a contingência das decisões que engendram normas jurídicas.

Nesse contexto, a normatividade da razão comunicativa opera-se mediatamente, após um consenso discursivamente estabelecido, com a prevalência daquele argumento mais racional. No mundo do direito, ocorre o mesmo processo comunicativo, mas a normatividade jurídica deve ser necessariamente respeitada pelos sujeitos. As expectativas decorrentes do consenso são substituídas pelo monopólio estatal da força, ante a possibilidade de punição do descumprimento da ordem jurídica. Os agentes sociais, na condição de coautores do ordenamento jurídico, sofrerão uma sanção em caso de violação do direito posto.

Com efeito, a legitimação do direito se manifesta quando os próprios cidadãos são os produtores das normas jurídicas, segundo a ideia de autodeterminação dos povos ou soberania política. O fenômeno jurídico não deve ser considerado uma instância externa aos cidadãos. A normatividade jurídica que se apresenta como o resultado da produção discursiva de todos os sujeitos afetados pelos comandos normativos do sistema jurídico.

Para Jürgen Habermas (1997, p. 59), o procedimento legislativo de institucionalização da vontade democrática dos cidadãos deve atender duas exigências: as liberdades comunicativas devem propiciar uma esfera normativa que mostre as diretrizes dos discursos públicos a serem institucionalizados juridicamente; e os procedimentos tendentes a afastar a contingência de decisões arbitrárias devem ser implantados.

Quanto aos equívocos normativos, existe a possibilidade de a norma jurídica remanescer injusta, consagrar a arbitrariedade e instituir a violência, e por isso perder a legitimidade; ou, ao contrário, pode-se admitir a sua falibilidade e consagrar-se a revisão dos preceitos jurídicos.

Logo, o ordenamento jurídico há de se instituir pela prevalência do melhor argumento e, em face da tensão entre facticidade e validade no Direito, a norma jurídica somente se institui com legitimidade quando expressa a vontade discursiva dos cidadãos, já que não mais satisfazem explicações fundadas em explicações metafísicas.

Por sua vez, as normas jurídicas e as normas morais podem ser consideradas cooriginárias, pois não se invoca o fundamento de uma dessas instâncias buscando a normatividade da outra. Em seu nascedouro, Direito e Moral mantêm relação de simultaneidade. Em seu procedimento, todavia, a relação é de complementaridade recíproca. A simultaneidade genética autonomiza a normatividade jurídica da normatividade moral, através de um discurso deontologicamente neutro, que garante neutralidade normativa imediata para o Direito. A complementariedade pelo procedimento, por sua vez, confere à Moral uma projeção para além de suas fronteiras éticas, garantindo a abertura da ordem jurídica ao mundo moral.

Jürgen Habermas (1997, p. 148) sustenta que a modernidade se afasta da eticidade tradicional quando passa ao nível de fundamentação pós-convencional, no qual se abandonam certezas não problematizáveis advindas da metafísica ou da força da tradição. A Moral assume a natureza de um procedimento argumentativo, o qual culmina com a prevalência das normas fundadas no argumento mais racional consensualmente estabelecido. Tais normas morais não têm obrigatoriedade, salvo se houver apelo para a relação com a ordem jurídica.

Por pertencer simultaneamente às esferas cultural e institucional, o Direito é capaz de minimizar a distância entre o ideal e o real através de uma complementaridade procedimental. Compete a ele fazer a transição desse saber cultural do universal para o particular, concretizando a norma em fato através de sua atuação. Essas exigências são aliviadas à medida que o agente social passa a viver sob a égide do Direito, o qual se incumbe de preservar a necessária integração social.

Para Jürgen Habermas (1997, p. 152), o sistema jurídico afasta das pessoas o ônus de definição dos critérios de julgamento do que é justo ou injusto. Sob o ângulo da complementaridade entre direito e moral, o processo legislativo, a jurisprudência e o trabalho da doutrina jurídica oferecem um alívio para o indivíduo, retirando o peso da formação de um juízo moral próprio.

No tocante ao plano hermenêutico, a desconfiança que pesa sobre as reivindicações de verdade contidas na obra de um autor ou na tradição adotada por uma determinada pessoa revela-se como o eixo principal do pensamento de Jürgen Habermas.

Esta hermenêutica crítica procura as causas da compreensão e da comunicação distorcidas que atuam a coberto de uma interação aparentemente normal. O compromisso prático com a verdade histórica e com um futuro melhor coloca a hermenêutica crítica em contato com a filosofia hermenêutica.

Ao procurar-se o conhecimento prático relevante, registra-se uma mediação entre o objeto e os motivos do próprio intérprete, norteada pela antecipação projetiva do aparecimento das condições materiais conducentes ao reconhecimento pessoal dos agentes sociais.

Sintetizando os processos explicativos interpretativos, espera-se que seja possível demonstrar aos agentes sociais a razão de pensarem o que pensam, de poderem estar errados e de confundirem o que poderia ser corrigido. Como modelo para esta tarefa, Habermas vale-se da psicanálise, já que é aqui que a distorção do sentido é interpretada em face de toda a história da vida de um paciente e em referência a um sistema teórico que pode servir para explicar o aparecimento de doenças específicas. A hermenêutica reveste a forma de uma explicação da gênese e validade dos artefatos humanos.

Segundo Josef Bleicher (1980, p. 155), como ciência social dialética, a hermenêutica crítica de Habermas procura ligar a objetividade dos processos históricos aos motivos dos que neles atuam. Objetivando a libertação do potencial emancipador, isto é, as intenções dos agentes que foram esquecidos ou reprimidos, Habermas recorre à psicanálise como modelo de uma ciência social dialético-hermenêutica com intuito libertário.

Ademais, Habermas introduz o pensamento hermenêutico na metodologia das ciências sociais, a fim de demonstrar as deficiências das atuais abordagens interpretativas.

Na disputa que, no essencial, se registrou entre Gadamer e Habermas, algumas das principais bases da filosofia hermenêutica foram aceitas por ambas as partes; as suas diferenças incidiram, em particular, sobre, por um lado, as implicações da natureza da pré-estrutura da compreensão e, aqui, em especial sobre a situação da linguagem como o seu fundamento último, e, por outro, sobre a justificabilidade da posição crítica desenvolvida por Habermas em face do sentido imposto pela tradição.

Em Habermas, a expressão hermenêutica *fusão de horizontes* serve, simultaneamente, para legitimar um componente crítico na compreensão do sentido subjetivamente visado, em virtude da necessidade de rever constantemente os preconceitos iniciais, ligados a um certo assunto que se caracteriza pela sua capacidade de oferecer diferentes definições e aceitar ou rejeitar a nossa interpretação. A crítica, sob a forma de uma correção, constitui um elemento integral no processo de compreensão dialética.

Uma estrutura discursiva mais adequada para a interpretação do sentido referir-se-ia, segundo Habermas, aos sistemas de trabalho e poder que, em conjunção com a linguagem, constituem o contexto objetivo a partir do qual têm de ser entendidas as ações sociais.

Para Habermas, a verdade é alcançada consensualmente através de uma dialética discursiva em que os falantes estejam submetidos a algumas regras que garantam certa isonomia, sem pressões alheias, numa atmosfera que classifica como situação de discurso ideal. Dentro deste ponto de vista a verdade não se estabelece ontologicamente, mas, isto sim, consensualmente dentro de regras discursivas para que se atinja um critério válido de correção.

Não é outro o entendimento de Jürgen Habermas (1997, p. 145), para quem uma compreensão exclusivamente instrumental ou estratégica da racionalidade é, de algum modo, inadequada, situando a ciência em face da pluralidade de interesses humanos, tais como a dominação da natureza, pela reprodução material da espécie, e o desenvolvimento da intersubjetividade, mediante o uso da linguagem que preside a ordenação da vida social e cultural.

Ao propor uma reconstrução racional da interação linguística, sustenta Habermas que a ação comunicativa permite que os atores sociais se movimentem, simultaneamente, em variadas dimensões, pois, através da competência comunicativa, os indivíduos fazem afirmações sobre fatos da natureza, julgam os padrões de comportamento social e exprimem os seus sentimentos pessoais. Com a racionalidade comunicativa, criam-se, portanto, as condições de possibilidade de um consenso racional acerca da institucionalização das normas morais e jurídicas do agir humano numa dada sociedade.

CAPÍTULO TRÊS

A FINALIDADE DA INTERPRETAÇÃO DO DIREITO

AO TRATAR DAS DIVERSAS MODALIDADES DE INTERPRETAÇÃO das formas representativas da cultura humana, Emilio Betti (1956, p. 50) desenvolveu uma tipologia hermenêutica composta de três tipos de interpretação conforme a sua finalidade, a saber: a interpretação recognitiva, a interpretação reprodutiva e a interpretação normativa.

A interpretação recognitiva tem a função de obter entendimento como fim em si mesmo e apresenta função meramente cognoscitiva, já que apenas supervisiona o pensamento pertencente ao passado, a exemplo do que sucede com a interpretação filológica e a interpretação histórica.

Por sua vez, a interpretação reprodutiva objetiva visa reproduzir aquilo que foi entendido, assumindo o papel de substituir uma forma representativa equivalente, a exemplo do que ocorre com as práticas da tradução, da interpretação dramática e da interpretação musical.

Por sua vez, a interpretação normativa pretende regular o comportamento humano, a fim de possibilitar a extração de máximas orientadoras para a tomada de uma decisão em face de um problema, o que se verifica, a título exemplificativo, no desenvolvimento da interpretação teológica e, para o que nos interessa em especial, da interpretação jurídica.

Conforme os ensinamentos de Emilio Betti (1956, p. 49), a missão de interpretar, que é afeta ao jurista, não se esgota com o voltar a conhecer uma manifestação do pensamento; vai mais além da mera reprodução do mesmo para integrar e realizar a vida em relação com a ordem e a composição preventiva dos conflitos de interesses previsíveis. A interpretação jurídica, como toda interpretação, contém um momento cognoscitivo, isto é, recognoscitivo do pensamento da lei ou de outra fonte do direito, e uma função normativa, consistente em obter máximas de decisão e ação prática.

Com efeito, a interpretação jurídica apresenta uma patente função normativa, o que pode ser constatado não apenas quando da observância voluntária da norma jurídica pelo agente social que figura como seu destinatário, como também quando a interpretação do direito é efetuada pelo órgão estatal competente, judicial ou extrajudicial, visando a garantir uma aplicação forçada dos preceitos normativos do ordenamento jurídico a um dado caso concreto.

Como leciona Emilio Betti (1956, p. 95), a interpretação que interessa ao direito é uma atividade dirigida a reconhecer e a reconstruir o significado que há de atribuir a formas representativas, que são fontes de valoração jurídica, o que constitui o objeto de semelhantes valorações. A interpretação jurídica, assim entendida, não é mais que uma espécie, bem que mais importante, do gênero denominado de interpretação normativa.

Tal função normativa da interpretação do direito é uma decorrência da própria correlação na qual se acha atividade interpretativa com a aplicação, vale dizer, interpretação e aplicação se correlacionam no transcurso do processo hermenêutico.

Conforme as lições de Emilio Betti (1956, p. 83), a interpretação com função normativa ou diretiva da conduta deve colocar em relevo a correlação que existe entre tal interpretação, de um lado, e a aplicação, e, do outro, entre a classificação jurídica e a dogmática.

A norma atua sobre a conduta através de uma operação intelectiva destinada a procurar a sua inteligência e a determinar a apreciação do interessado, isto é, atua mediante uma atividade dirigida a saber se encontra ou não, a condição prevista pela norma em discussão. A observância constitui o que em linguagem corrente se chama de aplicação da lei, que tem por elo e normal premissa a interpretação.

Logo, a interpretação do direito pretende desenvolver normas diretivas para a ação prática e para uma opção comportamental e, assim, assume a tarefa de manter sempre viva a exigência de uma ordenação de condutas, conservando preceitos e valorações destinadas a servir de orientação para o agir humano em sua rede intersubjetiva.

De outro lado, a interpretação do direito não deve esgotar-se em um reconhecimento meramente contemplativo do significado próprio da norma jurídica considerada em sua abstração e generalidade, indo mais além para operar uma especificação e integração do preceito a interpretar. Isso leva a estabelecer uma complementaridade concorrente, um círculo de recíproca e contínua correspondência entre a lei ou outra fonte jurídico-normativa, em que se contém as máximas da decisão e o processo interpretativo que se desenrola pela jurisprudência e pela doutrina.

Por sua vez, a interpretação jurídica ostenta um caráter evolutivo, em face da natureza dinâmica do próprio fenômeno jurídico, uma vez que as formas e a linguagem do mundo do direito são insuficientes, não correspondendo à ideia que se pretende expressar, pondo ao intérprete a permanente exigência de integrá-las. O ordenamento jurídico pode ser entendido, por conseguinte, como um objeto que não está concluso ou fechado, mas algo que se faz constantemente, em conformidade com os influxos de um entorno historicamente condicionado.

De acordo com o pensamento de Emilio Betti (1956, p. 43), pode-se dizer que, no curso da interpretação jurídica de um ordenamento vigente, o jurista não pode limitar-se a evocar o sentido originário da norma, mas deve dar um passo além, porque a norma, longe de esgotar-se em sua primeira formulação, tem vigor atual com relação ao ordenamento de que é parte e acha-se destinada a permanecer e a transformar-se na vida social, cuja disciplina deve servir. Aqui, portanto, o intérprete não termina de cumprir seu objetivo quando reconstrói a ideia originária da fórmula legislativa, mas deve pôr em acordo aquela ideia com a atualidade presente infundindo-lhe a vida que nessa contém, pois é justamente a ela que a valoração normativa deve ser referida.

Deveras, o hermeneuta deve considerar por completo o ordenamento jurídico, não de maneira estática, mas, sim, dinamicamente, como uma viva e operante concatenação produtiva, como um organismo em perene movimento que, imerso numa realidade atual, revela-se capaz de autointegração, segundo um desenho atual de coerência, de acordo com as mutáveis circunstâncias sociais. Eis a razão pela qual o intérprete do direito necessita reconstruir a ideia originária do enunciado normativo e o sentido inicial de um ato jurídico, imaginando as reações e os seus respectivos efeitos práticos. A interpretação jurídica não pode, portanto, isolar-se em nível teórico, mas deve ir além e mergulhar no mundo concreto, a fim de reconhecer como o preceito normativo pode espelhar e regular as cambiantes necessidades da vida social.

CAPÍTULO QUATRO

INTERPRETAÇÃO DO DIREITO: UMA ATIVIDADE DE COMPREENSÃO

O MUNDO JURÍDICO PODE SER VISLUMBRADO COMO uma grande rede de interpretações. Os profissionais do direito estão, a todo momento, interpretando a ordem jurídica.

Como sustenta Wróblewski (1988, p. 17), "la interpretación legal juega un papel central en cualquier discurso jurídico. En el discurso jurídico-prático se relaciona con la determinación del significado de los textos legales y a menudo influye en la calificación de los hechos a los que se aplican las reglas legales. En el discurso teórico-jurídico, en el nivel de la dogmática jurídica, la llamada interpretación doctrinal se utiliza con frecuencia para sistematizar el derecho en vigor y para construir conceptos jurídicos. Las reglas legales se interpretan también en la actividad legislativa cuando el legislador tiene que determinar el significado de un texto legal ya existente y cuando considera las posibles interpretaciones que, en situaciones futuras, puedan tener las reglas que él va a promulgar".

Diante da profusão de sentidos da ordem jurídica, reflexo de uma dada cultura humana, a interpretação do direito opera uma verdadeira compreensão, desenvolvendo-se numa dimensão axiológica.

Com efeito, a própria evolução do saber hermenêutico vem tornando patente a diversidade dos estilos de conhecimento dos objetos naturais e culturais. Compreensão e explicação são os modos cognitivos dos objetos reais. No tocante aos objetos culturais, compreende-se, num conhecimento mais íntimo, porque é possível ter a vivência de revivê-los. Compreender um fenômeno, por sua vez, significa envolvê-lo na totalidade de seus fins, em suas conexões de sentido. Ao contrário, os objetos naturais, por não consubstanciarem um sentido humano, somente permitem a explicação, o que se obtém referindo tais fenômenos a uma causa. Explicar seria descobrir na realidade aquilo que na realidade mesma se contém, sendo que, nas ciências naturais, a explicação pode ser vista, genericamente, como objetiva, neutra e refratária ao mundo dos valores.

Disso resulta que, quando explicamos algo, descrevemos ontologicamente o objeto de análise, ao passo que, na atividade de compreender, torna-se imprescindível a existência de uma contribuição positiva do sujeito, o qual realizará as conexões necessárias, executando uma tarefa eminentemente valorativa e finalística.

As ordens sociais, inclusive a jurídica, são objetos da cultura humana, constituindo realidades significativas que devem ser corretamente interpretadas.

Neste sentido, leciona Saldanha (1988, p. 244) que, constituindo uma estrutura onde entram valores, toda ordem porta significações. Se por um lado, a ordem existe na medida em que é cumprida ou seguida, é evidente que seu cumprimento confirma suas significações. Toda atividade interpretativa tem de visar, na ordem, aquilo que é compreensível, isto é, inteligível em sentido concreto. As significações se comprovam ao serem confirmadas no plano concreto. Destarte, pode-se dizer que um sistema (econômico, político, jurídico) constitui uma ordem, na medida em que é compreensível e interpretável em direção ao concreto.

Para a apreensão da ordem jurídica, como a de qualquer outra objetivação do espírito humano, exige-se a utilização de um método adequado, de natureza empírico-dialética, constituído pelo ato gnosiológico da compreensão.

Conforme assinala Machado Neto (1975, p. 11), o ato gnosiológico da compreensão se realiza através de um método empírico-dialético, pois, segundo ele, "es, también, obra de Cossio ese complemento esencial de la epistemología de la comprensión al descubrir que ésta se da mediante un método que es empírico-dialéctico. Empírico, porque se trata de hechos, ya que los objetos culturales son reales espaciotemporales, como ya vimos, y el modo de topar con ellos es un modo empírico, perceptivo, ya que el substrato lo percibimos con intuición sensible, viendo, oyendo, oliendo, gustando, palpando... Y dialéctico porque la comprensión se da en un trabajo dialéctico, algo así como un diálogo que el espíritu emprende entre el substrato y el sentido, para comprender el sentido en su substrato y el substrato por su sentido".

Desta forma, os significados do ordenamento jurídico, assim como o de todo objeto cultural, revelam-se num processo dialético entre o seu substrato e a sua vivência espiritual. Esse ir e vir dialético manifesta-se através do confronto entre o texto normativo e a realidade normada, mediante um processo aberto a novos significados.

Também a hermenêutica jurídica assim se processa. Ao interpretar um comportamento, no plano da intersubjetividade humana, o hermeneuta irá referi-lo à norma jurídica, o comportamento figurando como substrato e a norma como o sentido jurídico de faculdade, prestação, ilícito ou sanção. Como esse significado jurídico é coparticipado pelos atores sociais, o intérprete do direito atua como verdadeiro porta-voz do entendimento societário, à proporção que exterioriza os valores fundantes de uma comunidade jurídica.

CAPÍTULO CINCO

INTERPRETAÇÃO DO DIREITO E A POLISSEMIA DA LINGUAGEM HUMANA

Qualquer indagação sobre a hermenêutica, a interpretação e a correlata decisão jurídica passa, inelutavelmente, pelo estudo das relações comunicativas em sociedade e pela investigação do papel desempenhado pela linguagem, nos quadros da existência humana. Isto porque, todo objeto hermenêutico é uma mensagem promanada de um emissor para um conjunto de receptores ou destinatários.

Tratando das relações entre a linguagem e os saberes, destaca Ricardo Guibourg (1996, p. 18) que "para indagar acerca del conocimiento científico y de los métodos con que opera la ciencia debemos comenzar, entonces, por establecer con cierta precisión qué es un lenguaje y cuál es la relación entre el lenguaje de las distintas formas de comunicación y el lenguaje científico".

Despontou, assim, no cenário intelectual, uma plêiade de ilustres pensadores voltados para a pesquisa dos problemas da linguagem cotidiana e científica. Na transição do século XIX ao século XX, foram lançadas as bases para uma nova espécie de saber – a semiótica – incumbida de problematizar a linguagem. Nos Estados Unidos, destacam-se os estudos de Charles Sanders Peirce, preocupado com o amparo linguístico às ciências aplicadas. Na Europa, aparece a contribuição estruturalista de Ferdinand Saussure, sublinhando a linguagem como uma convenção social. Merece registro também a figura de Ludwig

Wittgenstein, com a investigação dos jogos de linguagem. Trabalhos posteriores relacionam a semiótica com outras ciências sociais, tais como a Antropologia (Claude Lévi-Strauss), a Psicologia (Jacques Lacan) e a Literatura (Roland Barthes).

Com efeito, o termo "semiótica", oriundo do grego "semeion", passou a referir uma teoria geral dos signos linguísticos. Neste sentido, refere Marilena Chauí (1995, p.141) que, como os elementos que formam a totalidade linguística são um tipo especial de objetos, os signos, ou objetos que indicam outros, designam outros ou representam outros. Por exemplo, a fumaça é um signo ou sinal de fogo, a cicatriz é signo ou sinal de uma ferida, manchas da pele de um determinado formato, tamanho e cor são signos de sarampo ou de catapora. No caso da linguagem, os signos são palavras e os componentes das palavras (sons ou letras). Neste sentido, a linguagem se afigura como um sistema de signos usados para indicar objetos, promover a comunicação entre atores sociais e expressar ideias, valores e padrões de conduta.

Atentando para as conexões entre o fenômeno jurídico e a linguagem, leciona Edvaldo Brito (1993, p. 16) que a realidade do direito é, em si, linguagem, uma vez que se expressa por proposições prescritivas no ato intelectual em que a fonte normativa afirma ou nega algo ao pensar a conduta humana em sua interferência intersubjetiva; bem assim, é linguagem, uma vez que, para falar dessas proposições, outras são enunciadas mediante formas descritivas. É, ainda, linguagem, porque há um discurso típico recheado de elementos que constituem o repertório específico que caracteriza o comportamental da fonte que emite a mensagem normativa e de organização que se incumbe de tipificar na sua *facti specie* a conduta dos demais destinatários (receptores da mensagem) quando na sua interferência intersubjetiva.

Por força do exposto, o referencial linguístico é indispensável para o desenvolvimento dos processos decisórios. Especialmente no sistema romano-germânico, em que se valoriza o *jus scriptum*, a ordem jurídica se manifesta através de textos, que conformam enunciados linguísticos. Sucede que, a plurivocidade é uma nota característica da comunicação humana, defluindo das palavras inúmeros significados. Dentre os sentidos possíveis do texto jurídico, o intérprete haverá de eleger a significação normativa mais adequada para as peculiaridades fáticas e valorativas de uma dada situação social.

A prática decisória desemboca na concretização dos enunciados linguísticos inscritos no sistema jurídico, com o que o hermeneuta opera a mediação entre o direito positivo e a realidade circundante, manifestando-se o significado da norma jurídica. Todo modelo normativo comporta sentidos, mas o significado não constitui um dado prévio – é o próprio resultado da tarefa interpretativa. O significado da norma é produzido pelo intérprete. As normas jurídicas nada dizem, somente passando a dizer algo quando são exprimidas pelo hermeneuta.

O reconhecimento do caráter linguístico está, pois, vinculado ao exercício da interpretação e decisão jurídicas. Conforme assinala Lenio Streck (2001, p. 255), o intérprete, deste modo, perceberá o "objeto" como algo que somente é apropriável linguisticamente. Já a compreensão deste "objeto" somente pode ser feita mediante as condições proporcionadas pelo seu horizonte de sentido, ou seja, esse algo somente pode ser compreendido como linguagem, a qual ele já tem e nela está mergulhado. A linguagem não é, pois, um objeto, um instrumento, enfim, uma terceira coisa que se interpõe entre o sujeito e o objeto. Quando o jurista interpreta, ele não se coloca diante de um objeto, separado deste por "esta terceira coisa" que é a linguagem; na verdade, ele está desde sempre jogado na dimensão linguística deste mundo do qual ao mesmo tempo fazem parte o sujeito e o objeto.

Partindo desta premissa, a semiótica geral e jurídica pretende, inicialmente, abordar a dialética entre a linguagem corrente (onomasiologia) e a linguagem técnico-científica (semasiologia). De acordo com sua origem, a linguagem pode ser natural ou corrente, quando formada espontaneamente pela evolução social, bem como, artificial ou técnico-científica, quando formalizada para a sistematização dos saberes humanos. A depender, portanto, da origem linguística, uma mesma palavra enseja significados diversos.

No campo semiótico, torna-se imprescindível perquirir a tridimensionalidade dos signos linguísticos, desenvolvendo as análises sintática, semântica e a pragmática do discurso.

A sintática, do grego "syntaktikós", estuda as relações estruturais e a concatenação dos signos entre si. Os signos linguísticos não são utilizados ao acaso e de acordo com a conveniência do emissor, mas devem ser obedecidas as regras gramaticais convencionalmente estabelecidas para que seja possível não só ao emissor formular sua mensagem, como também, ao receptor apreender seu conteúdo. A análise sintática desmembra os elementos componentes de uma "frase", examinando sua estrutura, dividindo "período" em "orações", e estas nos seus termos essenciais, integrantes e acessórios. Assim, toda frase deve conter uma correta justaposição de vocábulos e uma perfeita congruência interna de palavras.

A seu turno, a semântica, do grego "semainô", estuda a relação entre o signo e o objeto que ele refere. A semântica é, pois, o estudo das significações das palavras. A semântica encara a relação dos signos com os objetos extralinguísticos. Na análise semântica, o campo de estudo é o vínculo do signo com a realidade, destacando o significado correto dos signos, de modo a extrair a imprecisão natural dos termos. Estas imprecisões naturais podem estar relacionadas à denotação (vagueza) e à conotação (ambiguidade). As imprecisões denotativas denominam-se vaguezas. A vagueza se verifica quando ocorre dúvida acerca da inclusão ou não de um ou mais objetos dentro da classe de objetos ao qual um determinado termo se aplica. As imprecisões conotativas são denominadas ambiguidades. A ambiguidade se verifica quando não é possível, desde logo, precisar quais são as propriedades em função das quais um termo deve ser aplicado a um determinado conjunto de objetos.

Por sua vez, a pragmática, cujo termo deriva da expressão grega "pragmatikós", significa a relação existente entre os signos com os emissores e destinatários. Com efeito, a pragmática ocupa-se da relação dos signos com os usuários, nos termos de uma linguística do diálogo, por tomar por suporte a intersubjetividade comunicativa. Deste modo, tanto as unidades sintáticas como o sentido do texto estão vinculados à situação de uso, sujeitando-se às variações temporais e espaciais de cada cultura humana. Sob o aspecto pragmático, interessam, portanto, os efeitos inter-racionais que o uso da linguagem produz entre os membros de uma comunidade linguística.

Sob o prisma ainda da semiótica jurídica, ao decodificar a linguagem estampada no modelo normativo, o intérprete opera verdadeira paráfrase. Decidir, neste sentido, consiste em remodelar o discurso do direito positivo.

Neste diapasão, afirma Tércio Sampaio (1994, p. 282) que, ao se utilizar de seus métodos, a hermenêutica identifica o sentido da norma, dizendo como ele deve ser (dever-ser ideal). Ao fazê-lo, porém, não cria um sinônimo para o símbolo normativo, mas realiza uma paráfrase, isto é, uma reformulação de um texto cujo resultado é um substituto mais persuasivo, pois exarado em termos mais convenientes. Assim, a paráfrase interpretativa não elimina o texto, pondo outro em seu lugar, mas o mantém de uma forma mais conveniente.

Como a ordem jurídica não fala por si só, o hermeneuta exterioriza os seus significados, através de uma atividade compreensiva e, pois, aberta aos valores comunitários. São estas pautas axiológicas que modulam a amplitude da paráfrase interpretativa, possibilitando ao intérprete a eleição do sentido normativo mais adequado e justo para as circunstâncias do caso concreto. Somente assim, a decisão garante a persuasão da comunidade jurídica e a correlata decidibilidade dos conflitos sociais.

Diante do exposto, interpretar é, do ponto de vista semiótico, descobrir o sentido e o alcance dos signos normativos, procurando a significação dos signos jurídicos. O operador do direito, ao aplicar a norma ao caso *sub judice*, a interpreta, pesquisando o seu significante. Isto porque, a letra da norma permanece, mas seu sentido se adapta a mudanças operadas na vida social.

Neste contexto, como toda obra, enquanto objeto hermenêutico, é uma mensagem promanada de um emissor para um conjunto de receptores ou destinatários, cabe ao intérprete do direito selecionar as possibilidades comunicativas, mormente quando se depara com a plurivocidade ou polissemia inerente às estruturas linguísticas da norma jurídica. Fixar um sentido, dentro do horizonte de significações possíveis, é a ingente tarefa do hermeneuta, a exigir um profundo conhecimento sobre a estrutura e os limites da linguagem através da qual se exprime o fenômeno jurídico.

Como bem refere Maria Helena Diniz (2005, p. 186-187), no campo da Ciência Jurídica, a instrumentalidade da Semiótica se robustece à medida que se constata muitos pontos de interface entre o direito e a linguagem. Considerando os postulados da Semiótica, a Ciência Jurídica encontra na linguagem sua possibilidade de existir, devido a várias razões: a) não pode produzir o seu objeto numa dimensão exterior à linguagem; b) onde não há rigor linguístico, não há ciência; c) sua linguagem fala sobre algo que já é linguagem anteriormente a esta fala, por ter por objeto as proposições normativas (prescritivas), que, do ângulo linguístico, são enunciados expressos na linguagem do legislador; d) o elemento linguístico entra em questão como elemento de interpretação, porquanto as normas jurídicas são mensagens que devem ser decodificadas pelo hermeneuta; e) se a linguagem legal for incompleta, deverá o jurista indicar os meios para completá-la, mediante o estudo dos mecanismos de integração; f) o elemento linguístico pode ser considerado como instrumento de construção científica, visto que se a linguagem não é ordenada, o jurista deve reduzi-la a um sistema.

Sendo assim, o fenômeno jurídico, por condição de existência, deve ser formulável numa linguagem, ante o postulado da alteridade. O direito elaborado pelo órgão competente é fator de controle social, visto que prescreve condutas (obrigadas, permitidas e proibidas), formulando a linguagem em que a norma se objetiva. O direito positivo oferta a linguagem-objeto, pois não fala sobre si. A linguagem legal é a utilizada pelos órgãos que têm poder normativo e inclui a linguagem normativa e não normativa, que consiste nas definições de expressões contidas em proposições normativas. A linguagem não normativa é a metalinguagem da linguagem normativa, contida na linguagem legal.

Como salienta Tércio Sampaio (1980, p. 102-103), a norma, do ângulo pragmático, é vislumbrada como um discurso decisório, que impede a continuidade de um embate de interesses, solucionando-o, pondo-lhe um fim. Neste discurso decisório, o editor controla as reações do endereçado. A norma contém um relato (a informação transmitida) e o cometimento (a informação sobre a informação). Os operadores normativos (obrigatório, proibido e permitido) têm uma dimensão sintática e pragmática, pelas quais não só é dado um caráter prescritivo ao discurso ao qualificar-se uma conduta qualquer, mas também lhe é dado um caráter metacomplementar ao qualificar a relação entre o emissor e o receptor.

Ademais, a ação linguística do jurista, na discussão-com, busca a adesão da outra parte, procurando convencê-la da veracidade de suas assertivas. O discurso científico do direito polariza uma relação entre oradores e ouvintes, tendo em vista a persuasão social. Nasce também de uma situação comunicativa indecisa, onde se misturam caracteres da discussão-com científica com elementos da discussão-contra, conglomerando atores homólogos com intenções partidárias, questões de pesquisa jurídica desinteressada e ponderações conflitivas que pedem uma decisão, através do Poder Judiciário.

Na redação de um texto científico-jurídico, o jurista expõe suas conclusões numa sequência de proposições descritivas, com o escopo de obter o convencimento. O leitor do texto, concentrando-se na sistemacidade textual, procurará apreendê-lo para enveredar no campo da ciência jurídica, atendo-se à verdade sobre o objeto em questão. Logo, o direito pode ser estudado como um sistema de signos linguísticos. Isto porque, o próprio conhecimento jurídico se estrutura através de uma linguagem (metalinguagem) ao buscar a sistematização e interpretação das fontes do direito, as quais são também exteriorizadas em fórmulas linguísticas (linguagem-objeto).

A prática interpretativa desemboca na concretização dos enunciados linguísticos inscritos no sistema jurídico, com o que o hermeneuta opera a mediação entre o direito positivo e a realidade circundante, manifestando-se o significado da norma jurídica. Todo modelo normativo comporta sentidos, mas o significado não constitui um dado prévio – é o próprio resultado da tarefa interpretativa. O significado da norma é produzido pelo intérprete. As normas jurídicas nada dizem, somente passando a dizer algo quando são exprimidas pelo hermeneuta.

Sendo assim, as normas jurídicas veiculam mensagens, notadamente polissêmicas, visto que comportam diversos significados. Esta polissemia das fontes do direito deve ser resolvida, mediante o reconhecimento das diferenças entre linguagem comum e linguagem técnico-científica e o emprego das análises sintática, semântica e pragmática sobre o discurso do ordenamento jurídico.

CAPÍTULO SEIS

MÉTODOS DE INTERPRETAÇÃO JURÍDICA

            AO DISCIPLINAR A CONDUTA HUMANA, OS MODELOS normativos utilizam palavras-signos linguísticos que devem expressar o sentido daquilo que deve ser. A compreensão jurídica dos significados que referem os signos demanda o uso de uma tecnologia hermenêutica.

Ainda que os estudos mais recentes de hermenêutica jurídica apontem para a sua essência filosófica, não há como negar a sua relevante função instrumental, à medida que oferece métodos voltados para o norteamento das práticas interpretativas do direito.

Saliente-se, por oportuno, que as diversas técnicas interpretativas não operam isoladamente. Antes se completam, mesmo porque não há, na teoria jurídica interpretativa, uma hierarquização segura das múltiplas técnicas de interpretação.

Neste diapasão, sustenta Mourullo (1988, p. 64) que "en realidad la interpretación de la norma jurídica es siempre pluridimensional, no unidimensional, y se va desarrollando desde diversas perspectivas. Se habla, como de todos es sabido, de una interpretación histórica, sistemática, gramatical y teleológica. Cada una de estas interpretaciones nos ofrece distintos puntos de vista para comprenderle sentido último de la norma".

Tradicionalmente, a doutrina vem elencando os seguintes métodos interpretativos: gramatical, lógico-sistemático, histórico, sociológico e teleológico.

Através da técnica gramatical ou filológica, o hermeneuta se debruça sobre as expressões normativas, investigando a origem etimológica dos vocábulos e aplicando as regras estruturais de concordância ou regência, verbal e nominal. Trata-se de um processo hermenêutico quase que superado, ante o anacronismo do brocardo jurídico – *in claris cessat interpretatio*.

Além do processo hermenêutico gramatical, pode ser utilizada a técnica lógico-sistemática, que consiste em referir o dispositivo normativo ao contexto normativo mais amplo do qual faz parte, correlacionando, assim, a norma à totalidade do sistema jurídico e até de outros ordenamentos jurídicos paralelos, conformando, assim, o chamado direito comparado.

Em se tratando de interpretação lógico-sistemática de um diploma legal, deve-se, portanto, cotejar o preceito normativo com outros do mesmo diploma legal ou de legislações diversas, mas referentes ao mesmo objeto, visto que, examinando as prescrições normativas, conjuntamente, é possível verificar o sentido de cada uma delas.

Sendo assim, não se pode interpretar o comando normativo de modo isolado, devendo ele ser compreendido e aplicado em contato com as demais normas que compõem o ordenamento jurídico, seja no plano horizontal, seja no plano vertical do sistema hierárquico da ordem jurídica.

Desta forma, por exemplo, uma cláusula de um contrato não poderá ser compreendida e aplicada como se estivesse apartada das outras cláusulas que integram a avença contratual, no mesmo plano horizontal da normatividade jurídica.

Por sua vez, sob a ótica vertical do sistema jurídico, a referida cláusula de um contrato deverá ser examinada à luz da normatividade jurídica superior, a fim de aferir-se sua validade e eficácia, pelo que o jurista se valerá também do confronto com as normas da legislação infraconstitucional e, em última análise, da própria Constituição, a Lei Maior que está situada no ápice da ordem jurídica.

Munido da técnica histórica, o intérprete perquire os antecedentes imediatos (*v.g.*, declaração de motivos, debates parlamentares, projetos e anteprojetos) e remotos (*e.g.*, institutos antigos) do modelo normativo.

A seu turno, o processo sociológico de interpretação jurídica objetiva: conferir a aplicabilidade da norma jurídica às relações sociais que lhe deram origem; elastecer o sentido da norma a relações novas, inéditas ao momento de sua criação; e temperar o alcance do preceito normativo a fim de fazê-lo espelhar as necessidades atuais da comunidade jurídica.

Segue-se, umbilicalmente ligado à técnica sociológica, o processo teleológico que objetiva depreender a finalidade do modelo normativo. Daí resulta que, a norma se destina a um escopo social, cuja valoração dependerá do hermeneuta, com base nas circunstâncias concretas de cada situação jurídica. A técnica teleológica procura, deste modo, delimitar o fim, vale dizer, a *ratio essendi* do preceito normativo, para a partir dele determinar o seu real significado. A delimitação do sentido normativo requer, pois, a captação dos fins para os quais se elaborou a norma jurídica.

A interpretação teleológica serve de norte para os demais processos hermenêuticos. Isto é assim porque convergem todas as técnicas interpretativas em função dos objetivos que informam o sistema jurídico. Toda interpretação jurídica ostenta uma natureza teleológica, fundada na consistência axiológica do direito.

Compartilhando deste entendimento, pontifica Reale (1996, p. 285) que o ato de interpretar uma lei importa, previamente, em compreendê-la na plenitude de seus fins sociais, a fim de poder-se, desse modo, determinar o sentido de cada um de seus dispositivos. Somente assim, ela é aplicável a todos os casos que correspondam àqueles objetivos. Como se vê, o primeiro cuidado do hermeneuta contemporâneo consiste em saber qual a finalidade social da lei, no seu todo, pois é o fim que possibilita penetrar na estrutura de suas significações particulares.

Logo, o sincretismo dos caminhos interpretativos, iluminados que são pela teleologia do direito, permite que o intérprete transcenda da palavra em direção ao espírito do ordenamento jurídico. A hermenêutica jurídica oferece ao intérprete um repositório de técnicas interpretativas, destinadas à resolução dos problemas linguísticos inerentes ao discurso normativo. No desenvolvimento da interpretação jurídica o operador do direito se valerá destas ferramentas hermenêuticas para o deslinde dos obstáculos da linguagem jurídica.

Convém demonstrarmos a compatibilidade entre as dimensões semióticas e as técnicas interpretativas. Utilizaremos, a título ilustrativo, alguns exemplos oriundos da interpretação do Código de Defesa do Consumidor (CDC), no contexto da ordem jurídica brasileira.

Os problemas sintáticos podem ser resolvidos, fundamentalmente, pelo recurso aos processos hermenêutico gramatical e lógico-sistemático.

Quando, por exemplo, o art. 51, *caput*, do CDC prescreve que são nulas de pleno direito, entre outras, as cláusulas contratuais relativas ao fornecimento de produtos e serviços, a expressão *entre outras* sinaliza para uma ideia de inclusão. Isto permite firmar o caráter exemplificativo do elenco legal de cláusulas abusivas (*numerus apertus*), o que se depreende através da utilização do processo hermenêutico gramatical.

Outrossim, com base na técnica lógico-sistemática, o CDC deve ser interpretado em compatibilidade com a Constituição Federal de 1988, bem assim, com as legislações infraconstitucionais, como a Lei n. 7.347/85 (Lei da Ação Civil Pública) e a Lei n. 8.884/94 (Lei Anticartel). Se transcender ao direito comparado, a compreensão sistêmica se evidenciará nos liames da legislação consumerista com a Resolução n. 39/248 da ONU e o *Projet de Code de la Consommation*, de progênie francesa.

A seu turno, os problemas de natureza semântica podem ser devidamente contornados pela utilização dos processos hermenêuticos histórico e sociológico.

Com base na técnica histórica, de natureza retrospectiva, os trabalhos desenvolvidos pela comissão de juristas do Conselho Nacional de Defesa do Consumidor e pela Comissão Mista do Congresso Nacional, bem como os demais momentos da tramitação legislativa do projeto do CDC, oferecem relevantes suportes para a interpretação da lei consumerista.

É, por exemplo, a análise do projeto de lei da Comissão Mista do Congresso Nacional que nos conduz à constatação de que o legislador, ao positivar originariamente, no art. 4º do CDC, o vocábulo *transferência*, queria referir, em verdade, o vocábulo *transparência*, como valor a ser tutelado nas relações de consumo.

Valendo-se da técnica sociológica, de orientação prospectiva, está habilitado o hermeneuta a interpretar o arcabouço normativo do CDC com base na realidade circundante, qual seja, a sociedade de consumo.

A relevância do processo sociológico se evidencia pela sua abertura e pelo seu dinamismo, possibilitando ao intérprete acompanhar o ritmo febricitante das transformações econômicas do capitalismo pós--industrial, com reflexos cada vez maiores no mercado de consumo, a exemplo do que se manifesta com as novas tipologias contratuais, como os contratos eletrônicos.

Segue-se o processo teleológico, voltado para a superação dos problemas de ordem pragmática.

Neste compasso, o art. 4º, ao prescrever o objetivo da Política Nacional de Relações de Consumo, afigura-se como referencial teleológico para a interpretação de todo o arcabouço normativo do Código de Defesa do Consumidor. Mediante a compreensão dos princípios jurídicos catalogados no art. 4º, o hermeneuta logra apreender os fins maiores que imantam a legislação consumerista.

Eis a demonstração da instrumentalidade dos métodos hermenêuticos para o desenvolvimento da interpretação jurídica.

CAPÍTULO SETE

DO SUBJETIVISMO AO NOVO OBJETIVISMO JURÍDICO: VONTADE DO LEGISLADOR x VONTADE DA LEI

O TRANSCURSO HISTÓRICO DA HERMENÊUTICA JURÍDICA vem sendo marcado pela polarização entre o subjetivismo e o objetivismo. Trata-se de grande polêmica relativa ao referencial que o intérprete do direito deve seguir para desvendar o sentido e o alcance dos modelos normativos, especialmente das normas legais: a vontade do legislador (*voluntas legislatoris*) ou a vontade da lei (*voluntas legis*).

O problema é apresentado por Engisch (1988, p. 170), para quem, antes, é precisamente aqui que começa a problemática central da teoria jurídica da interpretação: O conteúdo objetivo da lei e, consequentemente, o último escopo da interpretação, são determinados e fixados através da vontade do legislador histórico, manifestada então e uma vez por todas, de modo que a dogmática jurídica deve seguir as pegadas do historiador, ou não será, pelo contrário, que o conteúdo objetivo da lei tem autonomia em si mesmo e nas suas palavras, enquanto vontade da lei, enquanto sentido objetivo que é independente do mentar e do querer subjetivos do legislador histórico e, que, por isso, em caso de necessidade, é capaz de movimento autônomo, é suscetível de evolução como tudo aquilo que participa do espírito objectivo? Eis a indagação fulcral para a compreensão do tema.

Sendo assim, a corrente subjetivista pondera que o escopo da interpretação é estudar a vontade histórico-psicológica do legislador expressa na norma. A interpretação deve verificar, de modo retrospectivo, o pensamento do legislador estampado no modelo normativo. De outro lado, a vertente objetivista preconiza que, na interpretação do direito, deve ser vislumbrada a vontade da lei, que, enquanto sentido objetivo, independe do querer subjetivo do legislador. A norma jurídica seria a vontade transformada em palavras, uma força objetivada independente do seu autor. O sentido incorporado no modelo normativo se apresentaria mais rico do que tudo o que o seu criador concebeu, porque suscetível de adaptação aos fatos e valores sociais.

Neste sentido, a depender do referencial hermenêutico utilizado, a interpretação do direito modulará a própria expressão do discurso jurídico, valorizando a ordem, com a adoção do subjetivismo, ou a mudança, quando iluminada pelo objetivismo.

Com base neste entendimento, pondera Andrade (1992, p. 19) que, como uma operação de esclarecimento do texto normativo, a interpretação aumenta a eficácia retórica ou comunicativa do direito, que é uma linguagem do poder e de controle social. E dependendo da técnica adotada, a interpretação pode exercer uma função estabilizadora ou renovadora e atualizadora da ordem jurídica, já que o direito pode ser visto como uma inteligente combinação de estabilidade e movimento, não recusando as mutações sociais. Assim, o direito pretende ser simultaneamente estável e mutável. Todavia, é preciso ressaltar que a segurança perfeita significaria a absoluta imobilidade da vida social, enfim, a impossibilidade da vida humana. Por outro lado, a mutabilidade constante, sem um elemento permanente, tornaria impossível a vida social. Por isso, o direito deve assegurar apenas uma dose razoável de ordem e organização social, de tal modo que essa ordem satisfaça o sentido de justiça e dos demais valores por ela implicados.

Combinando a exigência de segurança com o impulso incessante por transformação, a hermenêutica jurídica contemporânea se inclina, pois, para a superação do tradicional subjetivismo – *voluntas legislatoris*, em favor de um novo entendimento do objetivismo – *voluntas legis*, realçando o papel do intérprete na exteriorização dos significados da ordem jurídica.

Com base neste redimensionamento do modelo objetivista, pode-se afirmar que o significado jurídico não está à espera do intérprete, como se o objeto estivesse desvinculado do sujeito cognoscente – o hermeneuta. Isto porque conhecimento é um fenômeno que consiste na apreensão do objeto pelo sujeito, não do objeto propriamente dito, em si e por si, mas do objeto enquanto objeto do conhecimento.

O objeto do conhecimento, portanto, é, de certo modo, uma criação do sujeito, que nele põe ou supõe determinadas condições para que possa ser percebido. Nessa perspectiva, não tem sentido cogitar-se de um conhecimento das coisas em si mesmas, mas apenas de um conhecimento de fenômenos, isto é, de coisas já recobertas por aquelas formas, que são condições de possibilidade de todo conhecimento. Em virtude da função constitutiva do sujeito no âmbito da relação ontognosiológica, não se poderá isolar o intérprete do objeto hermenêutico.

Conforme o magistério de Pasqualini (2002, p. 171), na acepção mais plena, o sentido não existe apenas do lado do texto, nem somente do lado do intérprete, mas como um evento que se dá em dupla trajetória: do texto (que se exterioriza e vem à frente) ao intérprete; e do intérprete (que mergulha na linguagem e a revela) ao texto. Esse duplo percurso sabe da distância que separa texto e intérprete e, nessa medida, sabe que ambos, ainda quando juntos, se ocultam (velamento) e se mostram (desvelamento). Longe de sugerir metáforas forçadas, a relação entre texto e intérprete lembra muito a que se estabelece entre músico e instrumento musical: sem a caixa de ressonância de um violino, suas cordas não têm nenhum valor, e essas e aquela, sem um violinista, nenhuma utilidade.

O conhecimento dos objetos culturais também não se identifica com o objeto desse conhecimento, o que se impõe, com mais força, na apreensão da cultura humana, à medida que, sendo realidades significativas do espírito, exigem maior criatividade do sujeito para se revelarem em toda plenitude.

O significado objetivo dos modelos normativos é, em larga medida, uma construção dos sujeitos da interpretação jurídica, com base em dados axiológicos extraídos da realidade social. Toda norma se exprime na interpretação que lhe atribui o aplicador. O sentido da norma legal se regenera de modo contínuo, como numa gestação infinita.

A interpretação jurídica permite transcender aquilo que já começou a ser pensado pelo legislador, de modo a delimitar a real vontade da lei.

Nesse compasso, leciona Bergel (2001, p. 320) que a questão não é então saber se o intérprete deve ser médium ou cientista, se pratica obra jurídica ou política, nem se a interpretação participa da criação ou da aplicação das normas jurídicas. Isso depende somente da liberdade que se lhe reconhece ou da fidelidade que se lhe impõe com referência ao direito positivo.

Observa-se, assim, que a lei só adquire um sentido com a aplicação que lhe é dada e que o poder assim reconhecido ao intérprete atesta a fragilidade da ordem normativa: nenhum preceito da lei, diz-se ainda, recebe seu sentido de um âmago legislativo; torna-se significativo com a aplicação que lhe é dada e graças à interpretação jurídica que esta implica.

CAPÍTULO OITO

TIPOLOGIAS DE INTERPRETAÇÃO JURÍDICA

NO TOCANTE AOS TIPOS DE INTERPRETAÇÃO DO DIREITO, podem ser encontradas muitas propostas de taxinomia oferecidas pelos juristas, com base em diversos recortes científicos e em variadas terminologias. Considerando a consistência teórica e a utilidade prática, verifica-se, todavia, um relativo consenso acerca dos seguintes critérios de classificação: 1) quanto à origem; 2) quanto ao agente hermenêutico; 3) quanto à modulação semântica; e 4) quanto á orientação temporal.

Conforme as lições de R. Limongi França (2009, p. 21-22), a interpretação do direito pode ser qualificada quanto à origem da seguinte forma: legislativa (autêntica), judicial (judiciária), doutrinária (jurídico-científica) e administrativa (gerencial).

A interpretação legislativa, tradicionalmente conhecida como autêntica, é a prática exegética levada a cabo pelo próprio legislador, seja através da elaboração de reformas constitucionais, seja através da elaboração de diplomas legislativos que especifiquem o sentido normativo da Constituição ou da criação de leis interpretativas que esclareçam o significado de outras leis. Durante o período do juspositivismo moderno, era considerada a única forma de interpretação jurídica possível, dada a identificação do direito com a legislação.

Por sua vez, a interpretação judicial ou judiciária é aquela atividade hermenêutica realizada no plano do Poder Judiciário, através da tomada de decisão por julgadores diante da necessidade de resolução dos conflitos concretos de interesses. Por meio dela, são produzidos julgados – decisões, sentenças, acórdãos, que servem de precedentes para a construção da jurisprudência, a qual poderá ser sintetizada em súmulas persuasivas ou vinculantes. Embora vedada durante a fase do positivismo jurídico, ante a neutralização axiológica dos magistrados, a interpretação judicial ganhou força após a Segunda Guerra Mundial, na esteira do ativismo hermenêutico surgido com o pós-positivismo jurídico.

A interpretação doutrinária, também denominada de interpretação jurídico-científica, é a prática hermenêutica desenvolvida pelos juristas ou jurisconsultos que se especializam na produção intelectual do direito, comentando fontes jurídicas existentes e propondo novos modelos normativos, contribuindo, assim, para a compreensão e o aperfeiçoamento da legislação e da jurisprudência. A interpretação doutrinária se materializa por intermédio da elaboração de livros, coletâneas, artigos e pareceres sobre temas controversos do mundo jurídico.

A seu turno, a interpretação administrativa ou gerencial efetuada pelos órgãos integrantes da administração pública, direta ou indireta, exteriorizando-se pela produção de portarias, ordens, despachos, instruções ou decretos, conforme os parâmetros estabelecidos pela legislação constitucional e infraconstitucional. Ela se divide em regulamentar e casuística. Será regulamentar quando decorrer do exercício do poder regulamentar do Direito Administrativo, o qual autoriza o funcionário público a criar normas jurídicas dentro da sua respectiva esfera de competência. De outro lado, a interpretação casuística é aquela prática hermenêutica realizada pela consultoria jurídica de um dado ente público, mediante a qual o gestor público esclarece dúvidas com relação ao entendimento de determinadas normas jurídicas.

De acordo com o magistério de Hermes Lima (2002, p. 153-154), no tocante ao agente hermenêutico envolvido na atividade interpretativa, a interpretação do direito pode ser classificada como pública ou privada.

A interpretação jurídica pública é a prática hermenêutica realizada por servidores ou autoridades integrantes do Estado, exteriorizando-se por meio das atividades hermenêuticas qualificadas como legislativas, judiciais e gerenciais, resultando numa produção normativa oriunda do Poder Público, englobando uma multiplicidade de leis, decisões judiciais e atos administrativos.

A interpretação jurídica privada é aquela realizada por particulares, fora dos limites institucionais do Poder Público, seja por meio da elaboração de negócios jurídicos, a exemplo de contratos e testamentos, ou da elaboração de fontes doutrinárias por profissionais do direito.

Quanto à modulação semântica, a interpretação pode ser dividida em: declarativa, restritiva e extensiva.

A interpretação declarativa é aquela atividade hermenêutica que ocorre quando o hermeneuta, ao aplicar a norma jurídica a uma dada situação fática, extrai um resultado idêntico ao pretendido pelo órgão produtor da norma jurídica, havendo, pois, uma equivalência entre o texto normativo e o seu atual significado, não sendo, assim, possível qualquer extensão ou redução interpretativa do sentido e alcance do preceito normativo.

Como bem salienta Tércio Sampaio Ferraz Jr. (2001, p. 290), parte-se aqui do pressuposto de que o sentido da norma jurídica cabe na letra de seu enunciado, ou seja, a letra da lei se harmoniza com a *mens legis* ou o espírito da fonte jurídico-normativa, cabendo ao intérprete apenas constatar a sua coincidência.

A interpretação restritiva é a prática hermenêutica que se manifesta quando o intérprete, ao aplicar a norma jurídica a um dado acontecimento, reduz o significado originariamente fixado pelo órgão produtor da norma, conferindo-se ao preceito normativo um significado mais limitado do que aquele que está posto na sua textualidade (*plus scripsit quam voluit*).

Conforme ressalta Tércio Sampaio Ferraz Jr. (2001, p. 291), o direito penal, em razão do princípio *nullum crimen sine lege*, deve ser interpretado de forma restritiva, não permitindo também analogia *in malam partem*. De igual modo, o direito tributário não permite interpretação extensiva de seus preceitos, devendo ser interpretado restritivamente. Ademais, toda norma que restrinja os direitos e garantias fundamentais reconhecidos e estabelecidos constitucionalmente deve ser interpretada restritivamente, assim como uma exceção deve sofrer uma interpretação restritiva.

Por sua vez, a interpretação extensiva é a prática exegética que ocorre quando o intérprete, ao aplicar a norma jurídica a um determinado evento, amplia o significado originariamente fixado pelo órgão produtor da norma, conferindo-se ao preceito normativo um significado mais elástico do que aquele que está posto na literalidade da norma jurídica (*minus scripsit quam voluit*).

Como assinala Tércio Sampaio Ferraz Jr. (2001, p. 292), a interpretação extensiva leva em consideração a *mens legis*, ampliando o sentido da norma para além do contido em sua letra, demonstrando que a extensão do sentido está contida no espírito da lei, considerando que a norma jurídica diz menos do que queria dizer.

Quanto à orientação temporal, a interpretação do direito pode ser classificada como retrospectiva ou prospectiva.

A interpretação do direito se afigura retrospectiva toda vez que o hermeneuta busca reconstruir o passado, a fim de rastrear o processo nomogenético que influencia a criação de uma dada norma jurídica. Normalmente, é operacionalizada pelo uso do método histórico.

Como bem ressalta André Franco Montoro (2000, p. 373), a metodologia histórica está baseada na investigação dos antecedentes remotos (*origo legis*) ou próximos (*occasio legis*) da norma jurídica, a partir do mapeamento de elementos oriundos do processo legislativo ou mesmo da evolução histórica de uma determinada comunidade jurídica.

A interpretação retrospectiva prioriza a dimensão estática e originalista da hermenêutica jurídica, tendo, como referência, a chamada *voluntas legislatoris*.

A seu turno, a interpretação do direito se afigura prospectiva toda vez que o hermeneuta busca projetar o presente em direção ao futuro, a fim de atualizar o significado da norma jurídica. Geralmente, é desenvolvida pela utilização do método sociológico.

Conforme os ensinamentos de André Franco Montoro (2000, p. 374), a metodologia sociológica busca adaptar o sentido da norma jurídica à realidade social, a fim de atender aos fins sociais, às necessidades coletivas e às exigências do bem comum.

Ademais, a interpretação prospectiva enfatiza a vertente dinâmica e não originalista da hermenêutica jurídica, tendo como referência a denominada *voluntas legis*.

SINOPSE DA PARTE I

Hermenêutica e interpretação

A hermenêutica é, seguramente, um tema essencial para o conhecimento. Tudo o que é apreendido e representado pelo sujeito cognoscente depende da realização o de práticas interpretativas, que decodificam os sentidos dos signos linguísticos. Como o mundo vem à consciência pela linguagem, a hermenêutica torna-se inseparável da própria existência humana.

A hermenêutica designa um saber que procura problematizar os pressupostos, a natureza, a metodologia e o escopo da interpretação humana, nos planos artístico, literário, teológico e jurídico. Por sua vez, a interpretação significa uma espécie de compreensão dos fenômenos culturais, que se manifestam através da mediação comunicativa estabelecida entre uma dada obra e a comunidade humana.

Assim, a hermenêutica jurídica figura como um campo relativamente autônomo da hermenêutica geral, que se ocupa da reflexão acerca das premissas, da natureza, da metodologia e da finalidade da interpretação do direito, entendida como uma atividade mediadora e compreensiva do fenômeno jurídico, como objeto integrante da cultura humana.

Matrizes filosóficas da hermenêutica jurídica

A hermenêutica, na condição de saber autônomo, penetra, então, no campo dos saberes humanos, com o teólogo protestante Friedrich Schleiermacher (1768-1834), para quem deixa de ser vista como um tema disciplinar específico do âmbito da teologia, da literatura ou do direito, passando a ser concebida como uma arte geral da compreensão anterior a qualquer arte especial de interpretação.

Posteriormente, com o filósofo Wilhelm Dilthey (1833-1911), a hermenêutica adquire o estatuto de um modo de conhecimento da vida humana, especialmente apto para apreender a cultura, irredutível em si mesma aos fenômenos naturais.

Depois da morte de Schleiermacher, o projeto de desenvolver uma hermenêutica geral esmoreceu, perto do final do século XIX, quando o filósofo e historiador literário Wilhelm Dilthey começou a vislumbrar na hermenêutica o fundamento para as *Geisteswinssenschaften*. A experiência concreta, histórica e viva passa a ser o ponto de partida e o de chegada do conhecimento humano. O contributo de Dilthey foi alargar o horizonte da hermenêutica, colocando-o no contexto da interpretação como expressão da experiência vivida, em toda a sua historicidade e temporalidade.

Outra grande referência intelectual da Hermenêutica Geral e Jurídica foi Emilio Betti (1890-1968), grande jusfilósofo, historiador e educador da doutrina italiana, cujo pensamento transitou em diversos ramos do conhecimento e do direito positivo. Ele procurou delinear a hermenêutica como uma verdadeira teoria geral das ciências espirituais, apresentando-a como uma espécie de superciência das modalidades de interpretação. A atividade interpretativa figuraria, assim, como uma atividade que tem por objetivo atingir a compreensão de formas representativas criadas por outra mente, condição prévia para o fluxo da comunicação intersubjetiva e para a realização da objetividade dos resultados hermenêuticos.

Com o advento do pensamento de Martin Heidegger (1889-1976), a hermenêutica deixa de ser considerada um problema de metodologia das ciências humanas, baseado na dicotomia explicação *x* compreensão, para ser entendida como um prolongamento essencial da existência humana. A indagação hermenêutica considera menos a relação do intérprete com o outro do que a relação que o hermeneuta estabelece com a sua própria situação no universo. O horizonte da compreensão passa a ser a apreensão e o esclarecimento da dimensão primordial do ser-no-mundo.

Posteriormente, emerge um novo paradigma hermenêutico, que conforma a atividade interpretativa como situação humana. Desponta o fecundo pensamento de Hans Georg Gadamer (1900-2002), para quem o hermeneuta, ao interpretar um objeto, está já situado no horizonte aberto pela obra, o que ele denomina círculo hermenêutico. A interpretação é, sobretudo, a elucidação da relação que o intérprete estabelece com a tradição de que provém, pois, na exegese de textos literários, o significado não aguarda ser desvendado pelo intérprete, mas é produzido no diálogo estabelecido entre o hermeneuta e a obra. Segundo ele, o significado interpretativo emerge à medida que o texto e o intérprete se envolvem na dialética de um permanente diálogo, norteado pela compreensão prévia que o sujeito cognoscente já possui do objeto, a chamada pré-compreensão.

Por sua vez, Ricoeur considera o fenômeno humano como intermédio simultaneamente estruturante (o intencional e o possível) e estruturado (o involuntário e o explicável), articulando a pertença ontológica e a distanciação metodológica. Ele procura, assim, consolidar um modelo dialético que enlace a verdade como desvelamento (ontologia da compreensão) e a exigência crítica representada pelos métodos rigorosos das ciências humanas (necessidade de uma explicação). Desse modo, o escopo da interpretação será reconstruir o duplo trabalho do texto por meio do círculo ou arco hermenêutico: no âmbito da dinâmica interna que preside à estruturação da obra (sentido) e no plano do poder que tem esta obra para se projetar fora de si mesma, gerando um mundo (a referência).

A seu turno, Jürgen Habermas (1929), eminente filósofo e sociólogo germânico, desponta como um dos maiores intelectuais da atualidade. O seu pensamento e sua produção intelectual, inclusive no campo da hermenêutica geral e jurídica, restam ligados à tradição da Escola de Frankfurt e ao Pragmatismo Contemporâneo. Ele desenvolve a teoria discursiva da ação comunicativa, modelo racional de interação comportamental, por meio do uso da argumentação e da expansão do debate público, com vista à obtenção de consensos. Os estudos de Habermas focam na ação comunicativa como forma de apreensão do conhecimento, da ética, da política, da economia e do direito. Sua hermenêutica crítica procura as causas da compreensão e da comunicação distorcidas que atuam a coberto de uma interação aparentemente normal. O compromisso prático com a verdade histórica e com um futuro melhor coloca a hermenêutica crítica em contato com a filosofia hermenêutica.

A finalidade da interpretação do direito

Ao tratar das diversas modalidades de interpretação das formas representativas da cultura humana, Emilio Betti desenvolveu uma tipologia hermenêutica composta de três tipos de interpretação conforme a sua finalidade, a saber: a interpretação recognitiva, a interpretação reprodutiva e a interpretação normativa.

A interpretação recognitiva tem a função de obter entendimento como fim em si mesmo e apresenta função meramente cognoscitiva, já que apenas supervisiona o pensamento pertencente ao passado, a exemplo do que sucede com a interpretação filológica e a interpretação histórica.

Quanto à interpretação reprodutiva, o objetivo é reproduzir aquilo que foi entendido, assumindo o papel de substituir uma forma representativa equivalente, a exemplo do que ocorre com as práticas da tradução, da interpretação dramática e da interpretação musical.

Já a interpretação normativa pretende regular o comportamento humano, a fim de possibilitar a extração de máximas orientadoras para a tomada de decisão em face de um problema, o que se verifica, a título exemplificativo, no desenvolvimento da interpretação teológica e, para o que nos interessa em especial, da interpretação do direito.

Com efeito, a interpretação jurídica apresenta uma patente função normativa, o que pode ser constatado não apenas quando da observância voluntária da norma jurídica pelo agente social que figura como seu destinatário, mas também quando a interpretação do direito é efetuada pelo órgão estatal competente, visando a garantir uma aplicação forçada dos preceitos normativos do ordenamento jurídico a um dado caso concreto.

Interpretação do direito: uma atividade de compreensão

As atividades de compreensão e explicação são os modos cognitivos dos objetos reais. No tocante aos objetos culturais, compreende-se, num conhecimento mais íntimo, porque é possível ter a vivência de revivê-los. Compreender um fenômeno, por sua vez, significa envolvê-lo na totalidade de seus fins, em suas conexões de sentido. Ao contrário, os objetos naturais, por não consubstanciarem um sentido humano, somente permitem a explicação, o que se obtém referindo tais fenômenos a uma causa. Explicar seria descobrir na realidade aquilo que na realidade mesma se contém, sendo que, nas ciências naturais, a explicação pode ser vista, genericamente, como objetiva, neutra e refratária ao mundo dos valores.

No campo da hermenêutica jurídica, como a de qualquer outra objetivação do espírito humano, exige-se a utilização de um método adequado, de natureza empírico-dialética, constituído pelo ato gnosiológico da compreensão. Ao interpretar um comportamento, no plano da intersubjetividade humana, o hermeneuta irá referi-lo à norma jurídica, o comportamento figurando como substrato e a norma como o sentido jurídico de faculdade, prestação, ilícito ou sanção. Como esse significado jurídico é coparticipado pelos atores sociais, o intérprete do direito atua como verdadeiro porta-voz do entendimento societário, à proporção que exterioriza os valores fundantes de uma comunidade jurídica.

Interpretação do direito e a polissemia da linguagem humana

No plano semiótico, o fenômeno jurídico é concebido como linguagem, cuja polissemia dos signos linguísticos deve ser enfrentada através da análise sintática, semântica e pragmática dos discursos veiculados no mundo do direito.

A sintática, do grego "syntaktikós", estuda as relações estruturais e a concatenação dos signos entre si. Os signos linguísticos não são utilizados ao acaso e de acordo com a conveniência do emissor, mas devem ser obedecidas as regras gramaticais convencionalmente estabelecidas para que seja possível não só ao emissor formular sua mensagem, como também ao receptor apreender seu conteúdo. A análise sintática desmembra os elementos componentes de uma "frase", examinando sua estrutura, dividindo "período" em "orações", e estas nos seus termos essenciais, integrantes e acessórios. Assim, toda frase deve conter uma correta justaposição de vocábulos e uma perfeita congruência interna de palavras.

A seu turno, a semântica, do grego "semainô", estuda a relação entre o signo e o objeto que ele refere. A semântica é, pois, o estudo da significação das palavras. A semântica encara a relação dos signos com os objetos extralinguísticos. Na análise semântica, o campo de estudo é o vínculo do signo com a realidade, destacando o significado correto dos signos, de modo a extrair a imprecisão natural dos termos. Essas imprecisões naturais podem estar relacionadas à denotação (vagueza) e à conotação (ambiguidade).

Por sua vez, a pragmática, cujo termo deriva da expressão grega "pragmatikós", significa a relação existente entre os signos com os emissores e destinatários. Com efeito, a pragmática ocupa-se da relação dos signos com os usuários, nos termos de uma linguística do diálogo, por tomar por suporte a intersubjetividade comunicativa. Desse modo, tanto as unidades sintáticas como o sentido do texto estão vinculados à situação de uso, sujeitando-se às variações temporais e espaciais de cada cultura humana.

A atividade interpretativa é, do ponto de vista semiótico, descobrir o sentido e o alcance dos signos normativos, procurando a significação dos signos jurídicos. O operador do direito, ao aplicar a norma ao caso *sub judice*, a interpreta, pesquisando o seu significante. Isso porque a letra da norma permanece, mas seu sentido se adapta às mudanças operadas na vida social.

Nesse contexto, como toda obra, enquanto objeto hermenêutico, é uma mensagem promanada de um emissor para um conjunto de receptores ou destinatários, cabe ao intérprete do direito selecionar as possibilidades comunicativas, mormente quando se depara com a plurivocidade ou polissemia inerente às estruturas linguísticas da norma jurídica. Fixar um sentido, dentro do horizonte de significações possíveis, é a ingente tarefa do hermeneuta, a exigir um profundo conhecimento sobre a estrutura e os limites da linguagem por meio da qual se exprime o fenômeno jurídico.

Métodos da interpretação jurídica

Ainda que os estudos mais recentes de hermenêutica jurídica apontem para a sua essência filosófica, não há como negar a sua relevante função instrumental, à medida que oferece métodos voltados para o norteamento das práticas interpretativas do direito. Tradicionalmente, a doutrina vem elencando os seguintes métodos interpretativos: gramatical, lógico-sistemático, histórico, sociológico e teleológico.

Através da técnica gramatical, o hermeneuta se debruça sobre as expressões normativas, investigando a origem etimológica dos vocábulos e aplicando as regras estruturais de concordância ou regência, verbal e nominal.

Com o uso da técnica histórica, o intérprete perquire os antecedentes imediatos (*v.g.*, declaração de motivos, debates parlamentares, projetos e anteprojetos) e remotos (*e.g.*, institutos antigos) do modelo normativo.

A seu turno, o processo sociológico de interpretação do direito objetiva conferir a aplicabilidade da norma jurídica às relações sociais que lhe deram origem, elastecendo o sentido da norma a relações novas, inéditas ao momento de sua criação, bem como temperando o alcance do preceito normativo a fim de fazê-lo espelhar as necessidades atuais da comunidade jurídica.

A técnica teleológica procura, desse modo, delimitar o fim, vale dizer, a *ratio essendi* do preceito normativo, para a partir dele determinar o seu real significado. A delimitação do sentido normativo requer, pois, a captação dos fins para os quais se elaborou a norma jurídica. A interpretação teleológica serve de norte para os demais processos hermenêuticos.

Do subjetivismo ao novo objetivismo hermenêutico: vontade do legislador x vontade da lei

A polarização entre o subjetivismo e o objetivismo oportuniza uma grande polêmica relativa ao referencial que o intérprete do direito deve seguir para desvendar o sentido e o alcance dos modelos normativos, especialmente das normas legais: a vontade do legislador (*voluntas legislatoris*) ou a vontade da lei (*voluntas legis*).

A corrente subjetivista pondera que o escopo da interpretação é estudar a vontade histórico-psicológica do legislador expressa na norma. A interpretação deve verificar, de modo retrospectivo, o pensamento do legislador estampado no modelo normativo.

A vertente objetivista preconiza que, na interpretação do direito, deve ser vislumbrada a vontade da lei, que, no sentido objetivo, independe do querer subjetivo do legislador. A norma jurídica seria a vontade transformada em palavras, uma força objetivada independente do seu autor. O sentido incorporado no modelo normativo se apresentaria mais rico do que tudo o que o seu criador concebeu, porque suscetível de adaptação aos fatos e valores sociais.

Combinando a exigência de segurança com o impulso incessante por transformação, a hermenêutica jurídica contemporânea se inclina, pois, para a superação do tradicional subjetivismo – *voluntas legislatoris*, em favor de um novo entendimento do objetivismo – *voluntas legis*, realçando o papel do intérprete na exteriorização dos significados da ordem jurídica.

Tipologias de interpretação jurídica

A interpretação do direito pode ser qualificada quanto à origem da seguinte forma: legislativa (autêntica), judicial (judiciária), doutrinária (jurídico-científica) e administrativa (gerencial).

A interpretação legislativa, tradicionalmente conhecida como autêntica, é a prática exegética levada a cabo pelo próprio legislador, seja pela elaboração de reformas constitucionais, seja por meio de diplomas legislativos que especifiquem o sentido normativo da Constituição ou da criação de leis interpretativas que esclareçam o significado de outras leis. Durante o período do juspositivismo moderno, era considerada a única forma de interpretação jurídica possível, dada a identificação do direito com a legislação.

A interpretação judicial é aquela atividade hermenêutica realizada no plano do Poder Judiciário, por meio da tomada de decisão por julgadores diante da necessidade de resolução dos conflitos concretos de interesses. Por intermédio dela, são produzidos julgados - decisões, sentenças, acórdãos, que servem de precedentes para a construção da jurisprudência, a qual poderá ser sintetizada em súmulas persuasivas ou vinculantes. Embora vedada durante a fase do positivismo jurídico, ante a neutralização axiológica dos magistrados, a interpretação judicial ganhou força após a Segunda Guerra Mundial, na esteira do ativismo hermenêutico surgido com o pós-positivismo jurídico.

A interpretação doutrinária, também denominada interpretação jurídico-científica, é a prática hermenêutica desenvolvida pelos juristas ou jurisconsultos que se especializam na produção intelectual do direito, comentando fontes jurídicas existentes e propondo novos modelos normativos, contribuindo, assim, para a compreensão e o aperfeiçoamento da legislação e da jurisprudência. A interpretação doutrinária se materializa na elaboração de livros, coletâneas, artigos e pareceres sobre temas controversos do mundo jurídico.

A seu turno, a interpretação administrativa ou gerencial efetuada pelos órgãos integrantes da administração pública, direta ou indireta, exterioriza-se em forma de portarias, ordens, despachos, instruções ou decretos, conforme os parâmetros estabelecidos pela legislação constitucional e infraconstitucional. Ela se divide em regulamentar e casuística.

No tocante ao agente hermenêutico envolvido na atividade interpretativa, a interpretação do direito pode ser classificada como pública ou privada.

A interpretação jurídica pública é aquela prática hermenêutica realizada por servidores ou autoridades integrantes do Estado, exteriorizando-se por meio das atividades hermenêuticas qualificadas como legislativas, judiciais e gerenciais, resultando numa produção normativa oriunda do Poder Público, englobando uma multiplicidade de leis, decisões judiciais e atos administrativos.

A interpretação jurídica privada é aquela realizada por particulares, fora dos limites institucionais do Poder Público, seja na elaboração de negócios jurídicos, a exemplo de contratos e testamentos, seja por meio da elaboração de fontes doutrinárias por profissionais do direito.

Quanto à modulação semântica, a interpretação pode ser dividida em: declarativa, restritiva e extensiva.

A interpretação declarativa é aquela atividade hermenêutica que ocorre quando o hermeneuta, ao aplicar a norma jurídica a uma dada situação fática, extrai um resultado idêntico ao pretendido pelo órgão produtor da norma, havendo, pois, uma equivalência entre o texto normativo e o seu atual significado, não sendo assim possível qualquer extensão ou redução interpretativa do sentido e alcance do preceito normativo.

A interpretação restritiva é a prática hermenêutica que se manifesta quando o intérprete, ao aplicar a norma jurídica a um dado acontecimento, reduz o significado originariamente fixado pelo órgão produtor, conferindo-se ao preceito normativo um significado mais limitado do que aquele que está posto na textualidade da norma jurídica.

Por sua vez, a interpretação extensiva é a prática exegética que ocorre quando o intérprete, ao aplicar a norma jurídica a um determinado evento, amplia o significado originariamente fixado pelo órgão produtor da norma, conferindo-se ao preceito normativo um significado mais elástico do que aquele que está posto em sua literalidade da (*minus scripsit quam voluit*).

Quanto à orientação temporal, a interpretação do direito pode ser classificada como retrospectiva ou prospectiva.

A interpretação do direito se afigura retrospectiva toda vez que o hermeneuta busca reconstruir o passado, a fim de rastrear o processo nomogenético que influencia a criação de uma dada norma jurídica. Normalmente, é operacionalizada pelo uso do método histórico. Ela prioriza a dimensão estática e originalista da hermenêutica jurídica, tendo, como referência, a chamada *voluntas legislatoris*.

A seu turno, a interpretação do direito se afigura prospectiva toda vez que o hermeneuta busca projetar o presente em direção ao futuro, a fim de atualizar o significado da norma jurídica. Geralmente, é desenvolvida pela utilização do método sociológico. Ela enfatiza a vertente dinâmica e não originalista da hermenêutica jurídica, tendo, como referência, a denominada *voluntas legis*.

PARTE II

A PÓS-MODERNIDADE JURÍDICA
E O PARADIGMA HERMENÊUTICO EMERGENTE

CAPÍTULO UM

FUNDAMENTOS DO PROJETO DA MODERNIDADE

DESDE A ÉPOCA DO RENASCIMENTO, A HUMANIDADE já havia sido guindada ao patamar de centro do universo. Típica da nova perspectiva era a visão de Francis Bacon, segundo a qual os homens poderiam desvendar os segredos da realidade, para, então, dominar a natureza. Posteriormente, René Descartes lançou as bases filosóficas do edifício moderno, definindo a essência humana como uma substância pensante (*cogito, ergo sum*) e o ser humano como um sujeito racional autônomo. Na mesma senda, Isaac Newton conferiu à modernidade o seu arcabouço científico ao descrever o mundo físico como uma máquina, cujas leis imutáveis de funcionamento poderiam ser apreendidas pela mente humana. Na seara político-social, despontou o pensamento de John Locke, vislumbrando a relação contratual entre governantes e governados, em detrimento do absolutismo, e a supremacia dos direitos naturais perante os governos tirânicos.

Abeberando-se neste rico manancial de ideias, coube ao movimento iluminista, no século XVIII, consolidar o multifacético projeto da modernidade, Diderot, Voltaire, Rousseau e Montesquieu inaugurariam, de modo triunfal, a idade da razão. Sob a influência do Iluminismo, Emanuel Kant complementaria o ideário moderno, ao enfatizar o papel ativo da mente no processo de conhecimento. Para Kant, o intelecto sistematizaria os dados brutos oferecidos pelos órgãos sensoriais através de categorias inatas, como as noções de espaço e tempo.

Nessa perspectiva, o "eu pensante", ao desencadear suas potencialidades cognitivas, afigurava-se como o criador do próprio mundo a ser conhecido. A pretensão transcendental de Kant supunha, assim, que a cultura e a ética refletiriam padrões universalmente racionais e humanos, submetendo-se os deveres ao princípio supremo da razão prática – o imperativo categórico. Ao conferir posição privilegiada ao sujeito do conhecimento, Kant elevou o respeito à pessoa humana como um valor ético absoluto. O sujeito de kantiano tornava-se capaz de sair da menoridade e ser protagonista da história.

O programa moderno estava embasado no desenvolvimento implacável das ciências objetivas, das bases universalistas da ética e de uma arte autônoma. Seriam, então, libertadas as forças cognitivas acumuladas, tendo em vista a organização racional das condições de vida em sociedade. Os proponentes da modernidade cultivavam ainda a expectativa de que as artes e as ciências não somente aperfeiçoariam o controle das forças da natureza, como também a compreensão do ser e do mundo, o progresso moral, a justiça nas instituições sociais e até mesmo a felicidade humana.

Não é outro o entendimento de Alain Touraine (1994, p. 9), para quem a ideia de modernidade, na sua forma mais ambiciosa, foi a afirmação de que o homem é o que ele faz, e que, portanto, deve existir uma correspondência cada vez mais estreita entre a produção, tornada mais eficaz pela ciência, a tecnologia ou a administração, a organização da sociedade, regulada pela lei e a vida pessoal, animada pelo interesse, mas também pela vontade de se liberar de todas as opressões. Repousa essa correspondência de uma cultura científica, de uma sociedade ordenada e de indivíduos livres, sobre o triunfo da razão. Somente ela estabelece uma correspondência entre a ação humana e a ordem do mundo, o que já buscavam pensadores religiosos, mas que foram paralisados pelo finalismo próprio às religiões monoteístas baseadas numa revelação. É a razão que anima a ciência e suas aplicações; é ela também que comanda a adaptação da vida social às necessidades individuais ou coletivas; é ela, finalmente, que substitui a arbitrariedade e a violência pelo Estado de Direito e pelo mercado. A humanidade, agindo segundo suas leis, avança simultaneamente em direção à abundância, à liberdade e à felicidade.

Nas suas conotações mais positivas, o conceito de modernidade indica uma formação social que multiplicava sua capacidade produtiva, pelo aproveitamento mais eficaz dos recursos humanos e materiais, graças ao desenvolvimento técnico e científico, de modo que as necessidades sociais pudessem ser respondidas, com o uso mais rigoroso e sistemático da razão.

A modernidade caracterizava-se pela forma participativa das tomadas de decisões na vida social, valorizando o método democrático e as liberdades individuais. O objetivo da sociedade moderna era oferecer uma vida digna, na qual cada um pudesse realizar sua personalidade, abandonando as constrições de autoridades externas e ingressando na plenitude expressiva da própria subjetividade.

A realização dos objetivos do projeto da modernidade seria garantida, no plano histórico, pelo equilíbrio entre os vetores societários de regulação e emancipação. As forças regulatórias englobariam as instâncias de controle e heteronomia. De outro lado, as forças emancipatórias expressariam as alternativas de expansão da personalidade humana, oportunizando rupturas, descontinuidades e transformações.

Neste sentido, refere Boaventura Santos (1995, p. 77) que o projeto sociocultural da modernidade é um projecto muito rico, capaz de infinitas possibilidades e, como tal, muito complexo e sujeito a desenvolvimentos contraditórios. Assenta em dois pilares fundamentais, o pilar da regulação e o pilar da emancipação. São pilares, eles próprios, complexos, cada um constituído por três princípios. O pilar da regulação é constituído pelo princípio do Estado, cuja articulação se deve principalmente a Hobbes; pelo princípio do mercado, dominante sobretudo na obra de Locke; pelo princípio da comunidade, cuja formulação domina toda a filosofia política de Rousseau. Por sua vez, o pilar da emancipação é constituído por três lógicas de racionalidade: a racionalidade estético-expressiva da arte e da literatura; a racionalidade moral--prática da ética e do direito; e a racionalidade cognitivo-instrumental da ciência e da técnica.

O programa da modernidade fundar-se-ia na estabilidade dos referidos pilares, assegurada pela correlação existente entre os princípios regulatórios e as lógicas emancipatórias. Sendo assim, a racionalidade ético-prática, que rege o direito, seria relacionada ao princípio do

Estado, uma vez que o Estado moderno era concebido como o detentor do monopólio de produção e aplicação das normas jurídicas. A racionalidade cognitivo-instrumental, por seu turno, seria alinhada ao princípio do mercado, porquanto a ciência e a técnica afiguravam-se como as molas mestras da expansão do sistema capitalista.

Com efeito, no plano gnosiológico, o projeto da modernidade trouxe a suposição de que o conhecimento seria preciso, objetivo e bom. Preciso, pois, sob o escrutínio da razão tornava-se possível compreender a ordem imanente do universo; objetivo, porquanto o modernista se colocava como observador imparcial do mundo, situado fora do fluxo da história; bom, pois o otimismo moderno conduzia à crença de que o progresso seria inevitável e de que a ciência capacitaria o ser humano a libertar-se de sua vulnerabilidade à natureza e a todo condicionamento social.

O cerne do programa moderno residia, indubitavelmente, na confiança na capacidade racional do ser humano. Os modernos conferiam à razão o papel central no processo cognitivo. A razão moderna compreende mais do que simplesmente uma faculdade humana. O conceito moderno de razão remetia à assertiva de que uma ordem e uma estrutura fundamentais são inerentes ao conjunto da realidade. O programa moderno se alicerçava na premissa de que a correspondência entre a tessitura da realidade e a estrutura da mente habilitaria esta última a discernir a ordem imanente do mundo exterior.

A ideia de uma modernidade denotava, assim, o triunfo de uma razão redentora, que se projetaria nos diversos setores da atividade humana. Esta razão deflagraria a secularização do conhecimento, conforme os arquétipos da física, geometria e matemática. Viabilizaria a racionalidade cognitivo-instrumental da ciência, concebida como a única forma válida de saber. Potencializaria, através do desenvolvimento científico, o controle das forças adversas da natureza, retirando o ser humano do reino das necessidades. Permitiria ao homem construir o seu destino, livre do jugo da tradição, da tirania, da autoridade e da sanção religiosa.

CAPÍTULO DOIS

OS ELEMENTOS DA MODERNIDADE JURÍDICA

O PROGRAMA MODERNO ABRIA MARGEM PARA A emergência do paradigma liberal-burguês na esfera jurídica. O conceito de *Estado de Direito* é, ainda hoje, a pedra angular para o entendimento da modernidade jurídica. Surgido na dinâmica das revoluções burguesas (Revolução gloriosa, Independência norte-americana, Revolução francesa), *o Estado de Direito* sintetiza um duplo e convergente processo de *estatização do direito* e *jurisdicização do Estado*. Esta nova forma de organização estatal inaugura um padrão histórico específico de relacionamento entre o sistema político e a sociedade civil. Esta relação é intermediada por um ordenamento jurídico que delimita os espaços político e societal. A ordem jurídica acaba por separar a esfera pública do setor privado, os atos de império dos atos de gestão, o interesse coletivo das aspirações individuais.

O *Estado de Direito* apresenta, como traços marcantes de sua conformação histórica, os princípios da soberania nacional, da independência dos poderes e da supremacia constitucional. O princípio da separação dos poderes, técnica destinada a conter o absolutismo, atribui a titularidade da função legislativa a parlamentos compostos pelos representantes da nação, restringe o campo de atuação do Poder Executivo aos limites estritos das normas legais e confere ao Poder Judiciário a competência para julgar e dirimir conflitos, neutralizando-o politicamente. O Estado submete-se ao primado da legalidade. A lei é concebida como uma norma abstrata e genérica emanada do parlamento, segundo um processo previsto pela Constituição. A Carta Magna, na acepção liberal, apresenta-se como uma ordenação sistemática da comunidade política, plasmada em regra num documento escrito, mediante o qual se estrutura o poder político e se asseguram os direitos fundamentais.

Conforme se depreende, a ideia moderna de que os homens encontravam-se aptos a delinear um projeto racional informa as definições clássicas de lei e Constituição. As normas legais afiguram-se como instrumentos de uma razão planificante, capaz de engendrar a codificação do ordenamento jurídico e a regulamentação pormenorizada dos problemas sociais. A Constituição, produto de uma razão imanente e universal que organiza o mundo, cristaliza, em última análise, o pacto fundador de toda a sociedade civil.

O fenômeno da positivação é, pois, expressão palmar da modernidade jurídica, permitindo a compreensão do direito como um conjunto de normas postas. Ocorrido, em larga medida, a partir do século XIX, corresponde à legitimidade legal-burocrática preconizada por Max Weber, porquanto fundada em ritos e mecanismos de natureza formal. A positivação desponta como um processo de filtragem, mediante procedimentos decisórios, das valorações e expectativas comportamentais presentes na sociedade, que são, assim, convertidas em normas dotadas de validez jurídica. A lei, resultado de um conjunto de atos e procedimentos formais (iniciativa, discussão, quórum, deliberação) torna-se, destarte, a manifestação cristalina do direito. Daí advém a identificação moderna entre direito e lei, restringindo o âmbito da experiência jurídica.

A análise global da conjuntura da época possibilita o entendimento do sentido desta idolatria à lei. O apego excessivo à norma legal refletia a postura conservadora de uma classe ascendente. A burguesia, ao encampar o poder político, passou a utilizar a aparelhagem jurídica em conformidade com seus interesses. Se a *utopia jusnaturalista* impulsionou a revolução, a *ideologia legalista* legitimou a preservação do *statu quo* pelo argumento de que o conjunto de leis corporificava o justo pleno, cristalizando formalmente os princípios perenes do direito natural.

Além disto, as demandas do industrialismo e a celeridade das transformações econômicas exigiam um instrumental jurídico mais dinâmico e maleável. Em contraste com o processo de lenta formação das normas consuetudinárias, a lei se afigurava como um instrumento expedito, pronto a disciplinar as novas situações de uma realidade cambiante. Ocorreu a institucionalização da mutabilidade do direito, isto é, a ordem jurídica tornou-se contingencial e manipulável conforme as circunstâncias.

O prestígio do princípio da separação de poderes, técnica de salvaguarda política e garantia das liberdades individuais, foi outro fator preponderante. Na concepção moderna, o julgador, ao interpretar a lei, deveria ater-se à literalidade do texto legal, para que não invadisse a seara do Poder Legislativo. O magistrado deveria restringir-se à vontade da lei – *voluntas legislatoris*. A aplicação do direito seria amparada no dogma da subsunção, pelo que o raciocínio jurídico consistiria na estruturação de um silogismo, envolvendo uma premissa maior (a diretiva normativa genérica) e uma premissa menor (o caso concreto).

Ressalte-se ainda que a teorização jurídica da era moderna concebia o direito como um ordenamento dessacralizado e racional. O sistema jurídico passou a ser entendido como um sistema fechado, axiomatizado e hierarquizado de normas. Desta concepção moderna defluíam as exigências de acabamento, plenitude, unicidade e coesão do direito. Nesta perspectiva sistêmica, restaram negadas as existências de lacunas e de antinomias normativas.

CAPÍTULO TRÊS

O COLAPSO DA MODERNIDADE JURÍDICA

UM GRANDE DEBATE ENVOLVE O TEMA DA MODERNIdade, problematizando seus fundamentos, conquistas e perspectivas. Para muitos estudiosos, o programa moderno, enquanto realizava o seu desiderato de constituir sujeitos autônomos e sociedades racionalmente organizadas, também desenvolvia os fermentos e as forças de sua própria dissolução.

Neste diapasão, acentua Marshall Berman (1986, p. 15) que a experiência ambiental da modernidade anula todas as fronteiras geográficas e raciais, de classe e nacionalidade, de religião e ideologia; nesse sentido, pode-se dizer que a modernidade une toda a espécie humana. Porém é uma unidade paradoxal, uma unidade da desunidade; ela nos despeja a todos num turbilhão de permanente desintegração e mudança, de luta e contradição, de ambiguidade e angústia. Ser moderno é fazer parte de um universo no qual, como disse Marx, tudo que é sólido desmancha no ar.

Os desvios e excessos do projeto da modernidade abrem margem para o aprofundamento de interpretações críticas, aptas a vislumbrar a feição repressiva do racionalismo ocidental. Deste modo, o pensamento contemporâneo sinaliza para uma transição paradigmática do programa moderno a uma cultura pós-moderna, cujos caracteres passam a ser delineados com o colapso da idade da razão.

Com efeito, no decorrer de seu transcurso histórico, o projeto da modernidade entrou em colapso. A vocação maximalista dos pilares regulatório e emancipatório, bem como dos princípios e lógicas internas inviabilizou o cumprimento da totalidade de suas promessas. Ocorreu, em determinados momentos, a expansão demasiada do espaço social ocupado pelo mercado, a maximização da racionalidade científica e, de um modo geral, o desenvolvimento exacerbado do vetor da regulação ante o vetor da emancipação. O pilar emancipatório assumiu a condição de roupagem cultural das forças de controle e heteronomia, comprometendo o equilíbrio tão almejado entre os pilares da modernidade.

O programa da modernidade dissolveu-se num processo de racionalização da sociedade, que acabou por vincular a razão às exigências do poder político e à lógica específica do desenvolvimento capitalista. O conhecimento científico da realidade natural e social, entendido como meio de emancipação do ser humano, é submetido às injunções do poder vigente.

No que se refere à modernidade jurídica, assinala Boaventura Santos (2001, p. 119) que ao direito moderno foi atribuída a tarefa de assegurar a ordem exigida pelo Capitalismo, cujo desenvolvimento ocorrera num clima de caos social que era, em parte, obra sua. O direito moderno passou, assim, a constituir um racionalizador de segunda ordem da vida social, um substituto da cientifização da sociedade, o *ersatz* que mais se aproximava – pelo menos no momento – da plena cientifização da sociedade que só poderia ser fruto da própria ciência moderna.

Denuncia-se, assim, o entrelaçamento das formações discursivas com as relações de poder. Com o aparecimento de uma razão tecnocrática, o saber se torna o serviçal e corolário lógico do poder. O discurso, mormente o científico, é convertido num eficiente instrumento de domínio. O discurso não é mais simplesmente aquilo que traduz as lutas ou os sistemas de dominação, mas aquilo pelo que se luta, o poder de que todos querem se apoderar.

Sendo assim, a razão de matriz Iluminista se banalizou, restringindo seu horizonte e delimitando seu campo de indagação aos interesses do poder. Favoreceu o progresso técnico e o crescimento econômico, mas engendrou problemas sociais. A racionalidade moderna não mais atendeu às exigências originárias do homem (liberdade, justiça, verdade e felicidade), mas, do contrário, sucumbiu às exigências do mercado.

Conquanto tenha desencadeado o progresso material da sociedade moderna, o racionalismo do ocidente acabou promovendo o cerceamento desintegrador da condição humana, a perda da liberdade individual, o esvaziamento ético e a formação de um sujeito egoísta, direcionado, precipuamente, ao ganho econômico. Os indivíduos foram convertidos a meros receptáculos de estratégias de produção, enquanto força de trabalho (alienação); de técnicas de consumo, enquanto consumidores (coisificação); e de mecanismos de dominação política, enquanto cidadãos da democracia de massas (massificação). A alienação, a coisificação e a massificação se tornaram patologias de uma modernidade em colapso.

Os pressupostos gnosiológicos da modernidade foram também solapados. Não mais prevalece a suposição de que o conhecimento é bom, objetivo e exato. O otimismo moderno no progresso científico é substituído pelo ceticismo no tocante à capacidade de a ciência resolver os grandes problemas mundiais, mormente os ecológicos. Não se aceita a crença na plena objetividade do conhecimento. O mundo não é um simples dado que está "lá fora" à espera de ser descoberto e conhecido. A aproximação entre o sujeito e o objeto é uma tendência presente em todas as modalidades de conhecimento científico. O trabalho do cientista, como o de qualquer ser humano, é condicionado pela história e pela cultura. A verdade brota de uma comunidade específica. Assim, o que quer que aceitemos como verdade, e até mesmo o modo como a vemos, depende da comunidade da qual participamos. Este relativismo se estende para além de nossas percepções da verdade e atinge sua essência: não existe verdade absoluta e universal. A verdade é sempre fruto de uma interpretação.

Como assevera Edgar Morin (1986, p. 197-198), a ciência derrubou as verdades reveladas, as verdades absolutas. Do ponto de vista científico, essas verdades são ilusões. Pensou-se que a ciência substituía essas verdades falsas por verdades verdadeiras. Com efeito, ela fundamenta suas teorias sobre dados verificados, reverificados, sempre reverificáveis. Contudo, a história das ciências mostra-nos que as teorias científicas são mutáveis, isto é, sua verdade é temporária. A retomada dos dados desprezados e o aparecimento de novos dados graças aos progressos nas técnicas de observação/experimentação destroem as teorias que se tornaram inadequadas e exigem outras novas.

Decerto, a epistemologia contemporânea, através de uma grande plêiade de pensadores, vem fortalecendo a constatação de que as afirmações científicas são probabilísticas, porquanto se revelam submetidas a incertezas. Com a emergência da geometria não euclidiana, da física quântica e da teoria da relatividade, instaurou-se a crise da ciência moderna, abalando os alicerces do positivismo científico: a certeza, o distanciamento sujeito-objeto e a neutralidade valorativa.

Neste sentido, Marilena Chauí (1984, p. 215), comentando a epistemologia de Karl Popper, afirma que a ciência não é um sistema de enunciados certos ou bem estabelecidos, nem um sistema que avança constantemente em direção a um estado final. Deste modo, o velho ideal científico da *episteme* – do conhecimento absolutamente certo, demonstrável – mostrou ser um ídolo. A exigência da objetividade científica, segundo a autora, torna inevitável que todo enunciado científico permaneça provisório para sempre. Ele, com efeito, pode ser corroborado, mas toda corroboração é relativa a outros enunciados que, novamente, são provisórios.

Sendo assim, o valor de uma teoria não seria medido por sua verdade, mas pela possibilidade de ser falsa. A falseabilidade se apresentaria como o critério de avaliação das teorias, garantindo a ideia de progresso científico, visto que a mesma concepção teórica seria corrigida pelos fatos novos que a falsificam.

De outro lado, conforme assinala Stanley Grenz (1997, p. 90), coube a Thomas Kuhn demonstrar que a ciência é um fenômeno dinâmico, vale dizer um construto cultural. A ocorrência das revoluções científicas revelaria que a ciência não deve ser vislumbrada como uma compilação de verdades universais objetivas. Para Thomas Kuhn, o progresso científico seria marcado por revoluções paradigmáticas. Com efeito, nos períodos de normalidade, o paradigma, visão de mundo expressa numa teoria, serviria para auxiliar os cientistas na resolução de seus problemas, sendo, posteriormente, substituído por outro paradigma, quando pendentes questões não devidamente respondidas pelo modelo científico anterior.

Neste sentido, a obra de Kuhn leva ao reconhecimento de que os fundamentos do discurso científico e da própria verdade científica são, em última análise, de natureza social. A ciência não se embasa numa observação neutra de dados, conforme propõe a teoria moderna. De acordo com o novo entendimento, o conhecimento científico não é uma compilação de verdades universais objetivas, mas um conjunto de investigações histórico-condicionadas, com amparo em comunidades específicas.

Por sua vez, rompe-se com os limites da razão moderna para congregar valores e vivências pessoais. A racionalidade é inserida no processo comunicativo. A verdade resulta do diálogo entre atores sociais. Esta nova razão brota da intersubjetividade do cotidiano, operando numa tríplice dimensão. A racionalidade comunicativa viabiliza não só a relação cognitiva do sujeito com as coisas (esfera do ser), como também contempla os valores (esfera do dever ser), sentimentos e emoções (esfera das vivências pessoais).

Trata-se, pois, de uma razão dialógica, espontânea e processual: as proposições racionais são aquelas validadas num processo argumentativo, em que se aufere o consenso através do cotejo entre provas e argumentações. A racionalidade adere aos procedimentos pelos quais os protagonistas de uma relação comunicativa apresentam seus argumentos, com vistas à persuasão dos interlocutores.

CAPÍTULO QUATRO

CARACTERES DA CULTURA JURÍDICA PÓS-MODERNA E SEUS REFLEXOS HERMENÊUTICOS

AS METANARRATIVAS DA MODERNIDADE ILUMINISTA, carregadas de um otimismo antropocêntrico, vislumbravam o advento de sociedades governadas pela racionalidade, encaminhadas para um estágio cada vez mais avançado de progresso técnico-científico e de desenvolvimento social.

Estas grandes visões modernas, contudo, esvaziaram-se e perderam, gradativamente, a credibilidade. Em seu transcurso histórico, o programa moderno não logrou concretizar seus ideais emancipatórios. Verificou-se que a proposta de racionalização da sociedade ocidental acabou por gerar profundos desequilíbrios entre os atores sociais, comprometendo a realização de uma subjetividade plenamente autônoma.

Nesta esteira, sublinha Paulo Rouanet (1993, p. 22-24) que, no Brasil e no mundo, o projeto civilizatório da modernidade entrou em colapso. Trata-se de uma rejeição dos próprios princípios, de uma recusa dos valores civilizatórios propostos pela modernidade. Como a civilização que tínhamos perdeu sua vigência e como nenhum outro projeto de civilização aponta no horizonte, estamos vivendo, literalmente, num vácuo civilizatório. Há um nome para isso: barbárie. Agora não se tratava mais da impostura deliberada do clero, mas da falsa consciência induzida pela ação ideologizante da família, da escola e da imprensa, e, mais radicalmente ainda, pela eficácia mistificadora da própria realidade – o fetichismo da mercadoria. Quando a ciência se transforma em mito, quando surgem novos mitos e ressurgem mitos antiquíssimos, quando a desrazão tem ao seu dispor toda a parafernália da mídia moderna – quando tudo isso conspira contra a razão livre –, não é muito provável que o ideal kantiano da maioridade venha a prevalecer.

Com a crise da modernidade, muitos estudiosos referiram a emergência de um novo paradigma de compreensão do mundo – a pós-modernidade. A perspectiva pós-moderna passou a indicar a falência das promessas modernas de liberdade, de igualdade e de progresso acessíveis a todos. A desconfiança de todo discurso unificante é o marco característico do pensamento pós-moderno. A realidade social, dentro da perspectiva pós-moderna, não existe como totalidade, mas se revela fragmentada, multifacetada, fluida e plural.

O advento da pós-modernidade também se refletiu no direito do ocidente, descortinando profundas transformações nos modos de conhecer, organizar e realizar as instituições jurídicas.

Sobre as repercussões do paradigma pós-moderno no fenômeno jurídico, sustenta Cláudia Marques (1995, p. 155) que, com o advento da sociedade de consumo massificada e seu individualismo crescente nasce também uma crise sociológica, denominada por muitos de pós-moderna. Os chamados tempos pós-modernos são um desafio para o direito. Tempos de ceticismo quanto à capacidade de a ciência do direito dar respostas adequadas e gerais para os problemas que perturbam a sociedade atual e modificam-se com uma velocidade assustadora. Tempos de valorização dos serviços, do lazer, do abstrato e do transitório, que acabam por decretar a insuficiência do modelo contratual tradicional do direito civil, que acabam por forçar a evolução dos conceitos do direito, a propor uma nova jurisprudência dos valores, uma nova visão dos princípios do direito civil, agora muito mais influenciada pelo direito público e pelo respeito aos direitos fundamentais dos cidadãos. Para alguns o pós-modernismo é uma crise de desconstrução, de fragmentação, de indeterminação à procura de uma nova racionalidade, de desregulamentação e de deslegitimação de nossas instituições, de desdogmatização do direito; para outros, é um fenômeno de pluralismo e relativismo cultural arrebatador a influenciar o direito.

Partindo da presente descrição, torna-se possível divisar os elementos fundamentais da cultura jurídica pós-moderna, podendo mencionar o delineamento de um direito plural, reflexivo, prospectivo, discursivo e relativo.

O fenômeno jurídico pós-moderno é cada vez mais plural. Este pluralismo se manifesta com a implosão dos sistemas normativos genéricos e fechados. Este fenômeno de descodificação, verificável especialmente no direito privado tradicional, abre espaço para o aparecimento de uma multiplicidade de fontes legislativas e de institutos jurídicos.

O fenômeno jurídico pós-moderno assume, também, um caráter reflexivo. O direito moderno se afigurava como um centro normativo diretor, que, mediante o estabelecimento de pautas comportamentais, plasmava condutas e implementava um projeto global de organização e regulação social. Na pós-modernidade, entretanto, o direito passa a espelhar as demandas da coexistência societária, sedimentando-se a consciência de que ele deve ser entendido como um sistema sempre aberto e inconcluso, porque suscetível aos constantes influxos fáticos e axiológicos da vida social.

Corroborando esta perspectiva, salienta Miguel Reale (1994, p. 74) que, sendo a experiência jurídica uma das modalidades da experiência histórico-cultural, compreende-se que a implicação polar fato-valor se resolve, a meu ver, num processo normativo de natureza integrante, cada norma ou conjunto de normas representando, em dado momento histórico e em função de dadas circunstâncias, a compreensão operacional compatível com a incidência de certos valores sobre os fatos múltiplos que condicionam a formação dos modelos jurídicos e sua aplicação.

Como se depreende, não se concebe mais o ordenamento jurídico como um sistema hermético, mas como uma ordem permeável aos valores e aos fatos da realidade cambiante. Daí decorre a compreensão do ordenamento jurídico como um fenômeno dinâmico e, pois, inserido na própria historicidade da vida humana.

O direito pós-moderno é, igualmente, prospectivo. A própria dinamicidade do fenômeno jurídico exige do legislador a elaboração de diplomas legais marcados pela textura aberta. A utilização de fórmulas normativas propositadamente genéricas, indeterminadas e contingenciais revela a preocupação de conferir a necessária flexibilidade aos modelos normativos, a fim de que sejam adaptados aos novos tempos.

Apropriada é a lição de Gustavo Tepedino (2002, p. 21), ao referir que, se o século XX foi identificado pelos historiadores como a Era dos Direitos, à ciência jurídica resta uma sensação incômoda, ao constatar sua incapacidade de conferir plena eficácia ao numeroso rol de direitos conquistados. Volta-se a ciência jurídica à busca de técnicas legislativas que possam assegurar uma maior efetividade aos critérios hermenêuticos. Nesta direção, parece indispensável, embora não suficiente, a definição de princípios de tutela da pessoa humana, como tem ocorrido de maneira superabundante nas diretivas europeias e em textos constitucionais, bem como sua transposição na legislação infraconstitucional. O legislador percebe a necessidade de definir modelos de conduta (*standards*) delineados à luz de princípios que vinculem o intérprete, seja nas situações jurídicas típicas, seja nas situações não previstas pelo ordenamento. Daqui a necessidade de descrever nos textos normativos (e particularmente nos novos códigos) os cânones hermenêuticos e as prioridades axiológicas, os contornos da tutela da pessoa humana e os aspectos centrais da identidade cultural que se pretende proteger, ao lado de normas que permitem, do ponto de vista de sua estrutura e função, a necessária comunhão entre o preceito normativo e as circunstâncias do caso concreto.

De outro lado, o fenômeno jurídico pós-moderno passa a valorizar a dimensão discursivo-comunicativa. Entende-se que o direito é uma manifestação da linguagem humana. Logo, o conhecimento e a realização do ordenamento jurídico exigem o uso apropriado dos instrumentos linguísticos da semiótica ou semiologia. Torna-se, cada vez mais plausível, o entendimento de que os juristas devem procurar as significações do direito no contexto de interações comunicativas. Deste modo, a linguagem se afigura como a condição de exterioridade dos sentidos incrustados na experiência jurídica.

Enfatizando a relevância da linguagem jurídica, asseveram Edmundo Arruda e Marcus Fabiano (2002, p. 327) que, quando qualificamos como complexa a atividade interpretativa apenas salientamos, na mobilização dessas múltiplas faculdades psíquicas, o acoplamento de estados interiores ao mundo externo pela via do principal instrumento de mediação: a linguagem. A linguagem, portanto, funda e constitui o mundo. Por isso mesmo, a interpretação não se reduz a uma atividade passiva. Não somos o mero receptáculo em estados interiores das impressões do mundo exterior. O mundo é feito por nós quando nos apropriamos dele interpretativamente. Nessa mediação linguística da compreensão, o mundo é por nós transformado, constantemente desfeito e refeito. Mas nem todas as linguagens são iguais. Existem certas linguagens dotadas da capacidade de mobilizar grandes poderes sociais, como é o caso do direito. Tais linguagens-poderes imprimem novas condições de possibilidade à vivência do e no mundo. Quem por ofício manipula essas linguagens na sua lida cotidiana recebe então uma responsabilidade adicional: a de fazer não só o seu próprio mundo, mas também o daqueles onde muitos outros podem viver.

Outrossim, a teoria e a prática do direito passam a enfatizar o estabelecimento das condições de decidibilidade dos conflitos, potencializando o uso de técnicas persuasivas. O raciocínio jurídico, no âmbito de um processo comunicativo, não se resume a uma mera operação lógico-formal, mas concatena fórmulas axiológicas de consenso, como os princípios. O processo argumentativo não se respalda nas evidências, mas, isto sim, em juízos de valor. A retórica assume, nesse contexto, papel primordial, enquanto processo argumentativo que, ao articular discursivamente valores, convence a comunidade de que uma interpretação jurídica deve prevalecer.

Ademais, o direito pós-moderno é relativo. Isto porque não se pode conceber verdades jurídicas absolutas, mas sempre dados relativos e provisórios. Na pós-modernidade jurídica, marcada pela constelação de valores e pelos fundamentos linguísticos, qualquer assertiva desponta como uma forma de interpretação. O relativismo pós-moderno oportuniza a consolidação de um saber hermenêutico.

Esta virada em direção à racionalidade hermenêutica é mencionada por Andrei Marmor (2000, p. 9), quando ressalta que a interpretação se tornou um dos principais paradigmas intelectuais dos estudos jurídicos nos últimos quinze anos. Assim, como o interesse pelas normas na década de 1960 e pelos princípios jurídicos na de 1970, boa parte da teorização da última década foi edificada em torno do conceito de interpretação. Em um aspecto importante, porém, a interpretação é um paradigma mais ambicioso: não se trata apenas de um tema no qual os filósofos do direito estão interessados, mas, segundo alguns filósofos muito influentes, a interpretação é também um método geral, uma metateoria da teoria do direito.

Sob o influxo do pensamento pós-positivista, cristaliza-se, assim, um novo modelo interpretativo. Entende-se que o ato de interpretar e aplicar o direito envolve o recurso permanente a instâncias intersubjetivas de valoração. O raciocínio jurídico congrega valores, ainda que fluidos e mutadiços, porquanto o direito se revela como um objeto cultural, cujo sentido é socialmente compartilhado. A hermenêutica jurídica dirige-se à busca de uma dinâmica *voluntas legis*, verificando a finalidade da norma em face do convívio em sociedade. Deste modo, o relativismo potencializa uma hermenêutica jurídica construtiva, voltada para o implemento dos valores e fins conducentes a uma visão atualizada de justiça.

Na transição pós-moderna, é este fenômeno jurídico plural, reflexivo, prospectivo, discursivo e relativo que decreta a quebra do mito da certeza do conhecimento jurídico.

O anseio científico pela certeza é um dos maiores bloqueios à investigação comportamental. Isto porque a epistemologia contemporânea, através de uma grande plêiade de pensadores, vem fortalecendo a constatação de que as afirmações científicas são probabilísticas. Com a emergência da geometria não euclidiana e da física pós-newtoniana, instaurou-se a crise da ciência positivista, abalando a crença sobre a exatidão do conhecimento científico.

Registre-se, no entanto, que as ciências naturais sempre oferecem menos incerteza do que as comportamentais, estas últimas estando mais propensas ao delineamento de tendências. É o que se processa, inclusive, com a própria ciência do direito, cuja estruturação de raciocínio não comporta determinismos, mas a flexibilidade que o estudo de um fenômeno cultural está a exigir, ainda mais considerando que as interações sociais se realizam por sujeitos essencialmente livres.

Decerto, torna-se impossível fundamentar o raciocínio jurídico em premissas absolutas e incontestáveis. Isto porque a atividade hermenêutica do jurista comporta a apreciação de valores e a força retórica dos melhores argumentos. A interpretação jurídica não se resume a uma operação lógico-formal, sendo antes um processo complexo, no qual fatores normativos, axiológicos e fáticos se correlacionam dialeticamente, ao longo da experiência social. A ciência do direito é, portanto, um saber aberto a reformulações, porque dependente de um contexto histórico e cultural.

Em face do exposto, só nos resta extrair as potencialidades do relativismo científico. Se não há o solo das verdades absolutas, o mar revolto de incertezas nos impele à eterna viagem do saber. Nisto reside a convicção de que o conhecimento científico, apesar de sua falibilidade, é um dos maiores feitos da racionalidade humana. Apesar de tudo, podemos, mediante o uso de uma racionalidade hermenêutica consciente de seus limites, compreender algo sobre o mundo e modificá-lo para melhor.

CAPÍTULO CINCO

O JUSPOSITIVISMO, A TEORIA PURA DO DIREITO E A INTERPRETAÇÃO JURÍDICA

O TERMO JUSPOSITIVISMO OU POSITIVISMO JURÍDICO não deriva do positivismo filosófico, embora no século XIX tenha havido uma associação. Tanto é verdade que o primeiro surge na Alemanha e o segundo na França. A expressão positivismo jurídico deriva da locução direito positivo contraposta à expressão direito natural.

A concepção do positivismo jurídico nasce quando o direito positivo passa a ser considerado direito no sentido próprio. Ocorre a redução de todo o direito ao direito positivo, e o direito natural é excluído da categoria de juridicidade. O acréscimo do adjetivo positivo passa a ser um pleonasmo. O positivismo jurídico é aquela doutrina segundo a qual não existe outro direito senão o positivo.

A passagem da concepção jusnaturalista à positivista está ligada à formação do Estado moderno que surge com a dissolução da sociedade medieval. Ocorre, assim, o processo de monopolização da produção jurídica pelo Estado, rompendo com o pluralismo jurídico medieval (criação do direito pelos diversos agrupamentos sociais), em favor de um monismo jurídico, em que o ente estatal prescreve o direito, seja pela lei, seja indiretamente pelo reconhecimento e o controle das normas de formação consuetudinária.

Antes, o julgador podia obter a norma tanto de regras preexistentes na sociedade quanto de princípios equitativos e de razão. Com a formação do Estado moderno, o juiz, de livre órgão da sociedade, torna-se órgão do Estado, titular de um dos poderes estatais, o Judiciário, subordinado ao Legislativo. O direito positivo – direito posto e aprovado pelo Estado – é, pois, considerado como o único e verdadeiro direito.

Como leciona Norberto Bobbio (1999, p. 131), o positivismo jurídico apresenta-se sob três aspectos: a) como um certo modo de abordagem do direito; b) como uma certa teoria do direito; c) como uma certa ideologia do direito.

O primeiro problema diz respeito ao modo de abordar o direito. Para o positivismo jurídico, o direito é um fato e não um valor. O jurista deve estudar o direito, do mesmo modo que o cientista estuda a realidade natural, vale dizer, abstendo-se de formular juízos de valor. Desse comportamento deriva uma teoria formalista da validade do direito. Com efeito, a validade do direito funda-se em critérios que concernem unicamente a sua estrutura formal, prescindindo de seu conteúdo ético. Nesse sentido, o debate sobre a justiça sofre um profundo esvaziamento ético, visto que a formalização do atributo da validez normativa afasta o exame da legitimidade da ordem jurídica.

No segundo aspecto, encontramos algumas teorizações do fenômeno jurídico. O positivismo jurídico, como teoria, está baseado em seis concepções fundamentais: a) teoria coativa do direito, em que o direito é definido em função do elemento da coação, pelo que as normas valem por meio da força; b) teoria legislativa do direito, em que a lei figura como a fonte primacial do direito; c) teoria imperativa do direito, em que a norma é considerada um comando ou imperativo; d) teoria da coerência do ordenamento jurídico, que considera o conjunto das normas jurídicas, excluindo a possibilidade de coexistência simultânea de duas normas antinômicas; e) teoria da completitude do ordenamento jurídico, que resulta na afirmação de que o juiz pode sempre extrair das normas explícitas ou implícitas uma regra para resolver qualquer caso concreto, excluindo a existência de lacunas no direito; f) teoria da interpretação mecanicista do direito, que diz respeito ao método da ciência jurídica, pela qual a atividade do jurista faz prevalecer o elemento declarativo sobre o produtivo ou criativo do direito.

No terceiro aspecto, trata-se de uma ideologia do direito que impõe a obediência à lei, nos moldes de um positivismo ético. O positivismo como ideologia apresentaria uma versão extremista e uma moderada. A versão extremista caracteriza-se por afirmar o dever absoluto de obediência à lei enquanto tal. Tal afirmação não se situa no plano teórico, mas no plano ideológico, pois não se insere na problemática cognoscitiva referente à definição do direito, mas em uma dimensão valorativa, relativa à determinação do dever das pessoas. Assim como o jusnaturalismo, o positivismo extremista identifica ambas as noções de validade e de justiça da lei. Enquanto o primeiro deduz a validade de uma lei de sua justiça, o segundo deduz a justiça de uma lei de sua validade. O direito justo se torna uma mera decorrência lógica do direito válido. Por outro lado, a versão moderada afirma que o direito tem um valor enquanto tal, que é independente de seu conteúdo, e não porque, como sustenta a versão extremista, seja sempre por si mesmo justo, pelo simples fato de ser válido, mas porque é o meio necessário para realizar um certo valor, o da ordem. Logo, a lei é a forma mais perfeita de manifestação da normatividade jurídica, visto que se afigura como a fonte do direito que melhor realiza a ordem.

Para o positivismo ético, o direito, portanto, tem sempre um valor, mas, enquanto para sua versão extremista trata-se de um valor final – a estimativa suprema de justiça –, para a moderada trata-se de um valor instrumental, ao priorizar a ordem como condição axiológica para a realização dos demais valores jurídicos.

Entre as diversas manifestações do positivismo jurídico no ocidente, merecem destaque a Escola de Exegese (França), o Pandectismo (Alemanha), a Escola Analítica (Inglaterra) e a Teoria Pura do Direito.

A Teoria Pura do Direito foi uma proposta de positivismo lógico desenvolvida por Hans Kelsen, considerado um dos maiores jusfilósofos do século XX. Nascido em Praga, no ano de 1881, lecionou na Universidade de Viena, de 1917 até 1930. Foi autor da Constituição Republicana Austríaca e magistrado da Corte Constitucional da Áustria, durante o período de 1921 a 1930. Posteriormente, deslocou-se à Colônia, onde permaneceu até 1933, quando então, com o advento do governo nazista, acabou expulso. Em 1940, mudou-se para os Estados Unidos da América do Norte, passando a lecionar nas prestigiadas Universidades de Harvard e Berkeley. Morreu no ano de 1973. O juspositivismo kelseniano influenciou renomados juristas em todo mundo, gerando ainda hoje debates e produções intelectuais relevantes para o conhecimento jurídico.

Hans Kelsen foi um defensor da neutralidade científica aplicada à ciência do direito e da separação entre o ponto de vista moral e a perspectiva jurídica, não devendo, pois, a ciência do direito realizar julgamentos morais, nem tampouco avaliações políticas sobre o direito vigente. Influenciado pela filosofia kantiana, o Mestre de Praga procurou delinear uma metodologia própria para a teoria jurídica, a fim de conferir à ciência do direito uma necessária autonomia no quadro geral dos saberes humanos.

Com efeito, Hans Kelsen utilizou o princípio metódico da pureza, como instrumento teórico delimitador do objeto da ciência jurídica, resultando em seu enfoque normativo. O direito não deveria mais ser concebido como fato social ou mesmo como valor transcendente, posições defendidas, respectivamente, pelas escolas sociologista e jusnaturalista.

Decerto, o seu programa espistemológico consistiu numa reação aos sincretismos doutrinários então existentes no conhecimento do direito, afirmando, ao revés, a autonomia e a especificidade metódica da ciência do direito. A exigência da pureza do método seria a condição da cientificidade da dogmática jurídica, despontando a norma, enquanto dever-ser lógico, como objeto da ciência do direito.

Hans Kelsen qualificou como pura a sua concepção porque tem como finalidade única obter um conhecimento exato do Direito, libertando a ciência jurídica de elementos estranhos ao fenômeno jurídico, porque relacionado aos fatos e valores sociais, através da delimitação de suas fronteiras teóricas, a fim de enfrentar o ecletismo metodológico que compromete a autonomia do Direito.

A Teoria Pura do Direito pretende promover uma redução normativista da ciência jurídica, afastando do âmbito das especulações dos juristas quaisquer investigações acerca da legitimidade no plano axiológico (oposição ao jusnaturalismo) ou da efetividade no campo fático (oposição ao sociologismo jurídico).

Como bem salienta Orlando Gomes (2003, p. 57), a teoria pura só se ocupa do direito tal como é, até porque é uma teoria do direito positivo, pelo que o valor justiça e a preocupação com os fatos lhe são indiferentes. Toda valoração, todo o juízo sobre o direito positivo deve ser afastado. O fim da ciência jurídica não é julgar o direito positivo, mas tão só conhecê-lo em sua essência e compreendê-lo mediante a análise de sua estrutura lógico-imputativa.

Hans Kelsen classifica o Direito como uma ciência ideal, recusando-se a inseri-lo na categoria das ciências naturais. O fim da ciência jurídica não seria julgar o direito positivo com base em valores, mas somente conhecê-lo na sua essência e compreendê-lo mediante a análise de sua estrutura lógica.

Partindo da distinção entre a causalidade, categoria do conhecimento da natureza, e a imputação, categoria do conhecimento normativo, salienta que a imputação é o ângulo metodológico do jurista. A especificidade da norma jurídica reside na ligação de um fato condicionante a uma consequência condicionada, isto é, na hipótese de alguém praticar uma ação regulada por norma jurídica, a consequência nela própria prevista se produz. A relação não é, como sucede na lei natural, de causa e efeito, mas, sim, de condição e consequência.

Assim, um evento natural ou um comportamento humano, submetidos à lei da causalidade, não constituem objeto do conhecimento especificamente jurídico. O que os torna fatos jurídicos é a significação que possuem, a qual lhes é atribuída por uma norma a eles referida. O fato externo recebe a sua significação propriamente jurídica em virtude da existência de uma norma a que corresponde. O objeto da ciência jurídica há de ser, por conseguinte, o conhecimento das normas.

Com efeito, a ideia de imputação radica na tradição positivista do que fixara na coação social, exercida pelo Estado, o traço distintivo da norma jurídica. Característica do Direito é a sanção organizada, isto é, a coerção contra quem se comporta de modo diferente ao estatuído pela norma. Tal sanção não constitui, todavia, efeito do fato condicionante que Hans Kelsen chama delito, no sentido mais amplo da palavra. O delito, por outras palavras, é a condição da sanção, vale dizer, consequência específica da norma jurídica. Desse modo, a antijuridicidade, isto é, o fato de colocar-se alguém numa posição que provoca a reação da ordem jurídica, passa a ser uma condição específica do Direito.

A Teoria Pura do Direito desenvolve, basicamente, duas vertentes de estudo: a nomoestática (teoria da norma jurídica) e a nomodinâmica (teoria do ordenamento jurídico).

No primeiro âmbito, a norma jurídica é estudada como sentido objetivo de um ato criador de direito dotado de validez. A natureza da norma jurídica, na visão kelseniana, é a de um juízo hipotético de caráter imputativo, que pode ser decomposto em preceito primário (dada a não prestação, deve ser sanção) e preceito secundário (dado um fato temporal, deve ser a prestação).

Sendo assim, as normas jurídicas são estabelecidas pelas autoridades competentes e apresentam natureza imperativa, cumprindo a função de prescrever as condutas humanas ao impor obrigações e conferir direitos subjetivos aos sujeitos da relação jurídica.

Segundo Hans Kelsen, as normas jurídicas diferem das chamadas proposições jurídicas. A ciência jurídica descreve normas mediante proposições. Enquanto as normas jurídicas são estabelecidas por atos volitivos das autoridades, as proposições são formuladas pelos doutrinadores, mediante a realização de atos de conhecimento.

As proposições jurídicas são juízos que contêm um enunciado sobre as referidas normas jurídicas. Não prescrevem condutas, mas descrevem as normas com base no seu conhecimento. A função da ciência do direito revela-se, portanto, cognoscitiva e descritiva.

De outro lado, o ordenamento jurídico é vislumbrado como um sistema escalonado de normas, dispostas hierarquicamente como se fosse uma pirâmide. As relações entre as normas jurídicas se processam com liames de fundamentação e derivação. A validade de uma norma inferior depende de uma norma superior, que estabelece os critérios formais e materiais para sua criação/produção na ordem jurídica.

Sendo assim, a norma inferior encontra seu fundamento de validade numa norma superior, que também se fundamenta em outra ainda mais superior, até se alcançar a norma fundamental, que serve de unidade a todo o ordenamento jurídico, a qual não encontra fundamento de validade em nenhuma outra norma positivada, entretanto, serve de fundamento de validade de todas as demais normas do ordenamento.

Quanto à interpretação do direito, Hans Kelsen dedica o último capítulo de sua obra, intitulada *Teoria pura do direito*, para o devido tratamento do tema, propondo o exame dos seguintes aspectos: a essência da interpretação; a dicotomia interpretação autêntica e não autêntica; o problema da relativa indeterminação do ato de aplicação do direito;

o problema da indeterminação intencional do ato de aplicação do direito; a questão da indeterminação não intencional do ato de aplicação do direito; a reflexão sobre a moldura normativa dentro da qual há várias possibilidades de aplicação do direito; os métodos de interpretação jurídica; a interpretação como ato de conhecimento ou como ato de vontade; e a interpretação da ciência jurídica.

Como assinala Hans Kelsen (1999, p. 245), a interpretação do direito figura como um processo pelo qual se fixa o sentido das normas jurídicas, por meio de uma operação mental que acompanha o processo da aplicação do direito, progredindo de um escalão superior para um inferior dentro da pirâmide normativa que representa o ordenamento jurídico,

Para ele, todas as normas jurídicas são passíveis de interpretação, deduzindo este sentido da norma geral superior aplicada a um caso concreto, seja a Constituição – à medida que se trate de aplicação desta ao processo legislativo –, seja o Direito internacional geral consuetudinário – quando aplicado por um governo ou órgão ou tribunal internacional –, seja, ainda, as normas individuais, como sentenças e ordens administrativas, principalmente pelos indivíduos, ao procurarem ajustar as suas condutas, evitando, por conseguinte, a sanção pela não prestação adequada.

Tanto os órgãos que aplicam o direito, dotados, portanto, de competência para isso, bem como os particulares, seriam sujeitos envolvidos no processo interpretativo, sendo possível distinguir entre interpretação autêntica, realizada pelos órgãos incumbidos de aplicar o direito, e não autêntica, desenvolvida pelos agentes privados, inclusos os doutrinadores responsáveis pela interpretação efetuada pela ciência jurídica.

Conforme teoria da ordem jurídica piramidal, relação entre uma norma de degrau superior e outra de escalão inferior é de vinculação: a norma superior regula o ato através do qual é produzida a norma do patamar inferior ou o ato de execução. A norma de escalão superior não determina apenas o processo, mas, também, eventualmente, o conteúdo da norma a estabelecer ou do ato de execução a ser realizado.

De acordo com o entendimento de Hans Kelsen (1999, p. 245), o processo de formação da norma inferior e, em alguns casos, o conteúdo desta, já são pré-concebidos pela norma de hierarquia superior. Essa predeterminação, contudo, não se revela absoluta, sempre remanescendo margem livre de atuação por parte daquele que a executa, porquanto a norma de patamar superior sempre deixará um quadro ou moldura a preencher pelo ato de execução.

Com efeito, Hans Kelsen (1999, p. 246) sustenta que todo ato de execução só é parcialmente determinado pelo Direito e essa indeterminação diz respeito ao fato (pressuposto condicionante) ou a consequência condicionada. Além disso, a norma, por ser geral e por não possuir condições de regular todas as situações que genericamente disciplina, deixa, intencionalmente, aos órgãos, a competência de contínua determinação da norma.

Afora a indeterminação intencional do ato de aplicação do Direito, existem situações em que a norma, a despeito de não deixar propositadamente ao órgão aplicador a incumbência de determiná-la, ainda assim será dotada de indeterminação não intencional. Isso decorre de três situações descritas por Kelsen: a) a plurivocidade das expressões linguísticas; b) a contradição entre a vontade da autoridade e a linguagem objetivada na norma; c) o conflito entre duas normas, o que gera a necessidade de solucionar a aparente antinomia por meio dos critérios hierárquico, temporal ou da especialidade.

Conforme o magistério de Hans Kelsen (1999, p. 247), em face dessas indeterminações – intencionais ou não –, constata-se que o direito a ser aplicado forma uma moldura dentro da qual existem diversas, ou pelo menos algumas soluções possíveis. Será conforme o Direito todo o ato que se mantenha dentro dessa moldura, pelo que a interpretação de qualquer norma jurídica não deve conduzir a uma solução como sendo a única correta, mas possivelmente a várias soluções que apresentam igual valor.

Hans Kelsen critica a ciência jurídica tradicional que entende que o direito a ser aplicado no caso concreto é extraído por meio de um processo de conhecimento, em que o órgão aplicador apenas tem que pôr em ação o seu entendimento racional, mas não a sua vontade. A vontade do aplicador do direito torna-se determinante nesse processo de materialização da norma jurídica.

No tocante aos métodos de interpretação jurídica, Hans Kelsen considera que eles não possuem uma gradação hierárquica e nenhum deles pode ser tido como de direito positivo, por força das várias possibilidades de determinação do sentido da norma, quando de sua aplicação. Somente a interpretação autêntica seria criadora de direito, enquanto a interpretação não autêntica se apresentaria como mera descrição do conteúdo normativo.

Para Hans Kelsen (1999, p. 248), seja qual for o método interpretativo utilizado, apenas conduz a um resultado possível, pelo que utilizar um critério objetivo baseado na vontade da lei, ou, ao contrário, em um critério subjetivo, baseado na vontade do legislador, pouco importa, nenhum desses critérios pode ser eleito como o mais adequado. Todos possuem o mesmo valor. Tais métodos conduzem a alguns sentidos possíveis, cabendo à vontade do aplicador escolher qual o significado, dentre aqueles, que pretende adotar para um dado caso concreto.

Na visão kelseniana, não existiria racionalidade na determinação de um significado para a resolução conflituosa a ser dirimida, havendo apenas o acolhimento de um interesse por meio de uma das possíveis soluções para dirimir um conflito social. A escolha pela solução correta a ser aplicada, como o significado extraído da norma jurídica, apto para aquela situação concreta, sequer é ato jurídico, tratando-se, em verdade, uma postura afeta ao campo da política jurídica.

Hans Kelsen equipara a função do legislador à do magistrado, reconhecendo, todavia, que existe uma pequena diferença de natureza quantitativa, porquanto o legislador estaria mais livre que o magistrado, quando elabora a legislação. O julgador é também um criador do direito, pois, ao preencher a moldura genérica da norma jurídica, insere a sua vontade, ao escolher dentre aqueles possíveis sentidos a se atribuir àquela norma geral.

Como leciona Hans Kelsen (1999, p. 249), a interpretação autêntica, desenvolvida pelos órgãos legislativos e judiciários, detentores de competência para aplicar o direito, diferencia-se da interpretação não autêntica, realizada pelo particular e, em especial, pela ciência do direito. Enquanto a primeira modalidade de interpretação tem a função de também criar o próprio direito, não se restringindo a sua aplicação a um determinado caso, a segunda espécie de interpretação, dotada de componente cognoscitivo, não teria o condão de gestar a normatividade jurídica, negando-se, consequentemente, à doutrina a natureza de fonte jurídica, visto que os pareceres e obras dos juristas sobre a ordem jurídica não conseguem vincular a aplicação feita do direito positivo em casos futuros.

A função da ciência jurídica é fixar possíveis significações de uma norma jurídica. Não é sua tarefa suprir lacunas, nem, tampouco, criar direito novo. Tais atribuições ficam a cargo dos órgãos aplicadores do direito. Não caberia à ciência jurídica tomar qualquer decisão dentre aquelas possibilidades que ela própria demonstra, apenas devendo apresentá-las ao órgão aplicador do direito, a fim de que ele, conforme a sua vontade, se desincumba de escolher um sentido normativo dentre aqueles possíveis.

Segundo as lições de Hans Kelsen (1999, p. 250), a função da ciência jurídica consiste em descrever, com neutralidade, o direito positivo, como um todo dotado de sentido, por meio de orações não contraditórias entre si, partindo do pressuposto de que os aparentes conflitos normativos podem e devem ser solucionados valendo-se da interpretação. Desse modo, afigura-se mera ficção imaginar uma única interpretação correta, servindo tal assertiva feita pela jurisprudência tradicional para consolidar o ideal da segurança jurídica, com o que se apresenta como uma verdade científica aquilo que se consubstancia em juízo de valor meramente político.

Ademais, Hans Kelsen (2003, p. 16) dedica-se a debater o problema da justiça no plano exclusivamente ético, fora, portanto, dos limites científicos de sua Teoria Pura do Direito, porquanto a ciência do direito não tem de decidir o que é justo, para prescrever como devem ser tratados os agentes sociais, mas, ao revés, tem de descrever aquilo que, de fato, é valorado como justo pela ordem jurídico-normativa.

Para ilustrar sua tese de que a fé não garante certeza científica e que a justiça é um dado variável, desenvolve um estudo das sagradas escrituras, fonte divina que deveria oferecer um conceito absoluto do justo. Demonstra algumas supostas incongruências entre o Antigo e o Novo Testamento, por exemplo, a franca oposição entre o princípio da retaliação ensinado por Javé e a lei do amor e do perdão ensinada por Jesus Cristo, bem como a diferença entre a lei mosaica, a doutrina crística e as exortações de São Paulo. Kelsen critica ainda o idealismo platônico, pela falta de solidez de seu conceito de justiça, transformado em um valor transcendente; o pensamento aristotélico, por buscar uma matematização da justiça; e as teses preconizadas pelo jusnaturalismo, pela fluidez do conceito de natureza como fundamento para a justiça.

O relativismo axiológico da Teoria Pura do Direito se projeta para a filosofia kelseniana da justiça, para a qual não existe, nas questões valorativas, qualquer objetividade possível, recusando qualquer alternativa de racionalidade em matéria de valores. Sustenta, assim, que, partindo de um ponto de vista racional-científico, seria possível reconhecer muitos ideais de justiça contraditórios entre si, nenhum dos quais exclui a possibilidade de outra ideia do justo.

Nega-se, assim, o tratamento racional da justiça, pois, na visão kelseniana, racionalizar a qualificação de um comportamento humano como devido, sob a perspectiva de seu valor intrínseco, implicaria eliminar a diferença entre a lei físico-matemática e a lei moral, bem como a irredutibilidade do dualismo ser e dever-ser.

Ao tentar definir o que seja justiça, Kelsen (2001, p. 25) assinala que não pode dizer o que seja a justiça absoluta, satisfazendo-se com uma justiça relativa para ele próprio. Uma vez que a ciência é sua profissão, propõe uma justiça sob cuja proteção a ciência pode prosperar e, ao lado dela, a verdade e a sinceridade, exprimindo o justo, as exigências deontológicas da liberdade, da paz, da democracia e da tolerância.

A teoria pura do direito, no entanto, não exclui totalmente os valores como integrantes da experiência jurídica e reconhece sua presença na prática profissional dos juristas. Pode-se constatar isso quando Kelsen critica os métodos habitualmente empregados na interpretação jurídica. Para ele, o direito a aplicar é uma moldura dentro da qual existem várias possibilidades axiológicas de aplicação jurídica. Somente a interpretação autêntica seria criadora de direito. A interpretação não autêntica se afiguraria como mera descrição/cognição do conteúdo normativo.

Nesse sentido, salienta Hans Kelsen (2006, p. 81) que a ciência jurídica tem por missão conhecer – de fora, por assim dizer – o direito e descrevê-lo com base em seu conhecimento. Os órgãos jurídicos têm – como autoridade jurídica –, antes de tudo, por missão produzir o direito mediante atos volitivos, para que ele possa então ser conhecido e descrito pela própria ciência jurídica.

Diferentemente do que sucede com a interpretação doutrinária, que se desenvolve no plano científico das proposições jurídicas como ato cognitivo que busca descrever as alternativas hermenêuticas abertas pela indeterminação semântica do sistema normativo, a interpretação autêntica, veiculada pelo órgão competente, é gestada como ato de vontade vinculante, pelo que o hermeneuta opera escolha valorativa, refletindo critérios axiológicos que ultrapassam o campo estritamente normativo da ciência pura do direito.

Por derradeiro, fazendo-se um balanço crítico do juspositivismo, verifica-se que o positivismo jurídico, em suas mais diversas manifestações, revela propostas limitadas e insatisfatórias. Isso porque a identificação entre direito positivo e direito justo e a excessiva formalização da validade normativa não propiciam uma compreensão mais adequada das íntimas relações entre direito, legitimidade e justiça.

Ao constatar os mencionados limites do positivismo jurídico, Karl Engisch (1960, p. 74) critica a redução normativista operada pela doutrina do direito positivo, afirmando que a ordem jurídica deve ser entendida como um conjunto de valores, por meio do qual os juristas elaboram juízos axiológicos sobre a justiça dos acontecimentos e das condutas humanas.

Decerto, o positivismo jurídico desemboca em uma ideologia conservadora que ora identifica a legalidade com o valor-fim da justiça, em face da crença na divindade do legislador, ora concebe a ordem positivada pelo sistema normativo como valor-meio suficiente para a realização de um direito justo.

Por sua vez, no tocante ao positivismo lógico formulado pela teoria pura do direito, abdica-se o tratamento racional do problema da justiça, ao afastar quaisquer considerações fáticas e, sobretudo, valorativas do plano da ciência jurídica, de molde a assegurar os votos de castidade axiológica do jurista. A busca do direito justo passa a depender das inclinações político-ideológicas de cada indivíduo, relegando ao campo do ceticismo e do relativismo a compreensão do direito justo.

De igual modo, no que se refere à concepção de Hans Kelsen sobre a interpretação do direito, pode-se verificar os evidentes limites positivistas da Teoria Pura do Direito no enfrentamento dos desafios gnoseológicos postos pela hermenêutica jurídica.

Deveras, a doutrina kelseniana só pode propor a formulação de um leque das possíveis interpretações para a realização da justiça, devendo o jurista limitar-se a descrever todas as interpretações possíveis de uma norma jurídica, sem indicar, todavia, qual delas seria preferível, porquanto, se assim procedesse, estaria formulando um juízo valorativo, fora, portanto, do campo da atividade científica.

Outrossim, a teoria kelseniana destina a dogmática jurídica ao reino do mero arbítrio, ao negar tanto o caráter racional da busca de um fundamento teórico para a atividade metódica da doutrina, quanto a possibilidade de delimitação de uma resposta correta para os problemas hermenêuticos.

Além disso, ao expurgar os elementos fáticos e valorativos da ciência do direito, Hans Kelsen reduziu a interpretação jurídica à mera exegese literal dos textos normativos, contestando o valor de conhecimento dos métodos histórico, sociológico e teleológico, os quais são instrumentos amplamente reconhecidos no plano teórico, bem como largamente utilizados no campo da prática jurídica.

Destarte, as lacunas e inconsistências da Teoria Pura do Direito ensejaram, notadamente após a Segunda Guerra Mundial, o aparecimento de novas correntes de pensamento hermenêutico, que procuraram oferecer alternativas para os dilemas da interpretação. Trata-se do chamado pós-positivismo jurídico, cujos contornos serão doravante explicitados.

CAPÍTULO SEIS

PÓS-POSITIVISMO JURÍDICO, A VIRADA HERMENÊUTICA E A INTERPRETAÇÃO DO DIREITO PRINCIPIOLÓGICO

AO LONGO DE SEU TRANSCURSO HISTÓRICO, A EVOlução da doutrina positivista da modernidade promoveu um reducionismo do fenômeno jurídico, identificando o direito com a própria lei. Entendia-se que o parlamento, mediante a formulação de regras legislativas, poderia disciplinar, minudentemente, o pluralismo dinâmico das situações sociais. Partindo-se da concepção do direito positivo como um sistema de comandos legais, a interpretação jurídica se esgotaria na exegese das palavras da lei, tal como imaginada pelo legislador. A aplicação da norma jurídica aos casos concretos se limitaria a uma neutra operação lógico-formal – a subsunção – e, como tal, refratária aos valores sociais.

Com a crise da modernidade jurídica, o reexame do modelo positivista passou a ocupar cada vez mais espaço nas formulações das ciências do direito. Abriu-se margem para que fossem oferecidos novos tratamentos cognitivos ao fenômeno jurídico, de molde a conceber o ordenamento jurídico como um sistema plural e, portanto, aberto aos influxos dos fatos e valores da realidade cambiante. Deste modo, foi se erguendo um novo paradigma de reflexão jurídica – o pós-positivismo.

Para os limites do presente trabalho, interessa frisar a emergência de um paradigma principiológico que, na esteira pós-positivista, confere aos princípios jurídicos uma condição fundamental na concretização do próprio direito.

Divisando a emergência desta nova concepção, sustenta Enterría (1986, p. 30) que "todo ello está conduciendo al pensamiento jurídico occidental a una concepción substancialista y no formal del Derecho, cuyo punto de penetración, más que en una metafísica de la justicia, en una axiomática de la materia legal, se ha encontrado en los principios generales del Derecho, expresión desde luego de una justicia material, pero especificada técnicamente en función de los problemas jurídicos concretos.(...) Ahora bien, la ciencia jurídica no tiene otra misión que la de desvelar y descubrir, a través de conexiones de sentido cada vez más profundas y ricas, mediante la construcción de instituciones y la integración respectiva de todas ellas en un conjunto, los principios generales sobre los que se articula y debe, por consiguiente, expresarse el orden jurídico".

Nesta nova constelação do pensamento jurídico, de cunho pós-positivista, destacam-se, sem embargo de outros representantes, expoentes como Chaïm Perelman, Ronald Dworkin e Robert Alexy, cujas concepções destacam o relevante papel dos princípios gerais do direito nos ordenamentos jurídicos contemporâneos.

No tocante a Chaïm Perelman, sua obra filosófica que se desdobra em dois domínios: por um lado, no campo da filosofia, elabora uma aguda crítica ao modelo racionalista cartesiano; por outro, alicerçado numa concepção de racionalidade jurídica mais ampla, ergue uma sólida objeção à perspectiva da Teoria Pura do Direito, de Hans Kelsen. Com efeito, Perelman se insurge contra as consequências da abordagem positivista no que tange às possibilidades da argumentação racional dos valores. Isso porque, segundo ele, o modelo teórico que privilegia apenas a demonstração e o raciocínio lógico-matemático, como caminhos para a obtenção de informações fidedignas, afasta da competência do discurso filosófico áreas cruciais da vida social, relegando assim ao decisionismo todas as opções referidas a valores, fundamentais no campo da política e do direito. A partir de uma insatisfação em face da visão moderna de razão, estruturada a partir das filosofias racionalistas do século XVII e subjacentes à posição do positivismo lógico do século XX, Perelman procura valorizar meios de prova distintos dos reconhecidos pelos lógicos, seguidores do modelo dedutivo e do silogismo.

Partindo da distinção cunhada por Aristóteles entre o raciocínio dialético, que versa sobre o verossímil e serve para embasar decisões, e o raciocínio analítico, que trata do necessário e sustenta demonstrações, Perelman situa o raciocínio jurídico no primeiro grupo, ressaltando a sua natureza argumentativa. Conforme o jusfilósofo belga, as premissas do raciocínio jurídico não se apresentam dadas, mas escolhidas. O orador que as elege (o advogado, o promotor, o juiz) deve, de início, buscar compartilhá-las com o seu auditório (tribunal, júri, opinião pública). Em seu cotidiano, o operador do direito é instado, pois, a formular argumentos a fim de convencer o interlocutor da tese sustentada: o advogado organiza ideias na peça processual (transcreve doutrina, cita jurisprudência, relata fatos) com o fito de convencer o juiz a decidir em favor da sua pretensão; o promotor público, no júri, descreve o *iter criminis*, com o intuito de despertar nos jurados a certeza de culpa do acusado; o doutrinador transpira erudição para que a comunidade jurídica prestigie o seu parecer acerca de um problema jurídico; o magistrado, ao proferir uma decisão, fundamenta-a para que o juízo *ad quem* se convença de que a solução encontrada para o caso concreto foi a mais adequada e justa.

Impôs-se, assim, a constatação da retórica e da argumentação à reflexão jurídica. No domínio especificamente jurídico, a insatisfação de Perelman com a teoria kelseniana situa-se, basicamente, no âmbito metodológico. Não há de sua parte nenhuma reivindicação de um retorno ao direito natural, mas sim uma reflexão atenta às formas de raciocínio jurídico. Um dos aspectos essenciais desta crítica repousa no papel secundário atribuído aos princípios gerais do direito.

Neste sentido, pondera Perelman (1999, p. 396) que, cada vez mais, juristas vindos de todos os cantos do horizonte recorreram aos princípios gerais do direito, que poderíamos aproximar do antigo *jus gentium* e que encontrariam no consenso da humanidade civilizada seu fundamento efetivo e suficiente. O próprio fato de estes princípios serem reconhecidos, explícita ou implicitamente, pelos tribunais de diversos países, mesmo que não tenham sido proclamados obrigatórios pelo Poder Legislativo, prova a natureza insuficiente da construção kelseniana que faz a validade de toda a regra do direito depender de sua integração num sistema hierarquizado e dinâmico, cujos elementos, todos, tirariam sua validade de uma norma pressuposta.

Para a teoria da argumentação, de Perelman, os princípios são considerados como *topoi*, aos quais o magistrado pode recorrer como pontos de partida para a fundamentação da decisão, vale dizer, lugares-comuns do direito, que podem servir de premissas, compartilhadas pela comunidade jurídica, para o processo argumentativo de fundamentação das decisões judiciais. Sendo assim, a utilização dos princípios no processo de argumentação jurídica implica uma escolha valorativa por parte do hermeneuta, que toma por base o potencial justificador de uma opção hermenêutica.

Segundo Perelman (1998, p. 170), conforme a ideia que temos do direito, por exemplo, o que é juridicamente obrigatório será limitado às leis positivas e aos costumes reconhecidos, ou então poderemos incluir precedentes judiciários, lugares-comuns e lugares-específicos, bem como princípios gerais do direito admitidos por todos os povos civilizados. Daí resulta que não basta ter princípios gerais como ponto inicial de uma argumentação: é preciso escolhê-los de um modo tal que sejam aceitos pelo auditório, formulá-los e apresentá-los, interpretá-los, enfim, para poder adaptá-los ao caso de aplicação pertinente.

De outro lado, Ronald Dworkin tem desenvolvido suas reflexões sobre os princípios a partir de um diálogo com as doutrinas positivistas. Dworkin concorda com Hart sobre a existência de casos fáceis e casos difíceis (*hard cases*). Também o autor sustenta que nos casos fáceis, o julgador se limita a aplicar uma regra anterior. Não compartilha, entretanto, o ponto de vista hartiano, segundo o qual, nos casos difíceis, o juiz pratica um ato de vontade. Para Dworkin, nestas hipóteses, os princípios podem ser utilizados como critérios para interpretar e decidir um problema jurídico.

Segundo ele, importa reabilitar a racionalidade moral-prática no campo da metodologia jurídica. Para tanto, Dworkin critica o positivismo justamente no fato de que este considera o direito como um sistema composto apenas por regras. Concebendo-se as normas jurídicas como regras, é certo que o sistema estático será lacunoso, e este problema é resolvido pelo normativismo através da atribuição de um poder discricionário para o magistrado decidir volitivamente a solução do caso concreto. Sustenta-se, no entanto, que se o sistema jurídico também contém princípios, esse problema não persiste, visto que sempre preexistirão critérios normativos para determinar a decisão do caso concreto.

Neste sentido, refere Dworkin (1997, p. 100) que "una vez que abandonamos esta doctrina (positivismo) y tratamos los princípios como derecho, planteamos la possibilidad de que una obligación jurídica (a ser cumprida pelo jurisdicionado) pueda ser impuesta tanto por una constelación de principios como por una norma establecida. Podríamos expresarlo diciendo que existe una obligación jurídica siempre que las razones que fundamentan tal obligación, en función de diferentes clases de principios obligatorios, son más fuertes que las razones o argumentos contrarios".

Em razão de sua estrutura, os princípios, diferentemente das regras, não podem ser aplicados através de uma operação lógico-formal. Apontam em determinada direção, mas não fazem referência direta ao caso a ser resolvido. Pode-se dar, inclusive, que mais de um princípio seja relevante para a solução do caso e que os princípios relevantes apontem em sentidos diversos. Diante de uma situação como esta, o aplicador deverá observar quais são os princípios que se referem ao caso concreto e, posteriormente, deve sopesá-los. Disto resulta que a colisão de princípios não se resolve através da elaboração de um juízo acerca da validez da norma, mas através de um processo de ponderação das diversas vertentes principiológicas.

Ademais, ao estudar o sistema jurídico anglo-saxônico, marcado pela força dos costumes e dos precedentes judiciais, Dworkin pontifica que a prática jurídica se afigura como um exercício permanente de interpretação. Apontando os pontos de convergência entre a interpretação literária e a interpretação jurídica, pretende demonstrar que a ordem jurídica é um produto de sucessivos julgamentos interpretativos. Os intérpretes/aplicadores, no entender de Dworkin, atuariam como romancistas em cadeia, sendo responsáveis pela estruturação de uma obra coletiva – o sistema jurídico.

Para Dworkin (2000, p. 238), decidir casos controversos no direito é mais ou menos como esse estranho exercício literário. A similaridade é mais evidente quando os juízes examinam e decidem casos do *common law*, isto é, quando nenhuma lei ocupa posição central na questão jurídica e o argumento gira em torno de quais regras ou princípios de direito "subjazem" a decisões de outros juízes, no passado, sobre matéria semelhante. Cada juiz, então, é como um romancista na corrente. Ele deve ler tudo o que outros juízes escreveram no passado, não apenas para descobrir o que disseram, ou seu estado de espírito quando o disseram, mas para chegar a uma opinião sobre o que esses juízes fizeram coletivamente, da maneira como cada um de nossos romancistas formou uma opinião sobre o romance coletivo escrito até então.

A função do intérprete e aplicador seria, portanto, a de reconstruir racionalmente a ordem jurídica vigente, identificando os princípios fundamentais que lhe conferem sentido. Rompe-se, assim, com a dicotomia hermenêutica clássica que contrapõe a descoberta (cognição passiva) e a invenção (vontade ativa), na busca dos significados jurídicos. O hermeneuta, diante de um caso concreto, não está criando direito novo, mas racionalizando o sistema normativo, identificando os princípios que podem dar coerência e justificar a ordem jurídica e as instituições políticas vigentes. Cabe ao intérprete se orientar pelo substrato ético-social, promovendo, historicamente, a reconstrução do direito, com base nos referenciais axiológicos indicados pelos princípios jurídicos.

Trata-se, pois, da concepção do direito como integridade: uma decisão é justa – porque respeita a integridade do direito – se fornece a resposta correta para um caso concreto. Para sustentar esta tese, Dworkin lança mão da hipótese de um magistrado ideal – o Juiz Hércules. Com efeito, o Hércules dworkiano seria um julgador dotado de habilitação ético-intelectual para a leitura integral do sistema jurídico, tendo em vista a melhor solução de um conflito de interesses. A interpretação reconstrutiva do direito se valeria do recurso conceitual do Juiz Hércules, tomando por base o paradigma prevalecente em dado contexto histórico-social (*e.g.*, Estado de Direito, *Welfare State*).

Eis o pós-positivismo de Ronald Dworkin. Embora acusado de liberal ou, até mesmo, de ultrarracionalista, Dworkin suscita importantes reflexões para a comunidade jurídica, especialmente, nestes tempos em que os direitos individuais – corporificados nos princípios – são constantemente violados por inúmeros governantes, ante a falta de compromisso com os valores fundantes da sociedade civil.

Ademais, cumpre mencionar o contributo de Robert Alexy.

Segundo este pensador, o direito não pode prescindir de uma teoria do discurso, embasada numa racionalidade prática. Para tanto, Alexy procura conjugar três níveis de composição do sistema jurídico: as regras, os princípios e os procedimentos.

Sobre os princípios jurídicos, sustenta Robert Alexy (2001, p. 248) que a formulação de princípios forma uma classe final. Princípios são proposições normativas de um tão alto nível de generalidade que podem, via de regra, não ser aplicados sem o acréscimo de outras premissas normativas e, habitualmente, são sujeitos às limitações por conta de outros princípios. Em vez de serem introduzidos na discussão como proposições normativas, os princípios também podem ser introduzidos como descrições de estados de coisas em que são considerados bons.

O jurista enfatiza que a diferença entre regras e princípios não é meramente quantitativa, mas antes qualitativa. Os princípios, estruturalmente, revelam-se diferentes das regras. Segundo Robert Alexy, as regras têm caráter de obrigação definitiva, enquanto os princípios são mandados de otimização do sistema jurídico. Como mandados de otimização, os princípios não requerem a realização integral de seu dispositivo. Podem ser, assim, aplicados em diferentes graus, dependendo do contexto fático em que a aplicação é requerida, bem como dos limites jurídicos relativos ao caso concreto. Por sua estrutura axiológica, a aplicação dos princípios se caracteriza pela necessidade de ponderação, enquanto as regras jurídicas são aplicadas por subsunção. Quando há contradição entre regras, uma delas será invalidada e, pois, eliminada do sistema jurídico. De outro lado, a colisão entre princípios não resulta na sua exclusão da ordem jurídica. A ponderação consiste, assim, na determinação de uma relação de prioridade concreta, de modo que o princípio jurídico recusado continue a fazer parte do direito.

Deste modo, como se infere dos contributos de Perelman, Dworkin e Alexy, a difusão deste novo paradigma pós-positivista, na esteira da crise da modernidade, pode oferecer um instrumental metodológico mais compatível com o funcionamento das ordens jurídicas atuais, – sobretudo, no sentido de viabilizar uma interpretação/aplicação do direito preocupada com a realização dos valores enunciados pelos princípios jurídicos.

CAPÍTULO SETE

A PRINCIPIOLOGIA JURÍDICA COMO NORTE HERMENÊUTICO

O VOCÁBULO *PRINCÍPIO* SIGNIFICA, NUMA ACEPÇÃO vulgar, início, começo ou origem das coisas. Transpondo o vocábulo para o plano gnosiológico, os princípios figuram como os pressupostos necessários de um sistema particular de conhecimento, vale dizer, condição ou base de validade das demais asserções que integram um dado campo do saber.

Em relação ao direito, também é possível referir a existência de princípios. Em virtude da constante utilização dos princípios na atualidade, chega-se mesmo a afirmar que a comunidade jurídica presencia a emergência de um novo paradigma principiológico. Com efeito, a doutrina e a jurisprudência têm utilizado, cada vez mais, os princípios na resolução de problemas concretos, tornando absolutamente necessário ao intérprete do direito compreender e utilizar estas espécies normativas.

Tratando desta transição cognitiva no plano da ciência jurídica, sustenta Ávila (2005, p. 15) que hoje, mais do que ontem, importa construir o sentido e delimitar a função daquelas normas que, sobre prescreverem fins a serem atingidos, servem de fundamento para a aplicação do ordenamento constitucional – os princípios jurídicos. É até mesmo plausível afirmar que a doutrina constitucional vive, hoje, a euforia do que se convencionou chamar de Estado Principiológico.

Com efeito, os juristas empregam o termo *princípio* em três sentidos de alcance diferente. Num primeiro, seriam normas gerais que traduzem valores e que, por isso, são ponto de referência para regras que as desdobram. No segundo, seriam *standards*, que se imporiam para o estabelecimento de normas específicas. No último, seriam generalizações obtidas por indução a partir das normas vigentes em cada ramo jurídico. Nos dois primeiros sentidos, pois, o termo adquire uma conotação prescritiva; no derradeiro, a conotação se afigura descritiva.

Inobstante sua função descritiva, importa assinalar o papel prescritivo dos princípios jurídicos. Com o advento do pós-positivismo, os princípios foram inseridos no campo da normatividade jurídica. O novo paradigma principiológico procura dar força cogente aos princípios jurídicos, independentemente das dificuldades geradas pela sua vagueza (denotação imprecisa) ou ambiguidade (conotação imprecisa), conferindo aos seus preceitos um alto grau de abstração e generalidade.

Nesta senda, Bobbio (1996, p. 159) insere os princípios gerais do direito na categoria de normas jurídicas, ao referir que os princípios gerais são normas fundamentais ou generalíssimas do sistema, as normas mais gerais. Para sustentar que os princípios gerais são normas, os argumentos são dois, e ambos válidos: antes de mais nada, se são normas aquelas das quais os princípios gerais são extraídos, através de um procedimento de generalização sucessiva, não se vê por que não devam ser normas também eles: se abstraio da espécie animal obtenho sempre animais, e não flores ou estrelas. Em segundo lugar, a função para a qual são extraídos e empregados é a mesma cumprida por todas as normas, isto é, a função de regular um caso.

Como normas jurídicas de inegável densidade valorativa, os princípios jurídicos ganham relevo para o direito contemporâneo. A partir do momento em que são reconhecidos como normas jurídicas, todo esforço é canalizado para emprestar-lhes a máxima eficácia. Não é outra a razão pela qual a doutrina tem apresentado um significativo empenho em compreender a morfologia e estrutura dos princípios jurídicos, na busca de seus elementos genuínos, diferenciando-os das regras jurídicas.

Sendo assim, as regras disciplinam uma situação jurídica determinada, para exigir, proibir ou facultar uma conduta em termos definitivos. Os princípios, por sua vez, expressam uma diretriz, sem regular situação jurídica específica, nem se reportar a um fato particular, prescrevendo o agir humano em conformidade com os valores jurídicos. Diante do maior grau de abstração, irradiam-se os princípios pelos diferentes setores da ordem jurídica, embasando a compreensão unitária e harmônica do sistema normativo. Deste modo, a violação de um princípio jurídico é algo mais grave que a transgressão de uma regra jurídica. A desatenção ao princípio implica ofensa não apenas a um específico mandamento obrigatório, mas a todo um plexo de comandos normativos.

Não é outro o entendimento de Guerra Filho (1997, p. 17), para quem as regras possuem a estrutura lógica que tradicionalmente se atribui às normas do direito, com a descrição (ou "tipificação") de um fato, ao que se acrescenta a sua qualificação prescritiva, amparada em uma sanção (ou na ausência dela, no caso da qualificação como "fato permitido"). Já os princípios fundamentais igualmente dotados de validade positiva e de um modo geral estabelecidos na Constituição, não se reportam a um fato específico, que se possa precisar com facilidade a ocorrência, extraindo a consequência prevista normativamente. Eles devem ser entendidos como indicadores de uma opção pelo favorecimento de determinado valor, a ser levada em conta na apreciação jurídica de uma infinidade de fatos e situações possíveis, juntamente com outras tantas opções dessas, outros princípios igualmente adotados, que em determinado caso concreto podem se conflitar uns com os outros, quando já não são mesmo, *in abstracto,* antinômicos entre si.

Saliente-se ainda que as regras e os princípios, em sua sinergia e complementaridade, são indispensáveis ao equilíbrio do direito, visto que a concepção isolada destas espécies normativas poderia interferir no funcionamento do sistema jurídico.

Neste sentido, doutrina Canotilho (1991, p. 175) que um modelo ou sistema constituído exclusivamente por regras conduzir-nos-ia a um sistema jurídico de limitada racionalidade prática. Exigiria uma disciplina legislativa exaustiva e completa – legalismo – do mundo da vida, fixando, em termos definitivos, as premissas e os resultados das regras jurídicas. Conseguir-se-ia um "sistema de segurança", mas não haveria qualquer espaço livre para a complementação e desenvolvimento de um sistema, como o constitucional, que é necessariamente um sistema aberto. Por outro lado, um legalismo estrito de regras não permitiria a introdução dos conflitos, das concordâncias, do balanceamento de valores e interesses, de uma sociedade pluralista e aberta.

Corresponderia a uma organização política monodimensional. O modelo ou sistema baseado exclusivamente em princípios levar-nos-ia a consequências também inaceitáveis. A indeterminação, a inexistência de regras precisas, a coexistência de princípios conflitantes, a dependência do "possível" fático e jurídico, só poderiam conduzir a um sistema falho de segurança jurídica e tendencialmente incapaz de reduzir a complexidade do próprio sistema.

Ademais, não basta ao operador do direito conhecer as características dos princípios, sendo fundamental, outrossim, saber para que eles servem no plano do conhecimento jurídico. É necessário, pois, compreender qual a função dos princípios de direito para que possam ser aplicados com razoável correção.

Os princípios exercem dentro do sistema normativo um papel diferente daquele desempenhado pelas regras jurídicas. Estas, por descreverem fatos hipotéticos, possuem a nítida função de disciplinar as relações intersubjetivas que se enquadrem nas molduras típicas por elas descritas. O mesmo não se processa com os princípios, em face das peculiaridades já demonstradas. Os princípios jurídicos são, por seu turno, multifuncionais, podendo ser vislumbradas as funções supletiva, fundamentadora e hermenêutica.

Não é outro o pensamento de Valdés (1990, p. 78) quando define os princípios gerais do direito como "las ideas fundamentales que la comunidad forma sobre su organización jurídica están llamadas a cumplir la triple función fundamentadora, interpretativa y supletoria. Supone esta nota característica que tales ideas básicas, por ser fundamento de la organización jurídica, asumen una misión directiva en el desarrollo legislativo necesario para la regulación de todas sus relaciones interindividuales y colectivas. Como igualmente cumplen un papel crítico (axiológico) capaz, en último término, de invalidar o derogar toda norma positiva que irreductiblemente muestre tajante oposición a aquellos principios. Y tanto una como otra función la realizan en virtud del denominado, en nuestro Derecho positivo, carácter informador, que también justifica su misión interpretativa, en relación a las demás fuentes jurídicas. Y residualmente podrán ser utilizados como fuente autónoma, de directa aplicación, para resolver o regular concretas situaciones jurídicas, en defecto de ley o costumbre, asumiendo así el carácter de fuente supletoria e integradora del ordenamiento jurídico".

Na qualidade de fonte subsidiária do direito, os princípios serviriam como elemento integrador, tendo em vista o preenchimento das lacunas do sistema jurídico, na hipótese de ausência da lei aplicável à espécie típica. Esta concepção revela-se, porém, anacrônica. Isto porque, ao se constatar a normatividade dos princípios jurídicos, estes perdem o caráter supletivo, passando a impor uma aplicação obrigatória. Assim sendo, os princípios devem ser utilizados como fonte primária e imediata de direito, podendo ser aplicados a todos os casos concretos.

De outro lado, no desempenho de sua função fundamentadora, os princípios são as ideias básicas que servem de embasamento ao direito positivo, expressando os valores superiores que inspiram a criação do ordenamento jurídico. Configuram, assim, os alicerces ou as vigas mestras do sistema normativo.

Ademais, destaca-se, especialmente, a função hermenêutica dos princípios jurídicos. A ordem jurídica é sustentada numa base principiológica. Em decorrência deste marco fundante, os princípios orientam a interpretação e aplicação de todo o sistema normativo, inclusive, das regras jurídicas. Com efeito, é incorreta a interpretação da regra, quando dela derivar contradição, explícita ou velada, com os princípios. Quando a regra admitir logicamente mais de uma interpretação, prevalece a que melhor se afinar com os princípios. Ademais, quando a regra tiver sido redigida de modo tal que resulte mais extensa ou mais restrita que o princípio, justifica-se a interpretação extensiva ou restritiva, respectivamente, para calibrar o alcance da regra com o princípio.

No campo hermenêutico, serve também o princípio jurídico como limite de atuação do intérprete. Ao mesmo passo que funciona como vetor de orientação interpretativa, o princípio tem como função limitar o subjetivismo do aplicador do direito. Sendo assim, os princípios estabelecem referências, dentro das quais o hermeneuta exercitará seu senso do razoável e sua capacidade de fazer a justiça diante de um caso concreto.

Decerto, pode-se dizer que os princípios jurídicos funcionam como padrão de legitimidade de uma opção interpretativa. É que os princípios despontam como imposições axiológicas capazes de conferir força de convencimento às decisões jurídicas. Quanto mais o operador do direito procura torná-los eficazes, no deslinde dos conflitos de interesses, mais legítima tenderá a ser a interpretação e a posterior decisão. Por outro lado, carecerá de legitimidade a decisão que desrespeitar os princípios jurídicos, enquanto repositório de valores socialmente aceitos.

No tocante à operacionalização da interpretação principiológica, diferentemente das regras – que possuem uma estrutura proposicional clássica (se A, então B), os princípios jurídicos não contêm elementos de previsão que possam funcionar como premissa maior de um silogismo subsuntivo. Logo, a sua aplicação exige um esforço axiológico para que sejam densificados e concretizados pelos operadores do direito. Com efeito, *densificar* um princípio jurídico implica preencher e complementar o espaço normativo, especialmente carecido de concretização, a fim de tornar possível a solução, por esse preceito, dos problemas concretos. A densificação de um princípio é uma tarefa complexa, que se inicia com a leitura isolada da norma principiológica, passando por uma análise sistemática da ordem jurídica, para, a partir daí, delimitar o seu significado. Por sua vez, *concretizar* o princípio jurídico é traduzi--lo em decisão, passando de normas generalíssimas abstratas a normas decisórias (<u>contextos jurídico-decisionais</u>). As tarefas de concretização e de densificação de normas andam, pois, umbilicalmente ligadas: densifica-se um espaço normativo a fim de tornar possível a concretização e consequente aplicação de um princípio a uma situação jurídica.

Neste sentido, doutrina Grau (2002, p. 170-171) que, enquanto as regras estabelecem o que é devido e o que não é devido em circunstâncias nelas próprias determinadas, os princípios estabelecem orientações gerais a serem seguidas em casos, não predeterminados no próprio princípio, que possam ocorrer. Por isso, os princípios são dotados de uma capacidade expansiva maior do que a das regras, mas, ao contrário destas, necessitam de uma atividade ulterior de concretização que os relacione a casos específicos.

Em razão desta peculiar estrutura normativo-material que os distingue das regras jurídicas – cuja aplicação está subordinada à lógica do tudo ou nada – os princípios apresentam-se como mandados de otimização, que não só facultam como até mesmo exigem uma aplicação diferenciada, para que se realize o ótimo dentro das circunstâncias possíveis. Sendo assim, na aplicação dos princípios, o intérprete do direito não escolhe entre esta ou aquela norma principiológica, atribuindo, em verdade, mais peso a um do que a outro (<u>dimensão de peso</u>), em face dos caracteres do caso concreto. Exercita-se, assim, um juízo de ponderação que não desqualifica ou nega a validade ao princípio circunstancialmente preterido, o qual, por isso mesmo, em outra lide, poderá vir a merecer a preferência do jurista.

Discorrendo ainda sobre a matéria, destaca-se Claus Wilhelm Canaris (1989, p. 14-15), ao caracterizar os princípios de direito, diferenciando-os das regras jurídicas.

Em primeiro lugar, o eminente jusfilósofo destaca a possibilidade de oposição e de contradição entre eles. Decerto, os princípios de direito diferem das regras ou normas jurídicas, pois, caso as regras ou normas sejam antagônicas, uma delas deverá ser excluída do sistema em questão. Já os princípios de direito não podem ser expurgados da ordem jurídica, porque podem e devem conviver no mesmo sistema, mesmo que entre eles, eventualmente, se configure uma antinomia. Na vida jurídica, principalmente no trato do caso concreto, observamos que, constantemente, princípios entram em choque frontal, surgindo antinomias valorativas de grande amplitude, as quais precisam ser dirimidas.

Outra característica importante diz respeito ao fato de que um princípio de direito não possui pretensão de exclusividade, ou seja, um mesmo caso concreto pode ser solucionado por um arsenal de princípios jurídicos.

A terceira característica fundamental é a da complementaridade, visto que os princípios de direito adquirem sentido mediante articulações recíprocas. É que nas situações concretas que envolvam agentes econômicos e consumidores jamais poderá ser feita uma análise simplista, com base em apenas um princípio de direito. Na forma acima demonstrada, vários tenderão a corroborar uma tese e vários auxiliarão outro argumento, somente deste conflito permanente e dinâmico, podendo resultar uma síntese valorativa que espelhe a melhor solução possível.

Há, contudo, juristas que apontam a inconsistência da distinção regras *x* princípios, bem como ressaltam que a recepção do debate entre princípios e regras na literatura jurídica pátria teria ocorrido pela importação acrítica de modelos dogmáticos, sem o necessário filtro de uma teoria jurídico-constitucional apropriada à realidade nacional.

Não é outro o entendimento de Marcelo Neves (2014, p.171), para quem, no final do século XX e início do século XXI, a doutrina constitucional brasileira foi tomada por um fascínio pela principiologia jurídico-constitucional e, nesse contexto, pela ponderação de princípios, uma atitude que, com destacadas exceções, tem contribuído para uma banalização das questões complexas referentes à relação entre princípios e regras, o que está associado aos processos de democratização e constitucionalização que, no último quartel do século XX, ocorreram na América Latina e no Brasil, após um período de regimes autoritários com efeitos desastrosos sobre as liberdades civis e politicas.

Os opositores aos rumos da interpretação principiológica do direito brasileiro costumam elencar as seguintes críticas: o sistema constitucional brasileiro reconhece os direitos fundamentais como regras jurídicas e não como princípios abstratos; o risco de banalização do direito principiológico; a criação desenfreada de pretensos princípios jurídicos; a ingenuidade de considerar os princípios como solução para todos os males das nossas práticas jurídicas; o afastamento de regras claras e pertinentes para justificar decisões orientadas à satisfação de interesses privados do intérprete; a dissolução das fronteiras entre o direito e a moral; o incentivo a um ativismo judicial irresponsável e arbitrário; o comprometimento da segurança jurídica; bem como a dissolução da identidade do direito por força da abertura valorativa dos princípios, com a subordinação do fenômeno jurídico aos critérios oriundos de outros sistemas sociais, tais como o econômico e o político

Eis aqui devidamente registradas as principais críticas ao uso hermenêutico da teoria dos princípios no âmbito da experiência jurídica brasileira, tema que ainda hoje gera acesas controvérsias na doutrina e na jurisprudência.

CAPÍTULO OITO

A INTERPRETAÇÃO JURÍDICA E O PENSAMENTO TÓPICO

UMA DAS MAIS DESTACADAS EXPRESSÕES DO PENSAmento jurídico pós-moderno é a tópica, cuja contribuição se revela indispensável para o entendimento da hermenêutica jurídica contemporânea.

A tópica pode ser entendida como uma técnica de pensar por problemas, desenvolvida pela retórica. Ela se distingue nas menores particularidades de outra de tipo sistemático-dedutivo. As tentativas da era moderna de desligá-la da jurisprudência, através da sistematização dedutiva de uma ciência jurídica, tiveram um êxito muito restrito, visto que a tópica vem sendo encontrada ao longo de toda a tradição ocidental, desde a Antiguidade greco-latina. Se Aristóteles entendeu a tópica como uma teoria da dialética, entendida como a arte da discussão, Cícero a concebeu como uma práxis da argumentação, baseada no uso flexível de catálogos de *topoi* (lugares-comuns).

Como bem salienta Theodor Viehweg (1979, p. 19), o ponto mais importante do exame da tópica constitui a afirmação de que ela se trata de uma *techne* do pensamento que se orienta para o problema. Esta distinção, já cunhada por Aristóteles em sua *Ética a Nicômaco*, entre *techne* e *episteme* implica considerar a primeira como o hábito de produzir por reflexão razoável, enquanto a segunda seria o hábito de demonstrar a partir das causas necessárias e últimas, e, portanto, uma ciência. Afigura-se como uma técnica do pensamento problemático, que opera sobre aporias – questões estimulantes e iniludíveis que designam situações problemáticas insuscetíveis de eliminação.

Chama-se de problema ou aporia toda questão que aparentemente permite mais de uma resposta e que requer necessariamente um entendimento preliminar, de acordo com o qual toma o aspecto de questão que há de levar a sério e para a qual há que buscar uma resposta como solução. Se colocássemos o acento no sistema, os problemas seriam agrupados, de acordo com cada sistema, em solúveis e insolúveis, e estes últimos seriam desprezados como problemas aparentes. A ênfase no sistema opera, deste modo, uma seleção de problemas. Ao contrário, se colocamos acento no problema, este busca, por assim dizer, um sistema que sirva de ajuda para encontrar a solução. A ênfase no problema opera uma seleção de sistemas.

Buscam-se, deste modo, premissas que sejam objetivamente adequadas e fecundas que nos possam levar a consequências que nos iluminem. Tal procedimento é a tópica de primeiro grau. Entretanto, sua insegurança salta à vista, o que explica que se trate de buscar um apoio que se apresenta, na sua forma mais simples, em um repertório de pontos de vista preparados de antemão. Dessa maneira, produzem-se catálogos de *topoi*, tais como: "o direito não socorre os desidiosos", "o direito não tutela a má-fé, a própria torpeza"; "o direito não tolera o enriquecimento sem causa" ou "o direito deve conferir tratamento isonômico aos iguais". A função dos *topoi,* tanto gerais como universais, consiste em servir a uma discussão de problemas. Quando se produzem mudanças de situações e em casos particulares, é preciso encontrar novos dados para resolver o problema.

Para Viehweg (1979, p. 77), restam comprovados os limites do sistema jurídico lógico-dedutivo, visto que o centro de gravidade do raciocínio jurídico, longe de ser a subsunção, como a atividade de ordenação dentro de um sistema perfeito, reside predominantemente na interpretação em sentido amplo e, por isto, na invenção. Isto porque, para que o sistema jurídico fosse logicamente perfeito, seria necessário garantir uma rigorosa axiomatização de todo o direito; proibição de interpretação dentro do sistema, o que se alcançaria mais completamente através de um cálculo; alguns preceitos de interpretação dos fatos orientados rigorosa e exclusivamente para o sistema jurídico (cálculo jurídico); não impedimento da admissibilidade das decisões *non liquet*; permanente intervenção do legislador, que trabalhe com uma exatidão sistemática (calculadora) para tornar solúveis os casos que surgem como insolúveis. Mesmo assim, a escolha dos axiomas continuaria sendo logicamente arbitrária, gerando um resíduo tópico.

Como a axiomatização do direito não é suficiente para captar plenamente a estrutura da argumentação, os axiomas também não oferecem uma resposta adequada ao problema da justiça. O procedimento que isto supõe já não é de busca do direito, senão de aplicação do direito justo. Daí deflui o segundo tipo de ciência mencionado, em que não se tenta modificar a essência da *techne* jurídica. Concebe-a, consequentemente, como uma forma de aparição da incessante busca do justo. Sendo assim, o direito positivo emana desta busca pelo justo, a qual continua com base neste mesmo direito positivo, num movimento de circularidade dinamizado pela utilização das fórmulas persuasivas dos *topoi*, lugares-comuns da argumentação jurídica. Esta busca pelo justo seria o grande objeto de investigação da ciência do direito, cabendo à jurisprudência mostrar suas possibilidades, mediante o uso apropriado dos tópicos capazes de melhor atender as peculiaridades do caso concreto.

Não há como negar a associação entre tópica e justiça, pois como observa Edvaldo Brito (2005, p. 8), ao criticar os limites do raciocínio jurídico lógico-dedutivo (silogismo), adquire prestígio a tópica, que sugere evitar-se técnica que inviabilize a decisão justa, pois esta somente se conseguiria a partir dos dados materiais, buscados nos problemas, ainda que a deliberação não encontre apoio em norma legal. A teoria da justiça passa a ser entendida como uma teoria da práxis, de aplicabilidade tópica, com o que se afasta, no enfrentamento do problema de um direito justo, a pretensão jusnaturalista de aplicação lógico-dedutiva de um padrão absoluto e imutável de justiça, bem como o condenável alheamento do positivismo jurídico aos problemas de valor.

Desse modo, a teoria tópica – que concebe o pensamento jurídico como um pensamento topicamente orientado – pode comportar acepções diferentes nesse contexto: uma técnica de buscar premissas para um argumento; uma teoria quanto à natureza das premissas; e uma teoria sobre a aplicação das premissas nos argumentos justificativos da lei.

Sofre a Tópica, contudo, severas críticas, em face das incertezas geradas no momento da interpretação/aplicação do direito.

Como uma técnica de busca de premissas, a teoria dos tópicos sustenta a consideração de todo ponto de vista possível que se relacione com a questão em pauta. É aqui que os catálogos de *topoi* podem se tornar úteis. Ilustrativo é o trabalho empreendido por Struck no sentido de juntar um catálogo de lugares-comuns reunindo itens disparatados como "a lei posterior derroga a anterior", "não se pode pedir nada inconcebível", "o direito não socorre os desidiosos" ou "o direito não tolera a má-fé".

Em segundo lugar, a teoria dos tópicos considerada como teoria da natureza das premissas é de maior relevância. Segundo esta teoria, sempre que uma argumentação geral e jurídica se origina de um *topos* como ponto de partida, as proposições de que se parte não são verdades provadas, mas proposições plausíveis, razoáveis, prováveis ou geralmente aceitas, nos moldes do raciocínio dialético apontado por Aristóteles, em contraposição ao raciocínio apodítico.

Embora haja uma certa dose de verdade nisto, tal assertiva é generalizada demais e parcialmente falsa. Isto porque a tópica não diferencia suficientemente entre as várias premissas necessárias para o processo de justificação das interpretações e decisões jurídicas, não sendo feita justiça ao papel representado pelas normas legais mencionadas no discurso jurídico. Além dessa debilidade, existe também a incapacidade de a teoria tópica conferir a real importância da argumentação jurídica desenvolvida nos contextos da dogmática jurídica e dos precedentes judiciais. Decerto, uma teoria adequada da argumentação jurídica precisa incluir uma teoria tanto do *status* da dogmática jurídica quanto da avaliação apropriada da jurisprudência.

Além do fracasso em entender o relevo da lei, da dogmática jurídica e dos precedentes, o problema fundamental da teoria dos tópicos é sua orientação quase exclusiva de considerar a estrutura superficial de padrões de argumentos, sem empreender, contudo, uma análise lógica desses argumentos. Somente dessa última forma é que se pode compreender seu caráter de estruturas que englobam várias sentenças, inclusive aquelas normativas. Quando se examina atentamente um *topos* como "o direito não socorre os desidiosos" descobrem-se sentenças normativas mais específicas, sobre as quais esses critérios não se aplicam necessariamente.

CAPÍTULO NOVE

A INTERPRETAÇÃO DO DIREITO E O CULTURALISMO JURÍDICO

PARA O CULTURALISMO JURÍDICO, A INTERPRETAÇÃO jurídica não seria o produto metódico de procedimentos formais, dedutivos e indutivos, mas uma unidade imanente, de base concreta e real, que repousa sobre valorações. Cultura é tudo que o ser humano acrescenta às coisas (*homo additus naturae*). Os culturalistas concebem o direito pós-moderno como um objeto criado pelo homem, dotado de um sentido de conteúdo valorativo, sendo, pois, pertencente ao campo da cultura. Do ponto de vista hermenêutico, o culturalismo jurídico implica o desenvolvimento de uma interpretação baseada nos valores e fins do direito como expressão das diversas culturas humanas.

A primeira vertente culturalista a ser destacada é o tridimensionalismo jurídico de Miguel Reale, que concebe a experiência jurídica como uma das modalidades da experiência histórico-cultural, pelo que a implicação polar fato-valor resolve-se em um processo normativo de natureza integrante. Cada norma ou conjunto de normas representando, em dado momento histórico e em função de dadas circunstâncias, a compreensão operacional compatível com a incidência de certos valores sobre os fatos múltiplos que condicionam a formação dos modelos jurídicos e sua aplicação.

Para Miguel Reale (1994, p. 74), trata-se de um tridimensionalismo concreto, dinâmico e dialético, visto que esses elementos estão em permanente atração polar, já que o fato tende a realizar o valor, mediante a norma. A norma deve ser concebida como um modelo jurídico, de estrutura tridimensional, compreensiva ou concreta, em que fatos e valores segundo normas postas em virtude de um ato concomitante de escolha e de prescrição (ato decisório), emanado do legislador ou do juiz, ou resultante de opções costumeiras ou de estipulações fundadas na autonomia da vontade dos particulares.

Com essa teoria integrativa, Reale rejeita todas as concepções setorizadas de direito (normativismo abstrato, sociologismo jurídico e moralismo jurídico), postulando, assim, uma doutrina que requer a integração dos três elementos constitutivos do direito, em uma unidade funcional e de processo, em correspondência com os problemas complementares da validade social (eficácia), da validade ética (fundamento) e da validade técnico-jurídica (vigência). O conhecimento jurídico desponta como uma ciência histórico-cultural e compreensivo-normativa, por ter por objeto a experiência social na medida em que esta normativamente se desenvolve em função de fatos e valores, para a realização ordenada da vida humana.

Conforme os ensinamentos de Miguel Reale (1972, p. 275), o fundamento último que o direito tem em comum com a moral e com todas as ciências normativas deve ser procurado na natureza humana, nas tendências naturais do homem, não como entidade abstrata à maneira dos jusnaturalistas, mas como ser racional destinado por natureza a viver em sociedade e a realizar seus fins superiores. Da análise da natureza racional do homem e da consideração de que o homem é por necessidade um animal político, resulta a ideia de que cada homem representa um valor e que a pessoa humana constitui o valor-fonte de todos os valores. A partir desse valor-fonte, torna-se possível alcançar o fundamento peculiar do direito, remetendo ao valor-fim próprio do direito que é a justiça, entendida não como virtude, mas em sentido objetivo como justo, como uma ordem que a virtude justiça visa a realizar.

Nesse sentido, o direito se desenvolve porque os homens são desiguais e aspiram à igualdade, inclinando-se para a felicidade e querendo ser cada vez mais eles mesmos, ao mesmo tempo que aspiram a uma certa tábua igual de valores. Refere o jusfilósofo que a ideia de Justiça, que, no seu sentido mais geral, exprime sempre proporção e igualdade, é própria do homem como ser racional e social. Vivendo em sociedade e procurando o seu bem, o homem acaba compreendendo a necessidade racional de respeitar em todo homem uma pessoa, condição essencial para que também possa se afirmar como pessoa. Sendo assim, a ideia de Justiça liga-se, de maneira imediata e necessária, à ideia de pessoa, pelo que o Direito, como a Moral, figura como uma ordem social de relações entre pessoas.

Na visão de Miguel Reale (1972, p. 300), a justiça, valor-fim do direito, fundamento específico do direito, é formada por valores que o homem intui na experiência social e em sua própria experiência, e que, depois, a razão reelabora e esclarece à luz dos dados fornecidos pela vida. O bem comum, objeto mais alto da virtude justiça, representa, pois, uma ordem proporcional de bens em sociedade, de maneira que o direito não tem a finalidade exclusiva de realizar a coexistência das liberdades individuais, mas sim a finalidade de atingir a coexistência e a harmonia do bem de cada um com o bem de todos. A justiça se afigura como a realização do bem comum, segundo a proporção exigida pelos valores da pessoa e pela conservação e o desenvolvimento da cultura, representando o valor-fim que serve de fundamento último e próprio do direito.

O problema do fundamento concreto do direito só pode ser resolvido em contato com a experiência, mediante a consideração racional dos fins particulares que, segundo as variáveis culturais, devem ser considerados indispensáveis à consecução dos valores do homem e da sociedade. Nesse sentido, uma regra de direito positivo não precisa receber a sua força obrigatória do valor-fim, bastando que os valores-meio fundamentais como a liberdade, a utilidade, a segurança ou a ordem pública concretizam-se em valores particulares, em face das contingências de cada sociedade, desde que a apreciação racional da autoridade competente considere as normas resultantes indispensáveis ao bem comum, mesmo que desde logo não conquistem a adesão das consciências.

Sendo assim, defende-se a concepção de que a validade ética, a eficácia e a validade formal exprimem um conjunto de elementos que a ordem jurídica positiva deve conter em cada um dos seus preceitos, uma vez que uma regra de direito obriga em virtude de sua conformidade com o valor-fim, com as situações objetivas (causas intrínsecas) e com a ordem de uma autoridade constituída (causa extrínseca). Logo, é na própria ordem jurídica positiva que se revela possível encontrar a integração fato-valor-norma a qual corresponde a tríade validade social (eficácia), validade ética (fundamento) e validade técnico-jurídica (vigência).

Logo, os valores que se ligam necessariamente ao valor-fonte (*e.g.*, liberdade humana) constituem o conteúdo próprio da justiça e, uma vez traduzidos em preceitos incorporados à cultura, tornam-se preceitos universais, comuns a todos os povos e lugares, pelo que toda regra que atualize esses preceitos fundamentais conta com o assentimento dos sujeitos. Ao lado desses preceitos gerais, que exprimem a constante ética do direito, outros há que também servem de fundamento às regras do direito positivo, na condicionalidade de cada cultura (*v.g.*, exigência de que o direito estatal vale como imperativo de segurança), representando as infinitas formas de integração dos valores mais altos no desenvolvimento histórico das civilizações em face do lugar e do tempo.

Dentro da dimensão valorativa do direito e no campo da fundamentação de sua validade ética, o problema da justiça adquire relevo. Para ele, o que importa não é a definição da justiça – dependente sempre da cosmovisão dominante em cada época histórica –, mas sim o seu processo experiencial por meio do tempo, visando a realizar cada vez mais o valor da igualdade, em razão da pessoa humana, valor-fonte de todos os demais valores jurídicos. Pode-se afirmar que, nesse contexto, a justiça se apresenta como condição transcendental da realização dos demais valores, por ser a base sem a qual os demais valores não poderiam se desenvolver de forma coordenada e harmônica, em uma comunidade de homens livres. É por tal razão que a justiça deve ser entendida como um valor franciscano, na condição de valor-meio, sempre a serviço dos demais valores para assegurar-lhes seu adimplemento, em razão da pessoa humana que figura como o valor-fim.

Por sua vez, a teoria egológica do direito afigura-se como uma concepção culturalista defendida pelo jurista argentino Carlos Cossio. Para ele, a ciência jurídica deve estudar o direito como um objeto cultural egológico, apresentando, como substrato, a conduta humana compartida, sobre a qual incide o sentido dos valores jurídicos. O ato cognitivo próprio é a compreensão, viabilizada pelo método empírico-dialético. Ao conhecer o direito, o jurista exerce o papel de relacionar a conduta humana em sua interferência com os valores positivados na ordem jurídica.

Assevera Carlos Cossio (1954, p. 100) que a lei é uma valoração de conduta, corporificando valores como a justiça, representados pela constituição positiva. Somente assim pode resultar juridicamente fundado que, em face das circunstâncias, deve ter lugar o efeito legal quando ocorre o antecedente que a lei leva em conta, tendo em vista a valoração da conduta que a lei representa com suas determinações contingentes.

As valorações jurídicas são objetivas e sua objetividade não se manifesta por meio da lei, senão mediante a vivência do julgador. Nesse sentido, a lei é uma estrutura intelectual e, já que o direito figura como valoração jurídica, a legislação vivenciada é um comportamento com certo valor, de modo que, se o caso não se estrutura com o valor consubstanciado na lei, o juiz concluirá, fundamentadamente, que o caso não é regulado pela lei. Por outro lado, a valoração jurídica se intercala entre a interpretação da lei e as determinações contingentes dela, porque a interpretação busca o significado jurídico dessas determinações, como sentido para a conduta. Sendo assim, é mediante a valoração jurídica que a lei deve ser interpretada cada vez que se aplica, por mais claro que seja seu texto e por mais preciso que seja o seu conteúdo.

Ao discorrer sobre o egologismo, assinala Machado Neto (1988, p. 74) que a norma jurídica não se afigura como o objeto da ciência jurídica, constituindo, no plano gnoseológico da lógica transcendental, conceito que pensa a conduta em sua liberdade e, no plano da lógica formal, um juízo hipotético disjuntivo. A ciência jurídica é normativa porque conhece condutas compartidas por meio de normas jurídicas.

Para a teoria egológica, a ciência jurídica compreende três perspectivas: a dogmática jurídica, que se atém ao empirismo científico, buscando estabelecer a equivalência entre dados normativos contingentes e os fatos da experiência; a lógica prática, voltada para a estruturação do pensamento do jurista, dentro da lógica do dever-ser, a forma com que a experiência jurídica se apresenta no conhecimento científico-jurídico; e a estimativa jurídica, que procura compreender o sentido da conduta, fundada em valorações positivas da comunidade e limitada à materialidade do substrato.

No plano da axiologia jurídica, Carlos Cossio se propõe a estudar as características dos valores jurídicos, incluindo a justiça. Segundo ele, os valores jurídicos não devem ser compreendidos como entes ideais, nos moldes preconizados pela doutrina jusnaturalista, mas como estimativas de natureza histórico-social, ao projetar as expectativas axiológicas e teleológicas de uma dada comunidade humana.

Outrossim, sendo os valores jurídicos bilaterais, por envolverem sempre a intersubjetividade humana (correlação entre o fazer de um sujeito e o impedir de outro sujeito), diferenciam-se, pois, dos valores morais (*v.g.*, a caridade), cuja natureza unilateral permite sua realização por um agente isolado (correlação entre o fazer e o omitir de um mesmo sujeito). Carlos Cossio divide, ainda, os valores jurídicos em dois grandes agrupamentos: os valores de autonomia e os valores de heteronomia. Os valores de autonomia – *e.g.*, segurança, paz, solidariedade – seriam aqueles valores que expandiriam a esfera vivencial da liberdade humana, enquanto a vivência dos valores de heteronomia – *v.g.*, ordem, poder, cooperação – restringiria a esfera da liberdade humana.

Na visão egológica do direito, a justiça seria o melhor arranjo desse plexo axiológico composto pelos valores jurídicos de autonomia e de heteronomia. Sendo assim, a justiça desponta como um valor-síntese das demais estimativas jurídicas, expressando a vertente axiológica que melhor corresponde ao entendimento societário, em cada período histórico-cultural. Sendo assim, existe justiça em todo entendimento comunitário e somente nesta forma ela pode existir. Como os valores jurídicos não são abstrações metafísicas, o direito, em qualquer de suas manifestações culturais, é a realização de alguma ordem, de alguma segurança, de algum poder, de alguma paz, de alguma cooperação, de alguma solidariedade e, portanto, de alguma justiça.

Por fim, dentro do campo da doutrina culturalista do direito, merece registro o raciovitalismo jurídico e as suas reflexões hermenêuticas sobre o uso interpretativo da chamada lógica do razoável.

Com efeito, a lógica do razoável figura como uma modalidade de raciocínio jurídico tendente à realização do direito pós-moderno, mediante o exercício de uma razão vital. O raciovitalismo se apresenta como a vertente de pensamento que se liga à filosofia da razão vital, preconizada pelo filósofo espanhol Ortega y Gasset, com amplas repercussões na esfera jurídica. O seu maior expoente foi Luis Recaséns Siches, cultor da chamada lógica do razoável.

Para Recaséns Siches (1959, p. 157), o homem apresenta natureza biológica e psicológica, vive com a natureza circundante e, em razão disso, encontra-se condicionado por leis físico-naturais, que, todavia, não dão conta de todo o humano. Isso porque o comportamento humano é consciente e tem um sentido que não existe nos fenômenos físico-naturais. A natureza se explica e os fatos humanos podem ser compreendidos. Só o que é do homem pode ser justificado pelo homem, em razão dos fins que ele elege.

Segundo ele, a vida humana nada tem de concluído ou acabado, mas deve fazer-se a si mesma. Trata-se de um fazer-se contínuo, em que há sempre um campo de ação, não predeterminado, que possibilita a opção, com certa margem de liberdade, por um caminho. A partir dessa visão orteguiana de vida humana, Recaséns Siches enquadra o direito entre os objetos culturais, porque criado pelo homem, considerando-o como pedaço de vida humana objetivada.

Assim, procurou Recaséns Siches conciliar a objetividade dos valores jurídicos com a historicidade do direito. Se a racionalidade é a própria vida humana – a razão vital –, a ciência do direito deve estudar a norma jurídica em sua historicidade, como momento da vida coletiva, ligada às circunstâncias e dentro da perspectiva por ela formada.

O sentido da obra cultural – arte, política ou direito – é sempre um sentido referido às circunstâncias concretas, em que se apresentou a necessidade estimulante, em que se concebeu a conveniência e a adequação do fim, em que se apreciou a propriedade e a eficácia dos meios adotados. De sorte que a obra cultural deve ser considerada como um produto histórico intencionalmente referido a valores, pelo que o direito estaria voltado para a concretização axiológica do justo.

Enquanto o pensamento racional puro da lógica formal tem a natureza meramente explicativa de conexões entre ideias, entre causa e efeitos, a lógica do razoável tem por objetivo problemas humanos, de natureza jurídica e política, e deve, por isso, compreender ou entender sentidos e conexões de significados, operando com valores e estabelecendo as finalidades e os propósitos da ordem jurídica. É razoável, portanto, o que seja conforme à razão, supondo equilíbrio, moderação e harmonia; o que não seja arbitrário ou caprichoso; o que corresponda ao senso comum, aos valores vigentes em dado momento ou lugar.

Para ele, a lógica dedutiva, silogística e alheia a critérios axiológicos é imprópria para a solução dos problemas humanos. Em contrapartida, a lógica do razoável, *logos* do humano ou da razão vital, destina-se a compreender os assuntos humanos, buscando o sentido dos fatos e objetos, mediante operações estimativas.

Segundo Recaséns Siches (1980, p. 140), se a norma jurídica é um pedaço de vida humana objetivada, não pode ser uma norma abstrata de moral, de ética, desligada dos fatos concretos, é um enunciado para a solução de um problema humano. A norma jurídica não pode ser julgada como um fim, mas como um meio para a consecução de valores concretos, tais como o bem-estar social, a dignidade, a liberdade e a igualdade. Sendo assim, a materialização destas estimativas sociais permite a realização da justiça e, portanto, do direito justo.

Logo, se a aplicação de uma norma a um determinado fato concreto levar a efeitos contrários aos por ela visados, deve ser declarada inaplicável ao caso. A produção do direito não é obra exclusiva do legislador, mas também dos julgadores e administradores, visto que eles concretizam e individualizam a norma geral, levando em conta os fins da norma. As decisões têm, assim, natureza axiológica.

Em cada aplicação a norma jurídica é revivida. O reviver concreto da norma fundamenta uma nova hermenêutica jurídica, porque ela deve experimentar modificações para ajustar-se à nova realidade em que e para que é revivida. Só a lógica do razoável pode considerar essa permanente adequação do direito à vida, sendo regida por princípios de adequação não só entre a realidade e os valores, fins e propósitos, mas também entre propósitos e meios, bem como entre os meios e sua correção ética, em face das exigências de justiça.

Como bem salienta Fábio Ulhoa Coelho (1997, p. 100), o aplicador do direito, para fazer uso da lógica do razoável, deve investigar algumas relações de congruência, indagando sobre: os valores apropriados à disciplina de determinada realidade (congruência entre a realidade social e os valores); os fins compatíveis com os valores prestigiados (congruência entre valores e fins); os propósitos concretamente factíveis (congruência entre os fins e a realidade social); os meios convenientes, eticamente admissíveis e eficazes, para a realização dos fins (congruência entre meios e fins).

Sendo assim, o manuseio da lógica do razoável potencializa a realização do direito pós-moderno, por exteriorizar uma interpretação jurídica de base axiológica e teleológica, a qual se revela compatível com as especificidades histórico-culturais de cada caso concreto, tendo em vista a singularidade que envolve a existência humana.

CAPÍTULO DEZ

A INTERPRETAÇÃO JURÍDICA E A NOVA RETÓRICA

No CONTEXTO DA PÓS-MODERNIDADE JURÍDICA, Chaïm Perelman é considerado o fundador e o maior expoente da Retórica contemporânea. Lecionou as disciplinas de lógica, moral e filosofia do direito na Universidade de Bruxelas, no período compreendido entre 1945 e 1978. Sua obra, ainda hoje, ganha ressonância no mundo jurídico, influenciando os modelos teóricos e as práticas diuturnas dos profissionais do direito.

Decerto, Chaïm Perelman (1999, p. 33) promove a reabilitação filosófica da lógica argumentativa, marginalizada tanto pelo idealismo platônico quanto pelo racionalismo cartesiano. Rompendo também com o positivismo lógico de Frege, torna patente a insuficiência do raciocínio demonstrativo no tratamento dos problemas linguísticos, bem como a impossibilidade de aplicar uma linguagem matemática, porque exata e unívoca, para os discursos humanos.

O filósofo e jurista Chaïm Perelman começou estudando a concepção de lógica de Frege para, posteriormente, voltar-se para a análise lógica dos argumentos de valor e outros conceitos de valoração. Ele chegou à conclusão de que os julgamentos de valor nem podem ser justificados simplesmente através da observação empírica (naturalismo), nem por qualquer tipo de autoevidência ou dedução lógica (intuicionismo). Sua convicção particular era de que havia a possibilidade de o uso prático da razão ser comprovado numa teoria geral de argumentação.

Esta teoria foi denominada Nova Retórica, por retomar a tradição da antiga retórica de Aristóteles, Cícero e Quintiliano.

A Nova Retórica. de Chaïm Perelman. se insurge contra as conseqüências de uma abordagem positivista no que se refere às possibilidades da argumentação racional dos valores, a fim de evitar que dilemas, escolhas e decisões sejam afastados do campo da racionalidade humana. Neste sentido, o filósofo belga critica o modelo teórico que privilegia apenas a demonstração e o raciocínio lógico-matemático, como caminhos para a obtenção da verdade, o que acaba por relegar ao voluntarismo todas as opções axiológicas, fundamentais nos planos político e jurídico.

Ao refutar a concepção moderna de razão, estruturada a partir das filosofias racionalistas do século XVII e ainda presente no positivismo lógico do século XX, Perelman (1998, p. 142) busca valorizar meios de prova distintos do modelo dedutivo-silogístico. Sendo assim, a valorização de outros meios de produzir convencimento reclama a elaboração de uma teoria da argumentação, capaz de descortinar um caminho diferente da demonstração, pedra de toque do funcionamento da lógica cartesiana tradicional, insuficiente para o tratamento das controvérsias humanas. Ao enfatizar a dimensão retórica, Perelman se propõe a investigar o modo de desenvolvimento racional da argumentação, perquirindo as técnicas capazes de permitir a adesão de teses sustentadas perante um determinado auditório.

Decerto, o conceito básico de sua teoria é o conceito de audiência ou auditório, entendido como o agrupamento daqueles a quem o orador deseja influenciar com sua argumentação. O objetivo de cada argumentação seria conquistar ou fortalecer a adesão da audiência. Para realizar esse objetivo, o orador tem de adaptar seu discurso à audiência. Daí surge uma importante regra da argumentação: a argumentação é uma função da audiência.

É o papel da audiência que distingue argumentação de demonstração. Perelman entende por demonstração a dedução lógica. Dentro de um cálculo lógico, uma prova consiste em derivar uma fórmula de dadas ações de acordo com regras fixas de inferência. O resultado será correto ou incorreto independentemente do acordo de qualquer audiência. Os lógicos são livres em sua escolha de axiomas, bem como a prova do lógico só vale dentro do seu próprio sistema. Ao contrário, quem argumenta precisa assegurar a concordância da audiência tanto para as premissas quanto para cada passo da prova ou transição das afirmações feitas no contexto de uma justificação. Assim sendo, o elo entre a conclusão e as premissas requer um acordo.

Perelman designa como audiência universal uma audiência que só pode ser convencida por argumentos racionais. Neste sentido, a concordância da audiência universal é o critério de racionalidade e objetividade na argumentação. A audiência universal pode ser definida como a totalidade de seres humanos razoáveis, ou seja, seres humanos no estado em que se encontrariam se houvessem desenvolvido sua capacidade de argumentação.

Para ele, as premissas do raciocínio jurídico não são previamente dadas, mas, em verdade, são escolhidas pelo orador. O interlocutor que as elege (*v.g.*, o advogado, o promotor, o juiz) deve, de início, buscar compartilhá-las com o seu auditório (*e.g.*, juiz, tribunal, júri, opinião pública). Em seu cotidiano, o operador do direito é instado a formular argumentos a fim de convencer o interlocutor da tese sustentada. Ele observa que, na tomada de uma decisão judicial, ao contrário do que defendiam os positivistas, são introduzidas noções pertencentes à moralidade, mediante o uso dos chamados *topoi,* aos quais o julgador pode recorrer como premissas compartilhadas pela comunidade jurídica, para a justificação racional de um ato decisório. A utilização destes *topoi*, no processo de argumentação judicial, remete à necessidade de uma escolha valorativa do hermeneuta, que se orienta pelo potencial justificador e racionalizador para a tomada de uma decisão.

Quem apela para a audiência universal está apelando para si mesmo, pois também o orador é membro desta audiência, daí por que as afirmações em que não acredita e as sugestões que não aceita são excluídas da argumentação diante do auditório universal (princípio de sinceridade e de seriedade). Quem deseja convencer a todos precisa ser não partidário, o que pressupõe a apresentação de quaisquer argumentos contrários (princípio da imparcialidade). Quem deseja convencer a todos só pode propor normas que todos possam aceitar (princípio da universalizabilidade).

Ao sublinhar que a argumentação está vinculada a atitudes e convicções dos interlocutores, situando-a num contexto histórico-social específico, Perelman sustenta que é impossível designar conclusivamente uma solução como a única correta. Dessa descoberta, ele deduz mais alguns padrões importantes de argumentação dirigidos para a audiência universal: de um lado, o postulado de abertura ao criticismo e a condição de tolerância (resultado da natureza provisional de cada resolução), e, de outro lado, o princípio da inércia (uma opinião aceita no passado não deve ser abandonada outra vez sem haver razão suficiente), verdadeiro alicerce da estabilidade da vida social e intelectual.

Na perspectiva da Nova Retórica, os conflitos em torno do direito justo e de seus possíveis enfoques podem ser dirimidos através de um método argumentativo, em que se utilizem os *topois* de maior potencial persuasivo e, portanto, mais adequados para as singularidades do caso concreto. Logo, todas as oportunidades devem ser fornecidas para os partícipes do diálogo jurídico, a fim de que, através do debate dos valores envolvidos, haja um consenso sobre a opção hermenêutica mais razoável e potencialmente mais justa.

Como bem assinala Karl Larenz (1989, p. 206), deve o jurista elaborar uma lógica dos juízos de valor, que apresente, como ponto de partida, o modo como as pessoas raciocinam sobre valores, o que reclama o uso de uma teoria da argumentação, pelo que se torna evidente o mérito de Chaïm Perelman, ao legitimar novamente a discussão sobre o conceito de justiça, dentro das exigências de cientificidade do conhecimento jurídico.

Neste sentido, é a discussão racional acerca dos valores mais ou menos aceitos no processo de argumentação jurídica, que constitui o objeto do conhecimento sobre a justiça, visto que a pesquisa sobre o significado do direito justo remete a valores histórico-culturais que, por serem relativos, diferentemente do que propugnava o jusnaturalismo moderno, sofrem os influxos do tempo e do espaço.

Como bem refere Perelman (1999, p. 34), embora seja ilusório enumerar todos os sentidos possíveis de justiça concreta, em face de todas as proposições acerca do conteúdo do direito justo, propõe o autor uma síntese das concepções mais correntes, muitas delas de caráter aparentemente inconciliável. São elas: a cada qual a mesma coisa; a cada qual segundo seus méritos; a cada qual segundo suas obras; a cada qual segundo suas necessidades; a cada qual segundo a sua posição; e a cada qual segundo o que a lei atribui.

Segundo a fórmula de justiça a cada qual a mesma coisa, todos os seres considerados devem ser tratados da mesma forma, sem levar em conta nenhuma das particularidades que os distinguem. Seja-se jovem ou velho, virtuoso ou criminoso, doente ou saudável, rico ou pobre, nobre ou rústico, culpado ou inocente, é justo que todos sejam tratados, em absoluto, sem qualquer discriminação, remetendo a uma ideia de uma igualdade perfeita, cuja realização se afigura muitas vezes inviável.

Com base na concepção a cada qual segundo seus méritos, não se exige a igualdade absoluta de todos, mas um tratamento proporcional a uma qualidade intrínseca da pessoa humana.

De acordo com a fórmula de justiça a cada qual segundo suas obras, requer-se um tratamento proporcional, através de um critério que não é moral, pois não se leva em conta a intenção ou eventuais sacrifícios, mas unicamente o resultado da ação. É esta concepção que admite, por exemplo, variantes no pagamento de salários e na aplicação de exames ou concursos.

Com base na concepção a cada qual segundo suas necessidades, em vez de levar em conta o mérito ou a produção, tenta-se, sobretudo, diminuir os sofrimentos que resultam da impossibilidade em que se encontra de satisfazer suas necessidades essenciais. Trata-se de uma fórmula de justiça que muito se aproxima da caridade. Leva-se em conta um mínimo vital que cumprirá assegurar a cada homem, *v.g.*, através da proteção jurídica do trabalho e do trabalhador.

Quando se utiliza a proposição a cada qual segundo a sua posição, depara-se com uma fórmula aristocrática de justiça, pois consiste ela em tratar os seres conforme pertença a uma ou outra determinada categoria de seres. Em vez de ser universalista, reparte os homens em categorias diversas que serão tratadas de forma diferente, como, por exemplo, sucedeu na sociedade estamental da idade média ou na sociedade de castas do povo hindu.

A fórmula cada qual segundo o que a lei atribui pode ser traduzida na paráfrase do célebre brocardo romano *suum cuique tribuere*. O julgador é justo quando aplica às mesmas situações as mesmas leis e regras de um determinado sistema jurídico. Trata-se de uma justiça estática, baseada na manutenção da ordem estabelecida.

Segundo ele, a utilização de qualquer uma destas fórmulas de justiça pelo julgador depende das circunstâncias específicas do caso concreto, figurando como *topoi*, com maior ou menor persuasivo, sem que seja possível, de antemão, priorizar a prevalência da igualdade absoluta, do mérito, da obra, da necessidade, da posição ocupada ou da distribuição de direitos e deveres atribuída pela lei.

Para Perelman, deve-se investigar ainda o que há de comum entre estas concepções de justiça mais correntes. Somente assim, afigura-se possível determinar uma fórmula de justiça sobre a qual será realizável um acordo prévio e unânime. A noção comum constitui uma definição da justiça formal ou abstrata, enquanto cada fórmula particular ou concreta da justiça já examinada consubstancia um dos inumeráveis valores da justiça formal.

A noção de justiça sugere a todos a ideia de certa igualdade. Este elemento conceitual comum permite afirmar que todos estão de acordo sobre o fato de que ser justo é tratar da mesma forma os seres que são iguais em certo ponto de vista, que possuem a mesma característica essencial (*e.g.*, mesmo mérito, mesma necessidade, mesma posição social), que se deva levar em conta na administração da justiça.

Sendo assim, os seres que têm em comum uma característica essencial farão parte de uma mesma categoria – a mesma categoria essencial. As seis fórmulas de justiça concreta diferem pelo fato de que cada uma delas considera uma característica diferente como a única que se deva levar em conta na aplicação da justiça.

Com efeito, pode-se definir a justiça formal ou abstrata como um princípio de ação segundo o qual seres de uma mesma categoria essencial devem ser tratados da mesma forma. Trata-se de uma noção puramente formal, porque esta definição não diz nem quando dois seres fazem parte de uma categoria essencial, nem como é preciso tratá-los. Ademais, não determina as categorias que são essenciais para a aplicação da justiça. Ela permite que surjam as divergências no momento de passar de uma fórmula comum de justiça para fórmulas diferentes de justiça concreta.

Para Perelman (1999, p. 71), o direito positivo jamais pode entrar em conflito com a justiça formal, visto que ele se limita a determinar as categorias essenciais de que fala a justiça formal, e sem essa determinação a aplicação da justiça fica totalmente impossível. A aplicação da justiça formal exige a determinação histórico-cultural das categorias consideradas essenciais, aquelas que se levam em conta para a realização da justiça.

De outro lado, quando aparecem as antinomias de justiça e quando a aplicação da justiça nos força a transgredir a justiça formal, recorre-se à equidade. Serve-se da equidade como muleta da justiça. Esta é o complemento indispensável da justiça formal, toda vez que a aplicação desta se mostra impossível. Consiste a equidade numa tendência a não tratar de forma por demais desigual os seres que fazem parte de uma mesma categoria essencial. Ela nos incita a não levar em conta unicamente uma característica essencial na realização da justiça. Apela-se também para a equidade toda vez que a aplicação da mesma fórmula de justiça concreta, em circunstâncias diferentes, conduz a antinomias que tornam inevitável a não conformidade com exigências da justiça formal, *v.g.*, um artesão, num período inflacionário, que tenha se comprometido a entregar uma obra, por um salário equivalente ao de um operário qualificado.

Ademais, o caráter arbitrário dos valores que fundamentam um sistema normativo, a pluralidade e a oposição deles, a inexistência de um valor irresistível, desigualdades naturais do ser humano, fazem com que um sistema de justiça necessário e perfeito, nos moldes jusnaturalistas, seja irrealizável. Assim é que, embora a justiça pareça ser a única virtude racional, que se opõe à irregularidade dos nossos atos, à arbitrariedade das nossas regras, não se deve esquecer que sua ação mesma é fundamentada em valores arbitrários e irracionais.

Em face de tudo quanto foi exposto, na visão de Chaïm Perelman, a justiça não se apresenta como um valor absoluto, mas, sobretudo, relativo e, portanto, insuscetível de ser definido pelo conhecimento, variando em conformidade com o conjunto de crenças de cada indivíduo. Sendo assim, a solução para o problema do direito justo deve ser construída no âmbito da razoabilidade prudencial do diálogo e da prática dos processos argumentativos. Conclui, então, pela existência de duas modalidades de justiça: a formal, que compreende o princípio de ação segundo o qual os seres de uma mesma categoria essencial devem ser tratados da mesma forma, e a concreta, que não admite um prévio acordo, porque considera uma característica essencial como a única existente.

Ao sublinhar o conteúdo axiológico das formações discursivas, inclusive no direito, Perelman lança as bases para o exercício de uma racionalidade dialógica e processual. Os discursos humanos, mormente no campo jurídico, adquirem uma natureza argumentativa, sendo endereçados à persuasão de um auditório universal. O convencimento dos juristas e atores sociais passa a depender da legitimidade das opções hermenêuticas, medida por sua adequação aos valores socialmente aceitos. No plano do direito, a argumentação permite o jogo dialético de escolhas e conclusões, potencializando o debate acerca da razoabilidade das propostas interpretativas. A perspectiva retórico-discursiva desemboca, assim, na compreensão de um ordenamento jurídico aberto, dinâmico e flexível, capaz de acompanhar as novas circunstâncias sociais e embasar a decidibilidade dos conflitos intersubjetivos.

Com efeito, no exercício da práxis do direito, o julgador deve adotar uma decisão razoável e motivada, recusando tanto a intuição evidente, quanto o voluntarismo arbitrário. Para tanto, é instado a selecionar as fontes normativas e modular o alcance da interpretação, justificando suas opções com base na força persuasiva e aceitabilidade social das teses jurídicas. Dispõe, assim, da faculdade de erigir os argumentos mais convincentes, priorizando os valores que melhor se coadunam com a justiça concreta. Exercitando a argumentação jurídica, o julgador cristaliza o entendimento mais razoável perante o caso *sub judice*, propondo a adesão de seus interlocutores – a comunidade jurídica.

Deste modo, os juristas procuram conciliar as técnicas de raciocínio jurídico com a justiça e a legitimidade da interpretação jurídica. Logo, assim como a matemática orientou o racionalismo clássico, com o advento da Nova Retórica de Chaïm Perelman, também o direito logrou oferecer uma metodologia complementar aos saberes que reservam um lugar importante para a lógica argumentativa, como modo de orientar as opções hermenêuticas.

Embora Perelman possa ser objetado pela natureza imprecisa do conceito de audiência universal e pela rejeição dos métodos analíticos na análise da estrutura da argumentação, muitas das suas ideias são válidas, com muitos pontos de convergência com seus antecessores. São elas: a ideia de que uma norma é capaz de generalização quando todos podem concordar com ela (auditório universal); a ligação do processo argumentativo com a dimensão histórico-social em questões de convicção e atitude; e a impossibilidade da correção absoluta, dando origem à abertura ao criticismo e à tolerância. Tais ideias se constituem em premissas fundamentais para a interpretação do direito.

Eis o grande legado deste pensador. Seu projeto filosófico consiste no desenvolvimento de uma teoria da argumentação apta a orientar a racionalidade prática da interpretação do direito. Sendo assim, a Retórica oferece o método adequado à reflexão crítica do direito e, consequentemente, permite a abertura do fenômeno jurídico para o diálogo e o consenso possível entre os atores sociais no plano hermenêutico.

CAPÍTULO ONZE

A INTERPRETAÇÃO DO DIREITO E PROCEDIMENTALISMO DISCURSIVO

DENTRE AS MAIS RECENTES CONTRIBUIÇÕES DA PÓS--modernidade jurídica, merece registro a obra de Robert Alexy, surgida no cenário germânico, que se propõe a examinar as possibilidades de uma racionalização discursivo-procedimental para o direito justo, capaz de garantir a justiça como a correção argumentativa das proposições jurídicas.

Inicialmente, Robert Alexy (2001, p. 211) parte de uma teoria da argumentação prática geral que ele projeta para o campo do direito. O resultado é considerar o discurso jurídico como um caso especial do discurso prático-geral da moralidade. Valendo-se da contribuição de Habermas, entende ele que as questões prático-morais, incluindo as jurídicas, podem ser decididas por meio da razão, por meio da força do melhor argumento e que o resultado do discurso prático pode ser racionalmente motivado, a expressão de uma vontade racional ou um consenso justificado, pelo que as questões práticas são suscetíveis de verdade e, portanto, de justiça.

O discurso jurídico figura como um caso especial do discurso prático-geral, porque são debatidas questões práticas, erige-se uma pretensão de correção, associada à ideia de justiça, e isso se faz dentro de determinados limites. O discurso jurídico não pretende sustentar que uma determinada proposição seja mais racional, mas, em verdade, que ela pode ser fundamentada racionalmente na moldura do ordenamento jurídico vigente. Se, por um lado, o procedimento do discurso jurídico se define pelas regras e formas do discurso prático-geral, por outro lado, é influenciado pelas regras e formas específicas do discurso jurídico, que exprimem, sinteticamente, a sujeição à lei, aos precedentes judiciais e à ciência do direito.

Para Alexy (2001, p. 295-296), existiriam 6 (seis) grupos de regras ou formas procedimentais do discurso prático racional, aplicáveis ao discurso jurídico:

1) as regras fundamentais, cuja validade é condição para qualquer comunicação linguística quer se trate de verdade ou correção, isto é, aplicam-se tanto ao discurso teórico quanto ao discurso prático. São elas: nenhum falante pode se contradizer (princípio da não contradição); todo falante só pode afirmar aquilo em que crê (princípio da sinceridade); todo falante que aplique um predicado f a um objeto a ou afirme juízos de valor ou de dever-ser deve estar disposto a aplicar f a qualquer outro objeto a ou a todas as situações iguais, em seus aspectos relevantes (princípio da universalidade); falantes diferentes não podem usar a mesma expressão com sentidos diferentes (princípio do uso comum da linguagem);

2) as regras da razão, que definem as condições mais importantes da racionalidade do discurso. Com relação às questões práticas, essas regras só são cumpridas de modo aproximado: elas referem um ideal (situação ideal de fala habermasiana), do qual deve aproximar por meio da prática e de medidas organizadoras. São elas: todo falante deve fundamentar o que afirma (regra geral de fundamentação); quem pode falar pode participar do discurso (igualdade de direitos); todos podem problematizar ou introduzir qualquer asserção no discurso (universalidade); A nenhum falante se pode impedir de exercer, mediante coerção interna ou externa ao discurso, seus direitos inerentes ao diálogo (não coerção);

3) as regras sobre a carga da argumentação, cujo sentido é facilitar e dinamizar a argumentação. São elas: quem pretende tratar uma pessoa A de maneira diferente da pessoa B deve fundamentar isso; quem ataca uma proposição ou uma norma que não é objeto da discussão deve dar uma razão para isso; quem apresentou um argumento só está obrigado a dar mais argumentos em caso

de contra-argumentos; quem introduz, no discurso, uma nova asserção tem, se isso lhe é pedido, de fundamentar por que introduziu essa afirmação ou manifestação;
4) as formas de argumento específicas do discurso prático. Alexy parte de que há duas maneiras de fundamentar um enunciado normativo singular (N): por referência a uma regra (R) ou então se assinalando as consequências de N (F, de *Folge* – consequência). Se é seguida a primeira via, além da regra, deve-se pressupor um enunciado de fato que descreve as condições de sua aplicação (T, de *Tatsache* – caso concreto). Se for seguida a segunda via, é preciso subentender também a existência de uma regra que diz que a produção de certas consequências é obrigatória ou é algo bom. Trata-se de subformas de uma forma geral de argumento que estabelece que um enunciado normativo qualquer é fundamentado apresentando-se uma regra de qualquer nível e uma razão (G, de *Ground* – razão, fundamento), o que se assemelha ao esquema básico de Toulmin: G-R-N;
5) as regras de fundamentação, que dizem respeito às características da argumentação prática e regulam como levar a cabo a fundamentação por meio das formas anteriores. São elas: a pessoa que afirma uma proposição normativa deve poder aceitar as consequências dessa regra também no caso hipotético de que ela se encontrasse na situação daquelas pessoas (princípio da troca de papéis); as consequências de cada regra para a satisfação dos interesses de cada um devem poder ser aceitas por todos (princípio do consenso); toda regra deve poder ser ensinada de forma aberta e geral (princípio da publicidade); as regras morais devem poder passar na prova da sua gênese histórico-crítica, permanecendo passível de justificação racional ao longo do tempo; as regras morais devem poder passar na prova da sua gênese histórico-individual, quando estabelecidas sobre a base de condições de socialização justificáveis;
6) as regras de transição, que dizem respeito ao uso de outras formas de discurso para a resolução dos problemas do discurso prático. São elas: para qualquer falante e em qualquer momento, é possível passar para um discurso teórico (empírico); para

qualquer falante e em qualquer momento, é possível passar para um discurso de análise de linguagem; para qualquer falante e em qualquer momento, é possível passar para um discurso de teoria do discurso.

Segundo Robert Alexy, as regras do discurso prático-geral mencionadas não garantem, contudo, que se possa alcançar um acordo para cada questão prática (problema de conhecimento), isto porque elas só podem ser utilizadas de modo aproximado; nem todos os passos da argumentação estão determinados; todo discurso depende das convicções normativas dos participantes, que são históricas e, portanto, variáveis, nem tampouco que, caso se alcançasse esse acordo, todo mundo estaria disposto a segui-lo (problema de cumprimento). Esta dupla limitação das regras do discurso prático suscita a necessidade de estabelecer um sistema jurídico que sirva, em certo sentido, para preencher esta lacuna de racionalidade.

Divisam-se ainda três tipos de procedimentos, a ser acrescidos ao procedimento do discurso prático-geral, regulado pelas regras anteriores. O primeiro procedimento é a criação estatal das normas jurídico-positivas, o que permite selecionar algumas das normas discursivamente possíveis, afastando o risco da incompatibilidade normativa. Entretanto, nenhum sistema normativo é capaz de garantir que todos os casos sejam resolvidos de forma puramente lógica, por diversos motivos: a indefinição da linguagem jurídica; a imprecisão das regras do método jurídico e a impossibilidade de prever todos os casos possíveis. Justifica-se assim um segundo procedimento chamado de argumentação jurídica ou discurso jurídico, que, no entanto, não proporciona sempre uma única resposta correta para cada caso. É preciso então um novo procedimento chamado de processo judicial, a fim de restar, mediante a tomada de decisão, apenas uma resposta entre as discursivamente possíveis.

Ademais, Robert Alexy (2001, p. 217) distingue dois aspectos na justificação das decisões jurídicas – a justificação interna e a justificação externa –, de maneira que há, também, dois tipos de regras e formas do discurso jurídico.

No que se refere à justificação interna, para a fundamentação de uma decisão jurídica, deve-se apresentar pelo menos uma norma universal. A decisão jurídica deve ser seguida logicamente de, pelo menos, uma norma universal, junto com outras proposições. Torna-se, contudo, insuficiente nos casos complicados, nos quais não se pode efetuar diretamente a inferência dedutiva. Então é preciso recorrer a um modo de justificação interna, que estabeleça diversos passos de desenvolvimento, de maneira que a aplicação da norma ao caso já não seja mais discutível. É preciso assim articular o maior número possível de passos de desenvolvimento discursivo.

Por outro lado, a justificação externa se refere à justificação das premissas. Estas podem ser: regras de direito positivo, enunciados empíricos (máximas da presunção racional e as regras processuais da importância da prova) e um terceiro tipo de enunciados (reformulações de normas), para cuja fundamentação é preciso recorrer à argumentação jurídica. Distinguem-se, também, seis grupos, já incluindo as regras e formas da argumentação prática geral e a regra pela qual se pode, em qualquer momento, passar da argumentação a um discurso empírico.

Com efeito, Robert Alexy (2001, p. 297-299) vislumbra ainda seis grupos de argumentos interpretativos: semânticos, genéticos, teleológicos, históricos, comparativos e sistemáticos. As formas anteriores de interpretação revelam-se frequentemente incompletas, daí resultando saturada toda forma de argumento que se deva incluir entre os cânones da interpretação. Formulam-se também regras de argumentação dogmática, a saber: caso seja posto em dúvida, todo enunciado dogmático deve ser fundamentado mediante o emprego de, pelo menos, um argumento prático de tipo geral; todo enunciado dogmático deve ser bem-sucedido numa comprovação sistemática, tanto no sentido estrito quanto no sentido amplo; se são possíveis os argumentos dogmáticos, eles devem ser usados.

Por sua vez, o uso do precedente justifica-se, do ponto de vista da teoria do discurso, porque o campo do discursivamente possível não poderia ser preenchido com decisões mutáveis e incompatíveis entre si. O uso do precedente significa aplicar uma norma e, nesse sentido, é mais uma extensão do princípio da universalidade. Eis as regras: quando se puder citar um precedente a favor ou contra uma decisão, isso deve ser feito; quem quiser se afastar de um precedente assume a carga da argumentação.

Outrossim, verificam-se três formas de argumentos jurídicos usados especialmente na metodologia jurídica, casos especiais do discurso prático-geral: o argumento *a contrario sensu* (esquema de inferência válido logicamente), a analogia (exigência do princípio da universalidade) e a redução ao absurdo (consideração das consequências). Do mesmo modo que ocorre com os cânones interpretativos, o uso dessas formas só é racional na medida em que sejam saturadas e que os enunciados inseridos na saturação possam ser fundamentados no discurso jurídico.

De outro lado, a teoria da argumentação jurídica só revela todo o seu valor prático quando se afigura capaz de unir dois modelos diferentes de sistema jurídico: o procedimental e o normativo. O primeiro representa o lado ativo, composto de quatro procedimentos (discurso prático-geral, criação estatal do direito, discurso jurídico e processo judicial). O segundo é o lado passivo, constituído por regras e princípios. Esse modelo de direito tridimensional (regras, princípios e procedimentos) não permite atingir sempre uma única resposta correta para cada caso concreto, mas, em contrapartida, potencializa um maior grau de racionalidade prática para a obtenção do direito justo.

Sobre a principiologia jurídica, leciona Robert Alexy (2001, p. 248) que a diferença entre regras e princípios não reside simplesmente numa diferença de grau, e sim de tipo qualitativo ou conceitual. Para ele, as regras são normas que exigem um cumprimento pleno e, deste modo, podem apenas ser cumpridas ou descumpridas. Se uma regra é válida, então é obrigatório fazer precisamente o que ela ordena, nem mais nem menos. As regras contêm determinações no campo do que é fática e juridicamente possível. A forma característica de aplicação das regras é, por isso, a subsunção. Os princípios, contudo, são normas que ordenam a realização de algo na maior medida possível, relativamente às possibilidades jurídicas e fáticas. As normas principiológicas figuram, por conseguinte, como mandados de otimização, podendo ser cumpridos em diversos graus. A forma característica de aplicação dos princípios é, portanto, a ponderação.

Como bem refere Atienza (2003, p. 182), embora não seja possível construir uma teoria dos princípios que os coloque numa hierarquia estrita, Alexy concebe uma ordem procedimental frouxa entre eles, que permita sua aplicação ponderada (de maneira que sirvam como fundamento para decisões jurídicas), e não o seu uso puramente arbitrário (como ocorreria se eles não passassem de um inventário de *topoi*). Esse novo procedimento flexível se compõe dos seguintes três elementos:

a) um sistema de condições de prioridade, que fazem com que a resolução das colisões entre os princípios, num caso concreto, também tenha relevo para novos casos. As condições sob as quais um princípio prevalece sobre outro formam o caso concreto de uma regra que determina as consequências jurídicas do princípio prevalecente; b) um sistema de estruturas de ponderação que derivam da natureza dos princípios como mandados de otimização; c) um sistema de prioridades *prima facie*: a prioridade estabelecida de um princípio sobre outro pode ceder no futuro, mas quem pretende modificar essa prioridade se encarrega da importância da prova.

Como se infere do pensamento de Robert Alexy (2002, p. 455), descortina-se um traço característico dos ordenamentos jurídicos contemporâneos: a procedimentalização do direito. Ao desenvolver uma proposta de racionalidade procedimental-discursiva para o direito, Alexy tornou possível vislumbrar o procedimento como verdadeiro direito fundamental, cuja realização oportuniza a dinamização de um espaço comunicativo necessário para o exercício de outros direitos fundamentais. A fórmula procedimental emerge, assim, como uma alternativa democrática e racional para dar conta dos problemas cada vez mais complexos que as sociedades atuais apresentam, já que implica a solução dos problemas pelo envolvimento dos interessados num debate dialético.

Conforme o magistério autorizado de Willis Guerra (1997, p. 74), diante da complexidade do mundo pós-moderno, as soluções melhores dos problemas hão de surgir do confronto entre opiniões divergentes, desde que se parta de um consenso básico – a possibilidade de se chegar a um consenso mútuo, sem ideias preconcebidas. A procedimentalização se mostra como a resposta adequada ao desafio principal do Estado Democrático de Direito, de atender a exigências sociais, garantindo a participação coletiva e a liberdade dos indivíduos, pois não se impõem medidas sem antes estabelecer um espaço público para sua discussão, pela qual os interessados deverão ser convencidos da conveniência de se perseguir certo objetivo e da adequação dos meios a serem empregados para atingir essa finalidade.

Sendo assim, os procedimentos jurídicos (*v.g.*, legislativo, eleitoral, negocial, administrativo, jurisdicional) adquirem uma narratividade emancipatória, em plena consonância com os movimentos sociais, culturais e econômicos de reivindicação dos direitos fundamentais. Daí sobreleva a importância do Poder Judiciário na tomada de decisões sobre interesses coletivos e conflitos interindividuais, muitas vezes não regulamentados de forma suficiente. Para tanto, é imperioso aperfeiçoar a cidadania ativa, com instrumentos processuais como as ações coletivas (ação popular e ação civil pública) e mesmo ações diretas de inconstitucionalidade, bem como reconfigurar institutos tradicionais como a legitimidade de agir, garantindo a participação de sujeitos coletivos ou permitindo a formulação de interpretações jurídicas pelos diversos segmentos da sociedade (pluralismo jurídico) e a própria coisa julgada (vinculação para casos futuros semelhantes e possibilidade de modificação, diante da experiência adquirida em sua aplicação).

Em face de tudo quanto foi exposto, verifica-se que, para Robert Alexy, a observância dos procedimentos, combinada com a otimização valorativa dos princípios jurídicos, afigura-se como o caminho mais seguro para a fundamentação correta das proposições jurídicas, de molde a oferecer, no plano da argumentação discursiva, uma adequada proposta de interpretação do direito justo, harmonizando a legalidade com a legitimidade, como pilares indissociáveis do Estado Democrático de Direito.

CAPÍTULO DOZE

A INTERPRETAÇÃO DO DIREITO E O NEOCONSTITUCIONALISMO

COMO EXPRESSÃO DO PÓS-POSITIVISMO NO DIREITO constitucional, a doutrina vem utilizando as expressões "neoconstitucionalismo", "constitucionalismo avançado" ou "constitucionalismo de direitos" para designar um novo modelo jurídico que representa o Estado Constitucional de Direito no mundo contemporâneo.

Segundo Santiago Ariza (2003, p. 239), este novo modelo se revela em algumas Constituições surgidas após a Segunda Guerra Mundial, cujas funções se contrapõem ao papel que desempenhavam as Constituições dentro do paradigma do constitucionalismo moderno, visto que representam uma proposta de recompor a grande fratura existente entre a democracia e o constitucionalismo.

Nesse sentido, as Constituições atuais apresentam duas características básicas: a vinculação da noção de poder constituinte à ideia de uma legalidade superior de base constitucional, despindo-a do significado revolucionário; a concepção de que uma Carta Magna desempenha uma dúplice função de marco normativo para o jogo democrático e de referência diretiva para o futuro, ao estabelecer os princípios que devem reger a comunidade. Daí decorrem repercussões importantes do neoconstitucionalismo.

Em primeiro lugar, alude-se ao processo de normativização da Constituição, que deixa de ser considerada um diploma normativo com um valor meramente programático ou como um conjunto de recomendações ou orientações dirigidas ao legislador, para operar como uma normatividade jurídica com eficácia direta e imediata.

Não é outro o entendimento de Dirley Cunha Jr. (2006, p. 32), para quem a Constituição deixa de ser concebida como simples manifesto político para ser compreendida como um diploma composto de normas jurídicas fundamentais e supremas. Isto porque, a Constituição, além de imperativa como toda norma jurídica, é particularmente suprema, ostentando posição de proeminência em face das demais normas, que a ela deverão se conformar quanto ao modo de elaboração (compatibilidade formal) e quanto à matéria (compatibilidade material). A supremacia constitucional desponta, assim, como uma exigência democrática, para sintetizar os valores e anseios do povo, titular absoluto do poder constituinte que originou a Carta Magna, a fonte máxima de produção da totalidade do direito e o último fundamento de validade das normas jurídicas, conferindo unidade e caráter sistemático ao ordenamento jurídico.

Decerto, partindo-se do postulado de que a Constituição define o plano normativo global para o Estado e para a Sociedade, vinculando tanto os órgãos estatais como os cidadãos, dúvidas não podem mais subsistir sobre a natureza jurídica das normas programáticas. As normas programáticas, sobretudo as atributivas de direitos sociais e econômicos, devem ser entendidas, assim, como diretamente aplicáveis e imediatamente vinculantes de todos os órgãos dos Poderes Legislativo, Executivo e Judiciário.

Neste sentido, são tão jurídicas e vinculativas as normas programáticas, malgrado sua abertura ou indeterminabilidade, que, na hipótese de não realização dessas normas e desses direitos por inércia dos órgãos de direção política (Executivo e Legislativo), caracterizada estará a inconstitucionalidade por omissão.

Conforme leciona Dirley da Cunha Jr. (2004, p. 107), o Estado, inclusive o Estado brasileiro, está submetido ao ideal de uma Democracia substantiva ou material, pelo que as eventuais inércias do Poder Legislativo e do Poder Executivo devem ser supridas pela atuação do Poder Judiciário, mediante mecanismos jurídicos previstos pela própria Constituição que instituiu um Estado Democrático de Direito (por exemplo, o mandado de injunção, a ação direta de inconstitucionalidade por omissão e a arguição de descumprimento de preceito fundamental).

Sendo assim, todas as normas constitucionais concernentes à justiça social – inclusive as programáticas – geram imediatamente direitos subjetivos para os cidadãos, inobstante apresentem teores eficaciais distintos.

Em segundo lugar, afirma-se que as Constituições incorporam conteúdos materiais que adotam a forma de direitos, princípios, diretrizes e valores, dotados de um amplo grau de indeterminação e de uma forte carga valorativa e teleológica.

Neste diapasão, assinala Pablo Verdú (1998, p. 21), que a meditação constitucional da atualidade é consciente de que toda especulação cultural a respeito da Constituição consiste numa inspiração ideológica, fundada em valores (dignidade humana, liberdade, justiça, pluralismo político), que operam no plano da realidade social e política. Concebe-se, assim, a Teoria da Constituição como uma manifestação cultural, ideologicamente inspirada, justificada por valores, que iluminam e fundamentam direitos humanos, reconhecidos e protegidos, mediante a delimitação dos poderes públicos a uma organização normativa que se encontra fundada numa estrutura sociopolítica.

Sendo assim, a concepção de uma Constituição como norma afeta diretamente a compreensão das tarefas legislativa e jurisdicional. De um lado, o caráter voluntarista da atuação do legislador cede espaço para a sua submissão ao império da Constituição. De outro lado, o modelo dedutivista de aplicação da lei pelo julgador, típico da operação lógico-formal da subsunção, revela-se inadequado no contexto de ampliação da margem de apreciação judicial, especialmente na concretização de princípios, abrindo lugar para o recurso da operação argumentativa da ponderação.

Gera-se, pois, um conflito permanente entre esse tipo de constitucionalismo e a democracia, ante a primazia concedida ao Poder Judiciário em detrimento da posição subalterna assumida pelo Poder Legislativo. Exemplo disso pode ser encontrado quando se verifica a tensão entre eficácia imediata (que exige a atuação dos juízes) e mediata (que requer a necessária atuação do legislador), ao denotar a dificuldade do neoconstitucionalismo de estabelecer os limites ou articular uma proposta que permita conjugar o labor jurisdicional e a função do legislador.

Com efeito, oscila-se entre um constitucionalismo débil, que reivindica a importância da legitimidade democrática do legislador e das pautas formais inerentes ao Estado de Direito (a certeza, a igualdade formal e a separação dos poderes), e um neoconstitucionalismo que valoriza o ativismo judicial como via para a substancialização do regime democrático.

Como proposta de superação dessa aparente dicotomia, destaca-se o pensamento de J. J. Gomes Canotilho (2001, p. 98), a promover a conciliação entre as noções de Estado de Direito e democracia. Isso porque, segundo o autor, o Estado Constitucional é mais do que o Estado de Direito, visto que o elemento democrático serve não só para limitar o Estado, mas também legitimar o exercício do poder político, potencializando a compreensão da fórmula do Estado de Direito Democrático.

De outro lado, a afirmação da natureza principiológica da Constituição pressupõe a positivação jurídica de pautas axiológicas de conteúdo indubitavelmente moral, pelo que a discussão jusnaturalismo-positivismo foi transportada ao interior do ordenamento jurídico-constitucional. Daí advêm importantes consequências, tais como a necessidade de adotar-se uma posição de participante para explicar o funcionamento do direito, bem como a necessidade de superar-se a ideia positivista de uma separação entre o direito e a moral.

Sendo assim, o modelo jurídico do neoconstitucionalismo não parece coadunar-se com a perspectiva positivista, que se mostra tanto antiquada, por haver surgido no contexto do Estado Liberal, quanto inadequada, por não incorporar os *standards* de moralidade ao estudo do direito.

O modelo de ciência jurídica que exige o neoconstitucionalismo contrasta também com aquele defendido pelo positivismo jurídico. Rejeitam-se, assim, as noções de distanciamento, neutralidade valorativa e função descritiva da ciência jurídica, para incorporar-se às ideias de compromisso, intervenção axiológica, prioridade prática e caráter político do conhecimento científico do direito.

O denominador comum das teorias ditas neoconstitucionalistas parece ser a necessidade de superar um modelo que estabeleça que a ciência jurídica deve ocupar-se exclusivamente de descrever o direito, através de uma atividade neutra aos valores sociais e alheia ao problema da efetividade do sistema jurídico.

A partir do momento em que alguns padrões de moralidade são incorporados às Constituições, a tarefa de determinar o que o direito diz não pode ser concebida como uma atividade totalmente científica ou objetiva, visto que podem entrar em jogo as opiniões e as considerações morais, o que confere natureza política à atividade do jurista.

Nesse sentido, o neoconstitucionalismo, além de evidenciar que algumas descrições podem ter uma significação política, vem apresentando a virtude de pôr em relevo que não se deve colocar todos os juízos de valor no mesmo plano e que nem todos os juízos de valor se reconduzem ao âmbito incontrolável da subjetividade.

Ademais, o movimento neoconstitucionalista tem se revelado favorável à ideia de uma aceitação moral do direito, resultando na adoção de perspectivas interna e externa de compreensão do fenômeno jurídico. Isso porque a legitimação do sistema jurídico passa pela busca de um equilíbrio entre os pontos de vista de crítica interna (cujo parâmetro é a Constituição) e de crítica externa (cujo parâmetro é a moralidade social).

Desse modo, as diversas teorias neoconstitucionalistas convergem para o entendimento de que o direito é um constructo axiológico e teleológico, que impõe a compreensão e aplicação de princípios jurídicos, especialmente aqueles de natureza constitucional, de modo a potencializar a realização da justiça, o que se manifesta plenamente com a aplicação dos princípios constitucionais da dignidade da pessoa humana e da proporcionalidade, analisados nos tópicos subsequentes.

SINOPSE DA PARTE II

Fundamentos do projeto da modernidade

O conceito de modernidade indica uma formação social que multiplicava sua capacidade produtiva, pelo aproveitamento mais eficaz dos recursos humanos e materiais, graças ao desenvolvimento técnico e científico, de modo que as necessidades sociais pudessem ser respondidas, com o uso mais rigoroso e sistemático da razão. A modernidade caracterizava-se também pela forma participativa das tomadas de decisões na vida social, valorizando o método democrático e as liberdades individuais. O objetivo da sociedade moderna era oferecer uma vida digna, na qual cada um pudesse realizar sua personalidade, abandonando as constrições de autoridades externas e ingressando na plenitude expressiva da própria subjetividade.

Com efeito, no plano gnosiológico, o projeto da modernidade trouxe a suposição de que o conhecimento seria preciso, objetivo e bom. Preciso, pois, sob o escrutínio da razão, tornava-se possível compreender a ordem imanente do universo; objetivo, porquanto o modernista se colocava como observador imparcial do mundo, situado fora do fluxo da história; bom, pois o otimismo moderno conduzia à crença de que o progresso seria inevitável e de que a ciência capacitaria o ser humano a libertar-se de sua vulnerabilidade à natureza e a todo condicionamento social.

O cerne do programa moderno residia, indubitavelmente, na confiança na capacidade racional do ser humano. Os modernos conferiam à razão o papel central no processo cognitivo. A razão moderna compreende mais do que simplesmente uma faculdade humana. O conceito moderno de razão remetia à assertiva de que uma ordem e uma estrutura fundamentais são inerentes ao conjunto da realidade. O programa moderno se alicerçava na premissa de que a correspondência entre a tessitura da realidade e a estrutura da mente habilitaria esta última a discernir a ordem imanente do mundo exterior.

A ideia de uma modernidade denotava, assim, o triunfo de uma razão redentora, que se projetaria nos diversos setores da atividade humana. Essa razão deflagraria a secularização do conhecimento, conforme os arquétipos da física, geometria e matemática. Viabilizaria a racionalidade cognitivo-instrumental da ciência, concebida como a única forma válida de saber. Potencializaria, pelo desenvolvimento científico, o controle das forças adversas da natureza, retirando o ser humano do reino das necessidades. Permitiria ao homem construir o seu destino, livre do jugo da tradição, da tirania, da autoridade e da sanção religiosa.

Os elementos da modernidade jurídica

A modernidade jurídica foi marcada pela emergência do paradigma liberal-burguês na esfera jurídica. O conceito de *Estado de Direito* é, ainda hoje, a pedra angular para o entendimento da modernidade jurídica. Surgido na dinâmica das revoluções burguesas (Revolução Gloriosa, Independência Norte-Americana, Revolução Francesa), *o Estado de Direito* sintetiza um duplo e convergente processo de *estatização do direito e jurisdicização do Estado*. Essa nova forma de organização estatal inaugura um padrão histórico específico de relacionamento entre o sistema político e a sociedade civil. Essa relação é intermediada por um ordenamento jurídico que delimita os espaços político e social. A ordem jurídica acaba por separar a esfera pública do setor privado, os atos de império dos atos de gestão, o interesse coletivo das aspirações individuais.

O fenômeno da positivação é, pois, expressão palmar da modernidade jurídica, permitindo a compreensão do direito como um conjunto de normas postas. Ocorrido, em larga medida, a partir do século XIX, corresponde à legitimidade legal-burocrática preconizada por Max Weber, porquanto fundada em ritos e mecanismos de natureza formal. A positivação desponta como um processo de filtragem, mediante procedimentos decisórios, das valorações e expectativas comportamentais presentes na sociedade, que são, assim, convertidas em normas dotadas de validez jurídica. A lei, resultado de um conjunto de atos e procedimentos formais (iniciativa, discussão, quórum, deliberação) torna-se, destarte, a manifestação cristalina do direito. Daí advém a identificação moderna entre direito e lei, restringindo o âmbito da experiência jurídica.

O prestígio do princípio da separação de poderes, técnica de salvaguarda política e garantia das liberdades individuais, foi outro fator preponderante. Na concepção moderna, o julgador, ao interpretar a lei, deveria ater-se à literalidade do texto legal, para que não invadisse a seara do Poder Legislativo. O magistrado deveria restringir-se à vontade da lei – *voluntas legislatoris*. A aplicação do direito seria amparada no dogma da subsunção, pelo que o raciocínio jurídico consistiria na estruturação de um silogismo, envolvendo uma premissa maior (a diretiva normativa genérica) e uma premissa menor (o caso concreto).

Ressalte-se ainda que a teorização jurídica da era moderna concebia o direito como um ordenamento dessacralizado e racional. O sistema jurídico passou a ser entendido como um sistema fechado, axiomatizado e hierarquizado de normas. Dessa concepção moderna defluíam as exigências de acabamento, plenitude, unicidade e coesão do direito. Nessa perspectiva sistêmica, restaram negadas as existências de lacunas e de antinomias normativas.

O colapso da modernidade jurídica

Os desvios e excessos do projeto da modernidade abrem margem para o aprofundamento de interpretações críticas, aptas a vislumbrar a feição repressiva do racionalismo ocidental. Desse modo, o pensamento contemporâneo sinaliza para uma transição paradigmática do programa moderno a uma cultura pós-moderna, cujos caracteres passam a ser delineados com o colapso da idade da razão.

Com efeito, no decorrer de seu transcurso histórico, o projeto da modernidade entrou em colapso. A vocação maximalista dos pilares regulatório e emancipatório, bem como dos princípios e lógicas internas inviabilizou o cumprimento da totalidade de suas promessas. Ocorreu, em determinados momentos, a expansão demasiada do espaço social ocupado pelo mercado, a maximização da racionalidade científica e, de modo geral, o desenvolvimento exacerbado do vetor da regulação ante o vetor da emancipação. O pilar emancipatório assumiu a condição de roupagem cultural das forças de controle e heteronomia, comprometendo o equilíbrio tão almejado entre os pilares da modernidade.

O programa da modernidade dissolveu-se num processo de racionalização da sociedade, que acabou por vincular a razão às exigências do poder político e à lógica específica do desenvolvimento capitalista. O conhecimento científico da realidade natural e social, entendido como meio de emancipação do ser humano, foi submetido às injunções do poder vigente. A razão de matriz iluminista se banalizou, restringindo seu horizonte e delimitando seu campo de indagação aos interesses do poder. Favoreceu o progresso técnico e o crescimento econômico, mas engendrou problemas sociais. A racionalidade moderna não mais atendeu às exigências originárias do homem (liberdade, justiça, verdade e felicidade), mas, do contrário, sucumbiu às exigências do mercado.

O racionalismo ocidental acabou promovendo o cerceamento desintegrador da condição humana, a perda da liberdade individual, o esvaziamento ético e a formação de um sujeito egoísta, direcionado, precipuamente, ao ganho econômico. Os indivíduos foram convertidos a meros receptáculos de estratégias de produção, enquanto força de trabalho (alienação); de técnicas de consumo, enquanto consumidores (coisificação); e de mecanismos de dominação política, enquanto cidadãos da democracia de massas (massificação). A alienação, a coisificação e a massificação se tornaram patologias de uma modernidade em colapso.

A epistemologia contemporânea, através de uma grande plêiade de pensadores, vem fortalecendo a constatação de que as afirmações científicas são probabilísticas, porquanto se revelam submetidas a incertezas. Com a emergência da geometria não euclidiana, da física quântica e da teoria da relatividade, instaurou-se uma crise da ciência moderna, abalando os alicerces do positivismo científico: a certeza, o distanciamento sujeito-objeto e a neutralidade valorativa.

Sendo assim, o valor de uma teoria não seria medido por sua verdade, mas pela possibilidade de ser falsa. A falseabilidade se apresentaria como o critério de avaliação das teorias, garantindo a ideia de progresso científico, visto que a mesma concepção teórica seria corrigida pelos fatos novos que a falsificam. Constata-se que os fundamentos do discurso científico e da própria verdade científica são, em última análise, de natureza social. A ciência não se embasa numa observação neutra de dados, conforme propõe a teoria moderna. De acordo com o novo entendimento, o conhecimento científico não é uma compilação de verdades universais objetivas, mas um conjunto de investigações histórico-condicionadas, com amparo em comunidades específicas.

Por sua vez, rompe-se com os limites da razão moderna para congregar valores e vivências pessoais. A racionalidade é inserida no processo comunicativo. A verdade resulta do diálogo entre atores sociais. Essa nova razão brota da intersubjetividade do cotidiano, operando numa tríplice dimensão. A racionalidade comunicativa viabiliza não só a relação cognitiva do sujeito com as coisas (esfera do ser), como também contempla os valores (esfera do dever ser), sentimentos e emoções (esfera das vivências pessoais). Trata-se, pois, de uma razão dialógica, espontânea e processual: as proposições racionais são aquelas validadas num processo argumentativo, em que se aufere o consenso através do cotejo entre provas e argumentações. A racionalidade adere aos procedimentos pelos quais os protagonistas de uma relação comunicativa apresentam seus argumentos, com vistas à persuasão dos interlocutores.

Caracteres da cultura jurídica pós-moderna e seus reflexos hermenêuticos

Com a crise da modernidade, muitos estudiosos referiram a emergência de um novo paradigma de compreensão do mundo – a pós-modernidade. A perspectiva pós-moderna passou a indicar a falência das promessas modernas de liberdade, de igualdade e de progresso acessíveis a todos. A desconfiança de todo discurso unificante é o marco característico do pensamento pós-moderno. A realidade social, dentro da perspectiva pós-moderna, não existe como totalidade, mas se revela fragmentada, multifacetada, fluida e plural.

O advento da pós-modernidade também se refletiu no direito do ocidente, descortinando profundas transformações no modo de conhecer, organizar e realizar as instituições jurídicas, havendo o delineamento de um direito plural, reflexivo, prospectivo, discursivo e relativo.

O fenômeno jurídico pós-moderno é cada vez mais plural. Esse pluralismo se manifesta com a implosão dos sistemas normativos genéricos e fechados. O fenômeno de descodificação, verificável especialmente no direito privado tradicional, abre espaço para o aparecimento de uma multiplicidade de fontes legislativas e de institutos jurídicos.

O fenômeno jurídico pós-moderno assume, também, um caráter reflexivo, pois o direito passa a espelhar as demandas da coexistência societária, sedimentando-se a consciência de que ele deve ser entendido como um sistema sempre aberto e inconcluso, porque suscetível aos constantes influxos fáticos e axiológicos da vida social.

O direito pós-moderno é, igualmente, prospectivo. A própria dinamicidade do fenômeno jurídico exige do legislador a elaboração de diplomas legais marcados pela textura aberta. A utilização de fórmulas normativas propositadamente genéricas, indeterminadas e contingenciais revela a preocupação de conferir a necessária flexibilidade aos modelos normativos, a fim de que sejam adaptados aos novos tempos.

De outro lado, o fenômeno jurídico pós-moderno passa a valorizar a dimensão discursivo-comunicativa. Entende-se que o direito é uma manifestação da linguagem humana. Logo, o conhecimento e a realização do ordenamento jurídico exigem o uso apropriado dos instrumentos linguísticos da semiótica ou semiologia. Torna-se cada vez mais plausível o entendimento de que os juristas devem procurar as significações do direito no contexto de interações comunicativas. Desse modo, a linguagem se afigura como a condição de exterioridade dos sentidos incrustados na experiência jurídica.

Outrossim, a teoria e a prática do direito passam a enfatizar o estabelecimento das condições de decidibilidade dos conflitos, potencializando o uso de técnicas persuasivas. O raciocínio jurídico, no âmbito de um processo comunicativo, não se resume a uma mera operação lógico-formal, mas concatena fórmulas axiológicas de consenso, como os princípios. O processo argumentativo não se respalda nas evidências, mas sim em juízos de valor. A retórica assume, nesse contexto, papel primordial, enquanto processo argumentativo que, ao articular discursivamente valores, convence a comunidade de que uma interpretação jurídica deve prevalecer.

Ademais, o direito pós-moderno é relativo. Isso porque não se pode conceber verdades jurídicas absolutas, mas sempre dados relativos e provisórios. Na pós-modernidade jurídica, marcada pela constelação de valores e pelos fundamentos linguísticos, qualquer assertiva desponta como uma forma de interpretação. O relativismo pós-moderno oportuniza a consolidação de um saber hermenêutico.

Sob o influxo do pensamento pós-positivista, cristaliza-se, assim, um novo modelo interpretativo. Entende-se que o ato de interpretar e aplicar o direito envolve o recurso permanente a instâncias intersubjetivas de valoração. O raciocínio jurídico congrega valores, ainda que fluidos e mutadiços, porquanto o direito se revela como um objeto cultural, cujo sentido é socialmente compartilhado. A hermenêutica jurídica dirige-se à busca de uma dinâmica *voluntas legis*, verificando a finalidade da norma em face do convívio em sociedade. Desse modo, o relativismo potencializa uma hermenêutica jurídica construtiva, voltada para o implemento dos valores e fins conducentes a uma visão atualizada de justiça.

O juspositivismo, a teoria pura do direito e a interpretação jurídica

A concepção do positivismo jurídico nasce quando o direito positivo passa a ser considerado direito no sentido próprio. Ocorre a redução de todo o direito ao direito positivo, e o direito natural é excluído da categoria de juridicidade. O acréscimo do adjetivo positivo passa a ser um pleonasmo. O positivismo jurídico é aquela doutrina segundo a qual não existe outro direito senão o positivo. Dentre as diversas manifestações do positivismo jurídico no ocidente, merecem destaque a Escola de Exegese (França), o Pandectismo (Alemanha), a Escola Analítica (Inglaterra) e a Teoria Pura do Direito.

A Teoria Pura do Direito foi uma proposta de positivismo lógico desenvolvida por Hans Kelsen, considerado um dos maiores jusfilósofos do século XX. Ele foi um defensor da neutralidade científica aplicada à ciência do direito e da separação entre o ponto de vista moral e a perspectiva jurídica, não devendo, pois, a ciência do direito realizar julgamentos morais, nem tampouco avaliações políticas sobre o direito vigente. Influenciado pela filosofia kantiana, o Mestre de Praga procurou delinear uma metodologia própria para a teoria jurídica, a fim de conferir à ciência do direito uma necessária autonomia no quadro geral dos saberes humanos.

Com efeito, Hans Kelsen utilizou o princípio metódico da pureza, enquanto instrumento teórico delimitador do objeto da ciência jurídica, resultando em seu enfoque normativo. O direito não deveria mais ser concebido como fato social ou mesmo como valor transcendente, posições defendidas, respectivamente, pelas escolas sociologista e jusnaturalista. A Teoria Pura do Direito pretende promover uma redução normativista da ciência jurídica, afastando do âmbito das especulações dos juristas quaisquer investigações acerca da legitimidade no plano axiológico (oposição ao jusnaturalismo) ou da efetividade no campo fático (oposição ao sociologismo jurídico).

Partindo da distinção entre a causalidade, categoria do conhecimento da natureza, e a imputação, categoria do conhecimento normativo, salienta que a imputação é o ângulo metodológico do jurista. A especificidade da norma jurídica reside na ligação de um fato condicionante a uma consequência condicionada, isto é, na hipótese de alguém praticar uma ação regulada por norma jurídica, a consequência nela própria prevista se produz. A relação não é, como sucede na lei natural, de causa e efeito, mas, sim, de condição e consequência.

Quanto à interpretação do direito, Hans Kelsen propõe o exame dos seguintes aspectos: a essência da interpretação; a dicotomia interpretação autêntica e não autêntica; o problema da relativa indeterminação do ato de aplicação do direito; o problema da indeterminação intencional do ato de aplicação do direito; a questão da indeterminação não intencional do ato de aplicação do direito; a reflexão sobre a moldura normativa dentro da qual há várias possibilidades de aplicação do direito; os métodos de interpretação jurídica; a interpretação como ato de conhecimento ou como ato de vontade; e a interpretação da ciência jurídica.

A interpretação do direito figura como um processo pelo qual se fixa o sentido das normas jurídicas por meio de uma operação mental normal que acompanha o processo da aplicação do direito, progredindo de um escalão superior para um inferior dentro da pirâmide normativa que representa o ordenamento jurídico. Tanto os órgãos que aplicam o direito, dotados, portanto, de competência para isso, bem como os particulares, seriam sujeitos envolvidos no processo interpretativo, sendo possível distinguir entre interpretação autêntica, realizada pelos órgãos incumbidos de aplicar o direito, e não autêntica, desenvolvida pelos agentes privados, inclusos os doutrinadores responsáveis pela interpretação efetuada pela ciência jurídica.

Afora a indeterminação intencional do ato de aplicação do Direito, existem situações em que a norma, a despeito de não deixar propositadamente ao órgão aplicador a incumbência de determiná-la, ainda assim será dotada de indeterminação não intencional. Isso decorre de três situações descritas por Hans Kelsen: a plurivocidade das expressões linguísticas; a contradição entre a vontade da autoridade e a linguagem objetivada na norma; e o conflito entre duas normas, o que gera a necessidade de solucionar a aparente antinomia pelos critérios hierárquico, temporal ou da especialidade.

No tocante aos métodos de interpretação jurídica, Hans Kelsen considera que eles não possuem uma gradação hierárquica e nenhum deles pode ser tido como de direito positivo, por força das várias possibilidades de determinação do sentido da norma, quando de sua aplicação. Somente a interpretação autêntica seria criadora de direito, enquanto a interpretação não autêntica se apresentaria como mera descrição do conteúdo normativo.

Na visão kelseniana, a função da ciência jurídica é fixar possíveis significações de uma norma jurídica. Não é sua tarefa suprir lacunas, nem tampouco criar direito novo. Tais atribuições ficam a cargo dos órgãos aplicadores do direito. Não caberia à ciência jurídica tomar qualquer decisão dentre aquelas possibilidades que ela própria demonstra, apenas devendo apresentá-las ao órgão aplicador do direito, a fim de que ele, conforme a sua vontade, se desincumba de escolher um sentido normativo dentre aqueles possíveis.

Hans Kelsen dedica-se a debater o problema da justiça no plano exclusivamente ético, fora, portanto, dos limites científicos de sua Teoria Pura do Direito, porquanto a ciência do direito não tem de decidir o que é justo, para prescrever como devem ser tratados os agentes sociais, mas, ao revés, tem de descrever aquilo que, de fato, é valorado como justo pela ordem jurídico-normativa.

Além de expurgar os elementos fáticos e valorativos da ciência do direito, Hans Kelsen reduziu a interpretação jurídica à mera exegese literal dos textos normativos, contestando o valor de conhecimento dos métodos histórico, sociológico e teleológico, os quais são instrumentos amplamente reconhecidos no plano teórico, bem como largamente utilizados no campo da prática jurídica.

Destarte, as lacunas e inconsistências da Teoria Pura do Direito ensejaram, notadamente após a Segunda Guerra Mundial, o aparecimento do pós-positivismo jurídico, com o advento de novas correntes de pensamento hermenêutico, que procuraram oferecer alternativas para os dilemas da interpretação e aplicação da normatividade jurídica.

Pós-positivismo jurídico, a virada hermenêutica e a interpretação do direito principiológico

Com a crise da modernidade jurídica, o reexame do modelo positivista passou a ocupar cada vez mais espaço nas formulações das ciências do direito. Abriu-se margem para que fossem oferecidos novos tratamentos cognitivos ao fenômeno jurídico, a fim de conceber o ordenamento jurídico como um sistema plural e, portanto, aberto aos influxos dos fatos e valores da realidade cambiante. Nessa nova constelação do pensamento jurídico, de cunho pós-positivista, destacam-se, sem embargo de outros representantes, expoentes como Chaïm Perelman, Ronald Dworkin e Robert Alexy, cujas concepções destacam o relevante papel dos princípios nos ordenamentos jurídicos contemporâneos.

No tocante a Chaïm Perelman, sua obra filosófica se desdobra em dois domínios: por um lado, no campo da filosofia, elabora uma aguda crítica ao modelo racionalista cartesiano; por outro, alicerçado numa concepção de racionalidade jurídica mais ampla, ergue uma sólida objeção à perspectiva da Teoria Pura do Direito, de Hans Kelsen. Com efeito, Perelman se insurge contra as consequências da abordagem positivista no que tange às possibilidades da argumentação racional dos valores. Isso porque, segundo ele, o modelo teórico que privilegia apenas a demonstração e o raciocínio lógico-matemático, como caminhos para a obtenção de informações fidedignas, afasta da competência do discurso filosófico áreas cruciais da vida social, relegando assim ao decisionismo todas as opções referidas a valores, fundamentais no campo da política e do direito.

De outro lado, Ronald Dworkin tem desenvolvido suas reflexões sobre os princípios a partir de um diálogo com as doutrinas positivistas. Dworkin concorda com Hart sobre a existência de casos fáceis e casos difíceis (*hard cases*). Também o autor sustenta que, nos casos fáceis, o julgador se limita a aplicar uma regra anterior. Não compartilha, entretanto, o ponto de vista hartiano, segundo o qual, nos casos difíceis, o juiz pratica um ato de vontade. Para Dworkin, nessas hipóteses, os princípios podem ser utilizados como critérios para interpretar e decidir um problema jurídico.

Segundo ele, em face de sua estrutura, os princípios são diferentes das regras, pois não podem ser aplicados através de uma operação lógico-formal. Apontam em determinada direção, mas não fazem referência direta ao caso a ser resolvido. Pode ocorrer, inclusive, que mais de um princípio seja relevante para a solução do caso e que os princípios relevantes apontem em sentidos diversos. Diante de uma situação como essa, o aplicador deverá observar quais são os princípios que se referem ao caso concreto e, posteriormente, deve sopesá-los. Disso resulta que a colisão de princípios não se resolve pela elaboração de um juízo acerca da validade da norma, mas por meio de um processo de ponderação das diversas vertentes principiológicas.

Para Ronald Dworkin, a função do intérprete e aplicador seria, portanto, a de reconstruir racionalmente a ordem jurídica vigente, identificando os princípios fundamentais que lhe conferem sentido. Rompe-se, assim, com a dicotomia hermenêutica clássica que contrapõe a descoberta (cognição passiva) e a invenção (vontade ativa), na busca dos significados jurídicos. O hermeneuta, diante de um caso concreto, não está criando direito novo, mas racionalizando o sistema normativo, identificando os princípios que podem dar coerência e justificar a ordem jurídica e as instituições políticas vigentes. Cabe ao intérprete se orientar pelo substrato ético-social, promovendo, historicamente, a reconstrução do direito, com base nos referenciais axiológicos indicados pelos princípios jurídicos. Trata-se, pois, da concepção do direito como integridade: uma decisão é justa se fornece a resposta correta para um caso concreto.

Por sua vez, na visão de Robert Alexy, o direito não pode prescindir de uma teoria do discurso, embasada numa racionalidade prática. Para tanto, Alexy procura conjugar três níveis de composição do sistema jurídico: as regras, os procedimentos e os princípios, estes últimos entendidos como proposições normativas de um tão alto nível de generalidade que podem, via de regra, não ser aplicados sem o acréscimo de outras premissas normativas e, habitualmente, são sujeitos às limitações por conta de outros princípios. Em vez de serem introduzidos na discussão como proposições normativas, os princípios também podem ser introduzidos como descrições de estados de coisas em que são considerados bons.

O jurista enfatiza que a diferença entre regras e princípios não é meramente quantitativa, mas antes qualitativa. Os princípios, estruturalmente, revelam-se diferentes das regras. Segundo Robert Alexy, as regras têm caráter de obrigação definitiva, enquanto os princípios são mandados de otimização do sistema jurídico. Como mandados de otimização, os princípios não requerem a realização integral de seu dispositivo. Podem ser, assim, aplicados em diferentes graus, dependendo do contexto fático em que a aplicação é requerida, bem como dos limites jurídicos relativos ao caso concreto. Por sua estrutura axiológica, a aplicação dos princípios se caracteriza pela necessidade de ponderação, enquanto as regras jurídicas são aplicadas por subsunção. Quando há contradição entre regras, uma delas será invalidada e, pois, eliminada do sistema jurídico. De outro lado, a colisão entre princípios não resulta na sua exclusão da ordem jurídica. A ponderação consiste, assim, na determinação de uma relação de prioridade concreta, de modo que o princípio jurídico recusado continue a fazer parte do direito.

Desse modo, como se infere dos contributos de Perelman, Dworkin e Alexy, a difusão deste novo paradigma pós-positivista, na esteira da crise da modernidade, pode oferecer um instrumental metodológico mais compatível com o funcionamento das ordens jurídicas atuais, – sobretudo, no sentido de viabilizar uma interpretação/aplicação do direito preocupada com a realização dos valores enunciados pelos princípios jurídicos.

A principiologia jurídica como norte hermenêutico

A comunidade jurídica emprega o termo *princípio* em três sentidos de alcance diferente. Num primeiro, seriam normas gerais que traduzem valores e que, por isso, são ponto de referência para regras que as desdobram. No segundo, seriam *standards*, que se imporiam para o estabelecimento de normas específicas. No último, seriam generalizações obtidas por indução a partir das normas vigentes em cada ramo jurídico. Nos dois primeiros sentidos, pois, o termo adquire uma conotação prescritiva; no derradeiro, a conotação se afigura descritiva.

Com o advento do pós-positivismo, os princípios foram inseridos no campo da normatividade jurídica. O novo paradigma principiológico procura dar força cogente aos princípios jurídicos, independentemente das dificuldades geradas pela sua vagueza (denotação imprecisa) ou ambiguidade (conotação imprecisa), conferindo aos seus preceitos um alto grau de abstração e generalidade.

Como normas jurídicas de inegável densidade valorativa, os princípios jurídicos ganham relevo para o direito contemporâneo. A partir do momento em que são reconhecidos como normas jurídicas, todo esforço é canalizado para emprestar-lhes a máxima eficácia. Não é outra a razão pela qual a doutrina tem apresentado um significativo empenho em compreender a morfologia e estrutura dos princípios jurídicos, na busca de seus elementos genuínos, diferenciando-os das regras jurídicas.

Sendo assim, as regras disciplinam uma situação jurídica determinada, para exigir, proibir ou facultar uma conduta em termos definitivos. Os princípios, por sua vez, expressam uma diretriz, sem regular situação jurídica específica, nem se reportar a um fato particular, prescrevendo o agir humano em conformidade com os valores jurídicos. Diante do maior grau de abstração, irradiam-se os princípios pelos diferentes setores da ordem jurídica, embasando a compreensão unitária e harmônica do sistema normativo. Desse modo, a violação de um princípio jurídico é algo mais grave que a transgressão de uma regra jurídica. A desatenção ao princípio implica ofensa não apenas a um específico mandamento obrigatório, mas a todo um plexo de comandos normativos.

Os princípios exercem dentro do sistema normativo um papel diferente daquele desempenhado pelas regras jurídicas. Estas, por descreverem fatos hipotéticos, possuem a nítida função de disciplinar as relações intersubjetivas que se enquadrem nas molduras típicas por elas descritas. O mesmo não se processa com os princípios, em face das peculiaridades já demonstradas. Os princípios jurídicos são, por seu turno, multifuncionais, podendo ser vislumbradas as funções supletiva, fundamentadora e hermenêutica.

Na qualidade de fonte subsidiária do direito, os princípios serviriam como elemento integrador, tendo em vista o preenchimento das lacunas do sistema jurídico, na hipótese de ausência da lei aplicável à espécie típica. Essa concepção revela-se, porém, anacrônica. Isso porque, ao se constatar a normatividade dos princípios jurídicos, estes perdem o caráter supletivo, passando a impor uma aplicação obrigatória. Assim sendo, os princípios devem ser utilizados como fonte primária e imediata de direito, podendo ser aplicados a todos os casos concretos.

De outro lado, no desempenho de sua função fundamentadora, os princípios são as ideias básicas que servem de embasamento ao direito positivo, expressando os valores superiores que inspiram a criação do ordenamento jurídico. Configuram, assim, os alicerces ou as vigas mestras do sistema normativo.

Ademais, destaca-se, especialmente, a função hermenêutica dos princípios jurídicos. A ordem jurídica é sustentada numa base principiológica. Em decorrência desse marco fundante, os princípios orientam a interpretação e aplicação de todo o sistema normativo, inclusive, das regras jurídicas. Com efeito, é incorreta a interpretação da regra, quando dela derivar contradição, explícita ou velada, com os princípios. Quando a regra admitir logicamente mais de uma interpretação, prevalece a que melhor se afinar com os princípios. Ademais, quando a regra tiver sido redigida de modo tal que resulte mais extensa ou mais restrita que o princípio, justifica-se a interpretação extensiva ou restritiva, respectivamente, para calibrar o alcance da regra com o princípio.

No campo hermenêutico, serve também o princípio jurídico como limite de atuação do intérprete. Ao mesmo passo que funciona como vetor de orientação interpretativa, o princípio tem como função limitar o subjetivismo do aplicador do direito. Sendo assim, os princípios estabelecem referências, dentro das quais o hermeneuta exercitará seu senso do razoável e sua capacidade de fazer a justiça diante de um caso concreto.

Em razão dessa peculiar estrutura normativo-material que os distingue das regras jurídicas, os princípios apresentam-se como mandados de otimização, que não só facultam como até mesmo exigem uma aplicação diferenciada, para que se realize o ótimo dentro das circunstâncias possíveis. Sendo assim, na aplicação dos princípios, o intérprete do direito não escolhe entre esta ou aquela norma principiológica, atribuindo, em verdade, mais peso a um do que a outro, face dos caracteres do caso concreto. Exercita-se, assim, um juízo de ponderação que não desqualifica ou nega a validade ao princípio circunstancialmente preterido, o qual, por isso mesmo, em outra lide, poderá vir a merecer a preferência do jurista.

A interpretação jurídica e o pensamento tópico

A tópica preconizada por Theodor Viehweg pode ser entendida como uma técnica de pensar por problemas, desenvolvida pela retórica. Ela se distingue nas menores particularidades de outra de tipo sistemático-dedutivo. As tentativas da era moderna de desligá-la da jurisprudência, através da sistematização dedutiva de uma ciência jurídica, tiveram um êxito muito restrito, visto que a tópica vem sendo encontrada ao longo de toda a tradição ocidental, desde a Antiguidade greco-latina. Se Aristóteles entendeu a tópica como uma teoria da dialética, entendida como a arte da discussão, Cícero a concebeu como uma práxis da argumentação, baseada no uso flexível de catálogos de lugares-comuns.

O ponto mais importante do exame da tópica constitui a afirmação de que ela se trata de uma *techne* do pensamento que se orienta para o problema. Essa distinção, já cunhada por Aristóteles em sua *Ética a Nicômaco*, entre *techne* e *episteme* implica considerar a primeira como o hábito de produzir por reflexão razoável, enquanto a segunda seria o hábito de demonstrar a partir das causas necessárias e últimas, e, portanto, uma ciência. Afigura-se como uma técnica do pensamento problemático, que opera sobre aporias – questões estimulantes e iniludíveis que designam situações problemáticas insuscetíveis de eliminação.

O centro de gravidade do raciocínio jurídico, longe de ser a subsunção, como a atividade de ordenação dentro de um sistema perfeito, reside predominantemente na interpretação em sentido amplo e, por isso, na invenção. Isso porque, para que o sistema jurídico fosse logicamente perfeito, seria necessário garantir uma rigorosa axiomatização de todo o direito; proibição de interpretação dentro do sistema, o que se alcançaria mais completamente através de um cálculo; alguns preceitos de interpretação dos fatos orientados rigorosa e exclusivamente para o sistema jurídico (cálculo jurídico); não impedimento da admissibilidade das decisões *non liquet*; permanente intervenção do legislador, que trabalhe com uma exatidão sistemática para tornar solúveis os casos que surgem como insolúveis.

O direito positivo emana da busca pelo justo, a qual continua com base neste mesmo direito positivo, num movimento de circularidade dinamizado pela utilização das fórmulas persuasivas dos *topoi*, lugares-comuns da argumentação jurídica. Essa busca pelo justo seria o grande objeto de investigação da ciência do direito, cabendo à jurisprudência mostrar suas possibilidades, mediante o uso apropriado dos tópicos capazes de melhor atender as peculiaridades do caso concreto.

A interpretação do direito e o culturalismo jurídico

Para o culturalismo jurídico, o conhecimento jurídico não seria o produto metódico de procedimentos formais, dedutivos e indutivos, mas seria uma unidade imanente, de base concreta e real, que repousa sobre valorações. Trata-se da natureza transformada e ordenada pela pessoa humana com o escopo de atender aos seus interesses e finalidades. Os culturalistas concebem o direito pós-moderno como um objeto criado pelo homem, dotado de um sentido de conteúdo valorativo, sendo, pois, pertencente ao campo da cultura.

Sendo assim, o culturalismo jurídico desemboca na investigação axiológica dos valores do direito, sob o influxo de conteúdos ideológicos de diferentes épocas e lugares, examinando, consequentemente, o problema da justiça em sua circunstancialidade histórica, o que restará confirmado com a breve análise das contribuições do tridimensionalismo jurídico e da teoria egológica do direito.

A primeira vertente culturalista a ser destacada é o tridimensionalismo jurídico de Miguel Reale, que concebe a experiência jurídica como uma das modalidades da experiência histórico-cultural, pelo que a implicação polar fato-valor resolve-se em um processo normativo de natureza integrante. Cada norma ou conjunto de normas representando, em dado momento histórico e em função de dadas circunstâncias, a compreensão operacional compatível com a incidência de certos valores sobre os fatos múltiplos que condicionam a formação dos modelos jurídicos e sua aplicação.

Trata-se de um tridimensionalismo concreto, dinâmico e dialético, visto que esses elementos estão em permanente atração polar, já que o fato tende a realizar o valor, mediante a norma. A norma deve ser concebida como um modelo jurídico, de estrutura tridimensional, compreensiva ou concreta.

O pensamento de Miguel Reale rejeita todas as concepções setorizadas de direito (normativismo abstrato, sociologismo jurídico e moralismo jurídico), postulando, assim, uma doutrina que requer a integração dos três elementos constitutivos do direito, em uma unidade funcional e de processo, em correspondência com os problemas complementares da validade social (eficácia), da validade ética (fundamento) e da validade técnico-jurídica (vigência). O conhecimento jurídico desponta como uma ciência histórico-cultural e compreensivo-normativa, por ter por objeto a experiência social na medida em que esta normativamente se desenvolve em função de fatos e valores, para a realização ordenada da vida humana.

Por sua vez, a teoria egológica do direito afigura-se como uma concepção culturalista defendida pelo jurista argentino Carlos Cossio. Para ele, a ciência jurídica deve estudar o direito como um objeto cultural egológico, apresentando, como substrato, a conduta humana compartida, sobre a qual incide o sentido dos valores jurídicos. O ato cognitivo próprio é a compreensão, viabilizada pelo método empírico-dialético. Ao conhecer o direito, o jurista exerce o papel de relacionar a conduta humana em sua interferência com os valores positivados na ordem jurídica.

Para a teoria egológica, a ciência jurídica compreende três perspectivas: a dogmática jurídica, que se atém ao empirismo científico, buscando estabelecer a equivalência entre dados normativos contingentes e os fatos da experiência; a lógica prática, voltada para a estruturação do pensamento do jurista, dentro da lógica do dever-ser, a forma com que a experiência jurídica se apresenta no conhecimento científico-jurídico; e a estimativa jurídica, que procura compreender o sentido da conduta, fundada em valorações positivas da comunidade e limitada à materialidade do substrato.

No plano da axiologia jurídica, Carlos Cossio se propõe a estudar as características dos valores jurídicos, incluindo a justiça. Segundo ele, os valores jurídicos não devem ser compreendidos como entes ideais, mas como estimativas de natureza histórico-social, ao projetar as expectativas axiológicas e teleológicas de uma dada comunidade humana. A justiça seria o melhor arranjo desse plexo axiológico composto pelos valores jurídicos, exprimindo um valor-síntese das demais estimativas jurídicas, que traduz o melhor entendimento societário, em cada período histórico-cultural.

A seu turno, o raciovitalismo jurídico concebe a lógica existencialista do razoável como uma modalidade de raciocínio jurídico tendente à realização do direito pós-moderno, mediante o exercício de uma razão vital. O raciovitalismo se apresenta como a vertente de pensamento que se liga à filosofia da razão vital, preconizada pelo filósofo espanhol Ortega y Gasset, com amplas repercussões na esfera jurídica. O seu maior expoente foi Luis Recaséns Siches, cultor da chamada lógica do razoável.

Enquanto o pensamento racional puro da lógica formal tem a natureza meramente explicativa de conexões entre ideias, entre causa e efeitos, a lógica do razoável tem por objetivo problemas humanos, de natureza jurídica e política, e deve, por isso, compreender ou entender sentidos e conexões de significados, operando com valores e estabelecendo as finalidades e os propósitos da ordem jurídica.

O reviver concreto da norma fundamenta uma nova hermenêutica jurídica, porque a norma deve experimentar modificações para ajustar-se à nova realidade em que e para que é revivida. Só a lógica do razoável pode considerar essa permanente adequação do direito à vida.

Sendo assim, o manuseio da lógica do razoável potencializa a realização do direito pós-moderno, por exteriorizar uma operação axiológica e teleológica que se revela compatível com as especificidades histórico-culturais de cada caso concreto, tendo em vista a singularidade que envolve a vida humana.

A interpretação jurídica e a nova retórica

Chaïm Perelman é considerado o fundador e o maior expoente da Retórica contemporânea. Lecionou as disciplinas de lógica, moral e filosofia do direito na Universidade de Bruxelas, no período compreendido entre 1945 e 1978. Sua obra, ainda hoje, ganha ressonância no mundo jurídico, influenciando os modelos teóricos e as práticas diuturnas dos profissionais do direito.

A Nova Retórica. de Chaïm Perelman. se insurge contra as consequências de uma abordagem positivista no que se refere às possibilidades da argumentação racional dos valores, a fim de evitar que dilemas, escolhas e decisões sejam afastados do campo da racionalidade humana. Nesse sentido, o filósofo belga critica o modelo teórico que privilegia apenas a demonstração e o raciocínio lógico-matemático, como caminhos para a obtenção da verdade, o que acaba por relegar ao voluntarismo todas as opções axiológicas, fundamentais nos planos político e jurídico.

Ao refutar a concepção moderna de razão, estruturada a partir das filosofias racionalistas do século XVII e ainda presente no positivismo lógico do século XX, Perelman busca valorizar meios de prova distintos do modelo dedutivo-silogístico. Sendo assim, a valorização de outros meios de produzir convencimento reclama a elaboração de uma teoria da argumentação, capaz de descortinar um caminho diferente da demonstração, pedra de toque do funcionamento da lógica cartesiana tradicional, insuficiente para o tratamento das controvérsias humanas. Ao enfatizar a dimensão retórica, Perelman se propõe a investigar o modo de desenvolvimento racional da argumentação, perquirindo as técnicas capazes de permitir a adesão de teses sustentadas perante um determinado auditório.

Na perspectiva da Nova Retórica, os conflitos em torno do direito justo e de seus possíveis enfoques podem ser dirimidos através de um método argumentativo, em que se utilizem os *topois* de maior potencial persuasivo e, portanto, mais adequados para as singularidades do caso concreto. Logo, todas as oportunidades devem ser fornecidas para os partícipes do diálogo jurídico, a fim de que, através do debate dos valores envolvidos, haja um consenso sobre a opção hermenêutica mais razoável e potencialmente mais justa.

Ao sublinhar o conteúdo axiológico das formações discursivas, inclusive no direito, Perelman lança as bases para o exercício de uma racionalidade dialógica e processual. Os discursos humanos, mormente no campo jurídico, adquirem uma natureza argumentativa, sendo endereçados à persuasão de um auditório universal. O convencimento dos juristas e atores sociais passa a depender da legitimidade das opções hermenêuticas, medida por sua adequação aos valores socialmente aceitos. No plano do direito, a argumentação permite o jogo dialético de escolhas e conclusões, potencializando o debate acerca da razoabilidade das propostas interpretativas. A perspectiva retórico-discursiva desemboca, assim, na compreensão de um ordenamento jurídico aberto, dinâmico e flexível, capaz de acompanhar as novas circunstâncias sociais e embasar a decidibilidade dos conflitos intersubjetivos.

A interpretação do direito e procedimentalismo discursivo

Robert Alexy parte de uma teoria da argumentação prática geral que ele projeta para o campo do direito. O resultado é considerar o discurso jurídico como um caso especial do discurso prático-geral da moralidade. Valendo-se da contribuição de Habermas, entende ele que as questões prático-morais, incluindo as jurídicas, podem ser decididas por meio da razão, por meio da força do melhor argumento e que o resultado do discurso prático pode ser racionalmente motivado, a expressão de uma vontade racional ou um consenso justificado, pelo que as questões práticas são suscetíveis de verdade e, portanto, de justiça.

O discurso jurídico figura como um caso especial do discurso prático-geral, porque são debatidas questões práticas, erige-se uma pretensão de correção, associada à ideia de justiça, e isso se faz dentro de determinados limites. O discurso jurídico não pretende sustentar que uma determinada proposição seja mais racional, mas, em verdade, que ela pode ser fundamentada racionalmente na moldura do ordenamento jurídico vigente. Se, por um lado, o procedimento do discurso jurídico se define pelas regras e formas do discurso prático-geral, por outro lado, é influenciado pelas regras e formas específicas do discurso jurídico, que exprimem, sinteticamente, a sujeição à lei, aos precedentes judiciais e à ciência do direito.

Robert Alexy concebe ainda três tipos de procedimentos, a ser acrescidos ao procedimento do discurso prático-geral, regulado pelas regras anteriores. O primeiro procedimento é a criação estatal das normas jurídico-positivas, o que permite selecionar algumas das normas discursivamente possíveis, afastando o risco da incompatibilidade normativa. Entretanto, nenhum sistema normativo é capaz de garantir que todos os casos sejam resolvidos de forma puramente lógica, por diversos motivos: a indefinição da linguagem jurídica; a imprecisão das regras do método jurídico e a impossibilidade de prever todos os casos possíveis. Justifica-se assim um segundo procedimento chamado de argumentação jurídica ou discurso jurídico, que, no entanto, não proporciona sempre uma única resposta correta para cada caso. É preciso então um novo procedimento chamado de processo judicial, a fim de restar, mediante a tomada de decisão, apenas uma resposta entre as discursivamente possíveis.

A teoria da argumentação jurídica só revela todo o seu valor prático quando se afigura capaz de unir dois modelos diferentes de sistema jurídico: o procedimental e o normativo. O primeiro representa o lado ativo, composto de quatro procedimentos (discurso prático-geral, criação estatal do direito, discurso jurídico e processo judicial). O segundo é o lado passivo, constituído por regras e princípios. Esse modelo de direito tridimensional (regras, princípios e procedimentos) não permite atingir sempre uma única resposta correta para cada caso concreto, mas, em contrapartida, potencializa um maior grau de racionalidade prática para a obtenção do direito justo.

Embora não seja possível construir uma teoria dos princípios que os coloque numa hierarquia estrita, Alexy concebe uma ordem procedimental frouxa entre eles, que permita sua aplicação ponderada (de maneira que sirvam como fundamento para decisões jurídicas), e não o seu uso puramente arbitrário (como ocorreria se eles não passassem de um inventário de *topoi*). Esse novo procedimento flexível se compõe dos seguintes três elementos: a) um sistema de condições de prioridade, que fazem com que a resolução das colisões entre os princípios, num caso concreto, também tenha relevo para novos casos. As condições sob as quais um princípio prevalece sobre outro formam o caso concreto de uma regra que determina as consequências jurídicas do princípio prevalecente; b) um sistema de estruturas de ponderação que derivam da natureza dos princípios como mandados de otimização; c) um sistema de prioridades *prima facie*: a prioridade estabelecida de um princípio sobre outro pode ceder no futuro, mas quem pretende modificar essa prioridade se encarrega da importância da prova.

A interpretação do direito e o neconstitucionalismo

O neoconstitucionalismo designa um novo modelo jurídico que representa o Estado Constitucional de Direito no mundo contemporâneo.

Esse novo modelo se revela em algumas Constituições surgidas após a Segunda Guerra Mundial, cujas funções se contrapõem ao papel que desempenhavam as Constituições dentro do paradigma do constitucionalismo moderno, visto que representam uma proposta de recompor a grande fratura existente entre a democracia e o constitucionalismo.

O neoconstitucionalismo examina o processo de normativização da Constituição, que deixa de ser considerada um diploma normativo com um valor meramente programático ou como um conjunto de recomendações ou orientações dirigidas ao legislador, para operar como uma normatividade jurídica com eficácia direta e imediata. A Constituição incorpora conteúdos materiais que adotam a forma de direitos, princípios, diretrizes e valores, dotados de um amplo grau de indeterminação e de uma forte carga valorativa e teleológica.

O reconhecimento da natureza principiológica da Constituição pressupõe a positivação jurídica de pautas axiológicas de conteúdo indubitavelmente moral, pelo que a discussão jusnaturalismo *versus* positivismo foi transportada ao interior do ordenamento jurídico-constitucional, advindo importantes consequências, tais como a necessidade de adotar-se uma posição de participante para explicar o funcionamento do direito, bem como a necessidade de superar-se a ideia positivista de uma separação entre o direito e a moral.

O modelo de ciência jurídica que exige o neoconstitucionalismo contrasta também com aquele defendido pelo positivismo jurídico. Rejeitam-se, assim, as noções de distanciamento, neutralidade valorativa e função descritiva da ciência jurídica, para incorporar-se às ideias de compromisso, intervenção axiológica, prioridade prática e caráter político do conhecimento científico do direito.

O denominador comum das teorias ditas neoconstitucionalistas parece ser a necessidade de superar um modelo que estabeleça que a ciência jurídica deve se ocupar exclusivamente da descriçao do direito, através de uma atividade neutra aos valores sociais e alheia ao problema da efetividade do sistema jurídico. A partir do momento em que padrões de moralidade são incorporados às Constituições, a tarefa de determinar o que o direito diz não pode ser concebida como uma atividade totalmente científica ou objetiva, visto que podem entrar em jogo as opiniões e as considerações morais, o que confere natureza política à atividade do jurista.

Nesse sentido, o neoconstitucionalismo revela-se favorável à ideia de uma aceitação moral do direito, resultando na adoção de perspectivas interna e externa de compreensão do fenômeno jurídico. Isso porque a legitimação do sistema jurídico passa pela busca de um equilíbrio entre os pontos de vista de crítica interna (cujo parâmetro é a Constituição) e de crítica externa (cujo parâmetro é a moralidade social).

PARTE III

TÓPICOS ESPECIAIS
DE HERMENÊUTICA E INTERPRETAÇÃO DO DIREITO

CAPÍTULO UM

HERMENÊUTICA, INTEGRAÇÃO DO DIREITO E O PROBLEMA DAS LACUNAS JURÍDICAS

NO CAMPO DA HERMENÊUTICA JURÍDICA, ENTENDE-SE por integração do direito a atividade de preenchimento das lacunas jurídicas, que são vazios ou imperfeições que comprometem a ideia de completude do sistema jurídico.

A integração do direito é um tema cuja compreensão exige a análise da completude do sistema jurídico. É indispensável saber se o sistema jurídico é completo ou incompleto, vale dizer, se ele pode alcançar todos os campos das interações sociais ou se há condutas não alcançadas pela ordem jurídica.

Podemos visualizar duas grandes correntes: aqueles que defendem um sistema jurídico fechado (completo) e, de outro lado, aqueles que visualizam um sistema jurídico aberto (incompleto), e, consequentemente, lacunoso.

O principal argumento em favor da completude do sistema jurídico consiste na utilização do raciocínio lógico, segundo o qual "tudo o que não está juridicamente proibido, está juridicamente permitido".

Há doutrinadores que, por sua vez, situam o problema das lacunas jurídicas no campo da jurisdição, considerando a atuação do julgador. Os doutrinadores negam, assim, a existência de lacunas, visto que o magistrado nunca poderá eximir-se de julgar, alegando a falta ou a obscuridade da lei. Ao decidir um caso concreto, o juiz já estaria criando uma norma individualizada para o conflito de interesses e, portanto, oferecendo a resposta normativa capaz de assegurar a completude do sistema jurídico.

Salvo melhor juízo, defendemos a ideia de que o sistema jurídico é aberto, porque o direito é um fenômeno histórico-cultural e submetido, portanto, às transformações que ocorrem no campo dinâmico dos valores e dos fatos sociais. Decerto, o legislador não tem como prever e regular a totalidade das relações sociais.

Sendo aberto (incompleto) o sistema jurídico, poder-se-ia falar da existência das seguintes lacunas jurídicas: normativas, fáticas e valorativas.

A lacuna normativa se configura toda vez que inexiste norma regulando expressamente um dado campo da interação social, como sucede com o comércio eletrônico no Brasil, ainda carente de uma regulação normativa expressa mais minudente.

A lacuna fática ocorre quando as normas jurídicas deixam de ser cumpridas pelos agentes da realidade social, evidenciando o fenômeno da revolta dos fatos contra o sistema jurídico, o que ocorre com o descumprimento de eventual legislação municipal que exige que o cliente não aguarde mais do que 15 (quinze) minutos nas filas bancárias.

A lacuna valorativa se verifica quando a norma jurídica vigente não é valorada como justa, não estando em conformidade com os valores socialmente aceitos, o que sucede com a legislação tributária em geral, por ser considerada excessivamente onerosa para o contribuinte, não realizando justiça fiscal.

Nesse sentido, pode-se afirmar que o sistema jurídico é lacunoso, mas ele próprio oferece mecanismos para preencher as referidas. São os chamados instrumentos de integração do direito: a analogia; os costumes; os princípios gerais do direito; e a equidade.

A analogia é a aplicação de uma norma jurídica que regula um determinado caso concreto à outra situação fática semelhante, o que ocorre quando se aplicam as disposições do Código Civil que regulam os contratos celebrados na realidade concreta para as avenças firmadas no universo virtual da rede mundial de computadores.

Os costumes, além de figurarem como fonte do direito, podem também apresentar-se como elemento de integração da lei, especialmente quando a norma legal expressamente autorize, o que sucedia com a integração consuetudinária do conceito de tapume, dentro do Código Civil anterior.

Os princípios gerais de direito são diretrizes éticas, implícitas ou expressas na legislação, que apontam para a realização dos valores e finalidades maiores da ordem jurídica, potencializando a tomada de decisões mais justas, mormente nas hipóteses de lacunas valorativas, como sucede com a aplicação dos princípios da insignificância no direito penal e da proibição do enriquecimento sem causa no direito civil.

A equidade consiste na aplicação prudente pelo julgador do seu sentimento de justiça, ao observar as singularidades de um dado caso concreto, como sucede com a Lei da Arbitragem no Brasil, que autoriza o uso do juízo equitativo na resolução de conflitos de interesses.

CAPÍTULO DOIS

HERMENÊUTICA E O PROBLEMA DAS ANTINOMIAS JURÍDICAS

NO PLANO HERMENÊUTICO, A TEORIA DAS ANTINOmias jurídicas está ligada ao problema da coerência do sistema jurídico. Para que um sistema seja coerente, é necessário que os seus elementos não entrem em contradição entre si.

No direito, os elementos que compõem um sistema jurídico podem entrar em conflito, surgindo, assim, as chamadas antinomias jurídicas. Geralmente isso ocorre quando diferentes normas jurídicas permitem e proíbem um mesmo comportamento, o que suscita uma situação de indecidibilidade que requer uma solução.

No que se refere à classificação das antinomias jurídicas, podemos falar de antinomias próprias e de antinomias impróprias (teleológica, valorativa, principiológica e semântica).

As antinomias próprias se verificam toda vez que uma norma jurídica proíbe uma dada conduta enquanto outra norma jurídica faculta a mesma conduta, o que ocorre quando um soldado recebe a ordem de um oficial para fuzilar um prisioneiro, sendo crime tanto descumprir a ordem do superior hierárquico quanto praticar o delito de homicídio.

As antinomias impróprias são aquelas contradições mais sutis entre as normas jurídicas, envolvendo o conflito de valores, finalidades, sentidos e terminologias do sistema jurídico.

A antinomia imprópria teleológica ocorre quando uma norma jurídica estabelece os meios para a aplicabilidade de outra norma jurídica, mas os meios oferecidos se revelam incompatíveis com o fim previsto na norma originária, como sucede com a lei que fixa o valor atual do salário mínimo, não atendendo às necessidades vitais do trabalhador, aludidas na norma constitucional do art. 7º da Constituição de 1988.

A antinomia imprópria valorativa sucede toda vez que ocorre uma discrepância entre os valores cristalizados por duas ou mais normas jurídicas, quando a ordem jurídica pune mais severamente uma infração social branda e mais levemente uma infração social mais grave, como ocorre com a punição mais severa dos crimes de furto e roubo, quando comparada com a punição dos crimes contra a Administração Pública, no Código Penal brasileiro, potencialmente mais lesivos para o conjunto da sociedade.

A antinomia imprópria principiológica se verifica toda vez que os princípios jurídicos entram em colisão, sinalizando soluções diversas para o intérprete/aplicador do direito, como sucede com o conflito entre os princípios constitucionais da liberdade de informação e da vida privada das autoridades públicas.

A antinomia imprópria semântica surge toda vez que uma mesma palavra comporta diferentes sentidos, a depender do ramo jurídico em que é utilizada, como sucede com a palavra *posse* no direito civil e no direito administrativo.

Diante da ocorrência de antinomias jurídicas, deverão ser utilizados os critérios de solução, hierárquico, cronológico e da especialidade. De todos estes critérios, o mais importante é o hierárquico, prevalecendo, inclusive, sobre todos os demais.

Pelo critério hierárquico, havendo antinomia entre uma norma jurídica superior e uma norma jurídica inferior, prevalece a norma jurídica superior, dentro da concepção piramidal e hierarquizada do sistema jurídico. Por exemplo, havendo conflito entre a Constituição e uma lei ordinária, prevalece a Constituição, por ser um diploma normativo de hierarquia superior.

Pelo critério cronológico, havendo antinomia entre a norma jurídica anterior e a norma jurídica posterior que verse sobre a mesma matéria, ambas de mesma hierarquia, prevalece a norma jurídica posterior. Por exemplo, o antigo conflito entre o Código Civil de 1916 e o Código de Defesa de Consumidor de 1990 se resolveu em favor da legislação consumerista.

Pelo critério da especialidade, havendo contradição entre uma norma jurídica que regule um tema genericamente e uma norma que regule o mesmo tema do modo específico, sendo ambas de mesma hierarquia, prevalece a norma jurídica especial. Por exemplo, a eventual contradição entre o Código de Defesa do Consumidor e o Estatuto do Idoso, em matéria de gratuidade do transporte interestadual e intermunicipal, é solucionado em favor do segundo diploma legal, que se revela mais específico para a tutela das relações dos consumidores de terceira idade.

Para a solução das antinomias principiológicas, recorrer-se-á ao uso da ponderação.

Durante muito tempo, sob a égide de uma visão positivista do direito, a subsunção se afigurou como a fórmula típica de aplicação normativa, caracterizada por uma operação meramente formal e lógico-dedutiva: identificação da premissa maior (a norma jurídica); a delimitação da premissa menor (os fatos); e a posterior elaboração de um juízo conclusivo (adequação da norma jurídica ao caso concreto). Se esta espécie de raciocínio ainda serve para a aplicação de algumas regras de direito (*v.g.*, art. 40, da CF/88 – aposentadoria compulsória do servidor público com base na idade), revela-se, no entanto, insuficiente para lidar com o uso hermenêutico dos princípios jurídicos, como fundamentos para a decidibilidade de conflitos.

Decerto, as normas principiológicas consubstanciam valores e fins muitas vezes distintos, apontando para soluções diversas e contraditórias para um mesmo problema. Logo, com a colisão de princípios jurídicos, pode incidir mais de uma norma sobre o mesmo conjunto de fatos, como o que várias premissas maiores disputam a primazia de aplicabilidade a uma premissa menor. A interpretação jurídica contemporânea, na esteira do pós-positivismo, deparou-se, então, com a necessidade de desenvolver técnicas capazes de lidar com a natureza essencialmente dialética da ordem jurídica, ao tutelar interesses potencialmente conflitantes, exigindo um novo instrumental metodológico para aplicação do direito: a ponderação.

Com efeito, a ponderação consiste numa técnica jurídica de interpretação e decisão, aplicável a casos difíceis (*hard cases*), em relação aos quais a subsunção figura insuficiente, especialmente quando a situação concreta rende ensejo para a aplicação de normas principiológicas que sinalizam soluções diferenciadas.

Sendo assim, o processo cognitivo da ponderação pode ser decomposto em três etapas: identificação das normas pertinentes, seleção dos fatos relevantes e atribuição geral de pesos. Na primeira etapa, cabe ao intérprete detectar no sistema as normas relevantes para a solução do caso concreto, identificando eventuais conflitos entre elas. Ainda neste estágio, os diversos fundamentos normativos são agrupados em função da solução que estejam sugerindo. Por sua vez, na segunda etapa, cabe examinar os fatos e as circunstâncias concretas do caso concreto e sua interação com os elementos normativos, daí a importância assumida pelos fatos e pelas consequências práticas da incidência da norma. Enfim, na terceira etapa, os diferentes grupos de normas e a repercussão dos fatos do caso concreto estarão sendo examinados de forma conjunta, de modo a apurar os pesos que devem ser atribuídos aos diversos elementos em disputa e, pois, qual o grupo de normas deve preponderar no caso concreto.

Ao vislumbrar-se a ordem jurídica brasileira, não faltaram exemplos de aplicabilidade do raciocínio ponderativo: a) o debate acerca da relativização da coisa julgada, onde se contrapõem o princípio da segurança jurídica e o princípio da realização da justiça; b) a discussão sobre a eficácia horizontal dos direitos fundamentais, onde se contrapõem princípios como a autonomia da vontade e a dignidade da pessoa humana; c) o debate sobre os princípios da liberdade de expressão *versus* proteção aos valores éticos e sociais da pessoa ou da família, ao tratar do eventual controle da programação de televisão; d) a polêmica concernente aos princípios da liberdade de expressão e informação *versus* políticas públicas de proteção da saúde, em torno da restrição da publicidade de cigarro; e) o conflito entre os princípios da liberdade religiosa e proteção da vida, em situações que envolvam a transfusão de sangue para as testemunhas de Jeová, além de outras hipóteses ilustrativas.

A existência de ponderação não priva, contudo, a doutrina e a jurisprudência de buscar parâmetros de maior objetividade para a sua aplicação, até porque não elide, por completo, as avaliações subjetivas e preferências pessoais do hermeneuta (pré-compreensão), ainda que não se admita o exercício indiscriminado e arbitrário da interpretação jurídica (voluntarismo hermenêutico). Com efeito, aponta-se a necessidade do exercício de uma competente argumentação jurídica, para a demonstração adequada do raciocínio desenvolvido e a garantia da legitimidade da opção hermenêutica, adquirindo inegável relevo o art. 93, IX, da CF/88, que trata da exigência de fundamentação das decisões jurídicas.

Isto porque, quando uma decisão envolve a técnica ponderativa dos princípios, o dever de motivar torna-se ainda mais premente e necessário, visto que o intérprete percorre um caminho mais longo e tortuoso para chegar à solução. É, portanto, dever do hermeneuta guiar a comunidade jurídica por esta viagem, descrevendo, de modo minudente, as razões que justificam uma dada direção ou um dado sentido para a interpretação do direito.

CAPÍTULO TRÊS

INTERPRETAÇÃO DO DIREITO E AS CLÁUSULAS GERAIS

UM DOS ASPECTOS MARCANTES DA INTERPRETAÇÃO DO direito pós-moderno diz respeito à progressiva adoção das cláusulas gerais como receptáculos normativos de princípios constitucionais e infraconstitucionais. Em face disto, revela-se imprescindível a compreensão do papel da cláusula geral como técnica legislativa adequada para a conformação dos princípios aplicados ao processo e a tutela dos direitos fundamentais dos cidadãos.

Os estudos sobre as cláusulas gerais vêm despertando a doutrina e a jurisprudência brasileiras a exigir a construção de novos modelos cognitivos para a interpretação e aplicação do direito. A adoção desta técnica legislativa, nos âmbitos constitucional e infraconstitucional, reclama a configuração de um paradigma interpretativo desvinculado das matrizes positivistas da modernidade jurídica.

Seguindo o magistério de Alberto Jorge Junior (2004, p. 123), pode-se dizer que as cláusulas gerais funcionam no interior dos sistemas jurídicos, mormente os codificados como elementos de conexão entre as normas rígidas (pontuais) e a necessidade de mudança de conteúdo de determinados valores, em meio a um ambiente social em transformação, operando, dentro de certos limites, a adaptação do sistema jurídico (aberto) às novas exigências na interpretação desses valores.

Decerto, o direito moderno foi concebido como um sistema fechado e, portanto, impermeável ao mundo circundante e ao poder criador do hermeneuta. Acreditava-se que a perfeita construção teórica e o encadeamento lógico-dedutivo dos conceitos legais bastariam para a segura apreensão da realidade. Esta noção de um sistema hermético era dominada pelas pretensões de completude e coerência do diploma legislativo, ao prever soluções aos variados aspectos da vida social. Outrossim, o direito moderno foi marcado pela busca de uma linguagem precisa na exteriorização das regras jurídicas. Empregando a técnica da casuística ou tipificação taxativa, com a perfeita definição da *fattispecie* e de suas consequências jurídicas, a linguagem do legislador dispensaria a comunicação do sistema jurídico com fatores ideológicos, econômicos ou políticos. Deste modo, a disciplina dos novos problemas exigiria a sucessiva intervenção legislativa, a fim de resguardar a plenitude lógica da ordem jurídica.

Não é este, contudo, o modelo mais adequado aos sistemas jurídicos contemporâneos, cujas características passam a demandar a adoção de novos pressupostos metodológicos e técnicas legislativas mais compatíveis com a cultura pós-moderna. O delineamenro do direito como um fenômeno plural, reflexivo, prospectivo e relativo exige que a ordem jurídica seja concebida como uma obra dinâmica, permitindo a constante solução e incorporação de novos problemas. Sendo assim, utilizam-se modelos jurídicos abertos, que figuram como janelas para captar o trânsito da vida social, através das chamadas cláusulas gerais.

Neste sentido, a técnica legislativa das cláusulas gerais conforma o meio hábil para permitir o ingresso no direito de elementos como valores, arquétipos comportamentais, deveres de conduta e usos sociais. Com as cláusulas gerais, a formulação da hipótese legal é processada mediante o emprego de uma linguagem eivada de significados intencionalmente vagos ou ambíguos, geralmente expressos em conceitos jurídicos indeterminados.

Não raro, o enunciado das cláusulas gerais, ao invés de descrever rigorosamente a hipótese e as suas consequências, é desenhado como uma vaga moldura, ensejando, pela abertura semântico-pragmática que caracteriza os seus termos, a inserção no diploma legal de pautas de valoração oriundas do substrato social.

Sendo assim, segundo Judith Martins-Costa (2002, p. 121), erige-se uma opção metodológica por uma estrutura normativa concreta, destituída de qualquer apego a formalismos ou abstrações conceituais, abrindo margem para o trabalho do juiz e da doutrina, com frequente apelo a conceitos integradores de compreensão ética ou conceitos amortecedores, quais sejam, os da boa-fé, dignidade, solidariedade, razoabilidade, probidade, equidade, interesse público, bem comum, bem-estar, fim social e justiça.

Não pretendem as cláusulas gerais apresentar, previamente, resposta a todos os conflitos da realidade cambiante, visto que as opções hermenêuticas são progressivamente construídas pela jurisprudência e doutrina. Ao remeterem o intérprete a outros espaços do sistema normativo ou a dados latentes na sociedade, as cláusulas abertas apresentam, assim, a vantagem da mobilidade proporcionada pela imprecisão de seus termos, mitigando o risco do anacronismo jurídico, como a revolta dos fatos e valores contra a lei.

Como exemplo de utilização de cláusula geral no processo civil brasileiro, pode ser citado o art. 5º, inciso LIV, da Constituição Federal de 1988, ao estabelecer que ninguém será privado da liberdade ou de seus bens sem o devido processo legal. Trata-se, pois, da cláusula geral que enuncia o devido processo legal, conferindo ao cidadão a tutela das garantias processuais e a preservação da regularidade formal e material do processo.

CAPÍTULO QUATRO

INTERPRETAÇÃO DO DIREITO E AS MÁXIMAS DE EXPERIÊNCIA

AS REGRAS/MÁXIMAS DE EXPERIÊNCIA CONSTITUEM recurso tradicional de controle da atividade judicial, mormente na apreciação da prova, sendo previstas pelo art. 375 do Código de Processo Civil brasileiro, ao preceituar que, em falta de normas jurídicas particulares, o juiz aplicará as regras de experiência comum subministradas pela observação do que ordinariamente acontece e ainda as regras de experiência técnica, ressalvado, quanto a essa, o exame pericial.

Sobre o tema, assevera Luiz Guilherme Marinoni (2002, p. 312) que o juiz, ao valorar a credibilidade de uma prova e a sua idoneidade para demonstrar um fato, baseia-se na sua experiência, que deve ser entendida como a experiência do homem médio, que vive em determinada cultura em certo momento histórico. Nestes casos, o juiz socorre-se do senso comum, e particularmente no que interessa ao raciocínio que pode dar origem à presunção, ao partir de um fato indiciário para chegar ao fato principal, vale-se de conhecimentos que devem estar fundados naquilo que comumente ocorre na sociedade ou que possuem fontes idôneas e confiáveis. As regras de experiência, também denominadas máximas de experiência, são, pois, o fruto daquilo que comumente acontece.

A verificação de uma regra/máxima de experiência exige, além da reiteração de acontecimentos, a formulação pelo julgador de um juízo genérico e abstrato de que uma dada sequência de fatos se revela capaz de conduzir ao entendimento válido para casos posteriores. São, portanto, extraídas indutivamente e aplicadas dedutivamente pelo magistrado, diante de fatos similares.

Com efeito, as regras/máximas de experiência não se referem exclusivamente às vivências pessoais do julgador, pertencendo também ao repositório comum de crenças, valores e padrões comportamentais da comunidade jurídica, como fenômenos histórico-culturais passíveis de serem observados e internalizados por aqueles que vivenciam uma dada ambiência social.

Saliente-se ainda que as regras/máximas de experiência não se confundem com os chamados fatos notórios. Decerto, as regras/máximas de experiência resultam de observações de um indivíduo sobre vários fatos que tiveram a mesma relação de causa e efeito, enquanto o fato notório não é uma repetição de vários fatos, mas, isto sim, a certeza do acontecimento em relação a um só fato. Nas regras/máximas de experiência, o que se reitera são os fatos, observados por um indivíduo, enquanto no fato notório o que se repete são os observadores de um só acontecimento.

No campo probatório do direito processual, as regras/máximas de experiência se apresentam como recursos importantes para o convencimento judicial, permitindo a compreensão das alegações e dos depoimentos das partes, a apreciação da prova documental, a inquirição das testemunhas, o estabelecimento de uma conexão entre indícios e fatos. Ademais, podem ser usadas como mecanismo para inversão do ônus da prova, pelo exame de verossimilhança das teses apresentadas, bem como para a constatação da evidência ou impossibilidade de um fato.

A utilização das regras/máximas de experiência não se esgota como mecanismos de apuração dos fatos, desempenhando também uma importante tarefa no momento de interpretação e aplicação dos modelos normativos às situações concretas.

Como bem assinala José Carlos Barbosa Moreira (1998, p. 66-67), que as regras/máximas de experiência, em matéria probatória, propiciam a formação de presunções judiciais e a valoração das provas aduzidas. Aqui, são elas instrumentos de apuração dos fatos, enquanto, na delimitação dos conceitos jurídicos indeterminados, atuam como instrumentos da subsunção, isto é, da operação pela qual os fatos recebem, mediante o confronto com o modelo legal, a devida qualificação jurídica.

Sendo assim, no plano decisório do direito processual, não há como negar que as regras/máximas de experiência serão corporificadas no momento de tomada de uma decisão judicial, visto que a delimitação do substrato probatório pela experiência do magistrado atuará como elemento de pré-compreensão, influenciando a escolha por uma dada opção hermenêutica, sempre aberta para os valores e fatos que integram a realidade circundante. O hermeneuta não pode, assim, desprezar as regras/máximas de experiência ao proferir uma dada decisão, devendo, ao valorizar e apreciar as provas dos autos, servir-se daquilo que comumente acontece na vida social.

CAPÍTULO CINCO

INTERPRETAÇÃO DO DIREITO E OS CONCEITOS JURÍDICOS INDETERMINADOS

ENTENDE-SE POR CONCEITOS JURÍDICOS AQUELAS ideias gerais, dotadas de pretensão universal, geralmente sintetizadas pelo doutrinador e passíveis de aplicação nos mais diversos ramos do conhecimento jurídico.

Como assinala Orlando Gomes (1955, p. 245), a técnica jurídica figura como um conjunto de meios e processos intelectuais destinados a revelar o direito, compreendendo conceitos, terminologias, classificações, construções e ficções. Dentre os mencionados instrumentos cognitivos, sobreleva o papel do conceito no plano do conhecimento jurídico.

Na sua maioria, os conceitos jurídicos são mutáveis, porque inferidos da observação das necessidades sociais pela mentalidade dominante. Não são unicamente aquelas construções do espírito destinadas a sintetizar as soluções do direito positivo, mas também abstrações que esquematizam a realidade emergente dos dados da vida social.

Para Eros Roberto Grau (2002, p. 212), são tidos como indeterminados os conceitos cujos termos são ambíguos ou imprecisos – especialmente imprecisos, razão pela qual necessitam ser complementados por quem os aplique. Neste sentido, são eles referidos como conceitos carentes de preenchimento com os dados extraídos da realidade. Segundo ele, a expressão "conceitos jurídicos indeterminados" não se revela adequada dentro de uma rigorosa teoria do conhecimento. Em verdade, não se trata de conceito jurídico indeterminado, mas sim de termo indeterminado, visto que a indeterminação referida não é dos conceitos jurídicos (ideias universais), mas de suas expressões, sendo, pois, mais adequado reportar-se a termos indeterminados de conceitos, e não a conceitos indeterminados.

Com efeito, do ponto de vista gnosiológico, conceito e termo correspondem, respectivamente, às noções de significado e significante. O conceito – significado – seria, pois, um elemento intermediário entre o termo – significante – e a realidade objetiva. Sucede, entretanto, que o uso da expressão já se tornou corrente, na doutrina e na jurisprudência, mormente na seara do direito administrativo.

Sendo assim, há dois tipos de conceitos expressos nas leis: os determinados, previamente delimitados ao âmbito da realidade a que se referem, e, por outro lado, os indeterminados, fundados nos valores da experiência social. Os conceitos legais indeterminados estão presentes em vários ramos do direito, sendo traduzidos por vocábulos vagos, imprecisos e genéricos. Eles entregam ao intérprete a missão de atuar no preenchimento do seu conteúdo, a fim de que se extraia da norma jurídica o seu real significado para um dado caso concreto. Ao juiz vai caber a responsabilidade de, influenciado por valores sociais, transformá-los em conceitos legais determinados, preenchendo a indeterminação proposital da lei.

Para Celso Antônio Bandeira de Mello (1998, p. 29), a estrutura do conceito jurídico indeterminado possui, assim, o núcleo fixo ou zona de certeza positiva, a zona intermediária ou de incerteza e a zona de certeza negativa. Dentro da zona de certeza positiva, ninguém duvidaria do cabimento da aplicação da palavra que os designa, diferentemente da zona de certeza negativa, em que seria certo que por ela não estaria abrigada. As dúvidas só teriam cabimento no intervalo entre ambas.

A construção teórica das zonas do conceito se processou a partir da metáfora, elaborada pelo jurista Philipp Heck, do conceito a um ponto de luz intenso que, ao iluminar objetos, revela alguns iluminados com menor ou maior intensidade, como também revela um rodeado de um halo, de cores pálidas, além de uma total obscuridade, onde não há incidência de feixes luminosos. Logo, sempre que temos uma noção clara do conceito, estamos situados dentro do núcleo conceitual, começando as dúvidas na região do halo conceitual.

Por sua vez, na lição autorizada de Antônio Sousa (1994, p. 151), a imprecisão do significado das palavras empregadas na lei conduz necessariamente a uma indeterminação dos seus comandos pelo que, só em casos muito excepcionais, todo o conceito deixa de ter vários sentidos. Os conceitos absolutamente determinados seriam muito raros no direito. A regra seria a de que o conceito contivesse um núcleo de interpretação segura e uma zona periférica que principia onde termina aquele e cujos limites externos não se encontram fixados com nitidez.

A discussão sobre a questão que envolve os conceitos indeterminados empregados pelo legislador teve o seu surgimento no século XIX, na Áustria, com a produção de duas correntes antagônicas: a Teoria da Univocidade, defendida principalmente por Tezner, e a Teoria da Multivalência, de Bernatzik. Para a primeira, no preenchimento dos conceitos indeterminados, excluir-se-ia qualquer possibilidade de atuação discricionária da Administração, visto só existir uma única solução correta, possível apenas de ser encontrada através da interpretação jurídica da lavra do poder jurisdicional (ato de cognição). Por sua vez, a segunda, defende sentido contrário, admitindo a possibilidade de várias decisões certas dentro dos conceitos indeterminados, que possibilitariam uma atuação discricionária, livre de controle jurisdicional (ato de volição).

Parece-nos, contudo, mais apropriada a adoção de uma posição intermediária entre a Teoria da Univocidade e da Multivalência, visto que se revela viável a utilização da faculdade discricionária, em razão da constatação da presença inegável de um pluridimensionalismo nesses conceitos, o qual nem sempre é dissipado pelo processo de simples interpretação subsuntiva, já que a eleição de uma das opções válidas contida na norma, diante do caso concreto, pode vir a precisar de uma ação criadora do intérprete. De outro lado, contudo, não se deve admitir a concepção de discricionariedade como a liberdade livre das amarras da lei, visto a evolução da doutrina pátria no sentido de somente concebê-la dentro dos limites normativos, mormente principiológicos, do ordenamento jurídico.

Com efeito, ocorre a transmudação dos conceitos legais indeterminados em conceitos determinados pela função que exercem em cada situação específica. Os conceitos legais indeterminados se convertem em conceitos determinados pela função que têm de exercer no caso concreto, ao garantir a aplicação mais correta e equitativa do preceito normativo. Não obstante a fluidez ou imprecisão que estão previstas *in abstrato* na norma, podendo ou não se dissipar quando verificada a hipótese *in concreto*, propiciam os conceitos jurídicos indeterminados uma limitação da discricionariedade, tendo em vista a busca da otimização da finalidade da norma jurídica.

Quando, por exemplo, o legislador prevê as ideias de boa-fé, bons costumes, ilicitude ou abuso de direito, resta implícita a determinação funcional do conceito, como elemento de previsão, pois o julgador deverá dar concreção aos referidos conceitos, atendendo às peculiaridades do que significa boa-fé, bons costumes, ilicitude ou abuso do direito na situação litigiosa. O magistrado torna-os concretos ou vivos, determinando-lhes sua funcionalidade.

Diante de tudo quanto foi exposto, verifica-se uma diferença entre as cláusulas gerais e os conceitos jurídicos indeterminados. No primeiro caso, a hipótese normativa e a providência a ser tomada pelo intérprete não estão previamente fixadas em lei, havendo, pois, um maior campo para a construção hermenêutica. No segundo caso, a hipótese normativa não está definida previamente, embora a providência final a ser tomada pelo intérprete seja fixada de antemão pela norma legal.

Sendo assim, as cláusulas gerais distinguem-se dos conceitos legais indeterminados pela finalidade e eficácia, pois estes, uma vez diagnosticados pelo juiz no caso concreto, já têm sua solução preestabelecida na lei, cabendo ao juiz aplicar referida solução. Aquelas, ao contrário, se diagnosticadas pelo juiz, permitem-lhe preencher os claros com os valores designados para aquele caso, para que se lhe dê a solução que ao julgador parecer mais adequada, ou seja, concretizando os princípios gerais de direito e dando aos conceitos legais indeterminados uma determinabilidade pela função que têm de exercer numa situação concreta.

Seja porque paire incerteza acerca da efetiva dimensão de seus contornos e limites, seja porque discrepe da tradição casuística da modernidade jurídica, as cláusulas gerais costumam ser criticadas pelos espíritos mais conservadores. Urge, entretanto, arejarmos a consciência jurídica tradicional, com os novos sopros de vida. A pesquisa sobre as cláusulas gerais se revela, portanto, essencial à sociedade brasileira, permitindo a concretização hermenêutica das prerrogativas do cidadão, indispensáveis ao Estado Democrático de Direito e ao reconhecimento de uma dogmática jurídico-processual mais fluida.

CAPÍTULO SEIS

INTERPRETAÇÃO DO DIREITO E O FENÔMENO DA DISCRICIONARIEDADE

O VOCÁBULO "DISCRICIONARIEDADE" COSTUMA ESTAR associado à noção do que figura como aquilo que é característico de discricionário, designando o poder que as autoridades constituídas possuem de agir com algum grau de liberdade.

Nesse sentido, Karl Engisch (1988, p. 221) refere que o autêntico poder discricionário é atribuído pelo direito e pela lei quando a decisão última sobre o justo (correto, conveniente, apropriado) no caso concreto é confiada à responsabilidade de alguém, é deferida à concepção (em particular, à valoração) individual da personalidade chamada a decidir em concreto, porque se considera ser melhor solução aquela em que, dentro de determinados limites, alguém olhando como pessoa consciente da sua responsabilidade, faça valer o seu próprio ponto de vista.

No direito administrativo clássico, a discricionariedade se afigura como um contraponto à ideia de vinculação. Com efeito, o ato administrativo vinculado se reporta à estrita legalidade, mormente no que se refere à competência, forma e finalidade da providência exigida. Havendo a constatação do que está legalmente definido de modo completo, dever-se-ia aplicar a lei. Por sua vez, o ato discricionário comportaria um juízo subjetivo, situado no campo da conveniência e oportunidade do administrador, alcançando os motivos e o objeto da providência administrativa.

A evolução doutrinária do direito administrativo passou a visualizar uma nova feição da discricionariedade, não mais atrelada ao campo do mérito do ato administrativo, vale dizer, das opções administrativas efetuadas com base em critérios de conveniência e oportunidade, envolvendo também o tema da intelecção dos conceitos vagos ou indeterminados. A adoção do paradigma dos conceitos indeterminados representou, assim, a busca da solução mais correta, justa e razoável para o caso concreto, sob a perspectiva da otimização da finalidade normativa.

Tradicionalmente, há doutrinadores que diferenciam a discricionariedade administrativa de interpretação, especialmente diante de conceitos indeterminados ou fluidos, os quais só apresentariam tal característica, quando considerados em abstrato. A questão suscitada por tais conceitos seria meramente uma questão de interpretação, definível, como qualquer outra pelo Poder Judiciário, e não uma questão de discricionariedade, a qual supõe uma certa margem de liberdade decisória para o administrador.

Em sentido contrário, parece-nos não assistir razão a esta delimitação radical. Embora um ato de intelecção e um ato de volição sejam realidades logicamente distintas, ambas perfazem a ideia de discricionariedade administrativa. Na discricionariedade, há tanto um poder de intelecção quanto um poder de escolha dentre o leque de opções igualmente válidas para o ordenamento jurídico. Além de um momento intelectivo, envolve também um momento volitivo, uma capacidade criadora do agente administrativo, a qual deve pautar-se em aspectos estritamente administrativos, não estando adstrita apenas em reconhecer situações jurídicas já definidas.

Neste sentido, sustenta Celso Antônio Bandeira de Mello (1998, p. 27) que o Poder Judiciário tanto interpreta a lei – para corrigir atos que desbordem das possibilidades abertas pela moldura normativa – nos casos em que se verifica se os conceitos vagos ou imprecisos foram apreendidos pela Administração dentro da significação contextual que comportavam, como quando, para os mesmos fins, verifica-se a opção de conveniência e oportunidade se fez sem desvio de poder, em conformidade com a finalidade da lei. O Poder Judiciário controla a legitimidade do ato administrativo, para examinar se a Administração atuou dentro do campo de liberdade intelectiva ou volitiva que a lei lhe proporcionava.

Podemos acrescentar que, numa perspectiva mais geral, o conceito de discricionariedade está umbilicalmente ligado à ideia de interpretação.

Afastada a concepção de que a discricionariedade seja sinônimo de liberdade absoluta e de que resulte sempre e necessariamente da simples existência de indeterminação de uma norma, podemos conceituá-la como o dever-poder do aplicador, após um trabalho de interpretação e de confronto da norma com os fatos, e restando ainda alguma indeterminação quanto à hipótese legal, fazer uma apreciação subjetiva para estabelecer qual é, no caso concreto, a decisão que melhor atende à vontade da lei.

Não é outro o entendimento de Maria Helena Diniz (1991, p. 381), para quem a norma jurídica sempre necessita de interpretação. A clareza de um texto legal é coisa relativa. Uma mesma disposição pode ser clara em sua aplicação aos casos mais imediatos e pode ser duvidosa quando se aplica a outras relações que nela possam se enquadrar e às quais não se refere diretamente, e a outras questões que, na prática, em sua atuação, podem sempre surgir.

Nas hipóteses de conceitos indeterminados, por exemplo, emerge necessidade de um processo de preenchimento semântico por densificação/concretização, devendo-se, então, recorrer-se a um trabalho de interpretação geralmente envolvendo um elevado grau de complexidade lógica, visto existir, no confronto com situações concretas, um pluridimensionalismo de valores, conducente tanto a uma única decisão capaz de atingir a finalidade normativa quanto para um leque de opções consideradas válidas perante o sistema jurídico, das quais se deve extrair a que melhor perfaz o espírito da norma.

Sendo assim, só através de um esforço reconstrutivo e criativo se pode reduzir a situação de fato ao pressuposto normativo-abstrato, existindo sempre, nessa medida, uma valoração complementar do intérprete e, portanto, algo que corresponde ou se aproxima de uma escolha fundamentada entre as diversas alternativas jurídicas.

No que se refere à existência da discricionariedade judicial, verifica-se a permanência de uma acesa controvérsia no campo da ciência jurídica.

De um lado, há uma corrente de pensamento que entende que, em qualquer situação, o ato de julgar será sempre vinculado, na medida em que não há como se negar que na atividade jurisdicional existe apenas uma solução jurídica, a um determinado caso concreto. Não há várias decisões juridicamente possíveis, ou meios possíveis para a consecução da aplicação da lei. Segundo esta concepção, os julgadores podem ter opiniões distintas, até mesmo opostas, sobre uma mesma questão de fato e de direito. Ainda assim, a verdade jurídica escolhida ao caso concreto afigura-se como a única solução justa *a priori*, ainda que venha a ser substituída em grau de recurso, pelo que essa realidade não desnatura a decisão judicial como decisão vinculada.

Em que pesem estes argumentos, parece que o ato de julgar é, sim, atividade discricionária. Ao magistrado cabe optar pela melhor interpretação do texto legal, tendo em vista a realização de seus valores e fins, figurando tal opção hermenêutica como o resultado do exercício de um poder discricionário.

Trata-se do que Ronald Dworkin (1997, p. 32) admitiu como discricionariedade em sentido fraco, entendida como a aplicação, por funcionários, de critérios estabelecidos por uma autoridade superior, ou mais especificamente, na escolha, pelo juiz, entre critérios que um homem razoável poderia interpretar de diferentes maneiras, diferentemente da discricionariedade em sentido forte, que significa a ausência de vinculação legal a padrões previamente determinados, ou seja, a ideia de que os padrões existentes não impõem qualquer dever legal sobre o juiz para que decida de uma determinada forma.

Não há, portanto, como negar a ideia de discricionariedade judicial, se entendermos a discricionariedade como um poder conferido ao intérprete de oferecer, com algum grau de liberdade, a solução hermenêutica mais razoável para um dado caso concreto, em face da relativa indeterminabilidade normativa.

Como bem assinala Karl Engisch (1988, p. 226), de modo algum se pode afirmar *a priori* que a sede do poder discricionário seja exclusivamente a administração – que, portanto, poder discricionário e discricionariedade administrativa se identifiquem. Abstraindo de todo da "discricionariedade do legislador" e da "discricionariedade do governo", é plenamente defensável o ponto de vista de que também existe o poder discricionário judicial.

Sendo assim, o legislador se confessa impotente para prever e prover, em face da riqueza infinda do real e por isso confia no aplicador da lei. Na norma genérica está, contudo, prevista a intenção clara de que essa aplicação se faça a melhor possível, a mais certa possível, justa e adequada, às exigências do caso. Eis por que discrição não se confunde com arbítrio desordenado ou com arbitrariedade.

Discorrendo sobre o tema, Alessandro Raselli (1975, p. 388) leciona que quando o juiz exercita um poder discricionário, deve ele determinar que coisa atende à exigência referida na lei, para dar um conteúdo à vontade expressa nesta mesma lei: deve escolher, entre os vários comportamentos possíveis, aquele que melhor corresponde a esta exigência. A atividade do juiz não é uma volição completa, porque a determinação final de impor um dado comportamento é já feita pelo legislador.

Deste modo, o ato judicial é discricionário, em nada se confundindo com um ato arbitrário, pois a discricionariedade está calcada dentro da legalidade e exige, obrigatoriamente, uma motivação na tomada da decisão considerada mais justa ao caso concreto, como sucede, por exemplo, nas hipóteses de gradação da pena, concessão de tutela antecipada e mensuração dos danos morais.

CAPÍTULO SETE

INTERPRETAÇÃO DO DIREITO E O PAPEL DA JURISPRUDÊNCIA

O TERMO *JURISPRUDÊNCIA* É POLISSÊMICO, VISTO QUE pode designar tanto o conhecimento científico do direito quanto indicar uma das manifestações da normatividade jurídica, integrante da categoria conhecida como "fontes do direito". Para os limites da presente obra, o vocábulo "jurisprudência" deve ser entendido na segunda acepção, como a reiteração de julgamentos num mesmo sentido, capaz de criar um padrão normativo tendente a influenciar futuras decisões judiciais.

Neste sentido, Orlando Gomes (1977, p. 62) observa que a jurisprudência se forma mediante o labor interpretativo dos tribunais, no exercício de sua função específica. Interpretando e aplicando o direito positivo, é irrecusável a importância do papel dos Tribunais na formação do direito, sobretudo porque se lhe reconhece, modernamente, o poder de preencher as lacunas do ordenamento jurídico no julgamento de casos concretos.

Sendo assim, a jurisprudência é tradicionalmente situada como uma fonte formal e estatal do direito. Diz-se que é formal, porque a jurisprudência veicula, em seus condutos institucionais, o complexo de dados econômicos, políticos e ideológicos que se afiguram como fontes materiais do direito. Por sua vez, afirma-se a sua natureza estatal, ante a constatação de que as normas jurisprudenciais são produzidas por um órgão do Estado: o Poder Judiciário.

Nos sistemas anglo-saxônicos de *common law*, marcado pela força dos costumes e dos precedentes judiciais, a jurisprudência é considerada ainda uma fonte direta e imediata do direito, enquanto, nos sistemas romano-germânicos de *civil law*, caracterizados pela primazia da lei, a jurisprudência é vislumbrada pela maioria dos estudiosos como uma fonte indireta ou mediata do direito.

Este entendimento decorre das próprias especificidades de tais sistemas jurídicos. No *common law*, o precedente judicial sempre teve força preponderante na aplicação do direito, adquirindo relevo a doutrina do *stare decisis*. O efeito vinculante do precedente judicial decorre do próprio funcionamento do sistema, encontrando-se arraigado na própria compreensão da atividade jurisdicional. A seu turno, no *civil law*, esse papel preponderante é assumido pela lei, como ponto de partida para a compreensão do direito, desempenhando a jurisprudência uma função subsidiária.

Como bem assinalam Cintra, Grinover e Dinamarco (1997, p. 92), é controvertida a inclusão da jurisprudência entre as fontes do direito nos sistemas romanísticos. De um lado, encontram-se aqueles que, partindo da ideia de que os juízes e tribunais apenas devem julgar de acordo com o direito já expresso por outras fontes, dele não se podem afastar. De outro lado, os que entendem que os próprios juízes e tribunais, através de suas decisões, dão expressão às normas jurídicas até então declaradas por qualquer das outras fontes.

Não obstante persistir aceso o debate sobre a normatividade da jurisprudência, quer parecer-nos que a sua condição de fonte do direito não pode ser negligenciada, seja nos sistemas anglo-saxônicos de *common law*, seja nos sistemas romano-germânicos de *civil law*. Isto porque, no âmbito do processo decisório, os julgadores criam uma norma jurídica para o caso concreto, o que permite asseverar o papel criativo e construtivo do magistrado, no desenvolvimento da interpretação jurídica, bem como atribuir à jurisprudência a condição de fonte do direito, como modo de manifestação da normatividade jurídica.

Neste sentido, afirma Eros Grau (2002, p.18) que a norma jurídica é produzida para ser aplicada a um caso concreto. Essa aplicação se dá mediante a formulação de uma decisão judicial, uma sentença, que expressa a norma de decisão. Este, que está autorizado a ir além da interpretação tão somente como produção das normas jurídicas, para dela extrair normas de decisão, é aquele que Kelsen chama de intérprete autêntico: o juiz.

Não há, pois, como negar que a jurisprudência seja, inclusive, fonte imediata e direta do direito, mesmo nos sistemas romanísticos. Primeiro, porque veicula a interpretação e aplicação da norma positiva, dando-lhe inteligência e precisando o alcance do direito em tese; segundo, porque aplica os princípios gerais, a equidade, a analogia, na falta de uma norma específica e explícita; e, por último, porque tem uma força construtiva e preservativa da uniformidade dos julgados e da unidade do direito.

No sistema jurídico brasileiro, o reconhecimento de que jurisprudência pode figurar como fonte direta e imediata do direito é fortalecido à medida que se constata a sua progressiva aproximação ao paradigma anglo-saxônico do *common law* nas últimas décadas, como se depreende dos seguintes fenômenos: a consagração do poder normativo da Justiça do Trabalho; o aprimoramento dos mecanismos de uniformização jurisprudencial; o prestígio das súmulas dos tribunais superiores, mormente daquelas oriundas do Supremo Tribunal Federal; a previsão legal da súmula impeditiva de recurso; e a positivação constitucional da súmula vinculante, sob a inspiração da doutrina conhecida como *stare decisis*.

O papel hermenêutico da criação judicial pode ser vislumbrado com o fenômeno das mudanças jurisprudenciais.

O reconhecimento da mudança jurisprudencial só se afigura possível com a constatação de que a jurisprudência desponta como fonte de direito justo, capaz de acompanhar as exigências axiológicas da sociedade. Considerando o direito como um fenômeno histórico-cultural e o sistema jurídico como sistema aberto à realidade social, deve-se reconhecer o papel criativo e construtivo do julgador, bem como a capacidade de as decisões judiciais engendrarem uma normatividade jurídica antenada com os valores comunitários.

Decerto, as técnicas de interpretação judicial da lei variam conforme a ideologia que guia a atividade do juiz e o modo como este concebe o seu papel e a sua missão, a concepção dele do direito e suas relações com o Poder Legislativo. O papel do juiz, porém, foi concebido de maneiras bastante diversas através dos tempos.

É célebre a lição de Montesquieu (1996, p. 171) segundo a qual se os tribunais não devem ser fixos, devem-nos os julgamentos, a tal ponto que não sejam estes jamais senão um texto preciso da lei, sendo os juízes apenas a boca que pronuncia as palavras da lei. Entendia-se, portanto, que o juiz deveria aplicar literalmente a lei. Tradicionalmente, na mentalidade dos juízes, especialmente nos sistemas de *civil law*, prevalecia a aplicação mecânica da lei, evitando-se, na interpretação, questões valorativas.

As teorias contemporâneas sobre interpretação jurídica abandonaram essa posição, justificando esse papel construtivo do juiz, como fundamento para a realização da justiça. Logo, a lei passa a ser apenas uma referência, dela devendo o juiz extrair a interpretação que melhor se ajuste ao caso concreto, ainda que, para tanto, tenha de construir um novo entendimento sobre a lei. É forçoso reconhecer a vitalidade da interpretação construtiva dos juízes e tribunais, pelo que a hermenêutica ganha hoje sempre mais vigor diante da rapidez com que a realidade social se transforma, atrelada à realização axiológica do direito justo.

Tratando do tema, vislumbra Eros Roberto Grau (2002, p. 112), duas ideologias capazes de orientar a interpretação judicial: a estática e a dinâmica.

De um lado, a ideologia estática da interpretação jurídica tem como valores básicos a certeza, a estabilidade e a previsibilidade, que são os chamados valores estáticos. Segundo esses valores, a norma jurídica deve possuir um significado imutável, determinado pela vontade do legislador, de modo que se deve utilizar somente as interpretações sistemática e literal, já que o conteúdo da norma é aquele positivado, que não pode sofrer alterações em nome da garantia dos mencionados valores.

A seu turno, a ideologia dinâmica da interpretação jurídica considera que a interpretação é atividade que adapta o direito às necessidades presentes e futuras da vida social. Segundo essa ideologia, portanto, a interpretação é atividade criadora. Neste sentido, há criação normativa judicial porque: a) as decisões judiciais, como as dos órgãos legislativos, possuem uma eficácia geral; b) as decisões dos juízes são normas individuais; c) a decisão judicial supõe a criação de uma norma geral que serve de justificação à sentença e que é produto da interpretação; d) em determinados casos (por exemplo, lacunas ou antinomias) os juízes, no processo de decisão judicial, formulam normas novas, não vinculadas a textos normativos preexistentes.

Decerto, a decisão judicial não decorre da pura aplicação da lei a um dado caso concreto. Assumindo a opção pela ideologia dinâmica, o ato de interpretar o direito figura como uma atividade valorativa, que revela a convicção do hermeneuta sobre a situação de fato e a norma jurídica. O juiz, quando interpreta o direito, jamais é neutro. Ele está revelando o seu conjunto de valores, que serve de inspiração na descoberta da regra ou princípio jurídico adequado ao caso concreto.

Com efeito, a prática judicial tem demonstrado que, em muitas circunstâncias, a interpretação jurídica, adaptando a lei à realidade social, conduz a uma decisão mais justa. Gradativamente, esse papel construtivo do juiz está ganhando vigor, porquanto o magistrado exerce função criadora, uma vez que reconstrói o fato, pondera as circunstâncias relevantes, escolhendo a norma a ser aplicada de modo mais justo.

Sobre a legitimidade da mudança jurisprudencial, refere J. J. Gomes Canotilho (1991, p. 1.153) que a necessidade de uma permanente adequação dialética entre o programa normativo e a esfera normativa justifica a aceitação de transições constitucionais que, embora traduzindo a mudança de sentido de algumas normas provocada pelo impacto da evolução da realidade constitucional, não contrariam os princípios estruturais da ordem jurídico-constitucional, pelo que o reconhecimento destas mutações constitucionais silenciosas se afigura como um ato legítimo de interpretação constitucional.

Exemplos de mudança jurisprudencial não faltam na história do direito brasileiro, a revelar o papel criativo dos juízes e tribunais: ampliação do controle de inconstitucionalidade por omissão dos Poderes Públicos por meio do princípio da máxima efetividade dos direitos fundamentais; reconhecimento do furto famélico, através da relativização da legalidade estrita pelo princípio da insignificância; consolidação da possibilidade do exercício abusivo dos direitos subjetivos; relativização da autonomia da vontade pela adoção da teoria da imprevisão; utilização dos princípios da boa-fé e do enriquecimento sem causa nas relações privadas; o reconhecimento da sociedade de fato antes mesmo da regulamentação legislativa da união estável; criação jurisprudencial dos institutos do abandono afetivo, dos alimentos gravídicos e da guarda compartilhada no direito de família pátrio; e a admissão da possibilidade do aborto de fetos anencefálicos a partir de uma interpretação sistemática e teleológica dos princípios constitucionais da dignidade humana e da liberdade das gestantes.

CAPÍTULO OITO

INTERPRETAÇÃO DO DIREITO, *STARE DECISIS* E TEORIA DOS PRECEDENTES

A EXPRESSÃO *STARE DECISIS* DECORRE DO BROCARDO latino *stare decisis et non quieta movere*, o qual significa "mantenha-se a decisão e não se moleste o que foi assentado". Ela se refere a uma doutrina de submissão aos precedentes judiciais, largamente utilizado nos países da tradição anglo-saxônica do *common law*, os quais vivenciam o costume e a jurisprudência como principal fonte do direito, aplicando a ordem jurídica através de um raciocínio lógico-dedutivo, a exemplo do que sucede na Inglaterra e nos Estados Unidos da América do Norte.

Como destaca René David (1998, p. 367), o direito, quer para um jurista americano, quer para um jurista inglês, é concebido essencialmente sob a forma de um direito jurisprudencial, pois as regras formuladas pelo legislador, por mais numerosas que sejam, são consideradas com uma certa dificuldade pelo jurista que não vê nelas o tipo normal da regra de direito, sendo só verdadeiramente assimiladas ao sistema de direito americano quando tiverem sido aplicadas pelos tribunais e quando se tornar possível, em lugar de referirem a elas, mencionarem-se às decisões judiciárias que as invocaram.

Os ordenamentos jurídicos do *common law* diferem da família romano-germânica do *civil law*, que engloba aquelas nações que, por razões históricas diversas, valorizam a legislação como principal fonte do direito, priorizando uma aplicação lógico-dedutiva da normatividade jurídica, a exemplo do que ocorre no Brasil.

Atualmente, verifica-se uma crescente diluição das fronteiras que separavam as experiências jurídicas de *common law* e *civil law*, por força do recrudescimento dos intercâmbios culturais entre as nações, havendo hoje uma clara ampliação do papel da lei nas nações ligadas à tradição do *common law* e, de outro lado, a valorização das fontes jurisprudenciais do direito e da sistemática do *stare decisis* nos países da tradição romano-germânica, processo este de transição paradigmática que está em curso no ordenamento jurídico brasileiro, mormente após o advento da Constituição Federal de 1988 e do Código de Processo Civil brasileiro de 2015.

Historicamente, a doutrina do *stare decisis* foi reconhecida em 1898, no caso *London Trainways Company v. London County Council*, quando então a Câmara dos Lordes afirmou a obrigatoriedade de nortear-se por suas próprias decisões, declarando também a eficácia externa de seus julgados a todos os tribunais de escalão inferior.

Como bem assinala Thomas Bustamante (2012, p. 83), a atribuição de efeito vinculante a determinadas decisões judiciais, mais do que uma realidade estritamente inglesa, constituiu, durante a modernidade, instrumento jurídico amplamente difundido também no seio da família do *civil law*, em diferentes nações de origem romano-germânica, dada a concepção moderna de que seria indispensável à estruturação do Estado de Direito.

O precedente é a primeira decisão judicial que elabora e delineia uma tese jurídica, a qual deve ser utilizada para balizar as decisões posteriores a respeito de um dado assunto, cujo núcleo essencial pode servir como diretriz para o julgamento subsequente de conflitos de interesses que se revelem similares.

Não é outro o entendimento de Francisco Rosito (2012, p. 92), que conceitua o precedente como toda decisão anterior com relevância que pode projetar efeitos jurídicos ao futuro, condicionando o comportamento de distintos sujeitos em casos similares, o que denota a sua natureza normativa.

Saliente-se que o precedente pode ostentar caráter obrigatório ou natureza persuasiva. Na primeira hipótese, a *ratio decidendi* do julgado apresenta-se vinculante às instâncias hierarquicamente inferiores e ao próprio tribunal de origem. Na segunda acepção, a decisão da Corte de jurisdição mais elevada não vincula os julgadores de piso, mas a autoridade que formulou os respectivos argumentos produz um efeito convincente, que implica a replicação prática da tese jurídica adotada.

Cumpre, contudo, diferenciar a noção de precedente do conceito de decisão judicial, porquanto todo precedente é decisão judicial, mas nem toda decisão judicial está revestida dos atributos que permitem caracterizá-la como um verdadeiro precedente.

Como bem assinala Hermes Zaneti Jr. (2015, p. 328), os precedentes não se confundem também com as decisões judiciais, porquanto elas, mesmo que exaradas pelos tribunais superiores, poderão não constituir precedentes. Não será precedente a decisão que: a) apenas refletir a interpretação dada a uma norma legal vinculativa; b) somente citar uma decisão anterior, sem fazer qualquer especificação nova ao caso concreto; e c) apenas se limitar a indicar a subsunção de fatos ao texto legal, sem apresentar conteúdo interpretativo relevante para o caso-atual e para os casos-futuros.

No tocante aos elementos constitutivos de um precedente, ele revela-se composto de duas partes distintas: a) as circunstâncias de fato que embasam a controvérsia; e b) a tese assentada na motivação do provimento decisório (*ratio decidendi* ou *holding* no contexto norte-americano).

Conforme os ensinamentos de José Rogério Cruz e Tucci (2004, p. 175), a *ratio decidendi* constitui a essência da tese jurídica suficiente para decidir o caso concreto e que vincula os julgamentos futuros. A *ratio decidendi* não é individuada pelo órgão julgador que profere a decisão. Cabe aos juízes, em momento posterior, ao examinarem-na como precedente, extrair a norma legal, abstraindo-a do caso, que poderá ou não incidir na situação concreta.

Deveras, quando o julgador decide uma lide, cria necessariamente duas normas jurídicas: a primeira, de caráter geral, resultante da interpretação dos fatos que deram origem à causa e de sua adequação ao direito objetivo; a segunda, de caráter individual, referente ao provimento específico emanado para resolver um dado conflito.

Logo, a fundamentação da decisão judicial engendra dois efeitos: o primeiro, para a solução de um determinado caso concreto, direcionado aos sujeitos da relação jurídica discutida; o outro, de ordem institucional, voltado à comunidade jurídica, a fim de oferecer um modelo de solução de conflitos para outros casos semelhantes.

Na visão de Francisco Rosito (2012, p. 107), a *ratio decidendi*, essência da tese jurídica pertinente para decidir o caso concreto (*rule of law*), é composta dos seguintes elementos: indicação dos fatos relevantes (*statement of material facts*); raciocínio lógico-jurídico usado na deliberação (*legal reasoning*); e o juízo decisório empregado na solução da lide (*judgement*).

Decerto, a norma geral criada pelo magistrado encontra-se intimamente vinculada aos fatos que lhe deram origem, pelo que é elemento fundamental da *ratio decidendi* a descrição do fato que oportunizou a controvérsia jurídica (*statement of material facts*), porquanto indissociável da tese jurídica acolhida pelo julgador. Essa dimensão fática da *ratio decidendi* se subdivide entre o fato principal e as circunstâncias, que são os eventos que circundam este fato como acontecimento primordial.

A descrição do fato e das circunstâncias afigura-se parte essencial do precedente judicial, pois o precedente consubstancia regra estrita, ligada aos fatos da demanda originária, razão pela qual ser indispensável a explicitação formal e permanente do acontecimento concreto como fundamento implícito da tese jurídica adotada.

A seu turno, o raciocínio judicial (*legal reasoning*) desponta como o segundo elemento do precedente, que integra a *ratio decidendi*, referindo-se ao caminho perseguido pelo julgador na operação subsuntiva da norma jurídica ao fato, que compreende os critérios de interpretação dos fatos e da indicação dos princípios e regras de direito aptos a contribuir para o processo hermenêutico.

Por derradeiro, o juízo decisório (*judgement*) apresenta-se como o elemento central da *ratio decidendi*, exprimindo a norma geral produzida ou a tese jurídica indicada como fundamento do provimento emanado no feito em julgamento.

De outro lado, convém também distinguir os conceitos de *ratio decidendi* e de *obiter dictum*, à medida que o efeito vinculante reside somente no elemento essencial da fundamentação, isto é, no juízo decisório que integra a *ratio decidendi*.

Com efeito, o *obiter dictum* consubstancia qualquer argumento adicional ou incidental, exposto na motivação do julgado, que se afigure como um juízo provisório ou secundário, não apresentando, portanto, influência relevante e substancial para a tomada de uma decisão judicial e a respectiva solução de uma dada causa.

Como bem salienta Tiago Lima (2013, p. 171), as manifestações de *obiter dictum* constituem meras ilações de cunho retórico, que constam numa determinada decisão judicial, em virtude do raciocínio lógico--jurídico do magistrado, mas que não podem ser consideradas como justificativas imprescindíveis para a conclusão judicial.

No que se refere às técnicas hermenêuticas de interpretação, aplicação e superação dos precedentes, podem ser elencados os seguintes instrumentos: a) *distinguishing;* b) *overruling;* c) *overriding;* d) *transformation;* e) *sinaling;* e f) *drawing of inconsistent distinctions.*

O *distinguishing* ou *distinguish* figura como uma técnica de interpretação e aplicação do precedente, utilizada para os casos em que houver diferença entre o caso concreto e o paradigma, seja pela falta de coincidência entre os fatos fundamentais discutidos e os que embasaram a *ratio decidendi* constante do precedente, seja porque, inobstante exista certa aproximação entre eles, alguma singularidade no caso em julgamento possibilita o afastamento da aplicação do precedente.

Nesse sentido, Thomas Bustamante (2013, p. 471) salienta que o *distinguishing* pode se manifestar de duas formas no plano da estratégia argumentativa, seja pelo reconhecimento de uma exceção direta à regra judicial invocada, justificada por circunstâncias especiais no caso em julgamento, seja pelo estabelecimento de uma exceção indireta, hipótese na qual os fatos do caso presente são reclassificados como algo diferente, com a finalidade de evitar a aplicação de um dado precedente judicial.

Nas hipóteses de *distinguishing,* o caso a ser julgado apresenta particularidades que não permitem aplicar adequadamente a jurisprudência do tribunal. Embora possa permanecer inalterada a norma de interpretação, que é a norma jurídica em si mesma, a norma de decisão não reproduz a literalidade da primeira, o que ocorre em razão de determinadas circunstâncias fáticas que recomendam o afastamento da regra.

Logo, a técnica do *distinguishing* refere-se a uma modalidade de afastamento do precedente judicial em que a regra da qual o tribunal se afasta permanece válida, mas não é aplicada com fundamento num discurso de aplicação no qual ou se estabelece uma exceção anteriormente não reconhecida, ou se utiliza um argumento *a contrario* para fixar uma interpretação restritiva da *ratio decidendi* do precedente invocado na hipótese de se concluir que o fato *sub judice* não pode ser subsumido ao precedente.

Convém ressaltar que a prerrogativa de criação do *distinguishing* está longe de significar uma autorização para o magistrado desobedecer precedentes, não bastando ao julgador apontar pretensas situações diferentes, devendo, ao revés, a distinção residir em fatos fundamentais e capazes de oferecer uma justificativa convincente para possibilitar a superação hermenêutica.

De outro lado, o *overruling* é um procedimento hermenêutico de superação jurisprudencial através do qual um precedente perde a sua força vinculante, sendo então substituído por outra *ratio decidendi*.

Conforme a lição precisa de Fredie Didier Jr. (2009, p. 393), o *overruling*, a exemplo da revogação de uma lei por outra, pode ocorrer de forma expressa ou tácita, conforme o tribunal manifeste seu interesse patente em assumir uma nova orientação hermenêutica, abandonando a anterior, ou adote posição contrária à previamente esposada, sem, contudo, dispor diretamente sobre o assunto.

A ocorrência do *overruling* pode ser justificada por uma série de razões, a saber: a modificação das condições econômicas, políticas e culturais de uma sociedade; a mudança de composição do tribunal que formulou o precedente; a revogação do dispositivo normativo que servia de fundamento decisório; ou a violação direta ao conteúdo de determinado precedente.

Por sua vez, o *overriding* refere-se à técnica mediante a qual o tribunal, sem adotar uma revogação expressa, limita ou restringe o âmbito de incidência de determinado precedente. Esse instituto parece uma revogação parcial, mas não se confunde com ela, porquanto não se cogita da invalidação do precedente, mas da inaplicabilidade do conteúdo integral do paradigma a determinado caso concreto, tendo em vista a emergência de novos fatores sociais.

Decerto, a diferenciação efetuada pelo *overriding* parte da premissa de que a lide anterior, caso fosse vista sob o ângulo da nova situação e da nova exegese, teria outra solução interpretativa, pelo que, embora não signifique revogação, o seu resultado afigura-se incompatível com o precedente.

A seu turno, a *transformation* apresenta-se como uma modificação substancial no conteúdo do precedente, sem a manifestação expressa do tribunal no sentido da revogação. Essa técnica consiste na imputação de relevância aos fatos que, no precedente, foram qualificados como incidentais, sendo então conferido um novo significado interpretativo, mediante a atualização ou releitura da decisão.

Conforme salienta Luiz Marinoni (2013, p. 334), a *transformation* tem a vantagem de conferir maior estabilidade ao sistema de precedentes, na medida em que não implica o reconhecimento necessário da ocorrência de erro no julgamento anterior, diferentemente do que sucede no *overruling*, quando o tribunal admite não apenas um equívoco na tese jurídica que embasou as decisões pretéritas, mas também a verdadeira falha no julgamento realizado, cujo resultado poderia ter sido diverso, caso inexistente a *ratio decidendi* superada.

De outro lado, o instituto denominado *sinaling* é uma técnica de sinalização, situada entre o *distinguishing* e o *overruling*, através da qual o tribunal não revoga o precedente, deixando aparente que o caso em julgamento não se diferencia, em essência, dos que já haviam sido apreciados para a formação da jurisprudência vigente. Resta assim mantido o precedente unicamente em virtude da segurança jurídica, da previsibilidade dada aos jurisdicionados e da confiança que o Estado deve tutelar.

Deveras, por meio do *sinaling*, o tribunal reconhece que o conteúdo do precedente resta equivocado ou não mais deve subsistir. Em homenagem à segurança jurídica, a corte aplica, contudo, o entendimento do julgado anterior, cientificando a comunidade jurídica da sua inconsistência e da tendência de sua futura revogação.

Por último, registra-se a técnica norte-americana das *drawing of inconsistent distinctions*, também passível de utilização no âmbito hermenêutico-processual. Essas distinções inconsistentes consubstanciam um artifício pelo qual o tribunal, sem revogar o precedente que o embasa, deixa de aplicar parte de determinado entendimento, à semelhança do que ocorre com o *overriding*. Diferentemente deste, contudo, a tese adotada no julgamento corrente não se revela compatível com a *ratio decidendi* do paradigma, uma vez que inexistem novas condicionantes sociais ou legais.

A justificativa da adoção de distinções inconsistentes é a hipótese de o tribunal não estar completamente convencido de que o entendimento anterior deve ser revogado, utilizando-se da distinção inconsistente como etapa provisória para uma revogação total, possibilitando assim a tutela dos jurisdicionados que confiaram na parte essencial de determinado precedente.

Em face de todo o exposto, pode-se afirmar que a doutrina de *stare decisis* e as respectivas técnicas hermenêuticas de interpretação, aplicação e superação dos precedentes demonstram o notável esforço da ciência jurídica para conceber e operacionalizar uma engrenagem institucional capaz de conferir aos tribunais a previsibilidade e a estabilidade no plano decisório, bem como a flexibilidade necessária para o tratamento mais justo das especificidades dos casos concretos pelos órgãos judicantes.

Desse modo, embora a doutrina de *stare decisis* e as respectivas técnicas hermenêuticas de interpretação, aplicação e superação dos precedentes apresentem eventuais limites e possam ser pontualmente incompatíveis com as especificidades do direito brasileiro, mais ligado à família jurídica romano-germânica, constata-se a indubitável relevância desta sistemática para o desenvolvimento dos processos decisórios, possibilitando a preservação da isonomia, da estabilidade e da integridade do ordenamento jurídico.

CAPÍTULO NOVE

INTERPRETAÇÃO DO DIREITO E A FUNÇÃO HERMENÊUTICA DAS SÚMULAS

NO ATUAL CENÁRIO PÓS-POSITIVISTA DO DIREITO OCIDENTAL, marcado pela visível diluição das fronteiras do *civil law* e do *commom law* e pelo crescente protagonismo hermenêutico do Poder Judiciário, não há como negar que a jurisprudência desponta como uma fonte jurídica direta, apta a regular bilateralmente o comportamento de agentes públicos e privados, por meio do estabelecimento de direitos subjetivos e deveres jurídicos.

Com efeito, a jurisprudência pode ser entendida como um conjunto de decisões judiciais, prolatadas no mesmo sentido pelos tribunais sobre um dado tema, constituindo-se por precedentes que são empregados como fundamentação jurídica em outros casos semelhantes. Ela colmata e aperfeiçoa a própria legislação, ao preencher lacunas jurídicas existentes e reconhecer direitos subjacentes na ordem jurídica.

Após a sistemática reiteração desses julgados e a constante observância dos precedentes sobre litígios similares, a jurisprudência vai, gradativamente, assentando-se no âmbito de uma dada comunidade jurídica. Esse processo de maturação decisória pode conduzir à elaboração de uma súmula. Quando a jurisprudência se torna dominante no tribunal, o órgão judicante pode formular o respectivo enunciado sumular.

Etimologicamente, o vocábulo súmula provém do latim *summula*, significando sumário ou índice de algo. Ela figura como meio de uniformização da jurisprudência assentada dos tribunais, a qual corporifica as suas proposições hermenêuticas sobre diversos assuntos controvertidos. A súmula consubstancia um enunciado que exprime, sintetiza e consolida o entendimento jurisprudencial acumulado do Poder Judiciário sobre a validade, a eficácia, a interpretação, e a aplicação de normas jurídicas, a fim de orientar a comunidade jurídica.

Como bem leciona Encarnacion Lor (2009, p. 17), a súmula ultrapassa os casos concretos originários, servindo de referencial em julgamentos posteriores sobre a mesma controvérsia, promovendo, em relação ao próprio tribunal responsável por sua criação, uma padronização hermenêutica para a tomada de futuras decisões judiciais.

Deveras, a súmula resulta de um longo processo de convergência de reiteradas deliberações nas instâncias judiciárias superiores, implicando a fixação das teses abstratas a serem seguidas pelos julgadores, a fim de potencializar a realização de valores essenciais como a segurança jurídica, a estabilidade institucional, a previsibilidade decisória, a coerência sistêmica e a igualdade no tratamento dos jurisdicionados.

Cumpre, todavia, não confundir o precedente com um enunciado sumular, embora sejam institutos umbilicalmente ligados.

Nesse diapasão, Luiz Marinoni (2013, p. 215) assinala que o texto da súmula é editado pelo tribunal sem a presença das partes que protagonizaram os casos concretos que lhe deram origem, inexistindo, pois, para a súmula, legitimidade idêntica à de um precedente, formado com as garantias do contraditório e ampla defesa, sobretudo quando se pretenda atingir a incidência obrigatória do enunciado sobre a esfera jurídica de outros jurisdicionados, além do que as súmulas se desvinculam das circunstâncias do caso concreto, buscando apenas veicular um enunciado jurídico no plano geral, enquanto todo precedente exterioriza uma tese jurídica inseparável das especificidades da causa de origem.

Por sua vez, as súmulas podem ser geralmente agrupadas em duas categorias: as persuasivas e as vinculantes.

As súmulas são consideradas persuasivas quando não obrigam formalmente o cumprimento dos julgadores de instâncias inferiores, resguardando assim maior espaço de liberdade decisória para estes órgãos judicantes. Servem elas assim de norte hermenêutico para os juízes, sem, contudo, obstar a possibilidade do desenvolvimento de uma interpretação jurídica contrária ao quanto disposto no enunciado sumular.

As súmulas são caracterizadas como vinculantes quando obrigam formalmente a sua observância pelos julgadores de instâncias inferiores, limitando a esfera de liberdade decisória desses órgãos judicantes, ao vedarem a possibilidade de uma interpretação ou aplicação do direito que seja diversa daquele conteúdo posto no enunciado sumular.

Historicamente, a origem do direito sumular pode ser identificada na fase republicana do Direito Romano, matriz da família dos países de *civil law*, da qual faz parte o sistema jurídico brasileiro. No contexto romanístico, os editos formulados pelos pretores, que preenchiam as lacunas jurídicas então existentes, passaram a apresentar força de lei, não podendo ser modificados pela autoridade que os publicou, nem tampouco pelos posteriores julgadores.

Como bem salienta Sebastião Cruz (1969, p. 345), os editos, com o passar do tempo, passaram a ser repetidos e aproveitados pelo novo pretor, recebendo o nome de translatícia, transformando o *edictum* numa fonte autônoma do direito, como se fosse um verdadeiro texto legal.

Por sua vez, no âmbito do direito lusitano, cumpre destacar o papel dos assentos, instrumentos pelos quais os tribunais superiores portugueses, com o fim de buscar uma harmonização dos julgados, atribuíam coatividade às suas respectivas decisões judiciais, fixando julgamentos paradigmáticos em casos similares no futuro.

De acordo com José de Oliveira Ascensão (2001, p. 339), ao assento se referia o próprio capítulo das fontes do direito civil português, o qual preceituava que, nos casos regulados pela legislação, podiam os tribunais fixar, por meio de assento, uma doutrina com força obrigatória geral no conjunto do ordenamento jurídico.

No que se refere ao direito brasileiro, ainda durante o período colonial, os assentos vinculantes foram instituídos pelas Ordenações Manuelinas, no ano de 1521, sendo aprimorados, em momento ulterior, pelas Ordenações Filipinas, que os denominou de assentos da Casa de Suplicação.

Após a independência e o advento da fase imperial, o Decreto Legislativo nº 2.684/1875, disciplinado pelo Decreto nº 6.142/1876, conferiu força normativa aos assentos da Casa de Suplicação de Lisboa, bem como reconheceu a competência do Supremo Tribunal de Justiça para criá-los, até que viessem a ser revogados pelo Poder Legislativo, sendo, contudo, extintos por conta da Proclamação da República.

Posteriormente, por inspiração do então Ministro do Supremo Tribunal Federal Victor Nunes Leal, foi então instituída a chamada súmula de jurisprudência dominante, através da Emenda Regimental datada de 28 de março de 1963, para aumentar a celeridade processual e padronizar a prestação jurisdicional. Embora tenha sofrido, de início, severas críticas de juristas, com o passar do tempo, o instituto obteve, gradativamente, a aceitação pela comunidade jurídica brasileira.

A seu turno, o Código de Processo Civil de 1973, inovando em face do Código de 1939, previu o incidente de uniformização de jurisprudência, regulado nos artigos 476 a 479 daquele diploma legal, da seguinte forma: a) o juiz, ao dar o voto na turma, câmara, ou grupo de câmaras, deveria solicitar o pronunciamento prévio do tribunal acerca da interpretação do direito quando verificasse que, a seu respeito, havia divergência ou quando, no julgamento recorrido, a interpretação fosse diversa da que lhe houvesse dado outra turma, câmara, grupo de câmaras ou câmaras cíveis reunidas; b) a parte poderia, ao arrazoar o recurso ou em petição avulsa, requerer, fundamentadamente, que o julgamento obedecesse ao novel instrumento; c) o acórdão, reconhecida a divergência, seria lavrado, indo os autos ao presidente do tribunal para designar a sessão de julgamento; d) o tribunal, admitida a divergência, daria a interpretação a ser observada, cabendo a cada juiz emitir o seu voto em exposição fundamentada; e) o julgamento, tomado pelo voto da maioria absoluta do tribunal, seria objeto de súmula e constituiria precedente na uniformização da jurisprudência; e f) os regimentos internos versariam sobre a publicação no órgão oficial das súmulas de jurisprudência predominante.

Decerto, o incidente de uniformização de jurisprudência objetivava a formação de precedentes de aspirações persuasivas no âmbito dos tribunais brasileiros, propiciando a pacificação da interpretação de questões jurídicas, representando a semente de uma política de valorização do precedente judicial no ordenamento jurídico pátrio, processo que recrudesceu nas décadas seguintes, fruto das reformas processuais sucessivamente implementadas.

O direito sumular ganhou ainda mais forte impulso com o advento da Constituição Federal de 1988, que, ao prever inúmeros direitos e garantias fundamentais dos cidadãos, fortaleceu o sistema de justiça, ampliando o rol de competências e de instrumentos processuais postos à disposição das instituições relacionadas à prestação jurisdicional, possibilitando o desenvolvimento de uma jurisprudência progressista e construtiva, que desembocou na produção de inúmeras súmulas.

Naquele contexto institucional-normativo, os precedentes e as súmulas persuasivas apresentavam mera força retórica, influindo apenas na convicção dos magistrados de instâncias inferiores, sem obrigá-los, entretanto, a aderir à tese fixada. O crescimento exponencial das demandas fez, todavia, com que a edição das súmulas persuasivas não se revelasse mais suficiente para reduzir o número de processos em curso nos tribunais.

Diante dos clamores crescentes da comunidade jurídica e da opinião pública pelo aumento da eficiência da máquina judiciária, foi introduzido o instituto da súmula vinculante na ordem jurídica pátria.

Deveras, com a promulgação da Emenda Constitucional nº 45/2004, instrumento da reforma do Poder Judiciário, foi implantada a súmula vinculante do Supremo Tribunal Federal, posteriormente regulada pela Lei nº 11.417/2006. As súmulas vinculantes vieram juntar--se às antigas súmulas persuasivas, conferindo-se ao Supremo Tribunal Federal a elevada prerrogativa de estabelecer enunciados sumulares de cunho obrigatório para todos os membros que integram as estruturas judiciária e administrativa do Estado brasileiro.

A súmula vinculante tem por finalidade a validade, a interpretação e a eficácia de normas determinadas, acerca das quais haja controvérsia atual entre órgãos judiciários ou entre esses e a Administração Pública que acarrete grave insegurança jurídica e relevante multiplicação de processos sobre questão idêntica.

Como bem ressalta Monica Sifuentes (2005, p. 161), as súmulas vinculantes podem ser hoje qualificadas como verdadeiras fontes do direito, porquanto possuem imperatividade coercitiva aos órgãos jurisdicionais, à administração pública e à sociedade em geral, além de contemplarem requisitos parecidos com a norma jurídica, tais como os critérios da generalidade e abstração.

Com efeito, o art. 103-A da Carta Magna de 1988 foi acrescentado pela Emenda Constitucional nº 45/2004, o qual estabelece que o

Supremo Tribunal Federal pode, de ofício ou por provocação, mediante decisão de 2/3 dos seus membros, após reiteradas decisões sobre matéria constitucional, aprovar súmula que, a partir de sua publicação na imprensa oficial, terá efeito vinculante em relação aos demais órgãos do Poder Judiciário e à Administração Pública direta e indireta, nas esferas federal, estadual e municipal, bem como proceder à sua revisão ou cancelamento, na forma da lei.

Coube ainda à Lei Federal nº 11.417/2006 disciplinar o art. 103-A da Constituição Federal de 1988 para disciplinar a edição, a revisão e o cancelamento de enunciado de súmula vinculante pelo Supremo Tribunal Federal, além de dar outras providências.

Conforme os ensinamentos de Rodolfo Mancuso (2010, p. 344), a súmula de efeito vinculante apresenta uma gênese diferenciada da súmula persuasiva, porquanto só pode ser revista, emitida ou cancelada pelo Supremo Tribunal Federal, incidindo sobre validade, interpretação ou eficácia de norma determinada, de conteúdo constitucional, sobre a qual se registra controvérsia atual entre órgãos judiciais ou entre estes e a Administração Pública, de tal sorte a poder provocar grave insegurança jurídica e relevante multiplicação de processos sobre questão idêntica.

Por sua vez, são legitimados a propor a edição, a revisão ou o cancelamento de enunciado de súmula vinculante: I – o Presidente da República; II – a Mesa do Senado Federal; III – a Mesa da Câmara dos Deputados; IV – o Procurador-Geral da República; V – o Conselho Federal da Ordem dos Advogados do Brasil; VI – o Defensor Público-Geral da União; VII – partido político com representação no Congresso Nacional; VIII – confederação sindical ou entidade de classe de âmbito nacional; IX – a Mesa de Assembleia Legislativa ou da Câmara Legislativa do Distrito Federal; X – o Governador de Estado ou do Distrito Federal; XI – os Tribunais Superiores, os Tribunais de Justiça de Estados ou do Distrito Federal e Territórios, os Tribunais Regionais Federais, os Tribunais Regionais do Trabalho, os Tribunais Regionais Eleitorais e os Tribunais Militares.

De outro lado, o Município pode propor, incidentalmente ao curso de processo em que seja parte, a edição, a revisão ou o cancelamento de enunciado de súmula vinculante, o que não autoriza a suspensão do processo e, no procedimento de edição, revisão ou cancelamento de enunciado da súmula vinculante, o relator pode admitir, por decisão irrecorrível, a manifestação de terceiros na questão, nos termos do Regimento Interno do Supremo Tribunal Federal.

A seu turno, a edição, a revisão e o cancelamento de enunciado de súmula com efeito vinculante dependem de decisão tomada por 2/3 dos membros do Supremo Tribunal Federal, em sessão plenária. No prazo de 10 dias após a sessão na qual editar, rever ou cancelar enunciado de súmula com efeito vinculante, o Supremo Tribunal Federal fará publicar, em seção especial do *Diário da Justiça* e do *Diário Oficial da União*, o enunciado respectivo.

Cumpre mencionar que a súmula com efeito vinculante tem eficácia imediata, mas o Supremo Tribunal Federal, por decisão de 2/3 dos seus membros, pode restringir os efeitos vinculantes ou decidir que só tenha eficácia a partir de outro momento, tendo em vista razões de segurança jurídica ou de excepcional interesse público.

Ademais, revogada ou modificada a lei em que se fundou a edição de enunciado de súmula vinculante, o Supremo Tribunal Federal, de ofício ou por provocação, pode proceder à sua revisão ou cancelamento, conforme o caso, sendo que a proposta de edição, revisão ou cancelamento de enunciado de súmula vinculante não autoriza a suspensão dos processos em que se discuta a mesma questão.

Saliente-se ainda que, da decisão judicial ou do ato administrativo que contrariar enunciado de súmula vinculante, negar-lhe vigência ou aplicá-lo indevidamente cabe reclamação ao Supremo Tribunal Federal, sem prejuízo dos recursos ou outros meios de impugnação. Ao julgar procedente a reclamação, o Supremo Tribunal Federal anulará o ato administrativo ou cassará a decisão judicial impugnada, determinando que outra seja proferida com ou sem aplicação da súmula, conforme a hipótese.

O procedimento de edição, revisão ou cancelamento de enunciado de súmula com efeito vinculante obedece, subsidiariamente, ao previsto no Regimento Interno do Supremo Tribunal Federal.

Posteriormente, com a edição do Código de Processo Civil de 2015, estruturado na doutrina dos precedentes, a jurisprudência e o respectivo direito sumular adquiriram ainda maior relevo, tanto normativo, quanto institucional, por força de novos dispositivos legais que reforçaram o dever de criação, observância e aplicação de precedentes ou enunciados sumulares pelo Poder Judiciário, como se depreende do disposto nos artigos 926 a 928 do mencionado diploma legal.

Decerto, os tribunais devem uniformizar sua jurisprudência e mantê-la estável, íntegra e coerente, em homenagem aos princípios da segurança jurídica, da proteção da confiança e da igualdade, os quais devem nortear todos os processos decisórios no Estado Democrático de Direito.

A exigência de estabilidade consiste em impedir que os juízes e os tribunais decidam de qualquer modo, abandonando ou modificando, sem qualquer fundamentação consistente, as suas decisões já prolatadas sobre determinado assunto. Os julgadores devem respeitar sua jurisprudência, seus precedentes e seus enunciados sumulares. Isso não implica afirmar a imutabilidade como um dado absoluto, mas, em verdade, a modificação de enunciado de súmula, de jurisprudência pacificada ou de tese adotada em julgamento de casos repetitivos deve obedecer à necessidade de fundamentação adequada e específica, para que a transição do direito passado para o direito futuro ocorra de forma racional, sem mudanças bruscas e inesperadas.

Por sua vez, a exigência de integridade se refere à obrigação de observar a historicidade dos julgados, precedentes e enunciados sumulares que versam sobre a mesma matéria, devendo-se, pois, evitar que a mesma questão seja entendida de modo distinto pelos órgãos judicantes, havendo sempre a justificação da mudança na opção hermenêutica anteriormente adotada.

A seu turno, a exigência de coerência requer o tratamento isonômico exigido na resolução de casos análogos, a fim de impedir que os juízes e os tribunais deliberem de forma contraditória com as decisões pretéritas, excetuando o uso das técnicas de distinção ou superação dos precedentes.

Sendo assim, os tribunais brasileiros, em conformidade com os preceitos constantes do atual Código de Processo Civil e dos respectivos regimentos internos, devem hoje editar enunciados de súmula correspondentes a sua jurisprudência dominante, atendo-se às circunstâncias fáticas dos precedentes que motivaram sua criação.

Com efeito, a jurisprudência predominante pode ser convertida num enunciado sumular ou súmula, como resultado de um precedente que se constituiu em jurisprudência majoritária. O tribunal, ao verificar já ter firmado um entendimento majoritário, firme e constante acerca de uma determinada matéria jurídica, formaliza essa construção através de um verbete de súmula.

Frise-se, por oportuno, que não basta apenas informar o enunciado sumular ou súmula, mas, igualmente, as decisões judiciais oriundas dos processos nos quais uma dada questão foi discutida e decidida, devendo ser feita referência aos precedentes judiciais anteriores, possibilitando assim o conhecimento das circunstâncias que conduziram à feitura daquele verbete e as razões jurídicas que embasam aquele entendimento.

Cumpre ainda salientar que os regimentos internos dos tribunais devem prever um procedimento para construção de súmulas, bem como a sua modificação e eventual cancelamento, com a previsão de realização de audiências públicas e intervenção de terceiros, a fim de que haja o contraditório substancial a respeito da rediscussão da regra jurídica firmada.

Com o advento da referida codificação, os juízes e os tribunais estão ainda obrigados formalmente a observarem: as decisões do Supremo Tribunal Federal em sede de controle concentrado de constitucionalidade; os enunciados de súmula vinculante; os acórdãos em incidente de assunção de competência ou de resolução de demandas repetitivas e em julgamento de recursos extraordinário e especial repetitivos; os enunciados das súmulas do Supremo Tribunal Federal em matéria constitucional e do Superior Tribunal de Justiça em conteúdo infraconstitucional; e a orientação do plenário ou do órgão especial aos quais estiverem vinculados.

Outrossim, não se considera fundamentada qualquer decisão judicial que se limitar a invocar precedente ou enunciado de súmula, sem identificar seus fundamentos determinantes nem demonstrar que o caso concreto se ajusta àqueles fundamentos ou deixar de seguir enunciado de súmula, jurisprudência ou precedente invocado pela parte, sem demonstrar a existência de distinção no caso em julgamento ou a superação do entendimento, nos termos do art. 489, § 1º, V e VI, do vigente Código de Processo Civil pátrio.

Convém também salientar que a modificação de tese jurídica adotada em enunciado de súmula ou em julgamento de casos repetitivos poderá ser precedida de audiências públicas e da participação de pessoas, órgãos ou entidades que possam contribuir para a rediscussão da tese.

De outro lado, admite-se haver modulação dos efeitos da alteração no interesse social e no da segurança jurídica, na hipótese de mudança de jurisprudência dominante do Supremo Tribunal Federal e dos tribunais superiores ou daquela oriunda de julgamento de casos repetitivos.

Cumpre ressaltar que a alteração de enunciado de súmula, de jurisprudência pacificada ou de tese adotada em julgamento de casos repetitivos deve levar em conta a necessidade de fundamentação adequada e específica, considerando os princípios da segurança jurídica, da proteção da confiança e da isonomia.

Acrescente-se ainda, por oportuno, que os tribunais brasileiros são obrigados a conferir publicidade a seus precedentes, organizando-os por questão jurídica decidida e divulgando-os, preferencialmente, por intermédio da rede mundial de computadores.

Sem embargo da importância da súmula vinculante no sistema jurídico, a sua existência e funcionalidade ainda hoje geram acesa controvérsia.

Em favor da súmula vinculante, argumenta-se que esse instrumento hermenêutico-processual concretizaria, adequadamente, os princípios constitucionais da celeridade processual, da efetividade do processo, da economia processual, da segurança jurídica e da isonomia decisória.

Em sentido contrário, argumenta-se que violaria os princípios do devido processo legal, do duplo grau de jurisdição, do contraditório, da ampla defesa, do livre convencimento judicial e da separação dos poderes, além do risco do Supremo Tribunal Federal petrificar a ordem jurídica, dificultando o surgimento de posicionamentos jurisprudenciais mais antenados com a realidade social.

Os opositores às súmulas vinculantes alegam também que tais ferramentas jurisprudenciais acabariam por hipertrofiar o Supremo Tribunal Federal, oportunizando uma gama de excessos hermenêuticos e decisionismos arbitrários, típicos de uma verdadeira supremocracia ou juristocracia, comprometendo, por conseguinte, os alicerces institucionais e operacionais do Estado Democrático de Direito.

Não é outro o entendimento de Lênio Streck (2005, p. 113), para quem, com a edição de súmulas vinculantes, os tribunais passaram a ter um poder maior do que o parlamento, pois o Poder Judiciário acumulou as funções jurisdicional e legislativa, além de petrificar o sentido do texto, pelo que a vinculação sumular reforçou a prerrogativa de autorreprodução e de fechamento do sistema jurídico, através da atuação isolada do Supremo Tribunal Federal.

Inobstante as objeções feitas às súmulas vinculantes, não há como negar a notável expansão e o relevante papel do direito sumular no âmbito do ordenamento jurídico nacional, o qual figura como instrumento essencial à atividade judicante, em face dos notórios benefícios oportunizados aos jurisdicionados e magistrados na organização da jurisprudência dos tribunais.

Desse modo, no atual contexto de transição paradigmática pós-positivista e de dissolução das fronteiras tradicionais dos sistemas do *civil law* e do *common law*, a crescente utilização do direito sumular afigura-se como uma irreversível vertente no horizonte hermenêutico pátrio, a exigir dos profissionais e estudiosos do direito pátrio uma constante abertura cognitiva ao enfrentamento dos novos desafios teóricos e práticos oportunizados pela doutrina dos precedentes.

CAPÍTULO DEZ

INTERPRETAÇÃO DO DIREITO E A APARENTE DICOTOMIA SEGURANÇA JURÍDICA × JUSTIÇA

ASEGURANÇA SE AFIGURA COMO UM DOS VALORES MAIS importantes do plexo axiológico da experiência jurídica, sinalizando a importância da estabilidade e da previsibilidade nas relações sociais como meios para a concretização do direito justo.

Não se trata, contudo, de um valor absoluto, supostamente capaz de esgotar a ideia de justiça. Decerto, em nome do valor da segurança, o positivismo jurídico erigiu a primazia do direito positivo em face do direito natural, reduzindo o direito justo ao direito estampado no sistema normativo da ordem jurídica, independentemente de sua legitimidade e efetividade. Isto propiciou, ao longo da história do ocidente, experiências sociais muitas vezes trágicas, a exemplo dos arbítrios cometidos pelos regimes totalitários do século XX, sob o manto da legalidade.

Embora se revele limitada esta proposta de fundamentação positivista de direito justo, não há como negar que a segurança jurídica integra, ao lado dos demais valores jurídicos, a fórmula da realização da justiça no direito.

Segundo Carlos Aurélio Mota de Souza (1996, p. 269), segurança e justiça não se contrapõem, mas enquanto esta é, muitas vezes, um poder ético, desarmado, sua garantia de efetivação no direito repousa na materialidade objetiva da segurança jurídica.

Decerto, a segurança jurídica permite também a realização do direito justo, porque a ideia de justiça liga-se intimamente à ideia de ordem. No próprio conceito de justiça é inerente uma ordem, que não pode deixar de ser reconhecida como valor mais urgente, o que está na raiz da escala axiológica, mas é degrau indispensável a qualquer aperfeiçoamento ético.

Para que este valor possa ser realizado na órbita das relações jurídicas, a estimativa da segurança jurídica costuma ser corporificada em princípios constitucionais, enunciados em diversas Cartas Magnas do ocidente, como também sucede com a Constituição Federal de 1988. Com efeito, da leitura atenta do art. 5º da CF/88, extraem-se, dentre outros, diversos exemplos de sua concretização: irretroatividade da lei; autoridade da coisa julgada; respeito ao direito adquirido e ao ato jurídico perfeito; outorga de ampla defesa e contraditório aos acusados em geral; prévia lei para a configuração de crimes e cominação de penas; e o devido processo legal. Sendo assim, nos Estados Democráticos de Direito, o valor da segurança jurídica pode ser considerado um princípio basilar da ordem jurídico-constitucional, como forma de garantir a tutela dos direitos fundamentais do cidadão.

Por sua vez, a noção de certeza do direito está umbilicalmente ligada ao entendimento do que seja a segurança jurídica.

Segundo Carlos Aurélio Mota de Souza (1996, p. 25-26), a segurança se traduz objetivamente como um elemento anterior, através das normas e instituições positivadas no sistema jurídico, enquanto a certeza do direito se forma intelectivamente nos destinatários destas normas e instituições, como um elemento de convicção posterior. Desta forma, a segurança objetiva das leis confere ao cidadão a certeza subjetiva das ações justas, segundo o direito positivo.

De outro lado, os juristas procuram reforçar a certeza do direito no imaginário de cada cidadão, através do desenvolvimento das seguintes atividades: aplicação do princípio da legalidade; preenchimento das lacunas jurídicas; correção das antinomias jurídicas; simplificação da linguagem do legislador; aplicação da analogia a casos semelhantes; adequação à jurisprudência dominante, dentre outros exemplos.

A segurança e a certeza do direito são necessárias para que haja justiça e, pois, direito justo, visto que a desordem institucional e a desconfiança subjetiva inviabilizam o reconhecimento de direitos e o correlato cumprimento das obrigações jurídicas.

Deve-se, entretanto, ressaltar que não mais se aceita o argumento formalista, típico do positivismo jurídico, de que a segurança jurídica e a certeza bastariam para a materialização do direito justo. O sistema normativo, como expressão da cultura humana, está em permanente mudança, exigindo a apropriação de novos valores e fatos na experiência jurídica. Sendo assim, a segurança jurídica e a certeza do direito não são dados absolutos, nem tampouco a justificativa para que uma norma jurídica possa permanecer em vigor, mesmo que a sua aplicação, num dado caso concreto, esteja desprovida de efetividade e, sobretudo, legitimidade, por comprometer a ideia de justiça.

Exemplo ilustrativo é o debate atual sobre a possibilidade de relativização da coisa julgada, no panorama doutrinário e jurisprudencial brasileiro, visto que muitos estudiosos entendem que a consolidação das situações jurídicas pela coisa julgada deve quedar diante da constatação, em face de novos elementos probatórios, de eventuais injustiças cometidas contra uma das partes.

Deste modo, o valor da segurança jurídica e a convicção da certeza do direito, embora relevantes para a realização abstrata de justiça, comportam a relativização em determinadas circunstâncias, a fim de que se realize, num dado caso concreto, a melhor interpretação e aplicação de um direito justo.

CAPÍTULO ONZE

O PRINCÍPIO DA DIGNIDADE DA PESSOA HUMANA E A NOVA INTERPRETAÇÃO JURÍDICA

NA ESTEIRA DO MAGISTÉRIO DE PECES-BARBA MARTINEZ (2003, p. 11), pode-se dizer que a importância do princípio da dignidade da pessoa humana é decisiva para o direito, pois, em todos os ramos jurídicos, podem ser encontradas razões parciais que justificam este relevo normativo. Tratando-se de uma resposta tanto ao movimento jusnaturalista quanto às construções positivistas que debilitaram as referências morais do fenômeno jurídico, a luta pela dignidade humana expressa a própria afirmação dos direitos fundamentais do cidadão.

Com o advento da modernidade, os sistemas jurídicos ocidentais passaram a reconhecer o ser humano como o centro e o fim do direito. Seguindo a valiosa lição kantiana, a pessoa é um fim em si mesmo, não podendo converter-se em instrumento para a realização de um eventual interesse. Essa tendência humanizante, robustecida após a traumática experiência totalitária na Segunda Guerra Mundial, cristalizou-se com a consagração do princípio da dignidade da pessoa humana, erigido à condição de valor supremo dos sistemas jurídicos de inspiração democrática.

Como bem observa J. J. Gomes Canotilho (1998, p. 221), o ser humano passou a despontar como o fundamento da República e limite maior ao exercício dos poderes inerentes à representação política. Perante as experiências históricas de aniquilação do ser humano (inquisição, escravatura, nazismo, stalinismo, polpotismo, genocídios étnicos) a dignidade da pessoa humana significa, sem transcendências ou metafísicas, o reconhecimento do *homo noumenon*, ou seja, do indivíduo como limite e fundamento do domínio político da República.

Embora o primado da dignidade da pessoa humana já pudesse ser depreendido da Declaração dos Direitos do Homem e do Cidadão, de 26 de agosto de 1789, fruto da Revolução Francesa, e da Declaração Universal dos Direitos Humanos, aprovada pela Assembleia Geral das Nações Unidas de 10 de dezembro de 1948, a sua positivação constitucional só foi ocorrer com o advento da Lei Fundamental alemã de 1949, que preceituava, no seu art. 1.1., que a dignidade do homem é intangível e os poderes públicos estão obrigados a respeitá-la e protegê-la. A partir deste momento, o princípio da dignidade da pessoa humana passou a ser exteriorizado como princípio do constitucionalismo ocidental.

Neste sentido, destaca Peter Häberle (2000, p. 82) que, embora o modelo do Estado Constitucional sofra variações nacionais que dependem das especificidades de cada cultura jurídica, resultando da diversificada convergência de filosofias políticas, textos clássicos, políticas públicas, experiências, sonhos e utopias, ressalvadas as singularidades de cada sociedade, as Constituições costumam contemplar, como um programa de obrigações constitucionais, a afirmação de uma dignidade humana como ideia antropológico-cultural e o conceito de democracia como a consequência no plano organizacional das instituições político-sociais.

Com efeito, a proclamação da normatividade do princípio da dignidade da pessoa humana, na maioria das Constituições contemporâneas, conduziu ao reconhecimento dos princípios como normas basilares de todo o sistema jurídico, afastando-se a concepção de programaticidade, que justificava a neutralização da eficácia dos valores e fins norteadores dos sistemas constitucionais.

Na Constituição Federal de 1988, o princípio da dignidade da pessoa humana foi elevado ao patamar de fundamento do Estado Democrático de Direito (art. 1º, III), integrando a categoria dos princípios fundamentais, ao lado de outras normas principiológicas, a saber: princípio republicano, princípio do Estado Democrático de Direito, princípio federativo, princípio da separação de poderes (arts. 1º e 2º), objetivos fundamentais da República (art. 3º), e os princípios que orientam as relações internacionais (art. 4º).

Neste sentido, oportuna é a lição de Flávia Piovesan (2000, p. 54), ao destacar a essencialidade deste princípio, quando salienta que a dignidade da pessoa humana está erigida como princípio matriz da Constituição, imprimindo-lhe unidade de sentido, condicionando a interpretação das suas normas e revelando-se, ao lado dos direitos e garantias fundamentais, como cânone constitucional que incorpora as exigências de justiça e dos valores éticos, conferindo suporte axiológico a todo o sistema jurídico brasileiro.

Encontra-se também a tradução do princípio no título VII da Carta Magna brasileira, quando o art. 170, *caput*, estabelece que a ordem econômica, fundada na valorização do trabalho humano e na livre-iniciativa, tem por fim assegurar a todos existência digna, conforme os ditames da justiça social.

Discorrendo sobre este aspecto, sustenta André Ramos Tavares (2003, p. 138) que se trata, sem dúvida, no art. 170, do mesmo princípio constante do art. 1º, aplicado (especificado) no âmbito econômico, já que a dignidade da pessoa humana ou a existência digna tem, por óbvio, implicações econômicas. Segundo ele, verifica-se que a liberdade caminha com a dignidade, mas o significado mais forte desta está na privação de ofensas e humilhações. No campo econômico, pois, impõe-se que a todos sejam garantidas condições mínimas de subsistência.

Uma vez situado no ápice do sistema jurídico, o princípio da dignidade da pessoa humana exprime as estimativas e finalidades a serem alcançadas pelos particulares e pelo conjunto da sociedade civil, irradiando-se na totalidade do direito positivo pátrio. Logo, os preceitos referentes à dignidade da pessoa humana não podem ser pensados apenas do ponto de vista individual, enquanto posições jurídicas dos cidadãos diante do Estado, mas também devem ser vislumbrados numa perspectiva comunitária, como valores e fins superiores da ordem jurídica que reclamam a ingerência ou a abstenção dos órgãos estatais.

Com efeito, o legislador constituinte brasileiro conferiu ao princípio fundamental da dignidade da pessoa humana a qualidade de norma embasadora de todo o sistema constitucional, informando as prerrogativas e as garantias fundamentais da cidadania, pelo que os direitos fundamentais da Carta Magna de 1988, negativos ou positivos, encontram seu fundamento no princípio da dignidade da pessoa humana.

Neste sentido, como princípio constitucional de evidente densidade axiológica e teleológica, deve-se reconhecer a força normativa da dignidade da pessoa humana, dotada de plena eficácia jurídica nas relações públicas e privadas, seja na perspectiva abstrata do direito objetivo, seja na dimensão concreta de exercício de direitos subjetivos.

O princípio da dignidade da pessoa humana identifica um espaço de integridade física e moral a ser assegurado a todas as pessoas por sua só existência no mundo, relacionando-se tanto com a liberdade e valores do espírito como com as condições materiais de subsistência. A busca de uma vida digna expressa a superação da intolerância, da discriminação, da exclusão social, da violência, da incapacidade de aceitar o outro, no exercício da liberdade de ser, pensar e criar do ser humano.

Por se tratar de expressão polissêmica, ao comportar diversos significados a depender do contexto histórico-cultural, a dignidade da pessoa humana passou a expressar as diversas fases de evolução dos direitos humanos. A abertura semântica e a multiplicidade de usos pragmáticos dificultam a sua concretização hermenêutica pelos diversos intérpretes do direito – legislador infraconstitucional, administrador, magistrado e particulares.

Ao simbolizar um espaço de integridade, a ser assegurado a todas as pessoas por sua só existência no mundo, o significado da dignidade humana tem oscilado, no plano semântico. Embora não seja tarefa simples elucidar o sentido de uma existência digna, a delimitação linguística do princípio da dignidade da pessoa humana parece apontar para os seguintes elementos: a) a preservação da igualdade; b) o impedimento à degradação e coisificação da pessoa; c) a garantia de um patamar material para a subsistência do ser humano.

Na primeira acepção, o conteúdo de uma vida digna está associado à ideia de igualdade formal e abstrata de direitos. Sob esta ótica, a previsão da dignidade da pessoa humana implica em considerar-se o homem como a razão precípua do universo jurídico, conferindo-lhe tratamento isonômico. O reconhecimento desta primazia, que não se dirige somente a determinados indivíduos, deve alcançar toda a comunidade de seres humanos, sem distinções injustificadas.

No plano jurídico, a igualdade entre os homens representa a obrigação imposta aos Poderes Públicos, tanto na elaboração da regra de direito (igualdade na ordem jurídica) quanto na aplicação/execução (igualdade perante a ordem jurídica), exigindo-se, ainda, a universalização do respeito à pessoa humana, para o reconhecimento das prerrogativas não só de nacionais, como também de estrangeiros.

Com base na segunda acepção, o conceito de dignidade humana se revela atrelado ao impedimento da degradação e coisificação da pessoa. Neste sentido, a dignidade da pessoa humana pode ser também traduzida na impossibilidade de redução do homem à condição de mero objeto do Estado e de particulares dotados de maior poderio econômico. Para tanto, faz-se mister assegurar as prerrogativas do direito penal, a limitação da autonomia da vontade e a inviolabilidade dos chamados direitos da personalidade.

O Estado, ao exercitar o *jus puniendi*, não pode se distanciar das balizas impostas pela condição humana do acusado ou condenado. Por mais reprovável que tenha sido o crime, merece o infrator tratamento digno. Neste sentido, os ordenamentos jurídicos ocidentais costumam estatuir certas garantias fundamentais, quais sejam: vedação em submeter qualquer pessoa a tratamento desumano ou degradante, assegurando-se ao preso o respeito à integridade física e moral; observância do devido processo legal com todos os seus desdobramentos – o contraditório, a ampla defesa, o juiz natural, a inadmissibilidade de provas ilícitas, a presunção de inocência; a reserva legal da definição de crimes, a individualização das penas e a interdição de determinadas sanções, tais como a pena capital, a prisão perpétua, os trabalhos forçados, o banimento e as penas cruéis.

De outro lado, a dignidade da pessoa humana oferece limites ao exercício da autonomia da vontade. Isto porque a constatação das injustiças oriundas do capitalismo e a consequente transição do Estado – liberal para o Estado – intervencionista exigiram que a desigualdade socioeconômica entre os particulares fosse compensada juridicamente com a elaboração de leis protetivas, capazes de impor normas de ordem pública que garantissem o equilíbrio socioeconômico das relações privadas. É o que se verifica, por exemplo, com a tutela da hipossuficiência do trabalhador, no plano do direito laboral, e a proteção da vulnerabilidade do consumidor, no âmbito do direito consumerista.

Acrescente-se, por oportuno, a necessária salvaguarda dos chamados direitos da personalidade, os quais configuram o núcleo ético da própria condição humana. Representam, assim, as dimensões mais importantes da existência, tais como os direitos à vida, à saúde, ao nome, à imagem, à intimidade e à honra do indivíduo. Daí advêm, inclusive, os problemas referentes à preservação da identidade humana em face dos avanços da biotecnologia, mormente nos campos da reprodução assistida e da manipulação do patrimônio genético.

Registre-se também a vertente de pensamento que vincula à noção de dignidade a garantia de um patamar material para a subsistência do ser humano. Neste diapasão, a dignidade da pessoa só se efetiva com a preservação de condições materiais mínimas para a existência humana. A definição mesma deste núcleo de mínimo existencial não é consensual, embora haja consenso majoritário de que ele abarca, ao menos, os direitos à renda mínima, saúde básica e educação fundamental.

Existem, contudo, propostas – que nos parecem mais corretas – de estender o sentido e o alcance da realização do mandamento constitucional em favor de uma vida digna, para compreender a totalidade do catálogo aberto de direitos fundamentais, em sua permanente indivisibilidade e interação dialética.

Decerto, a dignidade da pessoa humana expressa um conjunto de valores civilizatórios incorporados ao patrimônio histórico da humanidade, cujo conteúdo jurídico vem associado não só ao núcleo elementar do mínimo existencial, conjunto de bens e utilidades básicas para a subsistência física e indispensável à liberdade humana, como também a todo plexo de direitos fundamentais dos cidadãos.

Com efeito, a delimitação semântico-pragmática da expressão "dignidade da pessoa humana" exigiria o desenvolvimento de uma interpretação extensiva e de uma realização ponderada da plenitude dos direitos fundamentais: primeira dimensão/geração (vida, liberdade, igualdade, propriedade), segunda dimensão/geração (saúde, educação, assistência social, trabalho, moradia), terceira dimensão/geração (proteção ao meio ambiente, preservação ao patrimônio artístico, histórico e cultural) e aqueles de quarta dimensão/geração (paz, direitos de minorias, acesso a novas tecnologias, proteção perante a globalização), cuja fisionomia ainda se descortina nos albores do presente milênio.

De outro lado, a dignidade se afigura como a qualidade integrante e irrenunciável da condição humana, devendo ser reconhecida, respeitada, promovida e protegida. A aceitação da normatividade do princípio da dignidade da pessoa humana impõe, assim, a aceitação da sua capacidade de produzir efeitos jurídicos, através das modalidades de eficácia positiva, negativa, vedativa do retrocesso e hermenêutica.

A eficácia positiva consiste em reconhecer, ao eventual beneficiado pela norma jurídica de eficácia limitada, o direito subjetivo de produzir tais efeitos, mediante a propositura da ação judicial competente, de modo que seja possível obter a prestação estatal, indispensável para assegurar uma existência digna. O Estado está, portanto, obrigado a concretizar a dignidade da pessoa humana, ao elaborar normas e formular/implementar políticas públicas.

De outro lado, a eficácia negativa confere à cidadania a prerrogativa de questionar a validade de todas as normas infraconstitucionais que ofendam o conteúdo de uma existência digna, ferindo o princípio constitucional da dignidade da pessoa humana.

Como bem leciona Ingo Sarlet (1998, p. 110), não restam dúvidas de que toda a atividade estatal e todos os órgãos públicos se encontram vinculados pelo princípio da dignidade da pessoa humana, impondo-lhes, neste sentido, um dever de respeito e proteção, que se exprime tanto na obrigação por parte do Estado de abster-se de ingerências na esfera individual que sejam contrárias à dignidade pessoal, quanto no dever de protegê-la contra agressões por parte de terceiros, seja qual for sua procedência.

Sendo assim, constata-se que o princípio da dignidade da pessoa humana não apenas impõe um dever de abstenção (respeito), mas também condutas positivas tendentes a efetivar e proteger a dignidade do indivíduo.

A seu turno, a eficácia vedativa do retrocesso se afigura como uma derivação da eficácia negativa, segundo a qual as conquistas relativas aos direitos fundamentais não podem ser elididas pela supressão de normas jurídicas progressistas. A vedação ao processo permite, assim, que se possa impedir, pela via judicial, a revogação de normas infraconstitucionais que contemplem direitos fundamentais do cidadão, desde que não haja a previsão normativa do implemento de uma política pública equivalente, tanto do ponto de vista quantitativo quanto da perspectiva qualitativa.

Segundo J. J. Gomes Canotilho (1998, p. 321), a vedação do retrocesso desponta como o núcleo essencial dos direitos sociais, constitucionalmente garantido, já realizado e efetivado através de medidas legislativas, devendo-se considerar inconstitucionais quaisquer medidas estaduais que, sem a criação de outros esquemas alternativos ou compensatórios, se traduzam, na prática, numa anulação, revogação ou aniquilação pura e simples desse núcleo essencial. A liberdade do legislador, portanto, encontra o núcleo essencial já realizado como o limite de sua atuação.

A vedação ao retrocesso costuma ainda ser polarizada pela utilização do argumento da reserva do possível, para justificar a abstenção do Estado no implemento de políticas sociais. Com base na reserva do possível, entende-se que a construção de direitos subjetivos à prestação material de serviços públicos pelo Estado está submetida à disponibilidade dos respectivos recursos. Ao mesmo tempo, a decisão sobre a disponibilidade do montante estaria localizada no campo discricionário das decisões governamentais e dos parlamentos, através da elaboração dos orçamentos públicos. Nesse contexto, a limitação dos recursos públicos passa a ser considerada verdadeiro limite fático à efetivação da vida digna.

Deve-se reconhecer, contudo, em nome do compromisso ético do direito com a justiça, o primado da vedação ao retrocesso em face do argumento da reserva do possível, de molde a concretizar força normativa e eficacial do princípio da dignidade da pessoa humana, interpretação mais compatível com os valores e fins norteadores do sistema constitucional brasileiro.

Por sua vez, a eficácia hermenêutica consiste na capacidade do princípio da dignidade humana de orientar a correta interpretação e aplicação das regras e demais princípios de um dado sistema jurídico, a fim de que o intérprete escolha, dentre as diversas opções hermenêuticas, aquela que melhor tutele a ideia de existência digna no caso concreto.

Tratando deste aspecto, Rizzatto Nunes (2002, p. 45) acentua que a dignidade é o primeiro fundamento de todo o sistema constitucional posto e o último arcabouço da guarida dos direitos individuais. A isonomia serve, é verdade, para gerar equilíbrio real, porém visando a concretizar o direito à dignidade. É a dignidade que dá a direção, o comando a ser considerado primeiramente pelo intérprete do direito.

Decerto, o implemento desta função hermenêutica é tão relevante que o princípio da dignidade humana serve como parâmetro axiológico e teleológico não só para a aplicação de regras constitucionais e infraconstitucionais, como também para a concretização de outros princípios constitucionais, tais como os princípios gerais que enunciam os direitos fundamentais à vida, liberdade, igualdade, propriedade e segurança (*v.g.*, art. 5º da CF/88) e os princípios setoriais do direito administrativo e do direito econômico (*e.g.*, arts. 37 e 170 da CF/88).

Eis a razão pela qual a relevância do princípio da dignidade da pessoa humana vem sendo afirmada pela jurisprudência pátria, na condição de fundamento do Estado Democrático de Direito, como referencial hermenêutico que ilumina a interpretação de toda a normatividade do sistema jurídico pátrio.

CAPÍTULO DOZE

O PRINCÍPIO DA PROPORCIONALIDADE E A NOVA INTERPRETAÇÃO JURÍDICA

ETIMOLOGICAMENTE, O VOCÁBULO "PROPORCIONALIdade" contém uma noção de proporção, adequação, medida justa, prudente e apropriada à necessidade exigida pelo caso presente. Proporção, no entanto, é um conceito relacional, isto é, diz-se que algo é proporcional quando guarda uma adequada relação com alguma coisa à qual está ligado. A ideia de proporcionalidade reclama o apelo à prudência na determinação da adequada relação entre as coisas.

A ideia de proporcionalidade revela-se não só como um importante princípio jurídico fundamental, mas também consubstancia um verdadeiro referencial argumentativo, ao exprimir um raciocínio aceito como justo e razoável de um modo geral, de comprovada utilidade no equacionamento de questões práticas, não só do direito em seus diversos ramos, como também em outras disciplinas, sempre que se tratar da descoberta do meio mais adequado para atingir determinada finalidade.

Para Willis Guerra Filho (2003, p. 245), o princípio da proporcionalidade pode ser entendido como um mandamento de otimização do respeito máximo a todo direito fundamental em situação de conflito com outro(s), na medida do jurídico e faticamente possível, traduzindo um conteúdo que se reparte em três princípios parciais: a adequação, a exigibilidade e a proporcionalidade em sentido estrito.

A origem e o desenvolvimento do princípio da proporcionalidade, em sua conformação moderna, encontram-se intrinsecamente ligados à evolução dos direitos e garantias individuais da pessoa humana, verificados a partir do surgimento do Estado de Direito burguês na Europa. Desta forma, sua origem remonta aos séculos XII e XVIII, quando, na Inglaterra, surgiram as teorias jusnaturalistas propugnando para ter o homem direitos imanentes à sua natureza e anteriores ao aparecimento do Estado e, por conseguinte, conclamando ter o soberano o dever de respeitá-los.

Posteriormente, a ideia de proporcionalidade é utilizada na França como técnica voltada para o controle do poder de polícia da Administração Pública. A proporcionalidade só adquire, contudo, foro constitucional e reconhecimento como princípio em meados do século XX, na Alemanha, sendo, então, aplicado ao campo dos direitos fundamentais, vinculando, assim, a totalidade dos Poderes Públicos.

No sistema jurídico brasileiro, o princípio da proporcionalidade é um princípio constitucional implícito porque, apesar de derivar da Constituição, nela não consta expressamente. Por esse motivo, o fundamento normativo do princípio da proporcionalidade vem sofrendo inúmeras considerações quanto à ausência de enunciado normativo explícito. Constata-se que a maioria das Constituições de Estados Democráticos de Direito não contém referência expressa ao princípio, o que põe em evidência o problema da sua fundamentação normativo-constitucional.

Segundo Paulo Bonavides (2001, p. 356), o princípio da proporcionalidade está naquela classe de princípios que são mais facilmente compreendidos do que definidos. Sucede que, embora não esteja expresso no texto constitucional, a sua presença é inequívoca na Carta Magna. Isto porque a circunstância de o princípio da proporcionalidade decorrer implicitamente da Constituição não impede que seja reconhecida sua vigência, por força, inclusive, do quanto disposto no § 2º, do art. 5º, segundo o qual "os direitos e garantias expressos nesta Constituição não excluem outros decorrentes do regime e dos princípios por ela adotados".

Inúmeros têm sido os caminhos para fundamentar ou justificar normativamente o princípio da proporcionalidade, ora utilizando-se do cânon da dignidade da pessoa humana (art. 1º, III, da CF/88), ora recorrendo-se à ideia de devido processo legal substantivo (art. 5º, LIV, da CF/88) ou mesmo da noção de um Estado Democrático de Direito (art. 1º, *caput*, da CF/88).

Parece-nos, todavia, que todos esses *standards* são vetores axiológicos e teleológicos que reforçam o mandamento constitucional de tutela da dignidade da pessoa humana, permitindo depreender o princípio da proporcionalidade, como proposta de harmonização da pluralidade dos direitos fundamentais que possibilitam uma vida digna, de molde a sintetizar as exigências de legalidade e legitimidade do ordenamento jurídico.

Conforme o magistério de Humberto Ávila (2005, p. 116), o princípio constitucional da proporcionalidade é aplicado somente em situações em que há uma relação de causalidade entre dois elementos empiricamente discerníveis, um meio e um fim, de tal modo que o intérprete do direito possa proceder ao exame de três parâmetros fundamentais e complementares: a adequação, a necessidade e a proporcionalidade em sentido estrito.

Esses três critérios de natureza axiológica e teleológica — a adequação, a necessidade e a proporcionalidade em sentido estrito — definem o sentido de uma atuação proporcional do Estado e dos particulares, tendo em vista a proteção da dignidade da pessoa humana.

A adequação exige uma relação empírica entre o meio e o fim: o meio deve levar à realização da finalidade normativa. Logo, administração, o legislador, o julgador e o particular têm o dever de escolher um meio processual que simplesmente promova os fins maiores da ordem jurídica, como a realização de uma vida digna. O processo decisório, tanto na esfera pública quanto na esfera privada, será adequado somente se o fim for efetivamente realizado no caso concreto; será adequado se o fim for realizado na maioria dos casos com a sua adoção; e será adequado se o intérprete avaliou e projetou bem a promoção da finalidade no momento da tomada da decisão.

A necessidade envolve duas etapas de investigação: o exame da igualdade de adequação dos meios, para verificar se os diversos meios promovem igualmente o fim; e o exame do meio menos restritivo, para examinar se os meios alternativos restringem em menor medida os direitos fundamentais colateralmente afetados. A ponderação entre o grau de restrição e o grau de promoção dos direitos fundamentais em prol de uma vida digna torna-se, portanto, inafastáveis para a interpretação e a tomada de uma decisão jurídica.

A proporcionalidade em sentido estrito é examinada diante da comparação entre a importância da realização do fim e a intensidade da restrição aos direitos fundamentais. O julgamento daquilo que será considerado como vantagem e daquilo que será considerado como desvantagem depende do exame teleológico e axiológico do hermeneuta, em face das circunstâncias da lide e da apuração do binômio utilitário do custo-benefício, sempre com vistas para a salvaguarda da dignidade da pessoa humana.

De acordo com Luís Barroso (2002, p. 213), o princípio da proporcionalidade funciona como um parâmetro hermenêutico que orienta como uma norma jurídica deve ser interpretada e aplicada no caso concreto, mormente na hipótese de incidência dos direitos fundamentais que consubstanciam uma vida digna, para a melhor realização dos valores e fins do sistema constitucional. Permite-se, assim, ao Poder Judiciário invalidar atos legislativos, administrativos, jurisdicionais ou privados nas hipóteses em que não haja adequação entre o fim perseguido e o instrumento empregado pela norma jurídica (*adequação*); a medida normativa não seja exigível ou necessária, havendo meio alternativo menos gravoso para chegar ao mesmo resultado (*necessidade ou vedação do excesso*); e não se manifeste o binômio custo-benefício, pois o que se perde com a medida normativa é de maior relevo do que aquilo que se ganha (*proporcionalidade "stricto sensu"*).

Como se deduz, o princípio da proporcionalidade funciona como importante parâmetro para orientar a atividade de sopesamento de valores do intérprete do direito, iluminando a ponderação de princípios jurídicos e, pois, de dimensões da dignidade humana eventualmente conflitantes. Descortina-se, portanto, como alternativa hermenêutica para a colisão entre os direitos fundamentais dos cidadãos, vetores que norteiam uma vida digna, modulando a interpretação e a posterior tomada de uma decisão, perante casos difíceis. Nos chamados *hard cases*, muito frequentes na prática processual, a subsunção se afigura insuficiente, especialmente quando a situação concreta rende ensejo para a aplicação de normas principiológicas, que sinalizam soluções axiológicas e teleológicas muitas vezes diferenciadas.

Com efeito, durante muito tempo, sob a égide de uma visão positivista do direito, a subsunção se afigurou como a fórmula típica de aplicação normativa, caracterizada por uma operação meramente formal e lógico-dedutiva: identificação da premissa maior (a norma jurídica); a delimitação da premissa menor (os fatos); e a posterior elaboração de um juízo conclusivo (adequação da norma jurídica ao caso concreto). Se esta espécie de raciocínio ainda serve para a aplicação de algumas regras de direito (*v.g.*, art. 18 da CF/88 – Brasília é a capital federal), revela-se, no entanto, insuficiente para lidar com o uso hermenêutico dos princípios jurídicos, como fundamentos para a decidibilidade de conflitos.

Decerto, as normas principiológicas consubstanciam valores e fins não raro distintos, apontando para perspectivas contraditórias para um mesmo problema. Logo, com a colisão de princípios jurídicos, pode incidir mais de uma norma sobre o mesmo conjunto de fatos, como quando várias premissas maiores disputam a primazia de aplicabilidade a uma premissa menor. A interpretação jurídica contemporânea, na esteira do pós-positivismo, deparou-se, então, com a necessidade de desenvolver técnicas capazes de lidar com a natureza essencialmente dialética da ordem jurídica, ao tutelar interesses potencialmente conflitantes, exigindo um novo instrumental metodológico para aplicação de um direito justo e capaz de materializar a dignidade da pessoa humana. Trata-se do uso da ponderação de bens e/ou interesses.

A estrutura cognitiva da ponderação pode ser decomposta em três etapas: identificação das normas pertinentes, seleção dos fatos relevantes e atribuição geral de pesos. Na primeira etapa, cabe ao intérprete detectar no sistema as normas relevantes para a solução do caso concreto, identificando eventuais conflitos entre elas. Por sua vez, na segunda etapa, cabe examinar os fatos e as circunstâncias concretas do caso concreto e sua interação com os elementos normativos. Enfim, na terceira etapa, os diferentes grupos de normas e a repercussão dos fatos do caso concreto serão examinados de forma conjunta, de modo a apurar os pesos que devem ser atribuídos aos diversos elementos em disputa e, pois, qual conjunto normativo deve preponderar no caso concreto.

Ao vislumbrar-se a ordem jurídica brasileira, não faltaram exemplos de aplicabilidade do raciocínio ponderativo na harmonização das dimensões da dignidade da pessoa humana: a) o debate acerca da relativização da coisa julgada onde se contrapõem o princípio da segurança jurídica e o princípio da realização da justiça; b) a discussão sobre a eficácia horizontal dos direitos fundamentais, onde se contrapõem princípios como a autonomia da vontade e a dignidade da pessoa humana; c) o debate sobre os princípios da liberdade de expressão *versus* proteção aos valores éticos e sociais da pessoa ou da família; d) a polêmica concernente aos princípios da liberdade de expressão e informação *versus* políticas públicas de proteção da saúde; e) o conflito entre os princípios da liberdade religiosa e proteção da vida, em situações que envolvam a transfusão de sangue para as testemunhas de Jeová, além de outras hipóteses ilustrativas.

Deste modo, o princípio da proporcionalidade, como *standard* juridicamente vinculante, informando a ideia de justiça ínsita a todo ordenamento, atua por meio de um mandado de otimização, no sentido de que os imperativos de adequação, necessidade e proporcionalidade em sentido estrito sejam atendidos no âmbito da realização de uma vida digna. A proporcionalidade representa, pois, uma garantia aos cidadãos, exigindo um contrabalanceamento entre a tutela a determinados bens jurídicos com as restrições aos direitos fundamentais. Para tanto, pressupõe a estruturação de uma relação meio-fim, na qual o fim é o objeto perseguido pela limitação, e o meio é a própria decisão (administrativa, legislativa ou judicial) que pretende tornar possível o alcance do fim almejado, no âmbito de uma relação processual.

Sendo assim, o referido princípio ordena que a relação entre o fim que se pretende alcançar e o meio utilizado deve ser adequada, necessária e proporcional, visto que os direitos fundamentais, como expressão da dignidade dos cidadãos, só podem ser limitados pelo Poder Público e particulares quando for imprescindível para a proteção dos interesses e valores mais relevantes para uma dada coletividade humana, tendo em vista a interpretação e aplicação de um direito potencialmente mais justo e, portanto, socialmente legítimo.

CAPÍTULO TREZE

O NOVO CÓDIGO DE PROCESSO CIVIL: CONTRIBUTOS PARA A HERMENÊUTICA JURÍDICA NO BRASIL

O ATUAL CÓDIGO DE PROCESSO CIVIL, CRIADO ATRAVÉS da Lei n. 13.105, de 16 de março de 2015, iniciou a sua vigência em 18 de março de 2016, revogando a Lei n. 5.869, de 11 de janeiro de 1973.

Com efeito, o novo diploma legal oferece importantes elementos para a construção de um novo paradigma hermenêutico no Brasil, descortinando arejados parâmetros para a interpretação e aplicação da ordem jurídica pátria.

De fato, o mencionado diploma legislativo adota um modelo pós-positivista no âmbito do direito processual, denominado neoprocessualismo, o qual possibilita o desenvolvimento de uma prestação jurisdicional centrada nos seguintes vetores axiológicos:
- constitucionalização principiológica do processo;
- redimensionamento do processo como espaço democrático para o acesso a uma ordem jurídica justa, pautada na realização dos direitos fundamentais dos cidadãos;
- superação do modelo formalista, abstrato e estatocêntrico do processo;
- superação da dicotomia direito material × direito processual;
- alargamento do campo argumentativo dos intérpretes;

- valorização da criação jurisprudencial da normatividade jurídica;
- dissolução das fronteiras clássicas do *Civil Law* (tradição romano--germânica) e *Common Law* (tradição anglo-americana);
- implemento da teoria dos precedentes e "commonização" do direito processual;
- consolidação do direito sumular como instrumento de uniformização interpretativa;
- otimização dos princípios da eticidade, da efetividade e da celeridade do processo;
- ênfase na utilização dos mecanismos de solução extrajudicial de conflitos;
- abertura para o exercício de uma racionalidade de base dialógico-comunicativa para a tomada das decisões judiciais;
- reforço do dever de fundamentação judicial das opções hermenêuticas;
- desenvolvimento de cooperação na busca da verdade jurídica, a ser viabilizada, conjuntamente, pelo Poder Judiciário, pelos sujeitos do processo e pela sociedade civil.

Decerto, tais tendências, descritas nos capítulos anteriores, integram o campo de estudos da hermenêutica jurídica, com reflexos diretos no modo de atuação dos mais diversos intérpretes que militam na práxis jurídica – advogados, promotores, juízes, gestores públicos, particulares e jurisdicionados.

Para a ótica da hermenêutica e da interpretação do direito pátrio, merecem destaque as seguintes inovações trazidas pelo novo Código de Processo Civil:
- o processo civil será ordenado, disciplinado e interpretado conforme os valores e as normas fundamentais estabelecidos na Constituição da República Federativa do Brasil, observando-se as disposições deste Código;
- a conciliação, a mediação e outros métodos de solução consensual de conflitos deverão ser estimulados por juízes, advogados, defensores públicos e membros do Ministério Público, inclusive no curso do processo judicial;
- a ameaça ou lesão a direito não poderá ser afastada da apreciação jurisdicional;

- as partes terão o direito de obter em prazo razoável a solução integral do mérito, incluída a atividade satisfativa;
- aquele que de qualquer forma participa do processo deverá comportar-se de acordo com a boa-fé;
- todos os sujeitos do processo deverão cooperar entre si para que se obtenha, em tempo razoável, decisão de mérito justa e efetiva;
- as partes terão paridade de tratamento em relação ao exercício de direitos e faculdades processuais, aos meios de defesa, aos ônus, aos deveres e à aplicação de sanções processuais, competindo ao juiz zelar pelo efetivo contraditório;
- o juiz atenderá aos fins sociais e às exigências do bem comum, resguardando e promovendo a dignidade da pessoa humana e observando a proporcionalidade, a razoabilidade, a legalidade, a publicidade e a eficiência;
- o juiz não poderá decidir, em grau algum de jurisdição, com base em fundamento a respeito do qual não se tenha dado às partes oportunidade de se manifestar, ainda que se trate de matéria sobre a qual deva decidir de ofício;
- todos os julgamentos dos órgãos do Poder Judiciário serão públicos, e fundamentadas todas as decisões, sob pena de nulidade;
- os juízes e os tribunais deverão obedecer à ordem cronológica de conclusão para proferir sentença ou acórdão;
- a norma processual não retroagirá e será aplicável imediatamente aos processos em curso, respeitados os atos processuais praticados e as situações jurídicas consolidadas sob a vigência da norma revogada;
- as disposições do novo Código de Processo Civil serão aplicadas, supletiva e subsidiariamente, nos processos eleitorais, trabalhistas ou administrativos;
- os órgãos do Poder Judiciário, estadual ou federal, especializado ou comum, em todas as instâncias e graus de jurisdição, inclusive aos tribunais superiores, cumprirão o dever de recíproca cooperação, por meio de seus magistrados e servidores;
- aquele que litigar de má-fé como autor, réu ou interveniente responderá por perdas e danos;
- a pessoa natural ou jurídica, brasileira ou estrangeira, com insuficiência de recursos para pagar as custas, as despesas processuais

e os honorários advocatícios terá direito à gratuidade da justiça, na forma da lei;
- o juiz ou o relator, considerando a relevância da matéria, a especificidade do tema objeto da demanda ou a repercussão social da controvérsia, poderá, por decisão irrecorrível, de ofício ou a requerimento das partes ou de quem pretenda manifestar-se, solicitar ou admitir a participação de pessoa natural ou jurídica, órgão ou entidade especializada, com representatividade adequada, no prazo de 15 (quinze) dias de sua intimação;
- os tribunais criarão centros judiciários de solução consensual de conflitos, responsáveis pela realização de sessões e audiências de conciliação e mediação e pelo desenvolvimento de programas destinados a auxiliar, orientar e estimular a autocomposição;
- a conciliação e a mediação são informadas pelos princípios da independência, da imparcialidade, da autonomia da vontade, da confidencialidade, da oralidade, da informalidade e da decisão informada;
- qualquer decisão judicial, seja ela interlocutória, sentença ou acórdão, não será considerada fundamentada se: se limitar à indicação, à reprodução ou à paráfrase de ato normativo, sem explicar sua relação com a causa ou a questão decidida; empregar conceitos jurídicos indeterminados, sem explicar o motivo concreto de sua incidência no caso; invocar motivos que se prestariam a justificar qualquer outra decisão; não enfrentar todos os argumentos deduzidos no processo capazes de, em tese, infirmar a conclusão adotada pelo julgador; limitar-se a invocar precedente ou enunciado de súmula, sem identificar seus fundamentos determinantes nem demonstrar que o caso sob julgamento se ajusta àqueles fundamentos; ou deixar de seguir enunciado de súmula, jurisprudência ou precedente invocado pela parte, sem demonstrar a existência de distinção no caso em julgamento ou a superação do entendimento;
- os tribunais devem uniformizar sua jurisprudência e mantê-la estável, íntegra e coerente;
- os tribunais editarão enunciados de súmula correspondentes a sua jurisprudência dominante, devendo ater-se às circunstâncias fáticas dos precedentes que motivaram sua criação;

- os juízes e os tribunais observarão: as decisões do Supremo Tribunal Federal em controle concentrado de constitucionalidade; os enunciados de súmula vinculante; os acórdãos em incidente de assunção de competência ou de resolução de demandas repetitivas e em julgamento de recursos extraordinário e especial repetitivos; os enunciados das súmulas do Supremo Tribunal Federal em matéria constitucional e do Superior Tribunal de Justiça em matéria infraconstitucional; e a orientação do plenário ou do órgão especial aos quais estiverem vinculados;
- poderá haver modulação dos efeitos da alteração no interesse social e no da segurança jurídica, na hipótese de alteração de jurisprudência dominante do Supremo Tribunal Federal e dos tribunais superiores ou daquela oriunda de julgamento de casos repetitivos;
- a modificação de enunciado de súmula, de jurisprudência pacificada ou de tese adotada em julgamento de casos repetitivos observará a necessidade de fundamentação adequada e específica, considerando os princípios da segurança jurídica, da proteção da confiança e da isonomia;
- os tribunais darão publicidade a seus precedentes, organizando-os por questão jurídica decidida e divulgando-os, preferencialmente, na rede mundial de computadores;
- terão prioridade de tramitação, em qualquer juízo ou tribunal, os procedimentos judiciais: em que figure como parte ou interessado pessoa com idade igual ou superior a 60 (sessenta) anos ou portadora de doença grave; e os regulados pela Lei n. 8.069, de 13 de julho de 1990 (Estatuto da Criança e do Adolescente).

Desse modo, ficam aqui registrados, em apertada síntese, os mais relevantes contributos do atual Código de Processo Civil para o desenvolvimento da teoria hermenêutica e da prática interpretativa no Brasil.

Sendo assim, cumpre-nos aguardar a efetiva aplicação desse novo e relevante diploma legislativo e seus impactos na interpretação e aplicação jurídica diuturnamente realizada no cotidiano forense do nosso País.

CAPÍTULO QUATORZE

A LEI DE INTRODUÇÃO ÀS NORMAS DO DIREITO BRASILEIRO: INOVAÇÕES E PARÂMETROS PARA A HERMENÊUTICA JURÍDICA PÁTRIA

A Lei de Introdução às Normas do Direito Brasileiro (LINDB) revela-se essencial para o estudo da hermenêutica jurídica no Brasil, visto que fundamenta a interpretação das diversas leis que compõem o sistema jurídico nacional e a ordem jurídica estrangeira.

A LINDB, inicialmente denominada Lei de Introdução ao Código Civil, pelo Decreto-Lei n. 4.657/42, adquiriu a nova denominação pela Lei n. 12.376/2010.

Dentre os comandos normativos mais importantes da LINDB para a interpretação e aplicação da legislação (pátria ou externa) no tempo e no espaço, merecem especial destaque os seguintes:

- a lei começa a vigorar em todo o país, salvo disposição contrária, quarenta e cinco dias depois de oficialmente publicada. Nos Estados estrangeiros, a obrigatoriedade da lei brasileira, quando admitida, inicia-se três meses depois de oficialmente publicada;
- se, antes de entrar a lei em vigor, ocorrer nova publicação de seu texto, destinada à correção, o prazo do artigo e dos parágrafos anteriores começará a correr da nova publicação;
- as correções a texto de lei já em vigor consideram-se lei nova;

- a lei terá vigor até que outra a modifique ou revogue, não se destinando à vigência temporária;
- a lei posterior revoga a anterior quando expressamente o declare, quando seja com ela incompatível ou quando regule inteiramente a matéria de que tratava a lei anterior;
- a lei nova, que estabeleça disposições gerais ou especiais a par das já existentes, não revoga nem modifica a lei anterior;
- a lei revogada não se restaura por ter a lei revogadora perdido a vigência, salvo disposição em contrário;
- ninguém se escusa de cumprir a lei, alegando que não a conhece;
- o juiz decidirá o caso de acordo com a analogia, os costumes e os princípios gerais de direito, quando a lei for omissa;
- o magistrado, na aplicação da lei, atenderá aos fins sociais a que ela se dirige e às exigências do bem comum;
- a lei em vigor terá efeito imediato e geral, respeitados o ato jurídico perfeito, o direito adquirido e a coisa julgada;
- reputa-se ato jurídico perfeito o já consumado segundo a lei vigente ao tempo em que se efetuou;
- consideram-se adquiridos assim os direitos que o seu titular, ou alguém por ele, possa exercer, como aqueles cujo começo do exercício tenha termo pré-fixo, ou condição preestabelecida inalterável, a arbítrio de outrem;
- chama-se coisa julgada ou caso julgado a decisão judicial de que já não caiba recurso;
- a lei do país em que domiciliada a pessoa determina as regras sobre o começo e o fim da personalidade, o nome, a capacidade e os direitos de família;
- para qualificar os bens e regular as relações a eles concernentes, aplicar-se-á a lei do país em que estiverem situados;
- para qualificar e reger as obrigações, aplicar-se-á a lei do país em que se constituírem;
- a sucessão por morte ou por ausência obedece à lei do país em que domiciliado o defunto ou o desaparecido, qualquer que seja a natureza e a situação dos bens;
- as organizações destinadas a fins de interesse coletivo, como as sociedades e as fundações, obedecem à lei do Estado em que se constituírem;

- quando for o réu domiciliado no Brasil ou aqui tiver de ser cumprida a obrigação, é competente a autoridade judiciária brasileira;
- a prova dos fatos ocorridos em país estrangeiro rege-se pela lei que nele vigorar, quanto ao ônus e aos meios de produzir-se, não admitindo os tribunais brasileiros provas que a lei brasileira desconheça;
- poderá o juiz, não conhecendo a lei estrangeira, exigir de quem a invoca prova do texto e da vigência;
- será executada no Brasil a sentença proferida no estrangeiro, que congregue os seguintes requisitos: haver sido proferida por juiz competente; terem sido os partes citadas ou haver-se legalmente verificado à revelia; ter passado em julgado e estar revestida das formalidades necessárias para a execução no lugar em que foi proferida; estar traduzida por intérprete autorizado; ter sido homologada pelo Supremo Tribunal Federal;
- quando se houver de aplicar a lei estrangeira, ter-se-á em vista a disposição desta, sem considerar-se qualquer remissão por ela feita a outra lei;
- as leis, atos e sentenças de outro país, bem como quaisquer declarações de vontade, não terão eficácia no Brasil, quando ofenderem a soberania nacional, a ordem pública e os bons costumes;
- tratando-se de brasileiros, são competentes as autoridades consulares brasileiras para lhes celebrar o casamento e os mais atos de registro civil e de tabelionato, inclusive o registro de nascimento e de óbito dos filhos de brasileiro ou brasileira nascido no país da sede do Consulado.

Recentemente, a Lei n. 13.655, de 25 de abril de 2018, incluiu, no corpo da Lei de Introdução às Normas do Direito Brasileiro (LINDB), novos dispositivos, estabelecendo parâmetros hermenêuticos de segurança jurídica e eficiência, a fim de orientar os processos de criação, aplicação e decisão dos atores jurídicos no âmbito do direito público.

Convém elencar estes importantes preceitos, dada a imensa relevância para a interpretação do ordenamento jurídico brasileiro:
- não se decidirá com base em valores jurídicos abstratos sem que sejam consideradas as consequências práticas da decisão, nas esferas administrativa, controladora e judicial;

- a motivação demonstrará a necessidade e a adequação da medida imposta ou da invalidação de ato, contrato, ajuste, processo ou norma administrativa, inclusive em face das possíveis alternativas;
- a decisão que, nas esferas administrativa, controladora ou judicial, decretar a invalidação de ato, contrato, ajuste, processo ou norma administrativa deverá indicar de modo expresso suas consequências jurídicas e administrativas;
- a decisão, nas áreas administrativa, controladora ou judicial, deverá, quando for o caso, indicar as condições para que a regularização ocorra de modo proporcional e equânime e sem prejuízo aos interesses gerais, não se podendo impor aos sujeitos atingidos ônus ou perdas que, em função das peculiaridades do caso, sejam anormais ou excessivos;
- serão considerados, na interpretação de normas sobre gestão pública, os obstáculos e as dificuldades reais do gestor e as exigências das políticas públicas a seu cargo, sem prejuízo dos direitos dos administrados;
- serão levadas em conta as circunstâncias práticas que houverem imposto, limitado ou condicionado a ação do agente, em decisão sobre regularidade de conduta ou validade de ato, contrato, ajuste, processo ou norma administrativa;
- serão consideradas, na aplicação de sanções, a natureza e a gravidade da infração cometida, os danos que dela provierem para a Administração Pública, as circunstâncias agravantes ou atenuantes e os antecedentes do agente;
- as punições aplicadas ao agente serão levadas em conta na dosimetria das demais sanções de mesma natureza e relativas ao mesmo fato;
- a decisão administrativa, controladora ou judicial que estabelecer interpretação ou orientação nova sobre norma de conteúdo indeterminado, impondo novo dever ou novo condicionamento de direito, deverá prever regime de transição quando indispensável para que o novo dever ou condicionamento de direito seja cumprido de modo proporcional, equânime e eficiente e sem prejuízo aos interesses gerais;
- a revisão, nas esferas administrativa, controladora ou judicial, quanto à validade de ato, contrato, ajuste, processo ou norma

administrativa cuja produção já se houver completado levará em conta as orientações gerais da época, sendo vedado que, com base em mudança posterior de orientação geral, se declarem inválidas situações plenamente constituídas;
- as orientações gerais são reconhecidas como as interpretações e especificações contidas em atos públicos de caráter geral ou em jurisprudência judicial ou administrativa majoritária, e ainda as adotadas por prática administrativa reiterada e de amplo conhecimento público;
- a autoridade administrativa poderá, para eliminar irregularidade, incerteza jurídica ou situação contenciosa na aplicação do direito público, inclusive no caso de expedição de licença, após oitiva do órgão jurídico e, quando for o caso, após realização de consulta pública, e presentes razões de relevante interesse geral, celebrar compromisso com os interessados, observada a legislação aplicável, o qual só produzirá efeitos a partir de sua publicação oficial;
- a decisão do processo, nas esferas administrativa, controladora ou judicial, poderá impor compensação por benefícios indevidos ou prejuízos anormais ou injustos resultantes do processo ou da conduta dos envolvidos;
- a edição de atos normativos por autoridade administrativa, em qualquer órgão ou Poder, salvo os de mera organização interna, poderá ser precedida de consulta pública para manifestação de interessados, preferencialmente por meio eletrônico, a qual será considerada na decisão;
- as autoridades públicas devem atuar para aumentar a segurança jurídica na aplicação das normas, inclusive por meio de regulamentos, súmulas administrativas e respostas a consultas, apresentando tais instrumentos caráter vinculante em relação ao órgão ou entidade a que se destinam, até ulterior revisão.

Eis, portanto, as diretrizes mais relevantes da Lei de Introdução às Normas do Direito Brasileiro (LINDB), as quais devem ser bem compreendidas e utilizadas pelos intérpretes e aplicadores da ordem jurídica brasileira, nas esferas judicial e extrajudicial, em face dos diferentes casos concretos.

CAPÍTULO QUINZE

HERMENÊUTICA JURÍDICA SEM HERMETISMO: A NECESSIDADE DA DEMOCRATIZAÇÃO DA INTERPRETAÇÃO DO DIREITO

COMO SE DEPREENDE DOS TÓPICOS ANTERIORES, O direito é conhecido e exteriorizado por meio de palavras, manifestadas nas diversas fontes jurídicas. Os estudos atuais da Semiótica apontam a existência de uma linguagem jurídica dotada de características de tecnicidade, seja no plano da linguagem-objeto, seja no plano da metalinguagem.

Resta evidente, pois, que o direito é ciência dotada de linguagem técnica e específica, com espaço semântico autônomo, o que também se verifica em outras áreas do conhecimento, tais como a medicina, a informática ou a economia. O tecnicismo do direito tem, contudo, gerado acesas controvérsias e perplexidades, visto que a sofisticação descontrolada da linguagem jurídica pode ser fator de distanciamento simbólico em face da sociedade.

O hermetismo da linguagem jurídica se evidencia gradativamente, pois o direito, por ser passível de uma tradução científica, requer a configuração de um vocabulário técnico, não facilmente apreendido pelo senso comum ou pelo conhecimento vulgar.

A tensão entre onomasiologia (linguagem comum) e semasiologia (linguagem técnico-científica) do discurso jurídico deve ser, no entanto, reduzida, a fim de permitir a democratização da hermenêutica jurídica com o fortalecimento da cidadania pela internalização de direitos e deveres.

Revela-se, portanto, inaceitável o rebuscamento gratuito, para disfarçar a debilidade das ideias e a incoerência dos argumentos e proposições jurídicas. Ao revés, o direito deve sempre ser expresso de modo inteligível, permitindo o seu conhecimento por qualquer cidadão. Infelizmente, tem-se observado que a linguagem jurídica, inclusive no Brasil, é praticada com excessivo anacronismo, contribuindo para o afastamento da própria sociedade em relação ao direito.

A propalada indissociabilidade entre linguagem e direito indica que os intérpretes devem investir numa melhor comunicação jurídica e primar pela depuração do formalismo excessivo, pelo que se afigura necessário o engajamento dos aplicadores do direito para tornar mais acessível a linguagem jurídica ao conhecimento da sociedade civil, garantindo o acesso à Justiça e o exercício dos direitos fundamentais dos cidadãos.

Com efeito, a teoria tradicional da interpretação jurídica, que confere especial destaque aos procedimentos formalizados e à exegese realizada pelos profissionais do direito, deve ser, portanto, substituída por um novo paradigma hermenêutico. Nesse sentido, não é possível o estabelecimento de um rol limitado de intérpretes, à medida que os órgãos estatais, assim como todos os grupos sociais e cidadãos, envolvem-se na leitura da Constituição e da totalidade do sistema jurídico.

Os atores sociais que são alcançados pela norma constitucional ou infraconstitucional devem ser considerados como forças produtivas da interpretação, i.e., intérpretes *lato sensu* da Carta Magna e da totalidade da ordem jurídica. Como os intérpretes oficiais não são os únicos que vivenciam o ordenamento jurídico, obviamente, não podem monopolizar a sua atividade interpretativa.

Todo aquele que atua no contexto regulado por uma ordem jurídica é, indireta ou até mesmo diretamente, um potencial hermeneuta. A interpretação constitucional não se desenvolve, portanto, nos redutos do Estado, visto que todos os integrantes da sociedade civil organizada – ainda que de forma potencial – também alimentam, com valores e padrões comportamentais, essa circularidade hermenêutica.

Desse modo, não tem fundamento a alegação de que a ampliação do leque de intérpretes ameaçaria a independência dos juízes e a vinculação à lei constitucional. Isso porque não é possível ocultar o fato de que o julgador interpreta a Constituição, com base no conjunto axiológico da sociedade. O intérprete se orienta não só pela teoria, mas também pela práxis social. Esta última, no entanto, não é conformada pura e simplesmente pelos operadores do direito. Do ponto de vista histórico-cultural, o processo de interpretação constitucional é infinito e sempre inconcluso, cabendo ao jurista o papel de mediador das demandas comunitárias, ao lado dos demais atores sociais.

Nessa linha de raciocínio, Peter Häberle (1997, p. 17) defende que a vinculação judicial à lei e à independência pessoal e funcional dos juízes não pode escamotear o fato de que o juiz interpreta a lei na esfera pública e na realidade. Seria errôneo reconhecer as influências, as expectativas, as obrigações sociais a que estão submetidos os juízes apenas sob o aspecto e uma ameaça a sua independência. Essas influências contêm também uma parte de legitimação e evitam o livre arbítrio da interpretação judicial.

Para que, no contexto brasileiro, o direito torne-se acessível à participação democrática, é necessário permitir uma sinergia eficaz entre os diversos intérpretes da ordem jurídica. O primeiro obstáculo é epistemológico: quebrar a falsa cisão positivista entre ciência (*episteme*) e senso comum (*doxa*). O conhecimento jurídico, inclusive hermenêutico, deve consubstanciar um novo senso comum, partilhado por toda a cidadania.

Nesse diapasão, podem ser elencadas diversas vertentes em solo pátrio, a saber: previsão curricular do direito constitucional e infraconstitucional nos ensinos fundamental e médio; ampliação do uso dos instrumentos de democracia participativa, a exemplo da iniciativa legislativa popular, do plebiscito, do referendo e da ação popular; implantação de novos institutos da democracia semidireta, tais como o veto popular e o *recall*; difusão da cultura jurídica dos remédios constitucionais; alargamento dos legitimados para a propositura das ações diretas do controle concentrado-abstrato; mudança do processo de escolha de Ministros do Supremo Tribunal Federal para maior envolvimento da comunidade jurídica na indicação dos nomes pelo Presidente da República; estabelecimento de mandatos para o exercício da magistratura no Supremo Tribunal Federal, permitindo a alternância e a oxigenação dos processos hermenêuticos; ampliação das novas tecnologias de informação para potencializar maior acesso e controle da opinião pública no exercício da hermenêutica constitucional; ampliação do colegiado do Supremo Tribunal Federal para permitir maior efetividade e celeridade processual; e o progressivo reconhecimento do amicus curiae nos processos decisórios..

Logo, devemos entender a ordem jurídica como obra aberta e coletiva, para que a ampliação do círculo de intérpretes passe a decorrer da necessidade de assimilar o mundo circundante a um modelo interpretativo plural e progressista. Isso porque, longe de ser propriedade dos juristas, o ordenamento jurídico pertence a toda a sociedade. Da mesma forma que um código religioso como a Bíblia deve ser interpretado pelo fiel, sem as amarras simbólicas da autoridade sacerdotal, também a legislação deve ser conhecida e manejada pelo cidadão, livre da influência oracular dos juristas, os quais, muitas vezes, figuram como pretensos donos ou aprendizes do poder, arvorando-se como os únicos e exclusivos agentes autorizados a realizar a chamada interpretação oficial do direito.

SINOPSE DA PARTE III

Hermenêutica, integração do direito e o problema das lacunas jurídicas

Entende-se por integração do direito a atividade de preenchimento das lacunas jurídicas, que são vazios ou imperfeições que comprometem a ideia de completude do sistema jurídico. Trata-se de um tema cuja compreensão exige a análise da completude do sistema jurídico. É indispensável saber se o sistema jurídico é completo ou incompleto, vale dizer, se ele pode alcançar todos os campos das interações sociais ou se há condutas não alcançadas pela ordem jurídica.

Podemos visualizar duas grandes correntes: aqueles que defendem um sistema jurídico fechado (completo) e, de outro lado, aqueles que visualizam um sistema jurídico aberto (incompleto), e, consequentemente, lacunoso. Atualmente, prefere-se a ideia de um sistema jurídico aberto e incompleto, porque o direito é um fenômeno histórico-cultural e submetido, portanto, às transformações que ocorrem no campo dinâmico dos valores e dos fatos sociais.

Nesse sentido, pode-se afirmar que o sistema jurídico é composto de lacunas normativas, fáticas e valorativas, mas ele próprio oferece mecanismos para preencher as referidas. São os chamados instrumentos de integração do direito: a analogia; os costumes; os princípios gerais do direito; e a equidade.

Hermenêutica e o problema das antinomias jurídicas

No plano hermenêutico, a teoria das antinomias jurídicas está ligada ao problema da coerência do sistema jurídico. Para que um sistema seja coerente, é necessário que seus elementos não entrem em contradição entre si ou que os conflitos sejam dirimidos.

As antinomias jurídicas surgem quando diferentes normas jurídicas permitem e proíbem um mesmo comportamento, o que suscita uma situação de indecidibilidade que requer uma solução. No que se refere às tipologias, pode-se falar em antinomias próprias e antinomias impróprias (teleológicas, valorativas, principiológicas e semânticas).

Diante da ocorrência de antinomias jurídicas, deverão ser utilizados os critérios de solução, hierárquico, cronológico e da especialidade. De todos esses critérios, o mais importante é o hierárquico, prevalecendo, inclusive, sobre todos os demais.

Pelo critério hierárquico, havendo antinomia entre uma norma jurídica superior e uma norma jurídica inferior, prevalece a norma jurídica superior, dentro da concepção piramidal e hierarquizada do sistema jurídico.

Pelo critério cronológico, havendo antinomia entre a norma jurídica anterior e a norma jurídica posterior que verse sobre a mesma matéria, ambas de mesma hierarquia, prevalece a norma jurídica posterior.

Pelo critério da especialidade, havendo contradição entre uma norma jurídica que regule um tema genericamente e uma norma que regule o mesmo tema de modo específico, sendo ambas de mesma hierarquia, prevalece a norma jurídica especial.

Para a solução das antinomias principiológicas, recorrer-se-á ao uso da ponderação, a qual consiste numa técnica jurídica de interpretação e decisão, aplicável a casos difíceis, em relação aos quais a subsunção figura insuficiente, especialmente quando a situação concreta rende ensejo à aplicação de normas principiológicas que sinalizam soluções diferenciadas.

O processo cognitivo da ponderação pode ser decomposto em três etapas: identificação das normas pertinentes, seleção dos fatos relevantes e atribuição geral de pesos. Na primeira etapa, cabe ao intérprete detectar no sistema as normas relevantes para a solução do caso concreto, identificando eventuais conflitos entre elas. Ainda nesse estágio, os diversos fundamentos normativos são agrupados em função da solução que estejam sugerindo. Por sua vez, na segunda etapa, cabe examinar os fatos e as circunstâncias do caso concreto e sua interação com os elementos normativos, daí a importância assumida pelos fatos e pelas consequências práticas da incidência da norma. Enfim, na terceira etapa, os diferentes grupos de normas e a repercussão dos fatos do caso concreto serão examinados de forma conjunta, de modo a apurar os pesos que devem ser atribuídos aos diversos elementos em disputa e, pois, qual o grupo de normas deve preponderar no caso concreto.

Interpretação do direito e as cláusulas gerais

Um dos aspectos marcantes da interpretação do direito pós-moderno diz respeito à progressiva adoção da cláusula geral como técnica legislativa adequada para a conformação dos princípios e a tutela dos direitos fundamentais dos cidadãos, o que demanda a configuração de um paradigma interpretativo desvinculado das matrizes positivistas da modernidade jurídica.

O delineamenro do direito como um fenômeno plural, reflexivo, prospectivo e relativo exige que a ordem jurídica seja concebida como uma obra dinâmica, permitindo a constante solução e incorporação de novos problemas. Sendo assim, utilizam-se modelos jurídicos abertos, que figuram como janelas para captar o trânsito da vida social, através das chamadas cláusulas gerais.

Neste sentido, a técnica legislativa das cláusulas gerais conforma o meio hábil para permitir o ingresso no direito de elementos como valores, arquétipos comportamentais, deveres de conduta e usos sociais. Com as cláusulas gerais, a formulação da hipótese legal é processada mediante o emprego de uma linguagem eivada de significados intencionalmente vagos ou ambíguos, geralmente expressos em conceitos jurídicos indeterminados.

Ao remeterem o intérprete a outros espaços do sistema normativo ou a dados latentes na sociedade, as cláusulas abertas apresentam, assim, a vantagem da mobilidade proporcionada pela imprecisão de seus termos, mitigando o risco do anacronismo jurídico, como a revolta dos fatos e valores contra a lei.

Interpretação do direito e as máximas de experiência

A verificação de uma regra/máxima de experiência exige, além da reiteração de acontecimentos, a formulação pelo julgador de um juízo genérico e abstrato de que uma dada sequência de fatos se revela capaz de conduzir ao entendimento válido para casos posteriores. São, portanto, extraídas indutivamente e aplicadas dedutivamente pelo magistrado, diante de fatos similares.

Com efeito, as regras/máximas de experiência não se referem exclusivamente às vivências pessoais do julgador, pertencendo também ao repositório comum de crenças, valores e padrões comportamentais da comunidade jurídica, como fenômenos histórico-culturais passíveis de serem observados e internalizados por aqueles que vivenciam uma dada ambiência social.

No direito processual, as regras/máximas de experiência se apresentam como recursos importantes para o convencimento judicial, permitindo a compreensão das alegações e dos depoimentos das partes, a apreciação da prova documental, a inquirição das testemunhas, o estabelecimento de uma conexão entre indícios e fatos. Ademais, podem ser usadas como mecanismo para inversão do ônus da prova, pelo exame de verossimilhança das teses apresentadas, bem como para a constatação da evidência ou impossibilidade de um fato.

As regras/máximas de experiência serão corporificadas no momento de tomada de uma decisão judicial, visto que a delimitação do substrato probatório pela experiência do magistrado atuará como elemento de pré-compreensão, influenciando a escolha por uma dada opção hermenêutica, sempre aberta para os valores e fatos que integram a realidade circundante. O hermeneuta não pode, assim, desprezar as regras/máximas de experiência ao proferir uma dada decisão, devendo, ao valorizar e apreciar as provas dos autos, servir-se daquilo que comumente acontece na vida social.

Interpretação do direito e os conceitos jurídicos indeterminados

Entende-se por conceitos jurídicos aquelas ideias gerais, dotadas de pretensão universal, geralmente sintetizadas pelo doutrinador e passíveis de aplicação nos mais diversos ramos do conhecimento jurídico.

A estrutura do conceito jurídico indeterminado possui, assim, o núcleo fixo ou zona de certeza positiva, a zona intermediária ou de incerteza e a zona de certeza negativa. Dentro da zona de certeza positiva, ninguém duvidaria do cabimento da aplicação da palavra que os designa, diferentemente da zona de certeza negativa, em que seria certo que por ela não estaria abrigada. As dúvidas só teriam cabimento no intervalo entre ambas.

A imprecisão do significado das palavras empregadas na lei conduz necessariamente a uma indeterminação dos seus comandos pelo que, só em casos muito excepcionais, todo o conceito deixa de ter vários sentidos. Os conceitos absolutamente determinados seriam muito raros no direito. A regra seria a de que o conceito contivesse um núcleo de interpretação segura e uma zona periférica que principia onde termina aquele e cujos limites externos não se encontram fixados com nitidez.

Com efeito, ocorre a transmudação dos conceitos legais indeterminados em conceitos determinados pela função que exercem em cada situação específica. Os conceitos legais indeterminados se convertem em conceitos determinados pela função que têm de exercer no caso concreto, ao garantir a aplicação mais correta e equitativa do preceito normativo. Não obstante a fluidez ou imprecisão que estão previstas *in abstrato* na norma, podendo ou não se dissipar quando verificada a hipótese *in concreto*, propiciam os conceitos jurídicos indeterminados uma limitação da discricionariedade, tendo em vista a busca da otimização da finalidade da norma jurídica.

As cláusulas gerais distinguem-se dos conceitos legais indeterminados pela finalidade e eficácia, pois estes, uma vez diagnosticados pelo juiz no caso concreto, já têm sua solução preestabelecida na lei, cabendo ao juiz aplicar referida solução. Aquelas, ao contrário, se diagnosticadas pelo juiz, permitem-lhe preencher conteúdo semântico com os valores designados para aquele caso, para que se lhe dê a solução que ao julgador parecer mais adequada, ou seja, concretizando os princípios gerais de direito e dando aos conceitos legais indeterminados uma determinabilidade pela função que têm de exercer numa situação concreta.

Interpretação do direito e o fenômeno da discricionariedade

O autêntico poder discricionário é atribuído pelo direito e pela lei quando a decisão última sobre o justo (correto, conveniente, apropriado) no caso concreto é confiada à responsabilidade de alguém, é deferida à concepção (em particular, à valoração) individual da personalidade chamada a decidir em concreto, porque se considera ser melhor solução aquela em que, dentro de determinados limites, alguém olhando como pessoa consciente da sua responsabilidade, faça valer o seu próprio ponto de vista.

No direito administrativo, a discricionariedade se afigura como um contraponto à ideia de vinculação. Com efeito, o ato administrativo vinculado se reporta à estrita legalidade, mormente no que se refere à competência, forma e finalidade da providência exigida. Havendo a constatação do que está legalmente definido de modo completo, dever-se-ia aplicar a lei. Por sua vez, o ato discricionário comportaria um juízo subjetivo, situado no campo da conveniência e oportunidade do administrador, alcançando os motivos e o objeto da providência administrativa.

A evolução doutrinária do direito administrativo passou a visualizar uma nova feição da discricionariedade, não mais atrelada ao campo do mérito do ato administrativo, vale dizer, das opções administrativas efetuadas com base em critérios de conveniência e oportunidade, envolvendo também o tema da intelecção dos conceitos vagos ou indeterminados. A adoção do paradigma dos conceitos indeterminados representou, assim, a busca da solução mais correta, justa e razoável para o caso concreto, sob a perspectiva da otimização da finalidade normativa.

O conceito de discricionariedade está umbilicalmente ligado à ideia de interpretação. Afastada a concepção de que a discricionariedade seja sinônimo de liberdade absoluta e de que resulte sempre e necessariamente da simples existência de indeterminação de uma norma, podemos conceituá-la como o dever-poder do aplicador, após um trabalho de interpretação e de confronto da norma com os fatos, e restando ainda alguma indeterminação quanto à hipótese legal, fazer uma apreciação subjetiva para estabelecer qual é, no caso concreto, a decisão que melhor atende à vontade da lei.

Não há, portanto, como negar a ideia de discricionariedade judicial, se entendermos a discricionariedade como um poder conferido ao intérprete de oferecer, com algum grau de liberdade, a solução hermenêutica mais razoável para um dado caso concreto, em face da relativa indeterminabilidade normativa. O ato judicial é discricionário, em nada se confundindo com um ato arbitrário, pois a discricionariedade está calcada dentro da legalidade e exige, obrigatoriamente, uma motivação na tomada da decisão considerada mais justa ao caso concreto, como sucede, por exemplo, nas hipóteses de gradação da pena, concessão de tutela antecipada e mensuração dos danos morais.

Interpretação do direito e o papel da jurisprudência

O termo jurisprudência é polissêmico, visto que pode designar tanto o conhecimento científico do direito quanto indicar uma das manifestações da normatividade jurídica, integrante da categoria conhecida como fonte do direito, enquanto reiteração de julgamentos num mesmo sentido, capaz de criar um padrão normativo tendente a influenciar futuras decisões judiciais.

Não obstante persistir aceso o debate sobre a normatividade da jurisprudência, quer parecer-nos que a sua condição de fonte do direito não pode ser negligenciada, seja nos sistemas anglo-saxônicos de *common law*, seja nos sistemas romano-germânicos de *civil law*. Isso sucede porque, no âmbito do processo decisório, os julgadores criam uma norma jurídica para o caso concreto, o que permite asseverar o papel criativo e construtivo do magistrado, no desenvolvimento da interpretação jurídica, bem como atribuir à jurisprudência a condição de fonte do direito, como modo de manifestação da normatividade jurídica.

Não há, pois, como negar que a jurisprudência seja, inclusive, fonte imediata e direta do direito, mesmo nos sistemas romanísticos. Primeiro, porque veicula a interpretação e aplicação da norma positiva, dando-lhe inteligência e precisando o alcance do direito em tese; segundo, porque aplica os princípios gerais, a equidade, a analogia, na falta de uma norma específica e explícita; e, por último, porque tem uma força construtiva e preservativa da uniformidade dos julgados e da unidade do direito.

O reconhecimento da mudança jurisprudencial só se afigura possível com a constatação de que a jurisprudência desponta como fonte de direito justo, capaz de acompanhar as exigências axiológicas da sociedade. Considerando o direito como um fenômeno histórico-cultural e o sistema jurídico como sistema aberto à realidade social, deve-se reconhecer o papel criativo e construtivo do julgador, bem como a capacidade de as decisões judiciais engendrarem uma normatividade jurídica antenada com os valores comunitários.

Decerto, as técnicas de interpretação judicial da lei variam conforme a ideologia que guia a atividade do juiz e o modo como este concebe o seu papel e a sua missão, a concepção dele do direito e suas relações com o Poder Legislativo.

As teorias contemporâneas sobre interpretação jurídica justificam o papel construtivo do juiz, como fundamento para a realização da justiça. Logo, a lei passa a ser apenas uma referência, dela devendo o juiz extrair a interpretação que melhor se ajuste ao caso concreto, ainda que, para tanto, tenha de construir um novo entendimento sobre a lei. É forçoso reconhecer a vitalidade da interpretação construtiva dos juízes e tribunais, pelo que a hermenêutica ganha hoje sempre mais vigor diante da rapidez com que a realidade social se transforma, atrelada à realização axiológica do direito justo.

Decerto, a decisão judicial não decorre da pura aplicação da lei a um dado caso concreto. Assumindo a opção pela ideologia dinâmica, o ato de interpretar o direito figura como uma atividade valorativa, que revela a convicção do hermeneuta sobre a situação de fato e a norma jurídica. O juiz, quando interpreta o direito, jamais é neutro. Ele está revelando o seu conjunto de valores, que serve de inspiração na descoberta da regra ou princípio jurídico adequado ao caso concreto.

Interpretação do direito, *stare decisis* e teoria dos precedentes

A expressão *stare decisis* decorre do brocardo latino *stare decisis et non quieta movere*, o qual significa "mantenha-se a decisão e não se moleste o que foi assentado". Ela se refere a uma doutrina de submissão aos precedentes judiciais, largamente utilizado nos países da tradição anglo-saxônica do *common law*, os quais vivenciam o costume e a jurisprudência como principal fonte do direito, aplicando a ordem jurídica através de um raciocínio lógico-dedutivo, a exemplo do que sucede na Inglaterra e nos Estados Unidos da América do Norte.

Os ordenamentos jurídicos do *common law* diferem da família romano-germânica do *civil law*, que engloba aquelas nações que, por razões históricas diversas, valorizam a legislação como principal fonte do direito, priorizando uma aplicação lógico-dedutiva da normatividade jurídica, a exemplo do que ocorre no Brasil. Atualmente, verifica-se uma crescente diluição das fronteiras que separavam as experiências jurídicas de *common law* e *civil law*, por força do recrudescimento dos intercâmbios culturais entre as nações, havendo hoje uma clara ampliação do papel da lei nas nações ligadas à tradição do *common law* e, de outro lado, a valorização das fontes jurisprudenciais do direito e da sistemática do *stare decisis* nos países da tradição romano-germânica,

O precedente é a primeira decisão judicial que elabora e delineia uma tese jurídica, a qual deve ser utilizada para balizar as decisões posteriores a respeito de um dado assunto, cujo núcleo essencial pode servir como diretriz para o julgamento subsequente de conflitos de interesses que se revelem similares.

O precedente pode ostentar caráter obrigatório ou natureza persuasiva. Na primeira hipótese, a *ratio decidendi* do julgado apresenta-se vinculante às instâncias hierarquicamente inferiores e ao próprio tribunal de origem. Na segunda acepção, a decisão da Corte de jurisdição mais elevada não vincula os julgadores de piso, mas a autoridade que formulou os respectivos argumentos produz um efeito convincente, que implica a replicação prática da tese jurídica adotada.

No tocante aos elementos constitutivos de um precedente, ele revela-se composto de duas partes distintas: a) as circunstâncias de fato que embasam a controvérsia; e b) a tese assentada na motivação do provimento decisório (*ratio decidendi* ou *holding* no contexto norte-americano).

A *ratio decidendi* constitui a essência da tese jurídica suficiente para decidir o caso concreto e que vincula os julgamentos futuros. A *ratio decidendi* não é individuada pelo órgão julgador que profere a decisão. Cabe aos juízes, em momento posterior, ao examinarem-na como precedente, extrair a norma legal, abstraindo-a do caso, que poderá ou não incidir na situação concreta.

A *ratio decidendi*, essência da tese jurídica pertinente para decidir o caso concreto (*rule of law*), é composta dos seguintes elementos: indicação dos fatos relevantes (*statement of material facts*); raciocínio lógico-jurídico usado na deliberação (*legal reasoning*); e o juízo decisório empregado na solução da lide (*judgement*).

De outro lado, convém também distinguir os conceitos de *ratio decidendi* e de *obiter dictum*, à medida que o efeito vinculante reside somente no elemento essencial da fundamentação, isto é, no juízo decisório que integra a *ratio decidendi*.

Com efeito, o *obiter dictum* consubstancia qualquer argumento adicional ou incidental, exposto na motivação do julgado, que se afigure como um juízo provisório ou secundário, não apresentando, portanto, influência relevante e substancial para a tomada de uma decisão judicial e a respectiva solução de uma dada causa.

No que se refere às técnicas hermenêuticas de interpretação, aplicação e superação dos precedentes, podem ser elencados os seguintes instrumentos: a) *distinguishing;* b) *overruling;* c) *overriding;* d) *transformation;* e) *sinaling;* e f) *drawing of inconsistent distinctions*

O *distinguishing* ou *distinguish* figura como uma técnica de interpretação e aplicação do precedente, utilizada para as situações em que houver diferença entre o caso concreto e o paradigma, seja pela falta de coincidência entre os fatos fundamentais discutidos e os que embasaram a *ratio decidendi* constante do precedente, seja porque, inobstante exista certa aproximação entre eles, alguma singularidade no caso em julgamento possibilita o afastamento da aplicação do precedente.

De outro lado, o *overruling* é um procedimento hermenêutico de superação jurisprudencial através do qual um precedente perde a sua força vinculante, sendo então substituído por outra *ratio decidendi*.

A seu turno, a *transformation* apresenta-se como uma modificação substancial no conteúdo do precedente, sem a manifestação expressa do tribunal no sentido da revogação. Essa técnica consiste na imputação de relevância aos fatos que, no precedente, foram qualificados como incidentais, sendo então conferido um novo significado interpretativo, mediante a atualização ou releitura da decisão.

O intituto denominado *sinaling* é uma técnica de sinalização, situada entre o *distinguishing* e o *overruling*, através da qual o tribunal não revoga o precedente, deixando aparente que o caso em julgamento não se diferencia, em essência, dos que já haviam sido apreciados para a formação da jurisprudência vigente.

Por último, registra-se a técnica norte-americana das *drawing of inconsistent distinctions*, também passível de utilização no âmbito hermenêutico-processual. Essas distinções inconsistentes consubstanciam um artifício pelo qual o tribunal, sem revogar o precedente que o embasa, deixa de aplicar parte de determinado entendimento, à semelhança do que ocorre com o *overriding*. Diferentemente deste, contudo, a tese adotada no julgamento corrente não se revela compatível com a *ratio decidendi* do paradigma, uma vez que inexistem novas condicionantes sociais ou legais.

A doutrina de *stare decisis* e as respectivas técnicas hermenêuticas de interpretação, aplicação e superação dos precedentes demonstram o notável esforço da ciência jurídica para conceber e operacionalizar uma engrenagem institucional capaz de conferir aos tribunais a previsibilidade e a estabilidade no plano decisório, bem como a flexibilidade necessária para o tratamento mais justo das especificidades dos casos concretos pelos órgãos judicantes.

Embora a doutrina de *stare decisis* e as respectivas técnicas hermenêuticas de interpretação, aplicação e superação dos precedentes apresentem eventuais limites e possam ser pontualmente incompatíveis com as especificidades do direito brasileiro, mais ligado à família jurídica romano-germânica, constata-se a indubitável relevância dessa sistemática para o desenvolvimento dos processos decisórios, possibilitando a preservação da isonomia, da estabilidade e da integridade do ordenamento jurídico.

Interpretação do direito e a função hermenêutica das súmulas

No atual cenário pós-positivista do direito ocidental, marcado pela visível diluição das fronteiras do *civil law* e do *commom law* e pelo crescente protagonismo hermenêutico do Poder Judiciário, não há como negar que a jurisprudência desponta como uma fonte jurídica direta, apta a regular bilateralmente o comportamento de agentes públicos e privados, através do estabelecimento de direitos subjetivos e deveres jurídicos.

Após a sistemática reiteração desses julgados e a constante observância dos precedentes sobre litígios similares, a jurisprudência vai, gradativamente, assentando-se no âmbito de uma dada comunidade jurídica. Esse processo de maturação decisória pode conduzir para a elaboração de uma súmula. Quando a jurisprudência se torna dominante a no tribunal, o órgão judicante pode formular o respectivo enunciado sumular.

Etimologicamente, o vocábulo súmula provém do latim *summula*, significando sumário ou índice de algo. Ela figura como meio de uniformização da jurisprudência assentada dos tribunais, a qual corporifica as suas proposições hermenêuticas sobre diversos assuntos controvertidos. A súmula consubstancia um enunciado que exprime, sintetiza e consolida o entendimento jurisprudencial acumulado do Poder Judiciário sobre a validade, a eficácia, a interpretação e a aplicação de normas jurídicas, a fim de orientar a comunidade jurídica.

Deveras, a súmula resulta de um longo processo de convergência de reiteradas deliberações nas instâncias judiciárias superiores, implicando a fixação das teses abstratas a serem seguidas pelos julgadores, a fim de potencializar a realização de valores essenciais como a segurança jurídica, a estabilidade institucional, a previsibilidade decisória, a coerência sistêmica e a igualdade no tratamento dos jurisdicionados.

As súmulas são consideradas persuasivas quando não obrigam formalmente o cumprimento dos julgadores de instâncias inferiores, resguardando assim um maior espaço de liberdade decisória para esses órgãos judicantes. Servem elas, assim, de norte hermenêutico para os juízes, sem, contudo, obstar a possibilidade do desenvolvimento de uma interpretação jurídica contrária ao quanto disposto no enunciado sumular.

As súmulas são caracterizadas como vinculantes quando obrigam formalmente a sua observância pelos julgadores de instâncias inferiores, limitando a esfera de liberdade decisória desses órgãos judicantes, ao vedarem a possibilidade de uma interpretação ou aplicação do direito que seja diversa daquele conteúdo posto no enunciado sumular.

Historicamente, a origem do direito sumular pode ser identificada na fase republicana do Direito Romano, matriz da família dos países de *civil law,* da qual faz parte o sistema jurídico brasileiro. No contexto romanístico, os editos formulados pelos pretores, que preenchiam as lacunas jurídicas então existentes, passaram a apresentar força de lei, não podendo ser modificados pela autoridade que os publicou, nem tampouco pelos posteriores julgadores.

Por sua vez, no âmbito do direito lusitano, cumpre destacar o papel dos assentos, instrumentos pelos quais os tribunais superiores portugueses, com o fim de buscar uma harmonização dos julgados, atribuíam coatividade às suas respectivas decisões judiciais, fixando julgamentos paradigmáticos em casos similares no futuro.

No que se refere ao direito brasileiro, ainda durante o período colonial, os assentos vinculantes foram instituídos pelas Ordenações Manuelinas, no ano de 1521, sendo aprimorados, em momento ulterior, pelas Ordenações Filipinas, que os denominou de assentos da Casa de Suplicação.

Após a independência e o advento da fase imperial, o Decreto Legislativo nº 2.684/1875, disciplinado pelo Decreto nº 6.142/1876, conferiu força normativa aos assentos da Casa de Suplicação de Lisboa, bem como reconheceu a competência do Supremo Tribunal de Justiça para criá-los, até que viessem a ser revogados pelo Poder Legislativo, sendo, contudo, extintos por conta da proclamação da república.

Posteriormente, por inspiração do então Ministro do Supremo Tribunal Federal Victor Nunes Leal, foi então instituída a chamada súmula de jurisprudência dominante, através da Emenda Regimental datada de 28 de março de 1963 para aumentar a celeridade processual e padronizar a prestação jurisdicional. Embora tenha sofrido, de início, severas críticas de juristas, com o passar do tempo, este instituto obteve, gradativamente, a aceitação pela comunidade jurídica brasileira.

A seu turno, o Código de Processo Civil de 1973, inovando em face do Código de 1939, previu o incidente de uniformização de jurisprudência, regulado nos artigos 476 a 479 daquele diploma legal, o qual objetivava a formação de precedentes de aspirações persuasivas no âmbito dos tribunais brasileiros, propiciando a pacificação da interpretação de questões jurídicas, representando a semente de uma política de valorização do precedente judicial no ordenamento jurídico pátrio, processo que recrudesceu nas décadas seguintes, fruto das reformas processuais sucessivamente implementadas.

O direito sumular ganhou ainda mais forte impulso com o advento da Constituição Federal de 1988, que, ao prever inúmeros direitos e garantias fundamentais dos cidadãos, fortaleceu o sistema de justiça, ampliando o rol de competências e de instrumentos processuais postos à disposição das instituições relacionadas à prestação jurisdicional, possibilitando o desenvolvimento de uma jurisprudência progressista e construtiva, que desembocou na produção de inúmeras súmulas.

Com a promulgação da Emenda Constitucional nº 45/2004, instrumento da reforma do Poder Judiciário, foi implantada a súmula vinculante do Supremo Tribunal Federal, posteriormente regulada pela Lei nº 11.417/2006. As súmulas vinculantes vieram juntar-se às antigas súmulas persuasivas, conferindo-se ao Supremo Tribunal Federal a elevada prerrogativa de estabelecer enunciados sumulares de cunho obrigatório para todos os membros que integram as estruturas judiciária e administrativa do Estado brasileiro.

Com efeito, o art. 103-A da Carta Magna de 1988 foi acrescentado pela Emenda Constitucional nº 45/2004, o qual estabelece que o Supremo Tribunal Federal pode, de ofício ou por provocação, mediante decisão de 2/3 dos seus membros, após reiteradas decisões sobre matéria constitucional, aprovar súmula que, a partir de sua publicação na imprensa oficial, terá efeito vinculante em relação aos demais órgãos do Poder Judiciário e à Administração Pública direta e indireta, nas esferas federal, estadual e municipal, bem como proceder à sua revisão ou cancelamento, na forma da lei.

A súmula vinculante tem por finalidade a validade, a interpretação e a eficácia de normas determinadas, acerca das quais haja controvérsia atual entre órgãos judiciários ou entre esses e a Administração Pública que acarrete grave insegurança jurídica e relevante multiplicação de processos sobre questão idêntica.

Posteriormente, com a edição do Código de Processo Civil de 2015, estruturado na doutrina dos precedentes, a jurisprudência e o respectivo direito sumular adquiriram ainda maior relevo, tanto normativo, quanto institucional, por força de novos dispositivos legais que reforçaram o dever de criação, observância e aplicação de precedentes ou enunciados sumulares pelo Poder Judiciário, como se depreende do disposto nos artigos 926 a 928 do mencionado diploma legal.

Em favor da súmula vinculante, argumenta-se que este instrumento hermenêutico-processual concretizaria, adequadamente, os princípios constitucionais da celeridade processual, da efetividade do processo, da economia processual, da segurança jurídica e da isonomia decisória.

Em sentido contrário, argumenta-se que violaria os princípios do devido processo legal, do duplo grau de jurisdição, do contraditório, da ampla defesa, do livre convencimento judicial e da separação dos poderes, além do risco de o Supremo Tribunal Federal petrificar a ordem jurídica, dificultando o surgimento de posicionamentos jurisprudenciais mais antenados com a realidade social. Os opositores às súmulas vinculantes alegam também que tais ferramentas jurisprudenciais acabariam por hipertrofiar o Supremo Tribunal Federal, oportunizando uma gama de excessos hermenêuticos e decisionismos arbitrários, típicos de uma verdadeira supremocracia ou juristocracia, comprometendo, por conseguinte, os alicerces institucionais e operacionais do Estado Democrático de Direito.

Desse modo, no atual contexto de transição paradigmática pós-positivista e de dissolução das fronteiras tradicionais dos sistemas do *civil law* e do *common law*, a crescente utilização do direito sumular afigura-se como uma irreversível vertente no horizonte hermenêutico pátrio, a exigir dos profissionais e estudiosos do direito pátrio uma constante abertura cognitiva ao enfrentamento dos novos desafios teóricos e práticos oportunizados pela doutrina dos precedentes.

Interpretação do direito e a aparente dicotomia segurança jurídica x justiça

A segurança se afigura como um dos valores mais importantes do plexo axiológico da experiência jurídica, sinalizando a importância da estabilidade e da previsibilidade nas relações sociais como meios para a concretização do direito justo.

Em nome do valor segurança, o positivismo jurídico erigiu a primazia do direito positivo em face do direito natural, reduzindo o direito justo ao direito estampado no sistema normativo da ordem jurídica, independentemente de sua legitimidade e efetividade. Isso propiciou, ao longo da história do ocidente, experiências sociais muitas vezes trágicas, a exemplo dos arbítrios cometidos pelos regimes totalitários do século XX, sob o manto da legalidade.

Embora se revele limitada essa proposta de fundamentação positivista de direito justo, não há como negar que a segurança jurídica integra, ao lado dos demais valores jurídicos, a fórmula da realização da justiça no direito. A segurança e a justiça não se contrapõem, mas enquanto esta é, muitas vezes, um poder ético, desarmado, sua garantia de efetivação no direito repousa na materialidade objetiva da segurança jurídica.

Decerto, a segurança jurídica permite também a realização do direito justo, porque a ideia de justiça liga-se intimamente à ideia de ordem. No próprio conceito de justiça é inerente uma ordem, que não pode deixar de ser reconhecida como valor mais urgente, o que está na raiz da escala axiológica, mas é degrau indispensável a qualquer aperfeiçoamento ético.

Por sua vez, a noção de certeza do direito está umbilicalmente ligada ao entendimento do que seja a segurança jurídica, pois a segurança se traduz objetivamente como um elemento anterior, através das normas e instituições positivadas no sistema jurídico, enquanto a certeza do direito se forma intelectivamente nos destinatários dessas normas e instituições, como um elemento de convicção posterior. A segurança e a certeza do direito são necessárias para que haja justiça e, pois, direito justo, visto que a desordem institucional e a desconfiança subjetiva inviabilizam o reconhecimento de direitos e o correlato cumprimento das obrigações jurídicas.

O valor da segurança jurídica e a convicção da certeza do direito, embora relevantes para a realização abstrata de justiça, comportam a relativização em determinadas circunstâncias, a fim de que se realize, num dado caso concreto, a melhor interpretação e aplicação de um direito justo.

O princípio da dignidade da pessoa humana e a nova interpretação jurídica

Com o advento da modernidade, os sistemas jurídicos ocidentais passaram a reconhecer o ser humano como o centro e o fim do direito. Seguindo a valiosa lição kantiana, a pessoa é um fim em si mesmo, não podendo converter-se em instrumento para a realização de um eventual interesse. Essa tendência humanizante, robustecida após a traumática experiência totalitária na Segunda Guerra Mundial, cristalizou-se com a consagração do princípio da dignidade da pessoa humana, erigido à condição de valor supremo dos sistemas jurídicos de inspiração democrática.

Embora o primado da dignidade da pessoa humana já pudesse ser depreendido da Declaração dos Direitos do Homem e do Cidadão, de 26 de agosto de 1789, fruto da Revolução Francesa, e da Declaração Universal dos Direitos Humanos, aprovada pela Assembleia Geral das Nações Unidas de 10 de dezembro de 1948, a sua positivação constitucional só foi ocorrer com o advento da Lei Fundamental alemã de 1949, que preceituava, no seu art. 1.1., que a dignidade do homem é intangível e os poderes públicos estão obrigados a respeitá-la e protegê-la. A partir desse momento, o princípio da dignidade da pessoa humana passou a ser exteriorizado como princípio do constitucionalismo ocidental.

Com efeito, a proclamação da normatividade do princípio da dignidade da pessoa humana, na maioria das Constituições contemporâneas, conduziu ao reconhecimento dos princípios como normas basilares de todo o sistema jurídico, afastando-se a concepção de programaticidade, que justificava a neutralização da eficácia dos valores e fins norteadores dos sistemas constitucionais.

Uma vez situado no ápice do sistema jurídico, o princípio da dignidade da pessoa humana exprime as estimativas e finalidades a serem alcançadas pelos particulares e pelo conjunto da sociedade civil, irradiando-se na totalidade do direito positivo pátrio. Logo, os preceitos referentes à dignidade da pessoa humana não podem ser pensados apenas do ponto de vista individual, enquanto posições jurídicas dos cidadãos diante do Estado, mas também devem ser vislumbrados numa perspectiva comunitária, como valores e fins superiores da ordem jurídica que reclamam a ingerência ou a abstenção dos órgãos estatais.

Com efeito, o legislador constituinte brasileiro conferiu ao princípio fundamental da dignidade da pessoa humana a qualidade de norma embasadora de todo o sistema constitucional, informando as prerrogativas e as garantias fundamentais da cidadania, pelo que os direitos fundamentais da Carta Magna de 1988, negativos ou positivos, encontram seu fundamento no princípio da dignidade da pessoa humana.

Nesse sentido, como princípio constitucional de evidente densidade axiológica e teleológica, deve-se reconhecer a força normativa da dignidade da pessoa humana, dotada de plena eficácia jurídica nas relações públicas e privadas, seja na perspectiva abstrata do direito objetivo, seja na dimensão concreta de exercício de direitos subjetivos.

A dignidade da pessoa humana expressa um conjunto de valores civilizatórios incorporados ao patrimônio histórico da humanidade, cujo conteúdo jurídico vem associado não só ao núcleo elementar do mínimo existencial, conjunto de bens e utilidades básicas para a subsistência física e indispensável à liberdade humana, como também a todo plexo de direitos fundamentais dos cidadãos.

De outro lado, a dignidade se afigura como a qualidade integrante e irrenunciável da condição humana, devendo ser reconhecida, respeitada, promovida e protegida. A aceitação da normatividade do princípio da dignidade da pessoa humana impõe, assim, a aceitação da sua capacidade de produzir efeitos jurídicos, através das modalidades de eficácia positiva, negativa, vedativa do retrocesso e hermenêutica.

A eficácia hermenêutica consiste na capacidade do princípio da dignidade humana de orientar a correta interpretação e aplicação das regras e demais princípios de um dado sistema jurídico, a fim de que o intérprete escolha, dentre as diversas opções hermenêuticas, aquela que melhor tutele a ideia de existência digna no caso concreto.

O princípio da proporcionalidade e a nova interpretação jurídica

A ideia de proporcionalidade revela-se não só como um importante princípio jurídico fundamental, mas também consubstancia um verdadeiro referencial argumentativo, ao exprimir um raciocínio aceito como justo e razoável de um modo geral, de comprovada utilidade no equacionamento de questões práticas, não só do direito em seus diversos ramos, como também em outras disciplinas, sempre que se tratar da descoberta do meio mais adequado para atingir determinada finalidade.

A origem e o desenvolvimento do princípio da proporcionalidade, em sua conformação moderna, encontram-se intrinsecamente ligados à evolução dos direitos e garantias individuais da pessoa humana, verificados a partir do surgimento do Estado de Direito burguês na Europa. Dessa forma, sua origem remonta aos séculos XII e XVIII, quando, na Inglaterra, surgiram as teorias jusnaturalistas propugnando para ter o homem direitos imanentes à sua natureza e anteriores ao aparecimento do Estado, e, por conseguinte, conclamando ter o soberano o dever de respeitá-los.

No sistema jurídico brasileiro, o princípio da proporcionalidade é um princípio constitucional implícito porque, apesar de derivar da Constituição, nela não consta expressamente. Por esse motivo, o fundamento normativo do princípio da proporcionalidade vem sofrendo inúmeras considerações quanto à ausência de enunciado normativo explícito. Constata-se que a maioria das Constituições de Estados Democráticos de Direito não contém referência expressa ao princípio, o que põe em evidência o problema da sua fundamentação normativo-constitucional.

O princípio constitucional da proporcionalidade é aplicado somente em situações em que há uma relação de causalidade entre dois elementos empiricamente discerníveis, um meio e um fim, de tal modo que o intérprete do direito possa proceder ao exame de três parâmetros fundamentais e complementares: a adequação, a necessidade e a proporcionalidade em sentido estrito.

A adequação exige uma relação empírica entre o meio e o fim: o meio deve levar à realização da finalidade normativa. Logo, administração, o legislador, o julgador e o particular têm o dever de escolher um meio processual que simplesmente promova os fins maiores da ordem jurídica, como a realização de uma vida digna. O processo decisório, tanto na esfera pública quanto na esfera privada, será adequado somente se o fim for efetivamente realizado no caso concreto; será adequado se o fim for realizado na maioria dos casos com a sua adoção; e será adequado se o intérprete avaliou e projetou bem a promoção da finalidade no momento da tomada da decisão.

A necessidade envolve duas etapas de investigação: o exame da igualdade de adequação dos meios, para verificar se os diversos meios promovem igualmente o fim; e o exame do meio menos restritivo, para examinar se os meios alternativos restringem em menor medida os direitos fundamentais colateralmente afetados. A ponderação entre o grau de restrição e o grau de promoção dos direitos fundamentais em prol de uma vida digna torna-se, portanto, inafastáveis para a interpretação e a tomada de uma decisão jurídica.

A proporcionalidade em sentido estrito é examinada diante da comparação entre a importância da realização do fim e a intensidade da restrição aos direitos fundamentais. O julgamento daquilo que será considerado como vantagem e daquilo que será considerado como desvantagem depende do exame teleológico e axiológico do hermeneuta, em face das circunstâncias da lide e da apuração do binômio utilitário do custo-benefício, sempre com vistas à salvaguarda da dignidade da pessoa humana.

O princípio da proporcionalidade funciona como importante parâmetro para orientar a atividade de sopesamento de valores do intérprete do direito, iluminando a ponderação de princípios jurídicos e, pois, de dimensões da dignidade humana eventualmente conflitantes. Descortina-se, portanto, como alternativa hermenêutica para a colisão entre os direitos fundamentais dos cidadãos, vetores que norteiam uma vida digna, modulando a interpretação e a posterior tomada de uma decisão perante casos difíceis. Nos chamados *hard cases*, muito frequentes na prática processual, a subsunção se afigura insuficiente, especialmente quando a situação concreta rende ensejo para a aplicação de normas principiológicas, que sinalizam soluções axiológicas e teleológicas muitas vezes diferenciadas.

Sendo assim, o referido princípio ordena que a relação entre o fim que se pretende alcançar e o meio utilizado deve ser adequada, necessária e proporcional, visto que os direitos fundamentais, como expressão da dignidade dos cidadãos, só podem ser limitados pelo Poder Público e particulares quando for imprescindível para a proteção dos interesses e valores mais relevantes para uma dada coletividade humana, tendo em vista a interpretação e aplicação de um direito potencialmente mais justo e, portanto, socialmente legítimo.

O novo Código de Processo Civil: contributos para a hermenêutica jurídica no Brasil

O atual Código de Processo Civil, criado pela Lei nº 13.105, de 16 de março de 2015, iniciou a sua vigência em 18 de março de 2016, revogando a Lei nº 5.869, de 11 de janeiro de 1973.

Com efeito, o novo diploma legal oferece importantes elementos para a construção de um novo paradigma hermenêutico no Brasil, descortinando arejados parâmetros para a interpretação e aplicação da ordem jurídica pátria.

De fato, o mencionado diploma legislativo adota um modelo pós-positivista no âmbito do direito processual, denominado neoprocessualismo, o qual possibilita o desenvolvimento de uma prestação jurisdicional centrada nos seguintes vetores axiológicos: constitucionalização principiológica do processo; redimensionamento do processo como espaço democrático para o acesso a uma ordem jurídica justa, pautada na realização dos direitos fundamentais dos cidadãos; superação do modelo formalista, abstrato e estatocêntrico do processo; superação da dicotomia direito material × direito processual; alargamento do campo argumentativo dos intérpretes; valorização da criação jurisprudencial da normatividade jurídica; dissolução das fronteiras clássicas do *civil law* e do *common law*; implemento da teoria dos precedentes e "commonização" do direito processual; consolidação do direito sumular como instrumento de uniformização interpretativa; otimização dos princípios da eticidade, da efetividade e da celeridade do processo; ênfase na utilização dos mecanismos de solução extrajudicial de conflitos;

abertura para o exercício de uma racionalidade de base dialógico-comunicativa para a tomada das decisões judiciais; reforço do dever de fundamentação judicial das opções hermenêuticas; e desenvolvimento de cooperação na busca da verdade jurídica, a ser viabilizada, conjuntamente, pelo Poder Judiciário, pelos sujeitos do processo e pela sociedade civil.

Decerto, tais tendências integram o campo de estudos da hermenêutica jurídica, com reflexos diretos no modo de atuação dos mais diversos intérpretes que militam na práxis jurídica – advogados, promotores, juízes, gestores públicos, particulares e jurisdicionados.

A Lei de Introdução às Normas do Direito Brasileiro: inovações e parâmetros para a hermenêutica jurídica pátria

A Lei de Introdução às Normas do Direito Brasileiro (LINDB), inicialmente denominada Lei de Introdução ao Código Civil, pelo Decreto-Lei nº 4.657/1942, adquiriu a nova denominação pela Lei nº 12.376/2010. Ela se revela essencial para o estudo da hermenêutica jurídica no Brasil, visto que fundamenta a interpretação das diversas leis que compõem o sistema jurídico nacional e a ordem jurídica estrangeira. Dentre os temas mais importantes regulados pela LINDB para a interpretação e aplicação da legislação, merecem destaque a eficácia espacial e temporal da lei, a saber: a) a vigência da lei, salvo disposição contrária, em quarenta e cinco dias depois de publicada e, em solo estrangeiro, três meses após publicação; o novo transcurso do prazo do artigo e dos parágrafos anteriores com a nova publicação, se, antes do vigor, ocorrer nova publicação de texto legal, destinada à correção; as correções a texto legais já em vigor consideram-se lei nova; a validade da lei até que outra a modifique ou revogue, não se destinando à vigência temporária; revogação pela lei posterior quando expressamente o declare, quando seja com ela incompatível ou quando regule inteiramente a matéria da lei anterior; a ausência de revogação e da modificação da lei anterior por lei nova, caso estabeleça disposições a par das já existentes; a ausência de restauração de lei revogada por ter a lei revogadora perdido a vigência, salvo disposição em contrário; a ausência de escusa de cumprimento da lei, alegando que não a conhece; a decisão judicial de acordo com a analogia, os costumes e os princípios gerais de direito, em face da omissão legal; a aplicação da lei conforme os fins sociais e o bem comum; a produção de efeito imediato e geral, respeitados o ato jurídico perfeito, o direito adquirido e a coisa julgada; a definição do ato jurídico perfeito como aquele já consumado segundo a lei vigente ao tempo em que se efetuou; a definição dos direitos adquiridos como os que o seu titular, ou alguém por ele, possa exercer, como aqueles cujo começo do exercício tenha termo pré-fixo, ou condição preestabelecida inalterável, ao arbítrio de outrem; o conceito de coisa julgada ou caso julgado como a decisão judicial de que já não caiba recurso; a determinação, pela lei do país em que domiciliada a pessoa, das regras sobre a personalidade, o nome, a capacidade e os direitos de família; a aplicação da lei do país para qualificar os bens e regular as relações a eles concernentes; aplicação da lei do país para qualificar e reger as obrigações; a conformidade da sucessão por morte ou por ausência com a lei do país em que domiciliado o defunto ou o desaparecido; a adequação das organizações destinadas a fins de interesse coletivo à lei do Estado em que se constituírem; a competência da autoridade judiciária brasileira quando for o réu domiciliado no Brasil ou aqui tiver de ser cumprida a obrigação; a prova dos fatos ocorridos em país estrangeiro é regida pela lei que nele vigorar; a impossibilidade de os tribunais brasileiros reconhecerem provas que a lei brasileira desconheça; possibilidade de o julgador, não conhecendo a lei estrangeira, exigir de quem a invoca prova do texto e da vigência; execução no Brasil de sentença proferida no estrangeiro, desde que proferida por juiz competente, citadas as partes, ter passado em julgado, estar revestida das formalidades necessárias para a execução, estar traduzida por intérprete autorizado e ter sido homologada pelo Supremo Tribunal Federal; a aplicação da lei estrangeira, sem considerar-se qualquer remissão por ela feita a outra lei; a ausência de eficácia das leis, dos atos e das sentenças de outro país, quando ofenderem a soberania nacional, a ordem pública e os bons costumes; e a competência das autoridades consulares brasileiras para celebrar o casamento e os mais atos de registro civil e de tabelionato, inclusive o registro de nascimento e de óbito dos filhos de brasileiro ou brasileira nascido no país da sede do consulado.

Recentemente, a Lei nº 13.655, de 25 de abril de 2018, incluiu, no corpo da Lei de Introdução às Normas do Direito Brasileiro (LINDB), novos dispositivos, estabelecendo parâmetros hermenêuticos de segurança jurídica e eficiência, a fim de orientar os processos de criação, aplicação e decisão dos atores jurídicos no âmbito do direito público, a saber: a impossibilidade de decisões com base em valores jurídicos abstratos sem que sejam consideradas as consequências práticas da decisão, nas esferas administrativa, controladora e judicial; a demonstração da necessidade e da adequação da medida imposta ou da invalidação de ato, contrato, ajuste, processo ou norma administrativa, inclusive em face das possíveis alternativas; a indicação expressa das consequências jurídicas e administrativas pela decisão que, nas esferas administrativa, controladora ou judicial, decretar a invalidação de ato, contrato, ajuste, processo ou norma administrativa; a indicação das condições para que a regularização decisória ocorra de modo proporcional e equânime e sem prejuízo aos interesses gerais, não se podendo impor aos sujeitos atingidos ônus ou perdas que, em função das peculiaridades do caso, sejam anormais ou excessivos; a consideração, na interpretação de normas sobre gestão pública, os obstáculos e as dificuldades reais do gestor e as exigências das políticas públicas a seu cargo, sem prejuízo dos direitos dos administrados; o reconhecimento das circunstâncias práticas que houverem imposto, limitado ou condicionado a ação do agente, em decisão sobre regularidade de conduta ou validade de ato, contrato, ajuste, processo ou norma administrativa; o exame, na aplicação de sanções, da natureza e da gravidade da infração cometida, dos danos provenientes para a Administração Pública, das circunstâncias agravantes ou atenuantes e dos antecedentes do agente; a avaliação das punições aplicadas ao agente na dosimetria das demais sanções de mesma natureza e relativas ao mesmo fato; a previsão de regime de transição quando indispensável para que o novo dever ou condicionamento de direito seja cumprido de modo proporcional, equânime e eficiente e sem prejuízo aos interesses gerais; a consideração das orientações gerais da época quando houver a revisão, nas esferas administrativa, controladora ou judicial, quanto à validade de ato, contrato, ajuste, processo ou norma administrativa cuja produção já se houver completado, vedando-se que, com base em mudança posterior, sejam declaradas inválidas situações plenamente constituídas; o reconhecimento das orientações gerais como as interpretações e especificações contidas em atos públicos de caráter geral ou em jurisprudência judicial ou administrativa majoritária, afora as adotadas por prática administrativa reiterada e de amplo conhecimento público; a possibilidade de a autoridade administrativa celebrar compromisso com os interessados, o qual só produzirá efeitos a partir de sua publicação, para eliminar irregularidade, incerteza jurídica ou situação contenciosa na aplicação do direito público, inclusive no caso de expedição de licença, após oitiva do órgão jurídico e, quando for o caso, após realização de consulta pública, presentes razões de relevante interesse geral; a possibilidade de a decisão impor compensação por benefícios indevidos ou prejuízos anormais ou injustos resultantes do processo ou da conduta dos envolvidos; a possibilidade da edição de atos normativos por autoridade ser precedida de consulta pública para manifestação de interessados, preferencialmente por meio eletrônico, a qual será considerada na decisão; e a possibilidade de atuação das autoridades públicas para aumentar a segurança jurídica na aplicação das normas, inclusive por meio de regulamentos, súmulas administrativas e respostas a consultas, apresentando tais instrumentos caráter vinculante em relação ao órgão ou entidade a que se destinam, até ulterior revisão.

Hermenêutica jurídica sem hermetismo: a necessidade da democratização da interpretação do direito

O direito é ciência dotada de linguagem técnica e específica, com espaço semântico autônomo, o que também se verifica em outras áreas do conhecimento, tais como a medicina, a informática ou a economia. O tecnicismo do direito tem, contudo, gerado acesas controvérsias e perplexidades, visto que a sofisticação descontrolada da linguagem jurídica pode ser fator de distanciamento simbólico em face da sociedade.

O hermetismo da linguagem jurídica se evidencia gradativamente, pois o direito, por ser passível de uma tradução científica, requer a configuração de um vocabulário técnico, não facilmente apreendido pelo senso comum ou pelo conhecimento vulgar. A tensão entre onomasiologia (linguagem comum) e semasiologia (linguagem técnico-científica) do discurso jurídico deve ser, no entanto, reduzida, a fim de permitir a democratização da hermenêutica jurídica com o fortalecimento da cidadania pela internalização de direitos e deveres.

A indissociabilidade entre linguagem e direito indica que os intérpretes devem priorizar uma melhor comunicação jurídica e primar pela depuração do formalismo excessivo, pelo que se afigura necessário o engajamento dos aplicadores do direito para tornar mais acessível a linguagem jurídica ao conhecimento da sociedade civil, garantindo o acesso à justiça e o exercício dos direitos fundamentais dos cidadãos.

Com efeito, a teoria tradicional da interpretação jurídica, que confere especial destaque aos procedimentos formalizados e à exegese realizada pelos profissionais do direito, deve ser, portanto, substituída por um novo paradigma hermenêutico. Nesse sentido, não é possível o estabelecimento de um rol limitado de intérpretes, à medida que os órgãos estatais, assim como todos os grupos sociais e cidadãos, envolvem-se na leitura da Constituição e da totalidade do sistema jurídico.

Logo, deve-se entender a ordem jurídica como obra aberta e coletiva, para que a ampliação do círculo de intérpretes passe a decorrer da necessidade de assimilar o mundo circundante a um modelo interpretativo plural e progressista. Isso porque, longe de ser propriedade dos juristas, o ordenamento jurídico pertence a toda comunidade histórico-cultural de cidadãos.

PARTE IV

JURISPRUDÊNCIA SELECIONADA:
EXAME PRÁTICO DE *HARD CASES*

CAPÍTULO UM

PROPOSTA METODOLÓGICA

NESTE MOMENTO, BUSCA-SE OFERECER AO LEITOR O contato com a vida prática do direito, no contexto específico do sistema jurídico brasileiro.

O propósito é apresentar um panorama de como os modelos teóricos da hermenêutica jurídica estudados nos tópicos anteriores vêm sendo concretizados no desenvolvimento da interpretação e aplicação do direito pátrio.

Com efeito, foram pesquisadas decisões ilustrativas sobre a hermenêutica e a interpretação do direito, prolatadas pelo Supremo Tribunal Federal, intérprete máximo da ordem jurídica brasileira, a partir de consultas aos precedentes da Corte após o advento da Constituição Federal de 1988.

Os resultados dessa breve pesquisa de *hard cases* foram agrupados em conformidade com os seguintes temas:
- hermenêutica e interpretação do direito;
- a dimensão axiológica da interpretação jurídica;
- regras de hermenêutica;
- interpretação do direito e linguagem;
- intérpretes do direito;
- interpretação restritiva × interpretação extensiva;
- interpretação literal;
- interpretação histórica;
- interpretação sistemática;

- interpretação sociológica;
- nterpretação teleológica;
- interpretação do direito e conceitos indeterminados;
- interpretação do direito e principiologia jurídica;
- interpretação do direito e o princípio da dignidade da pessoa humana;
- interpretação do direito e o princípio da proporcionalidade;
- interpretação do direito e a ponderação de valores;
- interpretação do direito e o princípio da igualdade;
- interpretação do direito e os princípios republicano e democrático;
- interpretação do direito e a tutela da identidade de gênero;
- interpretação do direito, crise sanitária e vacinação;
- interpretação do direito e a superação hermenêutica do argumento da legítima defesa da honra;
- interpretação do direito, racismo e a criminalização da homotransfobia;
- interpretação do direito, ponderação e o conflito entre os direitos fundamentais à liberdade religiosa e à proteção ambiental dos animais;
- interpretação do direito, aborto e os limites da interrupção da gestação.

Do ponto de vista metodológico, o presente catálogo de precedentes permite vislumbrar o estado atual da jurisprudência do Supremo Tribunal Federal, demonstrando a instrumentalidade das definições, institutos, categorias e técnicas da hermenêutica jurídica, a fim de permitir a melhor interpretação e aplicação dos diversos ramos do direito público e privado no contexto brasileiro.

CAPÍTULO DOIS

HERMENÊUTICA E INTERPRETAÇÃO DO DIREITO

"**É** MUITO DIFÍCIL INDICAR, A PRIORI, OS PRECEITOS fundamentais da Constituição passíveis de lesão tão grave que justifique o processo e o julgamento da arguição de descumprimento. Não há dúvida de que alguns desses preceitos estão enunciados, de forma explícita, no texto constitucional. (...) não se poderá deixar de atribuir essa qualificação aos demais princípios protegidos pela cláusula pétrea do art. 60, § 4º, da Constituição (...). É fácil ver que a amplitude conferida às cláusulas pétreas e a ideia de unidade da Constituição (...) acabam por colocar parte significativa da Constituição sob a proteção dessas garantias. Tal tendência não exclui a possibilidade de um 'engessamento' da ordem constitucional, obstando a introdução de qualquer mudança de maior significado (...). Daí afirmar-se, correntemente, que tais cláusulas hão de ser interpretadas de forma restritiva. Essa afirmação simplista, ao invés de solver o problema, pode agravá-lo, pois a tendência detectada atua no sentido não de uma interpretação restritiva das cláusulas pétreas, mas de uma interpretação restritiva dos próprios princípios por elas protegidos. Essa via, em lugar de permitir fortalecimento dos princípios constitucionais contemplados nas 'garantias de eternidade', como pretendido pelo constituinte, acarreta, efetivamente, seu enfraquecimento. Assim, parece recomendável que eventual interpretação restritiva se refira à própria garantia de eternidade sem afetar os princípios por ela protegidos (...). Essas assertivas têm a virtude de demonstrar que o efetivo conteúdo das 'garantias de eternidade' somente será obtido mediante esforço hermenêutico. Apenas essa atividade poderá revelar os princípios constitucionais que, ainda que não contemplados expressamente nas cláusulas pétreas, guardam estreita vinculação com os princípios por elas protegidos e estão, por isso, cobertos pela garantia de imutabilidade que delas dimana. (...) Ao se deparar com alegação de afronta ao princípio da divisão de

Poderes de Constituição estadual em face dos chamados 'princípios sensíveis' (representação interventiva), assentou o notável Castro Nunes lição que, certamente, se aplica à interpretação das cláusulas pétreas: '(...) Os casos de intervenção prefigurados nessa enumeração se enunciam por declarações de princípios, comportando o que possa comportar cada um desses princípios como dados doutrinários, que são conhecidos na exposição do direito público. E por isso mesmo ficou reservado o seu exame, do ponto de vista do conteúdo e da extensão e da sua correlação com outras disposições constitucionais, ao controle judicial a cargo do Supremo Tribunal Federal. Quero dizer com estas palavras que a enumeração é limitativa como enumeração. (...) A enumeração é taxativa, é limitativa, é restritiva, e não pode ser ampliada a outros casos pelo Supremo Tribunal. Mas cada um desses princípios é dado doutrinário que tem de ser examinado no seu conteúdo e delimitado na sua extensão. Daí decorre que a interpretação é restritiva apenas no sentido de limitada aos princípios enumerados; não o exame de cada um, que não está nem poderá estar limitado, comportando necessariamente a exploração do conteúdo e fixação das características pelas quais se defina cada qual deles, nisso consistindo a delimitação do que possa ser consentido ou proibido aos Estados' (Repr. n. 94, rel. Min. Castro Nunes, Archivo Judiciário *85/31, 34-35, 1947)" (ADPF 33-MC, voto do Min. Gilmar Mendes, julgamento em 29-10-2003,* DJ *de 6-8-2004).*

No precedente acima transcrito, torna-se possível verificar a finalidade da hermenêutica e da interpretação do direito no contexto do neoconstitucionalismo.

No caso vertente, o Supremo Tribunal Federal examina o alcance da interpretação das cláusulas pétreas, previstas no art. 60, § 4º, da Constituição Federal de 1988.

Conforme o raciocínio do julgador, tais cláusulas não devem ser interpretadas de forma restritiva, diferentemente daquilo que sustenta o pensamento tradicional da comunidade jurídica.

Deveras, segundo o entendimento corporificado no voto, o efetivo conteúdo das cláusulas pétreas somente será alcançado mediante um esforço hermenêutico que supere a mera literalidade do texto constitucional.

Com efeito, apenas uma atividade interpretativa de natureza finalista ou teleológica pode revelar os princípios constitucionais que, ainda que não abarcados textualmente no rol das cláusulas pétreas, guardam estreita vinculação com os princípios por elas tutelados, estando, por conseguinte, protegidos pela garantia de imutabilidade, em face do exercício de um eventual poder de reforma constitucional.

CAPÍTULO TRÊS

A DIMENSÃO AXIOLÓGICA DA INTERPRETAÇÃO JURÍDICA

"**A**EXIGÊNCIA DE COISA JULGADA – QUE REPRESENTA, na constelação axiológica que se encerra em nosso sistema constitucional, valor de essencial importância na preservação da segurança jurídica – não colide, por isso mesmo, com a cláusula de probidade administrativa nem com a que se refere à moralidade para o exercício do mandato eletivo, pois a determinação de que se aguarde a definitiva formação da autoridade da res judicata, além de refletir um claro juízo de prudência do legislador, quer o constituinte (CF, art. 15, III), quer o comum (LC n. 64/90, art. 1º, I, d, g e h), encontra plena justificação na relevantíssima circunstância de que a imposição, ao cidadão, de gravíssimas restrições à sua capacidade eleitoral, deve condicionar-se ao trânsito em julgado da sentença, seja a que julga procedente a ação penal, seja aquela que julga procedente a ação civil por improbidade administrativa (Lei n. 8.429/92, art. 20, caput). Mostra-se relevante acentuar o alto significado que assume, em nosso sistema normativo, a coisa julgada, pois, ao propiciar a estabilidade das relações sociais e, ao dissipar as dúvidas motivadas pela existência de controvérsia jurídica (res judicata pro veritate habetur) e, ao viabilizar a superação dos conflitos, culmina por consagrar a segurança jurídica, que traduz, na concreção de seu alcance, valor de transcendente importância política, jurídica e social, a representar um dos fundamentos estruturantes do próprio Estado Democrático de Direito" (AC 2.763-MC, rel. Min. Celso de Mello, decisão monocrática, julgamento em 16-12-2010, DJe de 1º-2-2011).

No precedente exposto, verifica-se a dimensão axiológica da interpretação jurídica, porquanto o Pretório Excelso procura conciliar o valor da segurança jurídica com o valor da moralidade administrativa, ambos consagrados em princípios da Carta Magna de 1988.

Com efeito, enfatiza-se, no caso vertente, a primazia do princípio constitucional da segurança jurídica e a preservação de um dos mais importantes corolários: a coisa julgada.

Segundo o entendimento apresentado, a coisa julgada, ao permitir a estabilidade das relações sociais, soluciona as dúvidas motivadas pela existência de controvérsia jurídica, viabilizando a superação dos eventuais conflitos de interesses.

Logo, a coisa julgada materializa o valor da segurança jurídica, que se traduz em estimativa de transcendente importância política, jurídica e social, por afigurar-se como um dos fundamentos estruturantes do Estado Democrático de Direito.

CAPÍTULO QUATRO

REGRAS DE HERMENÊUTICA

"Tem-se, no caso, portanto, norma especial, *específica, relativamente à jornada de trabalho diária dos médicos. Não importa que normas gerais posteriores hajam disposto a respeito da remuneração dos servidores públicos, de forma geral, sem especificar a respeito da jornada de trabalho dos médicos. É que é princípio de hermenêutica que a norma especial afasta a norma geral no que diz respeito à questão específica, na linha do velho brocardo:* lex speciali derogat generali. *A questão específica, pois, da jornada de trabalho do médico continua sendo regida pela norma específica, por isso que, vale repetir, a norma geral não revoga nem modifica a norma especial ou, noutras palavras, a norma especial afasta a norma geral. Bem por isso, presente a regra de hermenêutica mencionada, a Lei n. 8.112, de 11-12-90, publicação consolidada determinada pelo art. 13, da Lei n. 9.527, de 10-12-97, deixou expresso, no § 2º, do art. 19, que 'o disposto neste artigo não aplica a duração de trabalho estabelecida em leis especiais'. O art. 19, caput, referido no citado § 1º, estabelece que 'os servidores cumprirão jornada de trabalho fixada em razão das atribuições pertinentes aos respectivos cargos, respeitada a duração máxima do trabalho semanal de quarenta horas e observados os limites mínimo e máximo de seis horas e oito horas diárias, respectivamente'"* (MS 25.027, voto do Min. Carlos Velloso, julgamento em 19-5-2005, DJ de 1º-7-2005).

No julgado supratranscrito, pode-se verificar um dos temas mais importantes da hermenêutica jurídica: a necessidade de preservação da coerência do sistema jurídico.

Com efeito, no caso vertente, restou configurada uma antinomia jurídica, fenômeno normativo que se concretiza toda vez que ocorre contradições entre diferentes normas jurídicas, as quais sinalizam para diversas orientações interpretativas.

Sendo assim, deve o hermeneuta valer-se das regras tradicionais de solução das antinomias jurídicas, a saber: o hierárquico, o cronológico e o da especialidade.

No precedente ora examinado, constata-se a aplicação da regra da especialidade, segundo a qual a norma especial afasta a incidência da norma geral, no tocante à regulação da jornada de trabalho diária dos médicos.

CAPÍTULO CINCO

INTERPRETAÇÃO DO DIREITO E LINGUAGEM

"**N**O ARTIGO 9º, DO CÓDIGO PENAL MILITAR QUE define quais são os crimes que, em tempo de paz, se consideram como militares, foi inserido pela Lei n. 9.299, de 7 de agosto de 1996, um parágrafo único, que determina que 'os crimes de que trata este artigo, quando dolosos contra a vida e cometidos contra civil, serão da competência da Justiça Comum'. Ora, tendo sido inserido esse parágrafo único em artigo do Código Penal Militar que define os crimes militares em tempo de paz, e sendo preceito de exegese (assim, Carlos Maximiliano, 'Hermenêutica e Aplicação do Direito', 9. ed., n. 367, p. 308-309, Forense, Rio de Janeiro, 1979, invocando o apoio de Willoughby) o de que 'sempre que for possível sem fazer demasiada violência às palavras, interprete-se a linguagem da lei com reservas tais que se torne constitucional a medida que ela institui, ou disciplina', não há demasia alguma em se interpretar, não obstante sua forma imperfeita, que ele, ao declarar, em caráter de exceção, que todos os crimes de que trata o art. 9º, do Código Penal Militar, quando dolosos contra a vida praticados contra civil, são da competência da Justiça Comum, os teve, implicitamente, como excluídos do rol dos crimes considerados como militares por esse dispositivo penal, compatibilizando-se assim com o disposto no caput do art. 124, da Constituição Federal. Corrobora essa interpretação a circunstância de que, nessa mesma Lei n. 9.299/96, em seu art. 2º, se modifica o caput, do art. 82 do Código de Processo Penal Militar e se acrescenta a ele um § 2º, excetuando-se do foro militar, que é especial, as pessoas a ele sujeitas quando se tratar de crime doloso contra a vida em que a vítima seja civil, e estabelecendo-se que nesses crimes 'a Justiça

Militar encaminhará os autos do inquérito policial militar à Justiça Comum'. Não é admissível que se tenha pretendido, na mesma lei, estabelecer a mesma competência em dispositivo de um Código – o Penal Militar – que não é o próprio para isso e noutro de outro Código – o de Processo Penal Militar – que para isso é o adequado" (RE 260.404, rel. Min. Moreira Alves, julgamento em 22-3-2001, DJ de 21-11-2003)

No julgado acima mencionado, resta nítida a relação necessária entre a interpretação jurídica e a linguagem humana, que serve para traduzir os comandos normativos do direito.

Decerto, o intérprete se depara com a necessidade de delimitar o sentido e o alcance de uma expressão linguística do parágrafo único do art. 9º do Código Penal Militar, inserida pela Lei n. 9.299/96, que se revela polissêmica e, portanto, aberta a diversos significados, a saber: "*os crimes de que trata este artigo, quando dolosos contra a vida e cometidos contra civil, serão da competência da justiça comum*".

Segundo a interpretação lógico-sistemática dos diplomas legais, ao declarar, em caráter de exceção, que todos os crimes de que trata o art. 9º do Código Penal Militar, quando dolosos contra a vida e praticados contra civil, são da competência da Justiça Comum, o legislador os teve, implicitamente, como excluídos do rol dos crimes considerados como militares por esse dispositivo penal, harmonizando-se, assim, com o disposto no *caput* do art. 124 da Constituição Federal de 1988.

Ademais, conclui o intérprete não ser admissível que se tivesse pretendido, na mesma lei, estabelecer a mesma competência em dispositivo do Código Penal Militar – que não é o próprio para isso – e no Código de Processo Penal Militar – que, para tanto, revela-se adequado.

CAPÍTULO SEIS

INTÉRPRETES DO DIREITO

*"***F**ORO ESPECIAL POR PRERROGATIVA DE FUNÇÃO: *extensão, no tempo, ao momento posterior à cessação da investidura na função dele determinante. Súmula 394/STF (cancelamento pelo Supremo Tribunal Federal). Lei n. 10.628/2002, que acrescentou os §§ 1º e 2º ao art. 84 do C. Processo Penal: pretensão inadmissível de interpretação autêntica da Constituição por lei ordinária e usurpação da competência do Supremo Tribunal para interpretar a Constituição: inconstitucionalidade declarada. (...) Inconstitucionalidade do § 1º do art. 84 C. Pr. Penal, acrescido pela lei questionada e, por arrastamento, da regra final do § 2º do mesmo artigo, que manda estender a regra à ação de improbidade administrativa. Ação de improbidade administrativa: extensão da competência especial por prerrogativa de função estabelecida para o processo penal condenatório contra o mesmo dignitário (§ 2º do art. 84 do C. Pr. Penal introduzido pela L. 10.628/2002): declaração, por lei, de competência originária não prevista na Constituição: inconstitucionalidade. No plano federal, as hipóteses de competência cível ou criminal dos tribunais da União são as previstas na Constituição da República ou dela implicitamente decorrentes, salvo quando esta mesma remeta à lei a sua fixação. Essa exclusividade constitucional da fonte das competências dos tribunais federais resulta, de logo, de ser a Justiça da União especial em relação às dos Estados, detentores de toda a jurisdição residual. Acresce que a competência originária dos Tribunais é, por definição, derrogação da competência ordinária dos juízos de primeiro grau, do que decorre que, demarcada a última pela Constituição, só a própria Constituição a pode excetuar.*

Como mera explicitação de competências originárias implícitas na Lei Fundamental, à disposição legal em causa seriam oponíveis as razões já aventadas contra a pretensão de imposição por lei ordinária de uma dada interpretação constitucional. De outro lado, pretende a lei questionada equiparar a ação de improbidade administrativa, de natureza civil (CF, art. 37, § 4º), à ação penal contra os mais altos dignitários da República, para o fim de estabelecer competência originária do Supremo Tribunal, em relação à qual a jurisprudência do Tribunal sempre estabeleceu nítida distinção entre as duas espécies. Quanto aos Tribunais locais, a Constituição Federal — salvo as hipóteses dos seus arts. 29, X, e 96, III —, reservou explicitamente às Constituições dos Estados-membros a definição da competência dos seus tribunais, o que afasta a possibilidade de ser ela alterada por lei federal ordinária. Ação de improbidade administrativa e competência constitucional para o julgamento dos crimes de responsabilidade. O eventual acolhimento da tese de que a competência constitucional para julgar os crimes de responsabilidade haveria de estender-se ao processo e julgamento da ação de improbidade, agitada na Rcl 2.138, ora pendente de julgamento no Supremo Tribunal, não prejudica nem é prejudicada pela inconstitucionalidade do novo § 2º do art. 84 do C. Pr. Penal. A competência originária dos tribunais para julgar crimes de responsabilidade é bem mais restrita que a de julgar autoridades por crimes comuns: afora o caso dos chefes do Poder Executivo — cujo impeachment *é da competência dos órgãos políticos — a cogitada competência dos tribunais não alcançaria, sequer por integração analógica, os membros do Congresso Nacional e das outras Casas Legislativas, aos quais, segundo a Constituição, não se pode atribuir a prática de crimes de responsabilidade. Por outro lado, ao contrário do que sucede com os crimes comuns, a regra é que cessa a imputabilidade por crimes de responsabilidade com o termo da investidura do dignitário acusado" (ADI 2.797 e ADI 2.860, rel. Min. Sepúlveda Pertence, julgamento em 15-9-2005, DJ de 19-12-2006). No mesmo sentido: ACO 853, rel. Min. Cezar Peluso, julgamento em 8-3-2007, DJ de 27-4-2007.*

Como já estudado nos capítulos anteriores, pode-se dizer que a tarefa hermenêutica pode ser realizada por uma pluralidade de intérpretes do direito, a saber, legisladores, administradores, particulares, advogados, promotores e magistrados.

Indubitavelmente, no quadrante institucional do Estado Democrático de Direito, cabe ao Poder Judiciário dar a última palavra em matéria de interpretação jurídica, especialmente o Supremo Tribunal Federal, verdadeiro guardião hermenêutico da Constituição Federal de 1988.

No caso vertente, verifica-se um conflito de interpretações entre o Poder Legislativo e o Poder Judiciário no tocante à concretização da Carta Magna em matéria de foro especial por prerrogativa de função.

Com efeito, prevaleceu a interpretação judicial do Supremo Tribunal Federal em face da interpretação autêntica do legislador, sendo declarada inconstitucional a Lei n. 10.628/2002, que acrescentou os §§ 1º e 2º ao art. 84 do Código de Processo Penal pátrio.

CAPÍTULO SETE

INTERPRETAÇÃO RESTRITIVA x INTERPRETAÇÃO EXTENSIVA

"**A** REGRA DO ART. 8º DO ADCT É DE INTERPRETAÇÃO *restritiva. O intérprete deve contemplar tão somente as situações lá descritas, às quais não se subsumem as pretensões do falecido autor. Não se trata de restrição casuística, dado que a limitação do alcance do benefício da anistia é de caráter geral. Os mecanismos de ressarcimento não alcançam indenizações por confisco nem devolução de bens outrora confiscados. O art. 8º do ADCT apenas assegura promoções e indenizações pertinentes a carreiras de servidores públicos civis e militares. Não há como se criar jurisprudencialmente situação que autorize devolução de bens confiscados ou eventual pagamento de indenização mediante* interpretação extensiva, *de resto vedada por norma de alcance restrito, em decorrência da excepcionalidade que marca sua natureza. Assente-se que o mecanismo cogitado pelo art. 8º do ADCT, regulamentado pela Lei n. 10.559/2002, não prevê devolução de bens confiscados ou pagamento de indenizações pelo confisco de bens, com valores apurados em eventual liquidação de sentença. (...) Registre-se que o processo penal (...) restringiu-se à apuração da ocorrência de diversos crimes de falso, os quais teriam sido cometidos como meio para transferir a propriedade das terras de Cascavel (...). No julgamento do caso (...), o réu foi absolvido das acusações. (...) esclareça-se, ainda, que houve confisco de diversos bens (...), entretanto a sentença penal (...) apreciou apenas a questão dos crimes de falso relacionados a uma propriedade, a de Cascavel, onde atualmente funciona um quartel do exército. Na petição inicial postula-se, com fundamento no art. 8º do ADCT, a* *devolução de todos os bens que foram confiscados ou a condenação em ressarcimento. Entendo que não há como acolher essa pretensão. (...) O confisco das propriedades decorreu do reconhecimento de enriquecimento ilícito (...). Assim, a absolvição, na esfera criminal, em relação às imputações dos crimes de falso supostamente praticados como meio para legalizar a transferência da propriedade de Cascavel não tem o condão de implicar efeitos na esfera administrativa. Os fundamentos para a absolvição penal – inexistência dos crimes de falso – e para a decretação do confisco – ocorrência de enriquecimento ilícito decorrente do abuso da qualidade de agente público – são absolutamente independentes"* (RE 368.090, voto do rel. Min. Gilmar Mendes, julgamento em 21-8-2012, Segunda Turma, DJe de 19-12-2012).

Conforme já examinado nos capítulos antecedentes, a interpretação jurídica pode modular o alcance da linguagem normativa para produzir os seguintes efeitos semânticos: declaratório, restritivo e extensivo.

No plano da hermenêutica jurídica, discute-se sobre a adequação de uma interpretação restritiva, a qual reduz o significado do preceito jurídico-normativo quando comparado ao senso comum linguístico, ou de uma interpretação extensiva, que amplia o sentido do dispositivo jurídico-normativo, ao ser cotejado com o significado comumente aceito para dadas expressões linguísticas.

Com efeito, no caso concreto, o Supremo Tribunal Federal considerou que a regra do art. 8º do ADCT é de interpretação restritiva, porquanto o intérprete deve contemplar tão somente as situações lá descritas, às quais não se subsumem as pretensões do autor.

Segundo o entendimento da Alta Corte, os mecanismos de ressarcimento não alcançam indenizações por confisco nem devolução de bens outrora confiscados, pois o art. 8º do ADCT apenas assegura promoções e indenizações pertinentes a carreiras de servidores públicos civis e militares. Não havendo como se criar jurisprudencialmente situação que autorize devolução de bens confiscados ou eventual pagamento de indenização mediante interpretação extensiva.

CAPÍTULO OITO

INTERPRETAÇÃO LITERAL

"**M**ANDADO DE SEGURANÇA. PROMOÇÃO DE JUIZ *federal pelo critério do merecimento para o TRF. Ampla discricionariedade do Presidente da República fundada em interpretação literal do art. 107 da CF. Inadmissibilidade. Vinculação da escolha presidencial ao nome que figure em lista tríplice por três vezes consecutivas ou cinco alternadas. Exigibilidade. Necessidade de exegese sistemática das normas gerais aplicáveis à magistratura nacional. Incidência do art. 93, II, a, na espécie. Alteração introduzida pela EC 45/2004 no inciso III do mencionado dispositivo que não altera tal entendimento"* (MS 30.585, rel. Min. Ricardo Lewandowski, julgamento em 12-9-2012, Plenário, DJe de 28-11-2012).

Como já estudado na presente obra, a interpretação literal ou gramatical do direito consiste na reprodução do sentido textual dos comandos normativos, em homenagem ao princípio da segurança jurídica.

Ocorre que, atualmente, sob os influxos do pós-positivismo jurídico, a interpretação literal ou gramatical deve ser vista como um mero ponto de partida da tarefa hermenêutica. O texto deve ser confrontado sistemicamente com o contexto jurídico-normativo e, até mesmo, com a própria realidade circundante.

Com efeito, no caso vertente, afastou-se a interpretação literal do art. 107 da Constituição Federal de 1988, para reconhecer-se que a discricionariedade do Presidente da República, em matéria de promoção de juiz federal pelo critério do merecimento ao Tribunal Regional Federal, não é absoluta, sendo passível, portanto, de controle jurisdicional.

Logo, considerando a exegese sistemática das normas gerais aplicáveis à magistratura nacional, com a incidência do art. 93, II, *a*, da Carta Magna de 1988, chega-se ao entendimento de que a opção presidencial encontra-se vinculada ao nome que figure em lista tríplice por três vezes consecutivas ou cinco alternadas.

CAPÍTULO NOVE

INTERPRETAÇÃO HISTÓRICA

"ART. 195, § 7º, CF/88, AINDA QUE NÃO IN-SERIDO no capítulo do Sistema Tributário Nacional (STN), mas explicitamente incluído topograficamente na temática da seguridade social, trata, inequivocamente, de matéria tributária. Porquanto ubi eadem ratio ibi idem jus, podendo estender-se às instituições de assistência stricto sensu, de educação, de saúde e de previdência social, máxime na medida em que restou superada a tese de que este artigo só se aplica às entidades que tenham por objetivo tão somente as disposições do art. 203 da CF/88 (ADI 2.028-MC/DF, Rel. Moreira Alves, Pleno, DJ de 16-06-2000). A seguridade social prevista no art. 194 da CF/88 compreende a previdência, a saúde e a assistência social, destacando-se que as duas últimas não estão vinculadas a qualquer tipo de contraprestação por parte dos seus usuários, a teor dos arts. 196 e 203, ambos da CF/88. Característica esta que distingue a previdência social das demais subespécies da seguridade social, consoante a jurisprudência desta Suprema Corte no sentido de que seu caráter é contributivo e de filiação obrigatória, com espeque no art. 201, todos da CF/88. (...) o STN, encartado em capítulo próprio da carta federal, encampa a expressão 'instituições de assistência social e educação' prescrita no art. 150, VI, c, cuja conceituação e regime jurídico aplica-se, por analogia, à expressão 'entidades beneficentes de assistência social' contida no art. 195, § 7º, à luz da interpretação histórica dos textos das CF/46, CF/67 e CF/69, e das premissas fixadas no verbete da Súmula 730" (RE 636.941, rel. Min. Luiz Fux, julgamento em 13-2-2014, Plenário, DJe de 4-4-2014, com repercussão geral).

A interpretação histórica do direito consiste na busca de antecedentes remotos ou imediatos que servem como elementos para a intelecção e aplicação dos dispositivos normativos atualmente vigentes. O passado ilumina o presente, que, por sua vez, descortina o futuro.

Decerto, o tempo é um fluxo contínuo e indivisível. As demarcações temporais são meras convenções. O mesmo pode ser transplantado para o mundo jurídico. Um diploma ou preceito normativo não pode ser isolado daqueles que o precederam, pois se torna mais fácil compreender o significado da norma jurídica quando se consegue mapear a sua longa e gradativa evolução histórica.

No caso ora transcrito, o Supremo Tribunal Federal, com base na interpretação histórica dos textos das CF/46, CF/67 e CF/69, e das premissas fixadas no verbete da Súmula 730, construiu o entendimento hermenêutico de que o art. 195, § 7º, da CF/88, embora não inserido no capítulo do Sistema Tributário Nacional, mas textualmente incluído topograficamente na temática da seguridade social, trata, inequivocamente, de matéria tributária.

CAPÍTULO DEZ

INTERPRETAÇÃO SISTEMÁTICA

"**A**PÓS A ALTERAÇÃO PROMOVIDA PELA EC 15/96, a Constituição explicitou o alcance do âmbito de consulta para o caso de reformulação territorial de Municípios e, portanto, o significado da expressão 'populações diretamente interessadas', contida na redação originária do § 4º do art. 18 da Constituição, no sentido de ser necessária a consulta a toda a população afetada pela modificação territorial, o que, no caso de desmembramento, deve envolver tanto a população do território a ser desmembrado, quanto a do território remanescente. Esse sempre foi o real sentido da exigência constitucional – a nova redação conferida pela emenda, do mesmo modo que o art. 7º da Lei n. 9.709/98, apenas tornou explícito um conteúdo já presente na norma originária. A utilização de termos distintos para as hipóteses de desmembramento de Estados-membros e de Municípios não pode resultar na conclusão de que cada um teria um significado diverso, sob pena de se admitir maior facilidade para o desmembramento de um Estado do que para o desmembramento de um Município. Esse problema hermenêutico deve ser evitado por intermédio de interpretação que dê a mesma solução para ambos os casos, sob pena de, caso contrário, se ferir, inclusive, a isonomia entre os entes da Federação. O presente caso exige, para além de uma interpretação gramatical, uma interpretação sistemática da Constituição, tal que se leve em conta a sua integralidade e a sua harmonia, sempre em busca da máxima da unidade constitucional, de modo que a interpretação das normas constitucionais seja realizada de maneira a evitar contradições entre elas. Esse objetivo será alcançado mediante interpretação que extraia do termo 'população diretamente interessada' o *significado de que, para a hipótese de desmembramento, deve ser consultada, mediante plebiscito, toda a população do Estado-membro ou do município, e não apenas a população da área a ser desmembrada. A realização de plebiscito abrangendo toda a população do ente a ser desmembrado não fere os princípios da soberania popular e da cidadania. O que parece afrontá-los é a própria vedação à realização do plebiscito na área como um todo. Negar à população do território remanescente o direito de participar da decisão de desmembramento de seu Estado restringe esse direito a apenas alguns cidadãos, em detrimento do princípio da isonomia, pilar de um Estado Democrático de Direito. Sendo o desmembramento uma divisão territorial, uma separação, com o desfalque de parte do território e de parte da sua população" (ADI 2.650, rel. Min. Dias Toffoli, julgamento em 24-8-2011, Plenário,* DJe *de 17-11-2011).*

Como já estudado nos capítulos passados, a interpretação sistemática implica a busca da correlação de um preceito normativo com outros dispositivos normativos que compõem o sistema jurídico, pois somente a compreensão do todo ilumina o entendimento das partes.

O caso vertente trata da alteração promovida pela EC 15/96, que elucidou o alcance do âmbito de consulta para o caso de reformulação territorial de Municípios e, portanto, o significado da expressão "populações diretamente interessadas", contida na redação originária do § 4º do art. 18 da Constituição Federal de 1988.

Deveras, tornou-se necessária a consulta a toda a população afetada pela modificação territorial, o que, no caso de desmembramento, deve abarcar tanto a população do território a ser desmembrado quanto a do território remanescente.

Sendo assim, a nova redação conferida pela emenda constitucional, da mesma forma que o art. 7º da Lei n. 9.709/98, apenas explicitou um conteúdo já presente na norma originária.

Segundo o julgador, a utilização de termos distintos para as hipóteses de desmembramento de Estados-membros e de Municípios não pode, todavia, implicar a conclusão de que cada um teria um sentido diferente, sob pena de se admitir maior facilidade para o desmembramento de um Estado do que para o desmembramento de um Município.

Para o Supremo Tribunal Federal, esse problema hermenêutico deve ser evitado por uma interpretação sistemática que confira a mesma solução para ambos os casos, sob pena de restar ferida a isonomia entre os entes federativos.

Como refere o Pretório Excelso, o presente caso exige uma interpretação sistemática da Constituição, que considere a sua integralidade e a sua harmonia, sempre em busca da máxima da unidade constitucional, a fim de que a interpretação das normas constitucionais seja realizada de maneira a evitar contradições entre elas.

Destarte, esse escopo será alcançado mediante interpretação que extraia do termo "população diretamente interessada" o significado de que, para a hipótese de desmembramento, deve ser consultada, mediante plebiscito, toda a população do Estado-membro ou do Município, e não somente a população da área a ser desmembrada.

CAPÍTULO ONZE

INTERPRETAÇÃO SOCIOLÓGICA

"ÉCERTO QUE A ORDEM ECONÔMICA NA CONSTITUIção de 1988 define opção por um sistema no qual joga um papel primordial a livre-iniciativa. Essa circunstância não legitima, no entanto, a assertiva de que o Estado só intervirá na economia em situações excepcionais. Mais do que simples instrumento de governo, a nossa Constituição enuncia diretrizes, programas e fins a serem realizados pelo Estado e pela sociedade. Postula um plano de ação global normativo para o Estado e para a sociedade, informado pelos preceitos veiculados pelos seus arts. 1º, 3º e 170. A livre-iniciativa é expressão de liberdade titulada não apenas pela empresa, mas também pelo trabalho. Por isso a Constituição, ao contemplá-la, cogita também da 'iniciativa do Estado'; não a privilegia, portanto, como bem pertinente apenas à empresa. Se de um lado a Constituição assegura a livre-iniciativa, de outro determina ao Estado a adoção de todas as providências tendentes a garantir o efetivo exercício do direito à educação, à cultura e ao desporto [arts. 23, inciso V, 205, 208, 215 e 217, § 3º, da Constituição]. Na composição entre esses princípios e regras há de ser preservado o interesse da coletividade, interesse público primário. O direito ao acesso à cultura, ao esporte e ao lazer, são meios de complementar a formação dos estudantes" (ADI 1.950, rel. Min. Eros Grau, julgamento em 3-11-2005, DJ de 2-6-2006). No mesmo sentido: ADI 3.512, rel. Min. Eros Grau, julgamento em 15-2-2006, DJ de 23-6-2006.*

A interpretação sociológica do direito impõe a necessária adequação da normatividade jurídica à realidade social, a fim de que o texto normativo possa materializar-se no contexto mais amplo do mundo real.

Deveras, para que o direito possa ser efetivo, torna-se imperioso aproximar a lei da sociedade, a fim de que aquela não resulte num conjunto de comandos abstratos e distantes do plano concreto das relações humanas.

No caso vertente, o Supremo Tribunal Federal se valeu da interpretação sociológica, para legitimar a ingerência do Estado na comunidade, através da efetivação de políticas públicas que promovam a efetivação dos direitos sociais dos cidadãos.

De acordo com o precedente, o princípio da livre-iniciativa se aplica ao Estado, impondo ao Poder Público a adoção de todas as providências tendentes a garantir o efetivo exercício do direito à educação, à cultura e ao desporto, com base nos arts. 205, 208, 215 e 217, § 3º, da Constituição Federal de 1988.

Logo, na composição entre esses princípios e regras, há de ser resguardado o interesse de toda a coletividade.

CAPÍTULO DOZE

INTERPRETAÇÃO TELEOLÓGICA

"*Esta Suprema Corte, nas inúmeras oportunidades em que debatida a questão da hermenêutica constitucional aplicada ao tema das imunidades, adotou a interpretação teleológica do instituto, a emprestar-lhe abrangência maior, com escopo de assegurar à norma supralegal máxima efetividade. A interpretação dos conceitos utilizados pela Carta da República para outorgar competências impositivas (entre os quais se insere o conceito de 'receita' constante do seu art. 195, I, b) não está sujeita, por óbvio, à prévia edição de lei. Tampouco está condicionada à lei a exegese dos dispositivos que estabelecem imunidades tributárias, como aqueles que fundamentaram o acórdão de origem (arts. 149, § 2º, I, e 155, § 2º, X, a, da CF). Em ambos os casos, trata-se de interpretação da lei maior voltada a desvelar o alcance de regras tipicamente constitucionais, com absoluta independência da atuação do legislador tributário. (...) O art. 155, § 2º, X, a, da CF – cuja finalidade é o incentivo às exportações, desonerando as mercadorias nacionais do seu ônus econômico, de modo a permitir que as empresas brasileiras exportem produtos, e não tributos – imuniza as operações de exportação e assegura 'a manutenção e o aproveitamento do montante do imposto cobrado nas operações e prestações anteriores'. Não incidem, pois, a Cofins e a contribuição ao PIS sobre os créditos de ICMS cedidos a terceiros, sob pena de frontal violação do preceito constitucional. O conceito de receita, acolhido pelo art. 195, I, b, da CF, não se confunde com o conceito contábil. Entendimento, aliás, expresso nas Leis n. 10.637/2002 (art. 1º) e Lei n. 10.833/2003 (art. 1º), que determinam a incidência da contribuição ao PIS/PASEP e da Cofins não cumulativas sobre* o total das receitas, 'independentemente de sua denominação ou classificação contábil'. Ainda que a contabilidade elaborada para fins de informação ao mercado, gestão e planejamento das empresas possa ser tomada pela lei como ponto de partida para a determinação das bases de cálculo de diversos tributos, de modo algum subordina a tributação. A contabilidade constitui ferramenta utilizada também para fins tributários, mas moldada nesta seara pelos princípios e regras próprios do direito tributário. Sob o específico prisma constitucional, receita bruta pode ser definida como o ingresso financeiro que se integra no patrimônio na condição de elemento novo e positivo, sem reservas ou condições. O aproveitamento dos créditos de ICMS por ocasião da saída imune para o exterior não gera receita tributável. Cuida-se de mera recuperação do ônus econômico advindo do ICMS, assegurada expressamente pelo art. 155, § 2º, X, a, da CF. Adquirida a mercadoria, a empresa exportadora pode creditar-se do ICMS anteriormente pago, mas somente poderá transferir a terceiros o saldo credor acumulado após a saída da mercadoria com destino ao exterior (art. 25, § 1º, da LC 87/96). Porquanto só se viabiliza a cessão do crédito em função da exportação, além de vocacionada a desonerar as empresas exportadoras do ônus econômico do ICMS, as verbas respectivas qualificam-se como decorrentes da exportação para efeito da imunidade do art. 149, § 2º, I, da CF. Assenta esta Suprema Corte a tese da inconstitucionalidade da incidência da contribuição ao PIS e da Cofins não cumulativas sobre os valores auferidos por empresa exportadora em razão da transferência a terceiros de créditos de ICMS. Ausência de afronta aos arts. 155, § 2º, X; 149, § 2º, I; 150, § 6º; e 195, caput e inciso I, b, da CF" (RE 606.107, rel. Min. Rosa Weber, julgamento em 22-5-2013, Plenário, DJe de 25-11-2013, com repercussão geral).

A interpretação teleológica do direito objetiva realizar a finalidade da norma jurídica, muitas vezes superando a mera literalidade do texto normativo.No caso vertente, o Supremo Tribunal Federal utilizou o método teleológico, ao tratar do tema da imunidade, emprestando abrangência maior ao instituto, com escopo de assegurar à norma constitucional máxima efetividade.

Com efeito, entendeu a Alta Corte que o art. 155, § 2º, X, a, da CF – cujo fim é o incentivo às exportações, desonerando as mercadorias nacionais do seu ônus econômico, para permitir que as empresas brasileiras exportem produtos, e não tributos – imuniza as operações de exportação, assegura a manutenção e o aproveitamento do montante do imposto cobrado nas operações e prestações anteriores. Logo, não incidem, pois, a COFINS e a contribuição ao PIS sobre os créditos de ICMS cedidos a terceiros.

Sendo assim, sustentou a Suprema Corte a tese da inconstitucionalidade da incidência da contribuição ao PIS e da COFINS não cumulativas sobre os valores auferidos por empresa exportadora em face da transferência a terceiros de créditos de ICMS. Ausência de afronta aos arts. 155, § 2º, X; 149, § 2º, I; 150, § 6º; e 195, *caput* e inciso I, *b*, da Constituição Federal de 1988.

CAPÍTULO TREZE

INTERPRETAÇÃO DO DIREITO E CONCEITOS INDETERMINADOS

"**R**ECURSO EM MANDADO DE SEGURANÇA. SERVIDOR *público. Processo administrativo. Demissão. Poder disciplinar. Limites de atuação do Poder Judiciário. Princípio da ampla defesa. Ato de improbidade. Servidor do DNER demitido por ato de improbidade administrativa e por se valer do cargo para obter proveito pessoal de outrem, em detrimento da dignidade da função pública, com base no art. 11, caput, e inciso I, da Lei n. 8.429/92 e art. 117, IX, da Lei n. 8.112/90. A autoridade administrativa está autorizada a praticar atos discricionários apenas quando norma jurídica válida expressamente a ela atribuir essa livre atuação. Os atos administrativos que envolvem a aplicação de 'conceitos indeterminados' estão sujeitos ao exame e controle do Poder Judiciário. O controle jurisdicional pode e deve incidir sobre os elementos do ato, à luz dos princípios que regem a atuação da Administração. Processo disciplinar, no qual se discutiu a ocorrência de desídia – art. 117, inciso XV, da Lei n. 8.112/90. Aplicação da penalidade, com fundamento em preceito diverso do indicado pela comissão de inquérito. A capitulação do ilícito administrativo não pode ser aberta a ponto de impossibilitar o direito de defesa. De outra parte, o motivo apresentado afigurou-se inválido em face das provas coligidas aos autos. Ato de improbidade: a aplicação das penalidades previstas na Lei n. 8.429/92 não incumbe à Administração, eis que privativa do Poder Judiciário. Verificada a prática de atos de improbidade no âmbito administrativo, caberia representação ao Ministério Público para ajuizamento da competente ação, não a aplicação da pena de demissão.*

Recurso ordinário provido" (RMS 24.699, rel. Min. Eros Grau, julgamento em 30-11-2004, DJ de 1º-7-2005)

Como já salientado anteriormente, os conceitos jurídicos indeterminados são aqueles fundados nos valores da experiência social, cujos termos revelam-se ambíguos ou imprecisos, razão pela qual necessitam ser complementados pelo esforço hermenêutico dos juristas.

Decerto, tais conceitos jurídicos indeterminados estão presentes em vários ramos do direito. Eles conferem ao hermeneuta a missão de atuar no preenchimento do seu conteúdo, a fim de que se extraia da norma jurídica o seu real significado para um dado caso concreto.

Com efeito, a estrutura do conceito jurídico indeterminado ostenta, assim, o núcleo fixo ou zona de certeza positiva, a zona intermediária ou de incerteza e a zona de certeza negativa. Dentro da zona de certeza positiva, ninguém duvida do cabimento da aplicação da palavra que os designa, diferentemente da zona de certeza negativa, em que seria certo que por ela não estaria abrigada. As dúvidas só teriam cabimento no espaço entre ambas.

Deveras, a imprecisão do significado dos vocábulos empregados na norma jurídica conduz necessariamente a uma indeterminação dos seus comandos pelo que, só em casos excepcionais, o conceito deixa comportar vários sentidos.

A discussão sobre a questão que envolve os conceitos indeterminados empregados é realizada por duas correntes antagônicas.

Para a primeira vertente, no preenchimento dos conceitos indeterminados, excluir-se-ia qualquer possibilidade de atuação discricionária da Administração, visto só existir uma única solução correta, possível apenas de ser encontrada através da interpretação jurisdicional.

Por sua vez, a segunda concepção defende um sentido contrário, admitindo a possibilidade de várias decisões certas dentro dos conceitos indeterminados, que possibilitariam uma atuação discricionária, livre de controle jurisdicional.

Parece, contudo, mais apropriado um entendimento intermediário, segundo o qual não se deve admitir a concepção de discricionariedade como a liberdade livre das amarras jurídico-normativas, tendo em vista a evolução da jurisprudência e da doutrina pátria no sentido de somente concebê-la dentro dos limites normativos, mormente principiológicos, do ordenamento jurídico.

Não obstante a fluidez ou imprecisão que estão previstas *in abstracto* na norma, podendo ou não se dissipar quando verificada a hipótese *in concreto*, propiciam os conceitos jurídicos indeterminados uma limitação da discricionariedade administrativa, tendo em vista a busca da otimização dos fins e valores a serem atingidos pela normatividade jurídica.

O caso concreto versa sobre Processo disciplinar, no qual se discutiu a ocorrência de desídia — art. 117, XV, da Lei n. 8.112/90, com a aplicação da penalidade, com fundamento em preceito diverso daquele apontado pela comissão de inquérito.

Com efeito, o Supremo Tribunal Federal entendeu que a autoridade administrativa estaria autorizada a praticar atos discricionários apenas quando norma jurídica válida expressamente a ela conferir essa livre atuação. Logo, os atos administrativos que envolvem a aplicação de conceitos indeterminados estão sujeitos ao exame e controle do Poder Judiciário.

Nesse sentido, o controle jurisdicional pode e deve incidir sobre os elementos do ato administrativo, à luz dos princípios constitucionais e infraconstitucionais que regem a atuação da Administração Pública.

CAPÍTULO CATORZE

INTERPRETAÇÃO DO DIREITO E PRINCIPIOLOGIA JURÍDICA

"O REPÚDIO AO TERRORISMO: UM COMPROMISSO ético-jurídico assumido pelo Brasil, quer em face de sua própria Constituição, quer perante a comunidade internacional. Os atos delituosos de natureza terrorista, considerados os parâmetros consagrados pela vigente Constituição da República, não se subsumem à noção de criminalidade política, pois a Lei Fundamental proclamou o repúdio ao terrorismo como um dos 'princípios' essenciais que devem reger o Estado brasileiro em suas relações internacionais (CF, art. 4º, VIII), além de haver qualificado o terrorismo, para efeito de repressão interna, como crime equiparável aos delitos hediondos, o que o expõe, sob tal perspectiva, a tratamento jurídico impregnado de máximo rigor, tornando-o inafiançável e insuscetível da clemência soberana do Estado e reduzindo-o, ainda, à dimensão ordinária dos crimes meramente comuns (CF, art. 5º, XLIII). A Constituição da República, presentes tais vetores interpretativos (CF, art. 4º, VIII, e art. 5º, XLIII), não autoriza que se outorgue, às práticas delituosas de caráter terrorista, o mesmo tratamento benigno dispensado ao autor de crimes políticos ou de opinião, impedindo, desse modo, que se venha a estabelecer, em torno do terrorista, um inadmissível círculo de proteção que o faça imune ao poder extradicional do Estado brasileiro, notadamente se tiver em consideração a relevantíssima circunstância de que a Assembleia Nacional Constituinte formulou um claro e inequívoco juízo de desvalor em relação a quaisquer atos delituosos revestidos de índole terrorista, a estes não reconhecendo a dignidade de que muitas vezes se acha impregnada a prática da criminalidade *política" (Ext 855, rel. Min. Celso de Mello, julgamento em 26-8-2004, DJ de 1º-7-2005).*

Como já examinado anteriormente, os princípios se afiguram como normas genéricas, semanticamente abertas e que corporificam os mais relevantes valores e fins a serem realizados pela ordem jurídica, potencializando o desenvolvimento de interpretações mais justas.

Além do cumprimento das funções fundamentadora e supletiva, os princípios despontam como importantes vetores hermenêuticos, que embasam a interpretação teleológica do ordenamento jurídico, possibilitando a aproximação do direito perante o substrato axiológico da moralidade social.

No caso vertente, o Supremo Tribunal Federal valeu-se de uma interpretação principiológica da Carta Magna de 1988 para tratar do repúdio ao terrorismo como um compromisso ético-jurídico assumido pelo Brasil, quer em face de seu próprio sistema jurídico interno, quer perante a sociedade internacional.

Segundo a Alta Corte, os princípios da Carta Magna brasileira, mormente aqueles que se depreendem dos art. 4º, VIII, e art. 5º, XLIII, não permitem que se atribua, às práticas delituosas de caráter terrorista, o mesmo tratamento benigno dispensado ao autor de crimes políticos ou de opinião.

Deste modo, o Pretório Excelso entendeu que se deve impedir a formação, em torno do terrorista, de um inadmissível círculo de tutela, que o faça imune ao poder extradicional do Estado brasileiro, especialmente em face da constatação de que o legislador constituinte formulou um evidente juízo de desvalor em relação a quaisquer atos delituosos revestidos de índole terrorista, não admitindo, portanto, a dignidade que muitas vezes se materializa na prática da criminalidade política.

CAPÍTULO QUINZE

INTERPRETAÇÃO DO DIREITO E O PRINCÍPIO DA DIGNIDADE DA PESSOA HUMANA

"**R**ECONHECIMENTO E QUALIFICAÇÃO DA UNIÃO *homoafetiva como entidade familiar. O STF – apoiando-se em valiosa hermenêutica construtiva e invocando princípios essenciais (como os da dignidade da pessoa humana, da liberdade, da autodeterminação, da igualdade, do pluralismo, da intimidade, da não discriminação e da busca da felicidade) – reconhece assistir, a qualquer pessoa, o direito fundamental à orientação sexual, havendo proclamado, por isso mesmo, a plena legitimidade ético-jurídica da união homoafetiva como entidade familiar, atribuindo-lhe, em consequência, verdadeiro estatuto de cidadania, em ordem a permitir que se extraiam, em favor de parceiros homossexuais, relevantes consequências no plano do direito, notadamente no campo previdenciário, e, também, na esfera das relações sociais e familiares. A extensão, às uniões homoafetivas, do mesmo regime jurídico aplicável à união estável entre pessoas de gênero distinto justifica-se e legitima-se pela direta incidência, dentre outros, dos princípios constitucionais da igualdade, da liberdade, da dignidade, da segurança jurídica e do postulado constitucional implícito que consagra o direito à busca da felicidade, os quais configuram, numa estrita dimensão que privilegia o sentido de inclusão decorrente da própria CR (art. 1º, III, e art. 3º, IV), fundamentos autônomos e suficientes aptos a conferir suporte legitimador à qualificação das conjugalidades entre pessoas do mesmo sexo como espécie do gênero entidade familiar. (...) O postulado da dignidade da pessoa humana, que representa – considerada a centralidade desse princípio essencial (CF, art. 1º, III) – significativo vetor interpretativo, verdadeiro valor-fonte que conforma e inspira* *todo o ordenamento constitucional vigente em nosso País, traduz, de modo expressivo, um dos fundamentos em que se assenta, entre nós, a ordem republicana e democrática consagrada pelo sistema de direito constitucional positivo. (...) O princípio constitucional da busca da felicidade, que decorre, por implicitude, do núcleo de que se irradia o postulado da dignidade da pessoa humana, assume papel de extremo relevo no processo de afirmação, gozo e expansão dos direitos fundamentais, qualificando-se, em função de sua própria teleologia, como fator de neutralização de práticas ou de omissões lesivas cuja ocorrência possa comprometer, afetar ou, até mesmo, esterilizar direitos e franquias individuais. Assiste, por isso mesmo, a todos, sem qualquer exclusão, o direito à busca da felicidade, verdadeiro postulado constitucional implícito, que se qualifica como expressão de uma ideia-força que deriva do princípio da essencial dignidade da pessoa humana" (RE 477.554-AgR, rel. Min. Celso de Mello, julgamento em 16-8-2011, Segunda Turma, DJe de 26-8-2011)*

No contexto do neoconstitucionalismo, o princípio da dignidade da pessoa humana afigura-se como o centro axiológico e teleológico de uma ordem jurídica justa, internacional e nacional, pautada na tutela e promoção dos direitos fundamentais dos cidadãos.

Com efeito, o princípio da dignidade da pessoa humana impõe a consideração do ser humano como um fim em si mesmo, e não como um meio para a realização de um interesse econômico, político ou ideológico.

Sendo assim, restam vedadas quaisquer práticas, oriundas do Poder Público ou dos particulares, tendentes a aviltar, coisificar ou instrumentalizar a condição humana.

No precedente acima exposto, o Supremo Tribunal Federal invocou o postulado constitucional da dignidade da pessoa humana (art. 1º, III) para tratar do reconhecimento e qualificação da união homoafetiva como entidade familiar.

Ademais, o Pretório Excelso considerou o princípio da dignidade da pessoa humana como um significativo vetor hermenêutico e valor-fonte que conforma e inspira todo o ordenamento constitucional pátrio, traduzindo um dos fundamentos em que se assenta a ordem republicana e democrática consagrada pelo sistema constitucional brasileiro.

Nesse sentido, a Alta Corte reconheceu assistir, a qualquer pessoa, o direito fundamental à orientação sexual, admitindo, por isso mesmo, a plena legitimidade ético-jurídica da união homoafetiva como entidade familiar, para atribuir-lhe verdadeiro estatuto de cidadania, a fim de permitir que se extraiam, em favor de parceiros homossexuais, relevantes consequências no plano do direito previdenciário, e, também, na esfera das relações familiares.

Destarte, o Supremo Tribunal Federal entendeu que a extensão, às uniões homoafetivas, do mesmo regime jurídico aplicável à união estável entre pessoas de gênero diverso, justifica-se pela direta aplicação dos princípios constitucionais da dignidade, da igualdade, da liberdade, da segurança jurídica e do postulado implícito que consagra o direito à busca da felicidade, os quais reforçam o sentido de inclusão decorrente da própria Carta Magna de 1988 (art. 1º, III, e art. 3º, IV).

CAPÍTULO DEZESSEIS

INTERPRETAÇÃO DO DIREITO E O PRINCÍPIO DA PROPORCIONALIDADE

"Lei do crime organizado (art. 7º). Vedação legal apriorística de liberdade provisória. Convenção de Palermo (art. 11). Inadmissibilidade de sua invocação. (...) Cláusulas inscritas nos textos de tratados internacionais que imponham a compulsória adoção, por autoridades judiciárias nacionais, de medidas de privação cautelar da liberdade individual, ou que vedem, em caráter imperativo, a concessão de liberdade provisória, não podem prevalecer em nosso sistema de direito positivo, sob pena de ofensa à presunção de inocência, dentre outros princípios constitucionais que informam e compõem o estatuto jurídico daqueles que sofrem persecução penal instaurada pelo Estado. A vedação apriorística de concessão de liberdade provisória é repelida pela jurisprudência do STF, que a considera incompatível com a presunção de inocência e com a garantia do due process, dentre outros princípios consagrados na Constituição da República, independentemente da gravidade objetiva do delito. Precedente: ADI 3.112/DF. A interdição legal in abstracto, vedatória da concessão de liberdade provisória, incide na mesma censura que o plenário do STF estendeu ao art. 21 do Estatuto do Desarmamento (ADI 3.112/DF), considerados os postulados da presunção de inocência, do due process of law, da dignidade da pessoa humana e da proporcionalidade, analisado este na perspectiva da proibição do excesso. O legislador não pode substituir-se ao juiz na aferição da existência de situação de real necessidade capaz de viabilizar a utilização, em cada situação ocorrente, do instrumento de tutela cautelar penal. Cabe, unicamente, ao Poder Judiciário, aferir a existência, ou não, em cada caso, da necessidade concreta de se *decretar a prisão cautelar" (HC 94.404, rel. Min. Celso de Mello, julgamento em 18-11-2008, Segunda Turma, DJe de 18-6-10. Em sentido contrário: HC 89.143, rel. Min. Ellen Gracie, julgamento em 10-6-2008, Segunda Turma, DJe de 27-6-2008).*

O princípio constitucional da proporcionalidade, também denominado de razoabilidade, afigura-se como um importante vetor hermenêutico, que orienta a tomada de decisões do Poder Público que possam revelar-se adequadas (correlação dos meios com os fins) e necessárias (proibição do excesso em matéria de restrição de direitos individuais), levando-se em conta também o binômio custo-benefício no desenvolvimento da interpretação jurídica.

Trata-se, inclusive, da dimensão substantiva do devido processo legal, cláusula principiológica que deve nortear os processos legislativo, eleitoral, negocial, administrativo e jurisdicional.

No julgado ora transcrito, o Supremo Tribunal Federal se valeu também do princípio da proporcionalidade para examinar a constitucionalidade da vedação apriorística de liberdade provisória, prevista pela Lei do Crime Organizado (art. 7º) e pela Convenção Internacional de Palermo (art. 11).

Segundo a Alta Corte, a vedação apriorística de concessão de liberdade provisória não é aceita pela sua jurisprudência, que a considera incompatível com os princípios consagrados na Carta Magna de 1988, independentemente da gravidade objetiva do delito.

Sendo assim, considerando os princípios da presunção de inocência, do *due process of law*, da dignidade da pessoa humana e da proporcionalidade, aplicado esse na perspectiva da proibição do excesso, o Pretório Excelso entendeu que o legislador não pode substituir-se ao magistrado na verificação da existência de situação de real necessidade capaz de viabilizar a utilização, em cada situação ocorrente, do instrumento de tutela cautelar penal, levando-se em conta a necessidade concreta de individualizar a aplicação das sanções penais.

CAPÍTULO DEZESSETE

INTERPRETAÇÃO DO DIREITO E A PONDERAÇÃO DE VALORES

"OTRIBUNAL, POR MAIORIA, JULGOU IMPROCEDENTE pedido formulado em ação direta ajuizada pela Associação dos Notários e Registradores do Brasil – ANOREG-BR, contra os arts. 1º, 3º e 5º da Lei n. 9.534/97, que preveem a gratuidade do registro civil de nascimento, do assento de óbito, bem como da primeira certidão respectiva. Entendeu-se inexistir conflito da lei impugnada com a Constituição, a qual, em seu inciso LXXVI do art. 5º apenas estabelece o mínimo a ser observado pela lei, não impedindo que esta gratuidade seja estendida a outros cidadãos. Considerou-se, também, que os atos relativos ao nascimento e ao óbito são a base para o exercício da cidadania, sendo assegurada a gratuidade de todos os atos necessários ao seu exercício (CF, art. 5º, LXXVII). Aduziu-se, ainda, que os oficiais exercem um serviço público, prestado mediante delegação, não havendo direito constitucional à percepção de emolumentos por todos os atos praticados, mas apenas o recebimento, de forma integral, da totalidade dos emolumentos que tenham sido fixados. Em acréscimo a esses fundamentos do relator originário, o Min. Ricardo Lewandowski, em seu voto-vista, ressaltou que, não obstante o entendimento de se tratar de serviço público prestado por delegação, a intervenção estatal não poderia anular, por completo, o caráter privado (CF, art. 236) – cuja continuidade depende da manutenção de seu equilíbrio econômico-financeiro –, o que não vislumbrou no diploma legal em tela, quando examinado à luz de uma ponderação de valores constitucionais, especialmente sob o prisma da proporcionalidade. Afirmou que os notários e registradores exercem muitas outras *atividades lucrativas e que a isenção de emolumentos neles prevista não romperia o equilíbrio econômico-financeiro das serventias extrajudiciais, de maneira a inviabilizar sua continuidade, e que tais dispositivos legais buscam igualar ricos e pobres em dois momentos cruciais da vida, de maneira a permitir que todos, independentemente de sua condição ou sua situação patrimonial, nesse particular, possam exercer os direitos de cidadania exatamente nos termos do que dispõe o art. 5º, LXXVII, da CF. O Min. Eros Grau fez ressalva quanto à questão do princípio da proporcionalidade. O Min. Sepúlveda Pertence reportou-se aos fundamentos que expendera no julgamento da cautelar" (ADI 1.800, rel. p/o ac. Min. Ricardo Lewandowski, julgamento em 11-6-2007, Informativo 471).*

No plano do pós-positivismo jurídico, a ponderação de valores emerge como uma técnica hermenêutica voltada para a solução dos conflitos entre os princípios, mormente aqueles que enunciam os direitos fundamentais dos cidadãos, tendo em vista a impossibilidade de utilização dos critérios tradicionais de solução das antinomias jurídicas, a saber, o hierárquico, o cronológico e o da especialidade.

Nesse sentido, o intérprete deve ponderar os valores implicados, realizando o sopesamento dos princípios em disputa, a fim de estabelecer uma hierarquia concreta entre eles, à luz da proporcionalidade e com base nos fatos e valores envolvidos em dado caso concreto.

No precedente acima exposto, o Supremo Tribunal Federal se valeu do uso de uma ponderação de valores para julgar uma ação direta, movida pela Associação dos Notários e Registradores do Brasil, contra os arts. 1º, 3º e 5º da Lei n. 9.534/97, que estabelecem a gratuidade do registro civil de nascimento, do assento de óbito, bem como da primeira certidão respectiva.

Com efeito, a Alta Corte sustentou inexistir conflito da lei impugnada com a Constituição Federal de 1988, a qual, em seu inciso LXXVI do art. 5º apenas exige o mínimo a ser obedecido pela lei, não vedando que esta gratuidade seja conferida a outros cidadãos.

Outrossim, o Pretório Excelso considerou que os atos relativos ao nascimento e ao óbito constituem a base para o exercício da cidadania, sendo assegurada a gratuidade de todos os atos necessários ao seu exercício (CF, art. 5º, LXXVII).

De outro lado, referiu-se, ainda, que os oficiais exercem um serviço público, prestado mediante delegação, não havendo direito à percepção de emolumentos por todos os atos praticados, mas apenas o recebimento, de forma integral, da totalidade dos emolumentos que tenham sido estabelecidos.

Por derradeiro, asseverou-se que os notários e registradores exercem muitas outras atividades lucrativas e que a isenção de emolumentos neles prevista não romperia o equilíbrio econômico-financeiro das serventias extrajudiciais, de modo a inviabilizar sua continuidade, porquanto tais comandos legais buscam igualar os cidadãos, de maneira a permitir que todos, independentemente de sua situação patrimonial, possam exercer os seus direitos exatamente nos termos do que dispõe o art. 5º, LXXVII, da Constituição Federal de 1988.

CAPÍTULO DEZOITO

INTERPRETAÇÃO DO DIREITO E O PRINCÍPIO DA IGUALDADE

"**É**CONSTITUCIONAL A LEI N. 12.990/2014, que reserva a pessoas negras 20% das vagas oferecidas nos concursos públicos para provimento de cargos efetivos e empregos públicos no âmbito da Administração Pública federal direta e indireta, por três fundamentos. Em primeiro lugar, a desequiparação promovida pela política de ação afirmativa em questão está em consonância com o princípio da isonomia. Ela se funda na necessidade de superar o racismo estrutural e institucional ainda existente na sociedade brasileira, e garantir a igualdade material entre os cidadãos, por meio da distribuição mais equitativa de bens sociais e da promoção do reconhecimento da população afrodescendente. Em segundo lugar, não há violação aos princípios do concurso público e da eficiência. A reserva de vagas para negros não os isenta da aprovação no concurso público. Como qualquer outro candidato, o beneficiário da política deve alcançar a nota necessária para que seja considerado apto a exercer, de forma adequada e eficiente, o cargo em questão. Além disso, a incorporação do fator 'raça' como critério de seleção, ao invés de afetar o princípio da eficiência, contribui para sua realização em maior extensão, criando uma 'burocracia representativa', capaz de garantir que os pontos de vista e interesses de toda a população sejam considerados na tomada de decisões estatais. Em terceiro lugar, a medida observa o princípio da proporcionalidade em sua tríplice dimensão. A existência de uma política de cotas para o acesso de negros à educação superior não torna a reserva de vagas nos quadros da Administração Pública desnecessária ou desproporcional em sentido estrito. Isso porque: (i) nem todos os cargos e empregos *públicos exigem curso superior; (ii) ainda quando haja essa exigência, os beneficiários da ação afirmativa no serviço público podem não ter sido beneficiários das cotas nas universidades públicas; e (iii) mesmo que o concorrente tenha ingressado em curso de ensino superior por meio de cotas, há outros fatores que impedem os negros de competir em pé de igualdade nos concursos públicos, justificando a política de ação afirmativa instituída pela Lei n. 12.990/2014. Ademais, a fim de garantir a efetividade da política em questão, também é constitucional a instituição de mecanismos para evitar fraudes pelos candidatos. É legítima a utilização, além da autodeclaração, de critérios subsidiários de heteroidentificação (e.g., a exigência de autodeclaração presencial perante a comissão do concurso), desde que respeitada a dignidade da pessoa humana e garantidos o contraditório e a ampla defesa"* (ADC 41, rel. Min. Roberto Barroso, j. 8-6-2017, DJe de 17-8-2017. Vide ADPF 186, rel. Min. Ricardo Lewandowski, j. 26-4-2012, DJe de 20-10-2014).

Nesse emblemático julgado, o Supremo Tribunal Federal desenvolveu uma interpretação sistemática e teleológica da Lei n. 12.990/2014, que reserva a pessoas negras 20% das vagas oferecidas nos concursos públicos.

Com efeito, o Pretório Excelso considerou que o referido diploma legislativo revela-se adequado verticalmente com a Carta Magna de 1988 (dimensão sistemática), além de concretizar os valores e fins consagrados na principiologia constitucional, mormente o princípio da igualdade material (dimensão teleológica).

Realizou-se também, uma ponderação de bens e interesses, solucionando-se o conflito entre o princípio da isonomia substancial, de um lado, e dos princípios da eficiência e do acesso à Administração pelo concurso público, de outro lado, com base no exame da proporcionalidade dessa medida legislativa.

Por fim, conclui-se que também afigura-se constitucional a instituição de mecanismos para evitar fraudes pelos candidatos, sendo também legítima a utilização, além da autodeclaração, de critérios subsidiários de heteroidentificação, a exemplo da exigência de autodeclaração presencial perante a comissão do concurso, desde que observados os princípios da dignidade da pessoa humana, do contraditório e da ampla defesa.

CAPÍTULO DEZENOVE

INTERPRETAÇÃO DO DIREITO E OS PRINCÍPIOS REPUBLICANO E DEMOCRÁTICO

"O PLENÁRIO, POR MAIORIA, JULGOU PROCEDENTE o pedido formulado em ação direta para declarar a inconstitucionalidade da expressão 'sem individualização dos doadores', constante da parte final do § 12 do art. 28 da Lei n. 9.504/97 (Lei das Eleições), acrescentada pela Lei n. 13.165/2015, para considerar que a indicação dos doadores deve ser feita tanto na prestação de contas dos partidos quanto dos candidatos. No julgamento da medida cautelar, o Plenário havia suspendido, até o julgamento final da ação, a eficácia da referida expressão, com efeitos "ex tunc" (...). A norma impugnada dispõe sobre regras para a prestação de contas de partidos e candidatos com relação a valores oriundos de doações. De um lado, os valores transferidos pelos partidos aos candidatos serão registrados na prestação de contas dos candidatos como 'transferência dos partidos'. De outro, essas mesmas operações serão registradas na prestação de contas dos partidos como 'transferência aos candidatos'. Em ambas, a legislação prevê que os registros serão realizados 'sem individualização dos doadores'. Para o Tribunal, no entanto, o estabelecimento da chamada 'doação eleitoral oculta' implica violação aos princípios republicano e democrático (CF, art. 1º, caput), além de representar afronta aos postulados da moralidade e da transparência. O princípio republicano repele peremptoriamente a manutenção de expedientes ocultos no que concerne ao funcionamento da máquina estatal em suas mais diversas facetas.*

Especificamente sob o prisma do processo eleitoral, a divulgação dos nomes dos doadores de campanha e dos respectivos destinatários viabiliza uma fiscalização mais eficaz da necessária lisura dos processos de escolha dos detentores de mandato político" (ADI 5.394, Rel. Min.rel. Min. Alexandre de Moraes, j. 22-3-2018, Informativo *895).*

No caso vertente, o Supremo Tribunal Federal examinou procedente o pedido formulado em ação direta para declarar a inconstitucionalidade da expressão "sem individualização dos doadores", constante da parte final do § 12 do art. 28 da Lei 9.504/97 (Lei das Eleições), incluída pela Lei n. 13.165/2015.

Com efeito, o Pretório Excelso sustentou que o referido diploma legislativo revelava-se parcialmente incompatível com a Lei Maior (dimensão sistemática), porquanto não lograria concretizar os valores e fins corporificados na principiologia constitucional, mormente os princípios republicano e democrático (dimensão teleológica), segundo os quais o poder político emana do povo, devendo ser adquirido e exercido com probidade e retidão moral, sempre com base no efetivo controle popular pelos cidadãos.

Destarte, a Corte Suprema considerou que a indicação dos doadores deve ser feita tanto na prestação de contas dos partidos quanto dos candidatos, porque o estabelecimento da denominada "doação eleitoral oculta" implicaria uma ofensa aos princípios republicano e democrático, além de afigurar violação aos postulados da moralidade administrativa e da transparência pública.

CAPÍTULO VINTE

INTERPRETAÇÃO DO DIREITO E A TUTELA DA IDENTIDADE DE GÊNERO

"*O DIREITO À IGUALDADE SEM DISCRIMINAÇÕES abrange a identidade ou a expressão de gênero. A identidade de gênero é manifestação da própria personalidade da pessoa humana e, como tal, cabe ao Estado apenas o papel de reconhecê-la, nunca de constituí-la. A pessoa não deve provar o que é, e o Estado não deve condicionar a expressão da identidade a qualquer tipo de modelo, ainda que meramente procedimental. Com base nessas assertivas, o Plenário, por maioria, julgou procedente pedido formulado em ação direta de inconstitucionalidade para dar interpretação conforme a Constituição e o Pacto de São José da Costa Rica ao art. 58 da Lei n. 6.015/73. Reconheceu aos transgêneros, independentemente da cirurgia de transgenitalização, ou da realização de tratamentos hormonais ou patologizantes, o direito à alteração de prenome e gênero diretamente no registro civil. O Colegiado assentou seu entendimento nos princípios da dignidade da pessoa humana, da inviolabilidade da intimidade, da vida privada, da honra e da imagem, bem como no Pacto de São José da Costa Rica. Considerou desnecessário qualquer requisito atinente à maioridade, ou outros que limitem a adequada e integral proteção da identidade de gênero autopercebida. Além disso, independentemente da natureza dos procedimentos para a mudança de nome, asseverou que a exigência da via jurisdicional constitui limitante incompatível com essa proteção. Ressaltou que os pedidos podem estar baseados unicamente no consentimento livre e informado pelo solicitante, sem a obrigatoriedade de comprovar requisitos tais como certificações médicas ou psicológicas, ou outros que possam resultar irrazoáveis ou patologizantes*. Pontuou que os pedidos devem ser confidenciais, e os documentos não podem fazer remissão a eventuais alterações. Os procedimentos devem ser céleres e, na medida do possível, gratuitos. Por fim, concluiu pela inexigibilidade da realização de qualquer tipo de operação ou intervenção cirúrgica ou hormonal" (*ADI 4.275, rel. p/ o ac. Min. Edson Fachin, julgamento em 1º-3-2018,* Informativo *892*).

No caso concreto, o Supremo Tribunal Federal explorou as dimensões sistemática e teleológica no plano hermenêutico, ao julgar procedente o pedido formulado em ação direta de inconstitucionalidade para dar interpretação conforme a Constituição e o Pacto de São José da Costa Rica ao art. 58 da Lei n. 6.015/73, que trata dos registros públicos.

O mencionado dispositivo normativo prescreve, em seu *caput*, que "*o prenome será definitivo, admitindo-se, todavia, a sua substituição por apelidos públicos notórios*", enquanto, em seu parágrafo único, estabelece que "*a substituição do prenome será ainda admitida em razão de fundada coação ou ameaça decorrente da colaboração com a apuração de crime, por determinação, em sentença, de juiz competente, ouvido o Ministério Público*", após redação dada pela Lei n. 9.807, de 1999.

A Corte Suprema considerou que o princípio da igualdade sem discriminações alcançaria a identidade ou a expressão de gênero, tendo em vista o respeito à dignidade humana, fonte dos direitos da personalidade.

Com efeito, entendeu-se que a identidade de gênero revela-se como uma manifestação da própria personalidade da pessoa humana e, portanto, caberia ao Poder Público apenas a função de reconhecê-la, nunca de constituí-la, pois a pessoa não deve provar o que é, não devendo o Estado condicionar a expressão da identidade a qualquer tipo de intervenção médica – cirúrgica ou hormonal.

Por derradeiro, o Pretório Excelso reconheceu aos transgêneros, independentemente da cirurgia de transgenitalização, ou da realização de tratamentos hormonais ou patologizantes, o direito à alteração de prenome e gênero diretamente no Registro Civil.

CAPÍTULO VINTE E UM

INTERPRETAÇÃO DO DIREITO, CRISE SANITÁRIA E VACINAÇÃO

AÇÕES DIRETAS DE INCONSTITUCIONALIDADE. VACINAÇÃO *compulsória contra a Covid-19 prevista na Lei 13.979/2020. Pretensão de alcançar a imunidade de rebanho. Proteção da coletividade, em especial dos mais vulneráveis. Direito social à saúde. Proibição de vacinação forçada. Exigência de prévio consentimento informado do usuário. Intangibilidade do corpo humano. Prevalência do princípio da dignidade humana. Inviolabilidade do direito à vida, liberdade, segurança, propriedade, intimidade e vida privada. Vedação da tortura e do tratamento desumano ou degradante. Compulsoriedade da imunização a ser alcançada mediante restrições indiretas. Necessidade de observância de evidências científicas e análises de informações estratégicas. Exigência de comprovação da segurança e eficácia das vacinas. Limites à obrigatoriedade da imunização consistentes na estrita observância dos direitos e garantias fundamentais. Competência comum da União, Estados, Distrito Federal e Municípios para cuidar da saúde e assistência pública. ADIs conhecidas e julgadas parcialmente procedentes (ADI 6586, rel. Min. Ricardo Lewandowski, julgamento em 17-12-2020, DJE-063, divulg. 06-04-2021, public. 07-04-2021).*

No caso vertente, diante do contexto pandêmico, o Supremo Tribunal Federal explorou as dimensões sistemática, sociológica e teleológica da interpretação jurídica, assumindo um posicionamento substancialista, ao concretizar importantes princípios constitucionais que enunciam direitos fundamentais dos cidadãos.

Com efeito, o Pretório Excelso decidiu que a vacinação em massa da população se apresenta como uma providência preventiva adotada pelas autoridades de saúde pública, com o escopo de reduzir a morbimortalidade de doenças infecciosas transmissíveis e de potencializar a imunidade de rebanho, tendo em vista a tutela de toda a coletividade, mormente os grupos e sujeitos mais vulneráveis.

Ademais, a Corte Constitucional entendeu que a obrigatoriedade da vacinação, prevista pela legislação sanitária brasileira, não pode englobar quaisquer intervenções aflitivas ou mesmo coativas, em face da necessidade de preservar os direitos fundamentais à intangibilidade, inviolabilidade e integridade do corpo humano, a partir de uma ponderação de bens e interesses com o direito fundamental à saúde pública.

Sendo assim, o Supremo Tribunal Federal deliberou ser flagrantemente inconstitucional todo comando legal, regulamentar ou administrativo no sentido de realizar a vacinação sem o expresso e inequívoco consentimento informado dos sujeitos de direito.

Sendo assim, a Alta Corte reconheceu que a vacinação obrigatória, excluída a imposição de vacinação forçada, afigura-se legítima, desde que as iniciativas do Poder Público observem os critérios estabelecidos pela Lei nº 13.979/2020, incisos I, II, e III do § 2º do art. 3º, os quais consubstanciam os direitos essenciais à informação, à assistência familiar, ao tratamento gratuito, ao pleno respeito à dignidade, às liberdades básicas, à luz dos princípios da razoabilidade e da proporcionalidade, a fim de não violar a integridade física e moral dos indivíduos.

Ademais, o Supremo Tribunal Federal posicionou-se no sentido de efetivar o modelo de um federalismo cooperativo, consagrado na Carta Magna de 1988, ao referir que a competência do Ministério da Saúde para coordenar o Programa Nacional de Imunizações e definir as vacinas do calendário nacional de imunização não exclui a dos Estados, do Distrito Federal e dos Municípios para executar, nos âmbitos regional e local, medidas profiláticas e terapêuticas voltadas ao enfrentamento da pandemia gerada pelo novo coronavírus, tendo em vista o poder-dever de cuidar da saúde e assistência pública, nos termos do art. 23, II, da Lei Maior.

Desse modo, o Órgão Julgador fixou o entendimento hermenêutico de que a vacinação compulsória não significa vacinação forçada, porquanto facultada sempre a recusa do usuário, podendo, todavia, ser implantada, por todos os entes federativos, medidas indiretas, as quais compreendem, afora outras, a limitação razoável e proporcional do exercício de certas atividades ou à frequência de determinados lugares, conforme previsão legal e baseada em evidências científicas e análises estratégicas pertinentes, devendo ser acompanhadas de ampla informação sobre a eficácia, segurança e contraindicações dos imunizantes, bem como assegurada a distribuição universal e gratuita de vacinas, sempre em consonância com a dignidade e os direitos fundamentais dos cidadãos.

CAPÍTULO VINTE E DOIS

INTERPRETAÇÃO DO DIREITO E A SUPERAÇÃO HERMENÊUTICA DO ARGUMENTO DA LEGÍTIMA DEFESA DA HONRA

REFERENDO DE MEDIDA CAUTELAR. ARGUIÇÃO DE *descumprimento de preceito fundamental. Interpretação conforme à Constituição. Artigos 23, inciso II, e 25, caput e parágrafo único, do Código Penal e art. 65 do Código de Processo Penal. "Legítima defesa da honra". Não incidência de causa excludente de ilicitude. Recurso argumentativo dissonante da dignidade da pessoa humana (art. 1º, III, da CF), da proteção à vida e da igualdade de gênero (art. 5º, caput, da CF). Medida cautelar parcialmente deferida referendada (ADPF 779 MC-REF/DF, relator Min. Dias Toffoli, julgamento em 15-03-2021, DJE-096, divulg. 19-05-2021, public. 20-05-2021)*

Trata-se de relevante e inovador precedente do Supremo Tribunal Federal, que desenvolveu uma interpretação prospectiva e emancipatória, que substancializou o significado atual da *voluntas legis*, por meio da utilização conjugada dos métodos sistemático, sociológico e teleológico, materializando os princípios constitucionais da dignidade da pessoa humana e da igualdade de gênero.

Deveras, o Pretório Excelso reconheceu que a chamada legítima defesa da honra não se afigura, tecnicamente, como legítima defesa, servindo, ao revés, como recurso argumentativo desumano e cruel, utilizado constantemente pelas defesas de acusados de feminicídio ou lesões contra mulheres para tentar responsabilizar as vítimas por suas próprias mortes ou lesões.

Nesse sentido, a Alta Corte constatou ser a legítima defesa da honra um odioso instrumento retórico destinado a institucionalização da desigualdade entre homens e mulheres e a inaceitável naturalização da violência doméstica, contrariando assim os preceitos normativos da Carta Magna de 1988.

De outro lado, o órgão julgador considerou que a traição resta inserida no contexto das relações amorosas e que seu eventual desvalor ético-moral não autoriza o exercício de um pretenso direito subjetivo de uso da força contra as mulheres.

Com efeito, o Supremo Tribunal Federal entendeu que o sujeito que pratica feminicídio ou utiliza de violência, com a justificativa de responder a um adultério, não está a se defender, mas, em verdade, a atacar uma mulher de forma desproporcional, covarde e, por conseguinte, passível de tipificação criminal.

Sendo assim, o adultério não se apresenta como uma agressão injusta, capaz de excluir a antijuridicidade de um fato típico, pelo que qualquer comportamento perpetrado nesse contexto de violência de gênero deve estar submetido ao aparato repressivo das instituições que operacionalizam o direito penal e o direito processual penal.

Deveras, o órgão julgador pronunciou-se no sentido de que a legítima defesa da honra não pode ser invocada como argumento integrante da garantia fundamental da ampla defesa, a qual não pode constituir instrumento de acobertamento de práticas ilícitas, prevalecendo a dignidade da pessoa humana, a vedação a todas as formas de discriminação, a isonomia e o respeito à vida, tendo em vista os riscos da normalização, da tolerância e do incentivo à cultura da violência no ambiente doméstico.

Segundo o Pretório Excelso, na eventualidade da defesa evocar, direta ou indiretamente, o argumento da legítima defesa da honra, seja na fase pré-processual, na etapa processual ou no julgamento perante o tribunal do júri, estará configurada a nulidade da prova, do ato processual ou dos debates, facultando-se ao titular da acusação recorrer de apelação, nos termos do art. 593, III, *a*, do Código de Processo Penal.

Destarte, o Supremo Tribunal Federal, por unanimidade, firmou o entendimento de que a tese da legítima defesa da honra se revela inconstitucional, por contrariar os princípios constitucionais da dignidade da pessoa humana (art. 1º, III, da CF/88), da proteção à vida e da igualdade de gênero (art. 5º, *caput*, da CF/88), realizando, portanto, interpretação conforme à Constituição aos arts. 23, inciso II, e 25, *caput* e parágrafo único, do Código Penal e ao art. 65 do Código de Processo Penal, a fim de expurgar a legítima defesa da honra do âmbito do instituto da legítima defesa e, consequentemente, impedir à defesa, à acusação, à autoridade policial e ao juízo que utilizem, direta ou indiretamente, a tese de legítima defesa da honra, sob pena de nulidade do ato processual ou do julgamento.

CAPÍTULO VINTE E TRÊS

INTERPRETAÇÃO DO DIREITO, RACISMO E A CRIMINALIZAÇÃO DA HOMOTRANSFOBIA

AÇÃO DIRETA DE INCONSTITUCIONALIDADE POR OMISSÃO — *exposição e sujeição dos homossexuais, transgêneros e demais integrantes da comunidade LGBTI+ a graves ofensas aos seus direitos fundamentais em decorrência de superação irrazoável do lapso temporal necessário à implementação dos mandamentos constitucionais de criminalização instituídos pelo texto constitucional (Cf, art. 5º, incisos XLI e XLII) – a ação direta de inconstitucionalidade por omissão como instrumento de concretização das cláusulas constitucionais frustradas, em sua eficácia, por injustificável inércia do poder público – a situação de inércia do estado em relação à edição de diplomas legislativos necessários à punição dos atos de discriminação praticados em razão da orientação sexual ou da identidade de gênero da vítima (...) Ação direta de inconstitucionalidade por omissão conhecida, em parte, e, nessa extensão, julgada procedente, com eficácia geral e efeito vinculante – aprovação, pelo plenário do supremo tribunal federal, das teses propostas pelo relator, ministro celso de mello. Práticas homofóbicas e transfóbicas configuram atos delituosos passíveis de repressão penal, por efeito de mandados constitucionais de criminalização (Cf, art. 5º, incisos XLI e XLII), por traduzirem expressões de racismo em sua dimensão social (ADO 26/DF, relator(a): min. Celso de Mello, julgamento: 13-6-2019, DJE-243, divulg 05-10-2020, public 06-10-2020).*

No presente julgado, o Supremo Tribunal Federal utilizou, concomitantemente, os métodos histórico, sistemático, sociológico e teleológico, para efetuar uma interpretação jurídica de cunho progressista, revelando assim um ativismo hermenêutico voltado para a colmatação de lacuna legal existente na ordem jurídica pátria, a fim de concretizar relevantes princípios constitucionais que embasam o exercício de direitos fundamentais dos grupos e sujeitos vulneráveis acima referidos, tais como a dignidade humana, a igualdade, a liberdade, a felicidade e a laicidade estatal.

De acordo com o posicionamento do órgão julgador, o conceito de racismo, entendido em sua dimensão social, projeta-se para além de nuances estritamente biológicas ou mesmo fenotípicas, porquanto decorre, enquanto exteriorização de poder, de uma constructo histórico-cultural, que objetiva justificar, ideologicamente, a discriminação, a dominação política, a assimetria social e o esvaziamento da subjetividade daqueles que, por integrarem coletividade vulnerável (LGBTI+) e por não apresentarem posição de hegemonia em uma dada estraficação social, são classificados como diferentes, subalternos e marginais, submetidos então a processos de inferiorização e de estigmatização, com a injusta exclusão do sistema geral de tutela jurídica de sua dignidade.

Com efeito, a Corte Constitucional realizou importante ponderação de bens e interesses, guiada pelos princípios da proporcionalidade e razoabilidade, ao entender que a repressão penal à prática da homotransfobia não compromete o exercício da liberdade religiosa, a cujos fiéis e ministros resta salvaguardado o direito de pregar e de livremente divulgar, pela palavra, pela imagem ou por qualquer outra forma, o seu pensamento e de exteriorizar suas convicções conforme seus textos sagrados, bem como o de ensinar, segundo sua doutrina teológica, podendo reunir prosélitos e praticar, individual ou coletivamente, todos os atos litúrgicos, em espaços públicos ou privados, desde que não consubstanciem discursos de ódio, assim considerados como aquelas manifestações que potencializem a segregação, a intolerância ou a violência contra indivíduos por motivo de sua orientação sexual ou de sua identidade de gênero.

Ademais, o Pretório Excelso deliberou que, até que seja elaborada lei federal destinada a estabelecer os mandados de criminalização definidos nos incisos XLI e XLII do artigo 5º da Constituição Federal de 1988, com o efetivo saneamento da mora do Congresso Nacional nessa matéria, os comportamentos homofóbicos e transfóbicos, que revelem aversão odiosa à orientação sexual ou à identidade de gênero de pessoas, por implicarem espécies do gênero racismo, na dimensão social consagrada pelo Supremo Tribunal Federal no julgamento plenário do HC 82.424/RS (caso Ellwanger), enquadram-se, por identidade de razão e mediante adequação típica, nos modelos primários de incriminação prescritos pela Lei nº 7.716, de 08/01/1989, configurando, também, na hipótese de homicídio doloso, circunstância que o qualifica, por configurar motivo torpe, nos termos previstos no art. 121, § 2º, I, do Código Penal.

CAPÍTULO VINTE E QUATRO

INTERPRETAÇÃO DO DIREITO, PONDERAÇÃO E O CONFLITO ENTRE OS DIREITOS FUNDAMENTAIS À LIBERDADE RELIGIOSA E À PROTEÇÃO AMBIENTAL DOS ANIMAIS

DIREITO CONSTITUCIONAL. RECURSO EXTRAORDINÁRIO com repercussão geral. Proteção ao meio ambiente. Liberdade religiosa. Lei 11.915/2003 do estado do Rio Grande do Sul. Norma que dispõe sobre o sacrifício ritual em cultos e liturgias das religiões de matriz africana. Competência concorrente dos estados para legislar sobre florestas, caça, pesca, fauna, conservação da natureza, defesa do solo e dos recursos naturais, proteção do meio ambiente e controle da poluição. Sacrifício de animais de acordo com preceitos religiosos. Constitucionalidade. RE 494601/RS, rel. Min. Marco Aurélio, redator do acórdão: min. Edson Fachin, julgamento em 28-03-2019, DJE-251, divulg. 18-11-2019, public. 19-11-2019).

No caso vertente, o Supremo Tribunal Federal enfrentou o difícil problema de solução de conflitos entre princípios constitucionais. Diante da impossibilidade de utilização dos critérios tradicionais de resolução de conflitos entre regras jurídicas (hierárquico, cronológico e especialidade), a Alta Corte realizou uma ponderação de bens e interesses em face da tensão existente entre os direitos fundamentais à liberdade religiosa e à proteção ambiental dos animais no horizonte institucional de um Estado laico.

Inicialmente, a Alta Corte entendeu que norma estadual que institui Código de Proteção aos Animais sem dispor sobre hipóteses de exclusão de crime amoldam-se à competência concorrente dos Estados para legislar sobre florestas, caça, pesca, fauna, conservação da natureza, defesa do solo e dos recursos naturais, proteção do meio ambiente e controle da poluição, conforme prescrito pelo art. 24, VI, da Carta Magna de 1988.

Ao manejar os métodos sociológico e teleológico da interpretação jurídica, o Pretório Excelso reconheceu ainda que a prática e os rituais relacionados ao sacrifício animal constituem patrimônio cultural imaterial, exprimindo assim os modos de criar, fazer e viver de diversas comunidades religiosas, notadamente daqueles grupos que exercitam a liberdade religiosa por meio de práticas não institucionais.

Com efeito, o Órgão Julgador constatou que a dimensão comunitária da liberdade religiosa requer uma necessária salvaguarda constitucional, o que não viola o princípio da laicidade, porquanto o significado empregado na Lei Maior pretende afastar a invocação de motivos religiosos no espaço público, enquanto argumento para a imposição de obrigações, tendo em vista que a validade de justificações públicas não se revela consonante com eventuais dogmas religiosos.

Sendo assim, o Supremo Tribunal Federal manifestou-se no sentido de que a tutela específica dos cultos de religiões de matriz africana se afigura compatível com o princípio da igualdade, porquanto o combate à sua estigmatização, resultante de intolerâncias e preconceitos multisseculares, merecer atenção prioritária do Poder Público.

Em face do exposto, a Corte Suprema fixou a tese de ser constitucional a lei de proteção animal que, protegendo a liberdade religiosa, possibilita o sacrifício ritual de animais em cultos de religiões de matriz africana.

CAPÍTULO VINTE E CINCO

INTERPRETAÇÃO DO DIREITO, ABORTO E OS LIMITES DA INTERRUPÇÃO DA GESTAÇÃO

DIREITO PROCESSUAL PENAL. *HABEAS CORPUS*. PRISÃO preventiva. *Ausência dos requisitos para sua decretação. Inconstitucionalidade da incidência do tipo penal do aborto no caso de interrupção voluntária da gestação no primeiro trimestre. Ordem concedida de ofício (HC 124306/RJ, rel. Min. Marco Aurélio, redator do acórdão: min. Roberto Barroso, julgamento em 09-08-2016, DJE-052, divulg 16-03-2017, public. 17-03-2017).*

No presente caso, o Supremo Tribunal Federal deparou-se com a polêmica questão concernente aos contornos e limites da licitude da interrupção da gestação, enfrentando o problema ético-jurídico gerado pela prática do aborto.

Ao explorar as dimensões sistemática, sociológica e teleológica da interpretação jurídica, o Pretório Excelso, assumindo posicionamento hermenêutico vanguardista, procurou materializar princípios constitucionais relacionados ao exercício dos direitos fundamentais das mulheres, a partir de um juízo de proporcionalidade.

Inicialmente, o Supremo Tribunal Federal deliberou no sentido de não estarem presentes os requisitos que autorizam a decretação de prisão cautelar, nos termos do art. 312 do Código de Processo Penal, isto é, risco para a ordem pública, a ordem econômica, a instrução criminal ou a aplicação da lei penal, porquanto os acusados seriam réus primários, portadores de bons antecedentes, detentores de trabalho e residência fixa, tendo comparecido aos atos de instrução então realizados.

Logo, a Alta Corte entendeu não ser cabível o *habeas corpus* na hipótese dos autos, afigurando-se, contudo, o caso de concessão da ordem de ofício, para o fim de desconstituir a prisão preventiva.

No que se refere ao mérito, a Corte Constitucional conferiu interpretação conforme a Constituição aos artigos 124 a 126 do Código Penal, os quais definem o crime de aborto, a fim de excluir, do seu âmbito de incidência normativa, a interrupção voluntária da gestação ocorrida no primeiro trimestre.

Conforme o pronunciamento do Supremo Tribunal Federal, a eventual criminalização dessa conduta ofenderia diversos direitos fundamentais da mulher, além de violar o princípio constitucional da proporcionalidade.

Decerto, considerando os direitos sexuais e reprodutivos da mulher consagrados no sistema jurídico pátrio, ela que não poderia ser obrigada pelo Estado a manter uma gestação indesejada, comprometendo ainda a autonomia feminina, a qual implica a salvaguarda da liberdade de fazer suas opções existenciais.

Ademais, a tipificação criminal desse comportamento ofenderia o direito à integridade física e psíquica da gestante, que é quem suporta os efeitos da gravidez, além de contrariar a igualdade de gênero, visto que homens não engravidam, pelo que a isonomia material depende do respeito à vontade da mulher expressa nessa hipótese.

De outro lado, ao abordar o resultado da criminalização sobre as mulheres pobres, o Supremo Tribunal Federal constatou que o tratamento como crime, dado pela legislação penal brasileira, impossibilitaria que essas mulheres, sem acesso a médicos e clínicas privadas, recorressem ao Sistema Único de Saúde, para se submeterem aos procedimentos médicos adequados, oportunizando a ocorrência de casos de automutilação, lesões graves e óbitos.

Ademais, o Pretório Excelso acrescentou que nenhum Estado democrático e avançado do globo terrestre considera delito a interrupção da gestação durante o primeiro trimestre, a exemplo de países como Estados Unidos, Alemanha, Reino Unido, Canadá, França, Itália, Espanha, Portugal, Holanda e Austrália.

Por derradeiro, o órgão julgador decidiu que a referida tipificação penal contrariaria ainda o princípio da proporcionalidade, uma vez que ela constitui medida de discutível adequação para proteger a vida do nascituro, por não produzir impacto significativo sobre o número de abortos seguros realizados em solo nacional, além de sua controversa necessidade, ante a possibilidade de o Poder Público evitar a ocorrência de abortos por meios mais eficazes e menos lesivos do que a criminalização, tais como educação sexual, distribuição de contraceptivos e amparo à mulher em condições adversas, revelando-se também desproporcional em sentido estrito, por implicar custos sociais superiores aos seus supostos benefícios para a comunidade jurídica.

SINOPSE DA PARTE IV

O propósito da presente pesquisa jurisprudencial de casos controversos julgados pelo Supremo Tribunal Federal foi apresentar um panorama de como os instrumentos teóricos da hermenêutica jurídica vêm sendo concretizados na dimensão prática da interpretação e aplicação do direito pátrio.

Do ponto de vista metodológico, o catálogo de precedentes aduzido permite vislumbrar o estado atual da jurisprudência do Supremo Tribunal Federal, demonstrando a instrumentalidade das definições, institutos, categorias e técnicas da hermenêutica jurídica, a fim de permitir a melhor interpretação e aplicação dos diversos ramos do direito público e privado no contexto brasileiro

Os resultados da investigação dos *hard cases* do Pretório Excelso foram agrupados em conformidade com diversos temas: hermenêutica e interpretação do direito; a dimensão axiológica da interpretação jurídica; regras de hermenêutica; interpretação do direito e linguagem; intérpretes do direito; interpretação restritiva x interpretação extensiva; interpretação literal; interpretação histórica; interpretação sistemática; interpretação sociológica; interpretação teleológica; interpretação do direito e conceitos indeterminados; interpretação do direito e principiologia jurídica; interpretação do direito e o princípio da dignidade da pessoa humana; interpretação do direito e o princípio da proporcionalidade; interpretação do direito e a ponderação de valores; interpretação do direito e o princípio da igualdade; interpretação do direito e os princípios republicano e democrático; interpretação do direito e a tutela da identidade de gênero; interpretação do direito, crise sanitária e vacinação; interpretação do direito e a superação hermenêutica do argumento da legítima defesa da honra; interpretação do direito, racismo e a criminalização da homotransfobia; interpretação do direito, ponderação e o conflito entre os direitos fundamentais à liberdade religiosa e à proteção ambiental dos animais; bem como a interpretação do direito, aborto e os limites da *interrupção da gestação*.

Após a análise minudente dos julgados selecionados, depreende-se que o Supremo Tribunal Federal, mormente após o advento da Constituição Federal de 1988, vem priorizando a utilização dos método sistemático, sociológico e teleológico, com base no referencial hermenêutico da *voluntas legis*, revelando assim um ativismo judicial voltado para a concretização dos relevantes princípios constitucionais que embasam o exercício de direitos fundamentais da cidadania no contexto brasileiro.

QUESTÕES DE HERMENÊUTICA E INTERPRETAÇÃO JURÍDICA

1. **(Acadepol – 2007 – MG) Podemos entender por mutação constitucional:**
   a) que ela consiste na interpretação constitucional evolutiva;
   b) que ela pressupõe alguma modificação significativa no texto formal da Constituição;
   c) que pode ser mais limitada (emenda) ou mais extensa (revisão);
   d) que ela depende, necessariamente, da identificação de um caso de repristinação constitucional.

2. **(OAB/SP) Em se tratando da interpretação da Constituição Federal, é correto afirmar que as normas constantes do Ato das Disposições Constitucionais Transitórias são consideradas normas:**
   a) constitucionais, mas não podem excepcionar o disposto no corpo principal da Constituição Federal;
   b) constitucionais, podendo excepcionar o disposto no corpo principal da Constituição Federal;
   c) infraconstitucionais, com a mesma hierarquia das leis complementares;
   d) infraconstitucionais, com a mesma hierarquia das leis ordinárias.

3. **(PROC/MP/MG/2007)** No entendimento de doutrinadores, NÃO é considerado, dentre outros, como princípio e regra interpretativa das normas constitucionais:
   a) a unidade da Constituição – interpretação de maneira a evitar contradições entre as normas constitucionais;
   b) o efeito integrador – primazia aos critérios favorecedores da integração política e social;
   c) a concordância prática ou a harmonização – coordenação e combinação dos bens jurídicos em conflito;
   d) a força normativa da Constituição – adoção de interpretação que garanta maior eficácia e permanência das normas constitucionais;
   e) a adoção da contradição dos princípios – os preceitos exigem uma interpretação explícita, excluindo-se a implícita.

4. **(Proc. – Leg. – Cam./SP – 2007)** Leia o seguinte texto:
"[A Constituição] não é uma escritura imobiliária que determina precisamente os limites de seu objeto; ao contrário, é um documento que anuncia os princípios fundamentais fazendo uso de valores e deixando para as pessoas encarregadas de interpretá-la e aplicá-la um espaço amplo para o exercício de julgamentos normativos" (Laurence Tribe; Michael Dorf. *Hermenêutica constitucional*, 2007).
Assinale a alternativa que corresponde à correta interpretação do texto.
   a) O texto se refere à interpretação constitucional, consagrando o princípio da unidade constitucional, demonstrando que os dispositivos constitucionais são parte de um sistema maior e formam um todo lógico e teleológico, impedindo que haja interpretação isolada de dispositivos.
   b) Trata-se de texto que se refere à importância da interpretação constitucional, já que os textos das constituições apresentam uma ampla margem interpretativa, pois as constituições possuem em seu texto termos polissêmicos, fundados em valores e princípios, necessitando, portanto, da atividade interpretativa.
   c) Mais do que tratar de princípios de interpretação dos dispositivos constitucionais em si, o texto trata do princípio da supremacia constitucional, pelo qual os atos normativos estatais infraconstitucionais devem estar sempre em conformidade com as previsões constitucionais, sob pena de inconstitucionalidade.

d) O texto enuncia o princípio da máxima efetividade, princípio da eficiência ou ainda da interpretação efetiva, o qual impõe ao intérprete constitucional que busque, ainda que nos limites do texto, sem alterá-lo, a interpretação que maior eficácia dê ao dispositivo, já que a Constituição não possui termos ou locuções inúteis.
e) É clara a alusão no texto ao princípio da interpretação conforme a Constituição. Este princípio interpretativo, normalmente inserido no âmbito de atuação das Cortes Constitucionais, define a possibilidade e o âmbito de aplicação das normas, na medida em que estas sejam ou não compatíveis com o texto constitucional, pautando-se pela aplicação dos dispositivos infraconstitucionais sempre que seja possível a compatibilização destes com a Constituição Federal.

5. (Juiz – TJ-PR – 2006) Assinale a alternativa INCORRETA.
   a) A interpretação conforme a Constituição, com ou sem redução de texto, proferida pelo Supremo Tribunal Federal, tem efeito vinculante e eficácia contra todos.
   b) Interpretação conforme a Constituição é uma técnica de controle de constitucionalidade que encontra o limite de sua utilização no âmbito das possibilidades hermenêuticas de extrair do texto uma significação normativa harmônica com a Constituição.
   c) A interpretação conforme a Constituição pressupõe uma Constituição rígida e, por consequência, o princípio da hierarquia das normas constitucionais perante o ordenamento jurídico, somada ao princípio da presunção de constitucionalidade.
   d) A técnica de interpretação conforme a Constituição não pode ser utilizada nas ações declaratórias de inconstitucionalidade, sob o risco de se efetivar dupla declaração de inconstitucionalidade.

6. (TJ/SE – 2004) Considerando a moderna hermenêutica constitucional e o papel do Poder Judiciário no desenvolvimento do direito, julgue o item que se segue.
A interpretação conforme a Constituição, como técnica alternativa de decisão no controle abstrato de constitucionalidade, permite à Corte, sem invalidar o texto da norma, restringir-lhe o alcance, com efeito vinculante.
   ( ) Certo ( ) Errado

7. **(MP/GO – 2004)** "Utilizado, de ordinário, para aferir a legitimidade das restrições de direitos – muito embora possa aplicar-se, também, para dizer do equilíbrio na concessão de poderes, privilégios ou benefícios (...) em essência, consubstancia uma pauta de natureza axiológica que emana diretamente das ideias de justiça, equidade, bom senso, prudência, moderação, justa medida, proibição de excesso, direito justo e valores afins precede e condiciona a positivação jurídica, inclusive a de nível constitucional; e, ainda, enquanto princípio geral do direito, serve de regra de interpretação para todo o ordenamento jurídico".
Este texto refere-se a quais princípios da interpretação constitucional?
   a) Correção funcional/máxima efetividade.
   b) Proporcionalidade/razoabilidade.
   c) Unidade/força normativa.
   d) Eficácia integradora/interpretação conforme a Constituição.

8. **(AGU – Procurador Federal/2004)** Quanto ao conceito e à classificação das Constituições e das normas constitucionais, à hermenêutica constitucional, às normas programáticas e ao preâmbulo na Constituição da República de 1988 e, ainda, acerca do histórico das disposições constitucionais transitórias, julgue o item seguinte.
O método de interpretação constitucional denominado hermenêutico concretizador pressupõe a pré-compreensão do conteúdo da norma a concretizar e a compreensão do problema concreto a resolver, havendo, nesse método, a primazia do problema sobre a norma, em razão da própria natureza da estrutura normativo-material da norma constitucional.
   ( ) Certo ( ) Errado

9. **(TRF-5 – 2004) Assinale certo ou errado:**
A jurisprudência do STF é pacífica no sentido de que há hierarquia entre normas constitucionais originárias. Por isso, já se admitiu a declaração de inconstitucionalidade de determinadas normas em face de outras normas de maior precedência hierárquica.
   ( ) Certo ( ) Errado

10. (Analista ANATEL – 2004) Assinale certo ou errado:

O princípio de interpretação da Constituição segundo o qual, na solução de problemas jurídico-constitucionais, deve-se dar primazia aos critérios ou pontos de vista que favoreçam a integração política e social e o reforço da unidade política, denomina-se princípio da concordância prática ou da harmonização.

( ) Certo ( ) Errado

11. (Analista ANATEL – 2004) Assinale certo ou errado:

A chamada interpretação conforme a Constituição somente é viável quando a norma constitucional apresentar vários significados, uns compatíveis com a Constituição, que, por isso, devem ser preferidos pelo intérprete, e outros com ela inconciliáveis.

( ) Certo ( ) Errado

12. (TRF-5 – 2005) Julgue os itens seguintes, acerca da teoria da Constituição:

Conforme assentado pelo STF, havendo confronto entre normas constitucionais originárias, a solução do caso concreto não pode ser encontrada no âmbito do controle de constitucionalidade, mas pode ser dada por critérios hermenêuticos, inclusive pela ponderação de valores.

( ) Certo ( ) Errado

13. (AGU – Proc. Federal – 2007 – CESPE/UnB) Assinale certo ou errado:

O princípio da unidade da CF, como princípio interpretativo, prevê que esta deve ser interpretada de forma a se evitarem contradições, antinomias ou antagonismos entre suas normas.

( ) Certo ( ) Errado

14. (AGU – Proc. Federal – 2007 – CESPE/UnB) Assinale certo ou errado:

Não existe relação hierárquica fixa entre os diversos critérios de interpretação da CF, pois todos os métodos conhecidos conduzem sempre a um resultado possível, nunca a um resultado que seja o unicamente correto. Essa pluralidade de métodos se converte em veículo da liberdade do juiz, mas essa liberdade é objetivamente vinculada, pois não pode o intérprete partir de resultados preconcebidos e, na tentativa de

legitimá-los, moldar a norma aos seus preconceitos, mediante a utilização de uma pseudoargumentação.
( ) Certo ( ) Errado

15. (DP/DF – 2006 – CESPE/UnB) Assinale certo ou errado:
A generalidade, a abstração e a capacidade de expansão dos princípios constitucionais permitem ao intérprete larga discricionariedade, que favorece o subjetivismo voluntarista dos sentimentos pessoais e das conveniências políticas na aplicação das normas constitucionais.
( ) Certo ( ) Errado

16. (DP/DF – 2006 – CESPE/UnB) Assinale certo ou errado:
Entre as modernas formas de interpretação constitucional existentes, às vezes também denominadas técnicas de decisão, destacam-se a declaração de constitucionalidade de norma em trânsito para a inconstitucionalidade e a mutação constitucional, a declaração de inconstitucionalidade com apelo ao legislador e, principalmente, a interpretação conforme a Constituição.
( ) Certo ( ) Errado

17. (TRT 24ª Região/MS – 2007) Dados os seguintes enunciados:
I. a interpretação constitucional deve ser realizada de maneira a evitar contradições entre suas normas;
II. os órgãos encarregados da interpretação da norma constitucional não poderão chegar a uma posição que subverta, altere ou perturbe o esquema organizatório-funcional estabelecido pelo legislador constituinte originário;
III. os bens jurídicos em conflito deverão estar coordenados e combinados de forma a evitar o sacrifício total de um (uns) em relação a outro(s);
IV. entre as interpretações possíveis, deve ser adotada aquela que garanta maior eficácia, aplicabilidade e permanência das normas constitucionais;
V. a uma norma constitucional deve ser atribuído o sentido que maior eficácia se lhe conceda;
VI. na resolução dos problemas jurídico-constitucionais, deverá ser dada maior primazia aos critérios favorecedores da integração política e social, bem como ao reforço da unidade política.

Relacione-os com o princípio/regra interpretativa de norma constitucional:
   a) unidade da Constituição;
   b) efeito integrador;
   c) máxima efetividade ou eficiência;
   d) justeza ou conformidade funcional;
   e) concordância prática ou harmonização;
   f) força normativa da constituição.

Assinale a alternativa CORRETA.
   a) Unidade da Constituição; Efeito Integrador; Máxima Efetividade ou Eficiência; Justeza ou Conformidade Funcional; Concordância Prática ou Harmonização; Força Normativa da Constituição.
   b) Força Normativa da Constituição; Unidade da Constituição; Concordância Prática ou Harmonização; Justeza ou Conformidade Funcional; Máxima Efetividade ou Eficiência; Efeito Integrador.
   c) Unidade da Constituição; Justeza ou Conformidade Funcional; Concordância Prática ou Harmonização; Força Normativa da Constituição; Máxima Efetividade ou Eficiência; Efeito Integrador.
   d) Concordância Prática ou Harmonização; Justeza ou Conformidade Funcional; Máxima Efetividade ou Eficiência; Unidade da Constituição; Força Normativa da Constituição; Efeito Integrador.
   e) Justeza ou Conformidade Funcional; Efeito Integrador; Força Normativa da Constituição; Concordância Prática ou Harmonização; Unidade da Constituição; Máxima Efetividade ou Eficiência.

18. **(DF/MS – VUNESP – 2008) Considerando a doutrina dominante do direito constitucional, analise as seguintes afirmativas a respeito da interpretação da Constituição.**

I. O princípio segundo o qual a interpretação da Constituição deve ser realizada a evitar contradição entre suas normas denomina-se princípio do efeito integrador.

II. O princípio da harmonização é o que dispõe que o intérprete da norma constitucional não pode chegar a uma posição que subverta, altere ou perturbe o esquema organizatório-funcional constitucionalmente estabelecido pelo legislador constituinte originário.
III. A concordância prática se traduz no princípio interpretativo pelo qual se exige a coordenação e a combinação dos bens jurídicos em conflito de forma a evitar o sacrifício total de uns em relação aos outros.
IV. Entre as interpretações possíveis, deve ser adotada aquela que garanta maior eficácia, aplicabilidade e permanência das normas constitucionais: é o que assevera o princípio da força normativa da Constituição.

Está correto apenas o que se afirma em:
a) I, II e III;
b) I, II e IV;
c) II e III;
d) III e IV.

19. (TJ/AL – CESPE/UnB – 2008) O modo de pensar que foi retomado por Theodor Viehweg, em sua obra *Topik und Jurisprudenz*, tem por principal característica o caráter prático da interpretação constitucional, que busca resolver o problema constitucional a partir do próprio problema, após a identificação ou o estabelecimento de certos pontos de partida. É um método aberto, fragmentário ou indeterminado, que dá preferência à discussão do problema em virtude da abertura textual das normas constitucionais. O método de interpretação constitucional indicado no texto acima é denominado:
a) tópico-problemático;
b) hermenêutico-concretizador;
c) científico-espiritual;
d) normativo-estruturante;
e) sistêmico.

20. (TJ/AL – CESPE/UnB – 2008) Para Konrad Hesse, as normas jurídicas e a realidade devem ser consideradas em seu condicionamento recíproco. A norma constitucional não

tem existência autônoma em face da realidade, e a Constituição não configura apenas a expressão de um ser, mas também de um dever ser. Assim, para ser aplicável, a Constituição deve ser conexa à realidade jurídica, social, política; no entanto, ela não é apenas determinada pela realidade social, mas também determinante desta. É correto afirmar que o texto acima aborda o princípio da:
a) unidade da Constituição;
b) força normativa da constituição;
c) conformidade funcional;
d) concordância prática ou da harmonização;
e) eficácia integradora.

21. (MPE/PE – FCC – 2008) No que diz respeito a interpretação constitucional e, especialmente, em conformidade com a doutrina de J. J. Gomes Canotilho, analise.

I. "O texto de uma Constituição deve ser interpretado de forma a evitar contradições (antinomias) entre suas normas e, sobretudo, entre os princípios constitucionalmente estabelecidos. O intérprete deve considerar a Constituição na sua globalidade procurando harmonizar suas aparentes contradições; não pode interpretar suas disposições como normas isoladas e dispersas, mas sim como preceitos integrados em um sistema interno unitário de regras e princípios."

II. "O intérprete não pode chegar a um resultado que subverta ou perturbe o esquema organizatório-funcional estabelecido pelo constituinte. Assim, a aplicação das normas constitucionais propostas pelo intérprete não pode implicar alteração na estrutura de repartição de poderes e exercício das competências constitucionais estabelecidas pelo constituinte originário."

Esses aspectos de interpretação dizem respeito, respectivamente, aos princípios:
a) da harmonização e normativo-estruturante;
b) normativo-estruturante e hermenêutico-concretizador;
c) do efeito integrador e da unidade da Constituição;
d) da unidade da Constituição e da justeza;
e) da justeza e da força normativa da Constituição.

22. **(TJ/PR – 2008) Assinale a alternativa INCORRETA quanto à interpretação das normas constitucionais.**
   a) A interpretação conforme a Constituição opera não só como instrumento de controle de constitucionalidade, mas também como princípio de interpretação do texto constitucional.
   b) Na interpretação conforme a Constituição, o intérprete não pode atuar como legislador positivo.
   c) A interpretação conforme a Constituição em decisão definitiva do Supremo Tribunal Federal produz eficácia contra todos e efeito vinculante relativamente aos demais órgãos do Poder Judiciário e à administração pública direta e indireta, nas esferas federal, estadual e municipal.
   d) Na interpretação conforme a Constituição, o intérprete pode atuar sobre norma com sentido unívoco.

23. **(DP/ES – CESPE/UnB – 2009) Assinale certo ou errado:**
A interpretação conforme a Constituição determina que, quando o aplicador de determinado texto legal se encontrar frente a normas de caráter polissêmico ou, até mesmo, plurissignificativo, deve priorizar a interpretação que possua um sentido em conformidade com a Constituição. Por conseguinte, uma lei não pode ser declarada inconstitucional, quando puder ser interpretada em consonância com o texto constitucional.
( ) Certo ( ) Errado

24. **(Promotor de Justiça/SE – CESPE/UnB – 2010 – adaptada pelo autor) Assinale certo ou errado a respeito do conceito de mutação constitucional.**
Tratando-se de mutação constitucional, o texto da Constituição permanece inalterado, e alteram-se apenas o significado e o sentido interpretativo de determinada norma constitucional.
( ) Certo ( ) Errado

25. **(Auditor-Fiscal do Trabalho – ESAF – 2010) Praticamente toda a doutrina constitucionalista cita os princípios e regras de interpretações enumeradas por Canotilho. Entre os princípios e as regras de interpretação abaixo, assinale aquele(a) que não foi elencado por Canotilho.**

a) Unidade da constituição.
b) Da máxima efetividade ou da eficiência.
c) Da supremacia eficaz.
d) Do efeito integrador.
e) Da concordância prática ou da harmonização.

26. **(AGU – CESPE/UnB – 2010) Quanto à hermenêutica constitucional, julgue o item a seguir:**
Pelo princípio da concordância prática ou harmonização, na hipótese de eventual conflito ou concorrência entre bens jurídicos constitucionalizados, deve-se buscar a coexistência entre eles, evitando-se o sacrifício total de um princípio em relação ao outro.
( ) Certo ( ) Errado

27. **(AGU – CESPE/UnB – 2010) Quanto à hermenêutica constitucional, julgue o item a seguir:**
O método hermenêutico-concretizador caracteriza-se pela praticidade na busca da solução dos problemas, já que parte de um problema concreto para a norma.
( ) Certo ( ) Errado

28. **(SEFAZ-PB – 2006 – Auditor Fiscal de Tributos Estaduais) O método de interpretação das normas constitucionais segundo o qual se procura identificar a finalidade da norma, levando-se em consideração o seu fundamento racional, é o método:**
a) literal;
b) gramatical;
c) histórico;
d) sistemático;
e) teleológico.

29. **(CESPE – 2003 – CNJ – Analista Judiciário – Área Judiciária) De acordo com o princípio da unidade da Constituição, a interpretação constitucional deve ser realizada de forma a evitar contradição entre suas normas.**
( ) Certo ( ) Errado

30. **(VUNESP – 2013 – MPE-ES – Promotor de Justiça)** A atuação do Senado tem o escopo de conferir apenas publicidade às decisões do Supremo Tribunal Federal em controle concreto, tendo a respectiva decisão, desde a publicação, efeitos *erga omnes*.
Essa conhecida interpretação extraída do inciso X do artigo 52 da Constituição Federal, cujo defensor principal é o Ministro do STF, Gilmar Mendes, tem por base uma técnica de hermenêutica constitucional, utilizada pelo STF também em outros casos, denominada:
   a) interpretação conforme com redução do texto;
   b) interpretação autêntica;
   c) ponderação;
   d) mutação constitucional;
   e) comparação constitucional.

31. **(MPT – 2013 – Procurador)** A luz da doutrina e da jurisprudência do STF, analise as assertivas seguintes.
I. A reforma da Constituição decorre do poder constituinte derivado ou instituído, que não dispõe da plenitude criadora do poder constituinte originário e se superpõe ao legislativo ordinário. Tendo por objeto de sua atuação a norma constitucional, o poder de reforma, na ampla acepção do termo, apresenta-se como o constituinte de segundo grau, subordinado ao poder constituinte originário, que é o responsável pela sua introdução no texto da Constituição e autor das regras que condicionam o seu aparecimento e disciplinam a sua atividade normativa.
II. A perda da representação parlamentar superveniente à propositura da ação direta de inconstitucionalidade retira do partido político a qualidade de legitimado ativo.
III. A interpretação conforme a Constituição pode ser apreciada como um princípio de interpretação e como uma técnica de controle de constitucionalidade. Como princípio de interpretação, o aplicador da norma infraconstitucional, entre mais de uma interpretação possível, deverá buscar aquela que se compatibilize com a Constituição, ainda que não seja a que mais obviamente decorra do seu texto. Como técnica de controle, consiste na expressa exclusão de uma determinada interpretação da norma.

IV. O princípio da igualdade tributária relaciona-se com a justiça distributiva em matéria fiscal, dizendo respeito à repartição do ônus fiscal do modo mais justo possível.

Assinale a alternativa CORRETA:
a) apenas as assertivas I, III e IV estão corretas;
b) apenas as assertivas I e III estão corretas;
c) apenas as assertivas II e IV estão corretas;
d) todas as assertivas estão corretas;
e) não respondida.

32. **(FGV – 2013 – TJ-AM – Juiz) A respeito dos métodos de aplicação e interpretação da Constituição, assinale a afirmativa incorreta.**
   a) A ponderação consiste na técnica jurídica de solução de conflitos normativos que envolvem valores ou opções políticas em tensão, insuperáveis pelas formas hermenêuticas tradicionais.
   b) A interpretação conforme a Constituição é uma técnica aplicável quando, entre interpretações plausíveis e alternativas, de certo enunciado normativo, exista alguma que permita compatibilizá-la com a Constituição.
   c) O princípio da concordância prática consiste numa recomendação para que o aplicador das normas constitucionais, em se deparando com situações de concorrência entre bens constitucionalmente protegidos, adote a solução que aperfeiçoe a realização de todos eles, mas ao mesmo tempo não acarrete a negação de nenhum.
   d) A aplicação do princípio da proporcionalidade esgota-se em duas etapas: a primeira, denominada "necessidade ou exigibilidade", que impõe a verificação da inexistência do meio menos gravoso para o atingimento dos fins visados pela norma jurídica, e a segunda, chamada "proporcionalidade em sentido estrito", que é a ponderação entre o ônus imposto e o benefício trazido, para constatar se é justificável a interferência na esfera dos direitos dos cidadãos.
   e) O princípio da eficácia integradora orienta o intérprete a dar preferência aos critérios e pontos de vista que favoreçam a integração social e a unidade política, ao fundamento de que toda

Constituição necessita produzir e manter a coesão sociopolítica, pré-requisito de viabilidade de qualquer sistema jurídico.

33. **(UEG – 2013 – PC-GO – Delegado de Polícia) O Supremo Tribunal Federal, em suas decisões, tem enfatizado o princípio hermenêutico da interpretação conforme a Constituição, o qual aponta para uma diretriz de prudência por:**
    a) recomendar que diante de normas de significados múltiplos o intérprete eleja o sentido que as torne constitucionais e não aquele que as torne inconstitucionais;
    b) indicar a presunção de inconstitucionalidade das leis, determinando sua constitucionalização pelo ato do intérprete, no caso *sub judice*;
    c) determinar que o intérprete deve constitucionalizar a lei por força da interpretação, e não afastá-la do ordenamento, salvando-a às custas da Constituição;
    d) reconhecer a presunção de constitucionalidade da lei, determinando interpretação conforme a constituição de acordo com o significado da lei.

34. **(FCC – 2013 – DPE-SP – Defensor Público) A doutrina elenca alguns princípios de interpretação especificamente constitucionais, nos quais se encarta o princípio da concordância prática, que consiste na busca do intérprete e aplicador das normas constitucionais:**
    a) pela primazia de pontos de vista que favoreçam a integração política e social, de modo a alcançar soluções pluralisticamente integradoras;
    b) pela coexistência harmônica entre bens constitucionalmente protegidos que estejam em uma aparente situação de conflito entre eles, evitando-se o sacrifício total de um deles em detrimento do outro;
    c) por uma interpretação que atenda a harmonia entre os três Poderes do Estado, evitando a ofensa ao princípio da tripartição dos poderes;
    d) pela garantia de manutenção do esquema organizatório-funcional estabelecido pela Constituição ao prever um sistema

harmônico de repartição de competências entre os entes federativos;
e) por uma solução que atenda aos anseios dos diferentes setores da sociedade.

35. (CESPE – 2013 – ANTT – Analista Administrativo – Direito) Em sede de interpretação das normas constitucionais, o princípio do efeito integrador é muitas vezes associado ao princípio da unidade da Constituição, já que, conforme aquele, na resolução dos problemas jurídico-constitucionais, deve-se dar primazia aos critérios favorecedores da integração política e social, o que reforça a unidade política.
( ) Certo ( ) Errado

36. (CESPE – 2013 – DEPEN – Agente Penitenciário) O princípio da máxima efetividade, invocado no âmbito dos direitos fundamentais, determina que lhes seja atribuído o sentido que confira a maior efetividade possível, com vistas à realização concreta de sua função social.
( ) Certo ( ) Errado

37. (CESPE – 2013 – TJ-DF – Analista Judiciário – Oficial de Justiça Avaliador) Com amplo curso na doutrina e na jurisprudência alemãs e utilizado pelo Supremo Tribunal Federal (STF), o princípio hermenêutico da unidade da Constituição preceitua que uma disposição constitucional pode ser considerada de forma isolada, podendo ser interpretada exclusivamente a partir de si mesma.
( ) Certo ( ) Errado

38. (UFPR – 2013 – TJPR – Juiz Estadual) Método tradicional utilizável na interpretação constitucional que pretende garantir a compatibilidade e coerência dos diversos dispositivos do texto normativo, a fim de conceder-lhe efetividade geral. Essa caracterização corresponde ao método:
a) sistemático;
b) lógico;
c) teleológico;
d) gramatical.

39. **(CESPE – 2013 – ANTT – Analista Administrativo – Direito)** Para delimitar o âmbito normativo de cada norma constitucional, deve o aplicador do direito interpretar o preceito constitucional apenas explicitamente.
( ) Certo ( ) Errado

40. **(CESPE – 2013 – CNJ – Analista Judiciário – Área Administrativa)** O direito à saúde tem aplicabilidade mediata, uma vez que, desde sua inserção na CF, veicula um programa a ser implementado pelo Estado, que deve, para que esse direito produza todos os seus efeitos, editar lei infraconstitucional, o que caracteriza a disposição na CF sobre o direito à saúde como uma norma constitucional de eficácia contida, de acordo com a doutrina pertinente.
( ) Certo ( ) Errado

41. **(MPDFT – 2013 – Promotor de Justiça)** São, em regra, critérios definidores do ativismo judicial, EXCETO:
   a) o caráter eminentemente progressista da jurisprudência;
   b) a frequente declaração de inconstitucionalidade de lei;
   c) a revogação ou desconsideração dos precedentes da própria Corte;
   d) a adoção de interpretação constitucional minoritária;
   e) o reconhecimento de direitos fundamentais implícitos.

42. **(CESPE – 2013 – TRT 8ª Região – PA/AP – Analista Judiciário)** Acerca dos princípios fundamentais, da aplicabilidade e interpretação das normas constitucionais e dos direitos e garantias fundamentais, assinale a opção correta.
   a) É possível a ocorrência de antinomias entre as normas constitucionais, que devem ser resolvidas pela aplicação dos critérios cronológico, da especialidade e hierárquico.
   b) Conforme previsão constitucional, o exercício do direito de greve, no âmbito do serviço público, depende de regulamentação infraconstitucional.
   c) Segundo entendimento do STF, os direitos e as garantias fundamentais são assegurados ao estrangeiro somente se ele for domiciliado no Brasil.

d) De acordo com a jurisprudência do STF, é inconstitucional a fixação de limite de idade para a inscrição em concurso público, independentemente de justificativa.
e) São fundamentos da República Federativa do Brasil a soberania, a cidadania, o pluralismo político e a prevalência dos direitos humanos.

43. **(CNJ – 2013 – CESPE – Analista Judiciário – Judiciária) Julgue os itens seguintes referente à teoria constitucional:**
De acordo com o princípio da unidade da Constituição, a interpretação constitucional deve ser realizada de forma a evitar contradição entre suas normas.
( ) Certo ( ) Errado

44. **(Poder Judiciário de Alagoas – Tribunal de Justiça – Juiz Substituto – 2008) Considerando que teorias relativas aos princípios jurídicos sugerem que regras e princípios seriam espécies de normas jurídicas, assinale a opção congruente com essa ideia.**
a) As regras estabelecem o dever-ser mediante a imposição de deveres, proibições e permissões; diferentemente, os princípios atuam tão somente com função hermenêutica, para possibilitar a escolha das regras que melhor se conformem ao caso concreto.
b) O conteúdo das regras caracteriza-se por expressar determinações obrigatórias mais completas e precisas; diferentemente, o conteúdo dos princípios se apresenta com maior abstração e generalidade, afetando significativamente o modo de sua implementação.
c) As regras restringem-se a regulamentar condutas em casos concretos; diferentemente, os princípios precipuamente estruturam o sistema jurídico, o que lhes confere caráter hierárquico superior às regras.
d) As regras são fundamentadas pelos princípios, sendo destes deduzidas; diferentemente, os princípios só podem ser revelados pelas regras, extraindo-se indutivamente de suas aplicações particulares os princípios implícitos ou explícitos no ordenamento jurídico.

e) As regras podem estar em oposição tanto a princípios quanto a outras regras, conflito este que causará ou sua validade, ou sua invalidade; diferentemente, os princípios só podem estar em oposição a outros princípios, conflito que só poderá se resolver pela técnica da ponderação.

45. **(Poder Judiciário de Alagoas – Tribunal de Justiça – Juiz Substituto – 2008) Acerca das espécies e métodos clássicos de interpretação adotados pela hermenêutica jurídica, assinale a opção correta.**
    a) A interpretação autêntica pressupõe que o sentido da norma é o fixado pelos operadores do direito, por meio da doutrina e jurisprudência.
    b) A interpretação lógica se caracteriza por pressupor que a ordem das palavras e o modo como elas estão conectadas são essenciais para se alcançar a significação da norma.
    c) A interpretação sistemática se caracteriza por pressupor que qualquer preceito normativo deverá ser interpretado em harmonia com as diretrizes gerais do sistema, preservando-se a coerência do ordenamento.
    d) A interpretação histórica se caracteriza pelo fato de que o significado da norma deve atender às características sociais do período histórico em que é aplicada.
    e) A interpretação axiológica pressupõe uma unidade objetiva de fins determinados por valores que coordenam o ordenamento, assim legitimando a aplicação da norma.

46. **(Poder Judiciário de Alagoas – Tribunal de Justiça – Juiz Substituto – 2008) Considerando as alusões à equidade pelo ordenamento jurídico brasileiro, revela-se importante identificar a posição dessa figura em face do quadro das fontes do direito. A respeito dessa relação, é correto afirmar que a equidade:**
    a) não se revela como fonte do direito, pois a autorização de seu emprego apenas permite ao juiz criar normas para o caso concreto com base em preceitos de justiça;

b) não se revela como fonte do direito, pois a autorização de seu emprego apenas permite ao juiz aplicar ao caso concreto normas gerais de justiça previamente positivadas no ordenamento;
c) não se revela como fonte do direito, pois a autorização de seu emprego apenas permite ao juiz buscar uma melhor compreensão hermenêutica das normas particulares que se aplicam ao caso concreto;
d) se revela como fonte do direito, pois ela se compõe de um conjunto de valores e normas preexistentes ao ordenamento positivo, os quais incidirão sempre que autorizadas por este;
e) se revela como fonte do direito, pois ela prescreve parâmetros para a decisão judicial que não se apoiam nas normas positivadas no ordenamento.

47. **(Poder Judiciário de Alagoas – Tribunal de Justiça – Juiz Substituto – 2008) Podem-se encontrar diversos argumentos para justificar a aplicação da analogia no direito, entre os quais a busca pela vontade do legislador ou a imperiosa aplicação da igualdade jurídica, demandando-se soluções semelhantes para casos semelhantes. Com referência a essa aplicação, é correto afirmar que:**
a) a analogia tem como principal função descobrir o sentido e o alcance das normas jurídicas;
b) a analogia *legis* se caracteriza por recorrer à síntese de um complexo de princípios jurídicos;
c) a analogia *juris* ocorre quando se formula regra nova, semelhante a outra já existente;
d) a analogia pressupõe que casos análogos sejam estabelecidos em face de normas análogas, mas não díspares;
e) a analogia afasta a criação de regra nova, mas exige interpretação extensiva de regras já existentes.

48. **(Poder Judiciário de Alagoas – Tribunal de Justiça – Juiz Substituto – 2008) Um postulado fundamental à teoria do ordenamento jurídico propõe que o direito seja considerado como um conjunto que forma entidade distinta dos elementos que o compõem, em razão de sua unidade, coerência e completude. Com base nessa ordem de ideias, assinale a opção correta.**

a) A ideia de que o direito se organiza em um ordenamento jurídico remonta à época justiniana do direito romano, que, no *corpus juris civilis*, propôs um sistema completo de direito formado pelas *Constituitiones, Digesto, Institutas* e *Codex*.

b) É essencial, para que o direito seja coerente e completo, que suas normas decorram de uma única fonte ou origem primária, capaz de solucionar definitivamente questões sobre a identificação de todas as normas jurídicas.

c) A unidade é uma característica exclusiva do positivismo jurídico, já que este propõe uma igualdade mínima quanto ao conteúdo substancial das normas, por compartilharem valores que assim as unificam como sistema.

d) A ideia de coerência do sistema jurídico é concebida pela negação de que nele possam permanecer antinomias entre normas de igual ou diferente hierarquia, afirmando que duas normas antinômicas não poderão ser simultaneamente válidas.

e) O ordenamento jurídico é completo porque, ainda que se verifiquem lacunas normativas, ele oferece um conjunto de fontes primárias e secundárias de direito capazes de produzir as normas necessárias para preenchê-las.

49. **(X Exame Unificado – Caderno Tipo I – Branca – Gabarito Definitivo 28/05/2013) A hermenêutica aplicada ao direito formula diversos modos de interpretação das leis. A interpretação que leva em consideração principalmente os objetivos para os quais um diploma legal foi criado é chamada de:**

a) interpretação restritiva, por levar em conta apenas os objetivos da lei, ignorando sua estrutura gramatical;

b) interpretação extensiva, por aumentar o conteúdo de significado das sentenças com seus objetivos historicamente determinados;

c) interpretação autêntica, pois apenas as finalidades da lei podem dar autenticidade à interpretação;

d) a interpretação teleológica, pois o sentido da lei deve ser considerada à luz de seus objetivos.

50. **(CESPE – 2012 – PRF – Técnico de Nível Superior – Classe A – Padrão I)** De acordo com o princípio da unidade, deve-se interpretar a Constituição de modo a evitar contradições entre suas normas.
( ) Certo ( ) Errado

51. **(CESPE – 2012 – TCE-ES – Auditor de Controle Externo – Auditoria Governamental)** De acordo com o princípio da integração, nos termos da CF, caso haja normas polissêmicas, deve-se preferir a mais atual, ou seja, a editada mais recentemente.
( ) Certo ( ) Errado

52. **(CESPE – 2012 – TCE/ES – Auditor de Controle Externo – Direito)** Entre os princípios instrumentais de interpretação constitucional, o princípio da máxima efetividade, ou da eficiência, impõe a ampla e concreta efetividade social à norma. Em conformidade com esse princípio, o legislador constituinte, com o objetivo de assegurar a efetividade dos direitos fundamentais, consagrou, na Constituição Federal de 1988 (CF), instrumentos como o *habeas corpus*, o *habeas data*, o mandado de segurança e a ação popular.
( ) Certo ( ) Errado

53. **(CESPE – 2012 – MPE/PI – Analista Ministerial – Área Processual)** A técnica da interpretação conforme a Constituição não pode ser aplicada para declarar a não incidência da norma a determinada situação de fato.
( ) Certo ( ) Errado

54. **(PGR – 2005 – Procurador)** No que se refere ao conflito de normas é correto afirmar que:
   a) a antinomia de segundo grau é o conflito existente entre ideias fundamentais;
   b) o conflito entre normas de direito internacional privado pode ser real ou aparente;
   c) a antinomia entre normas atinentes à prescrição das ações relativas aos bens públicos é aparente e imprópria;

d) o conflito normativo no direito interno resolve-se pelos critérios hierárquico e da especialidade.

55. (VUNESP/2013 – MPE/ES – Promotor de Justiça) A atuação do Senado tem o escopo de conferir apenas publicidade às decisões do Supremo Tribunal Federal em controle concreto, tendo a respectiva decisão, desde a publicação, efeitos *erga omnes*. Essa conhecida interpretação extraída do inciso X do artigo 52 da Constituição Federal, cujo defensor principal é o Ministro do STF, Gilmar Mendes, tem por base uma técnica de hermenêutica constitucional, utilizada pelo STF também em outros casos, denominada de:
a) interpretação conforme com redução de texto;
b) interpretação autêntica;
c) ponderação;
d) mutação constitucional;
e) comparação constitucional.

56. (MP/SC – 2012 – Promotor de Justiça)
I. O acesso à justiça está entre as grandes preocupações da sociedade contemporânea. Não se limita à simples petição ao Poder Judiciário, mas ao direito de uma pronta e efetiva resposta, em um prazo razoável, além do julgamento imparcial por um juiz ou tribunal, à observância do devido processo legal e às demais garantias processuais e constitucionais.
II. O acesso à Justiça apresenta finalidades básicas no sistema jurídico, pelo qual as pessoas podem reivindicar seus direitos e/ou resolver seus litígios sob os auspícios do Estado. Citam-se como exemplos duas destas finalidades: a) o sistema deve ser igualmente acessível a todos; b) ele deve produzir resultados que sejam individual e socialmente justos.
III. A origem primária do direito está relacionada diretamente com suas fontes. Estas fontes podem ser: materiais ou formais.
IV. Na aplicação da lei, o juiz atenderá aos fins sociais a que ela se dirige e às exigências do bem comum. Neste contexto, a ciência do direito, articulada no modelo teórico hermenêutico apresenta, especialmente, as tarefas de: a) interpretar as normas; b) verificar a existência da lacuna jurídica; c) afastar contradições normativas.

V. A hermenêutica é a arte de interpretar. Contudo, não contém regras bem ordenadas quando da fixação de princípios e critérios para interpretação. Pode-se afirmar que a hermenêutica se esgota no campo da interpretação jurídica, por ser apenas um instrumento para sua realização.
a) Apenas as assertivas I, II, III e IV estão corretas.
b) Apenas as assertivas II, III e IV estão corretas.
c) Apenas as assertivas I, III e V estão corretas.
d) Apenas as assertivas I, II e IV estão corretas.
e) Todas as assertivas estão corretas.

57. **(MPT – 2013 – MPT – Procurador) À luz da doutrina e da jurisprudência do STF, analise as assertivas seguintes.**
I. A reforma da Constituição decorre do poder constituinte derivado ou instituído, que não dispõe da plenitude criadora do poder constituinte originário e se superpõe ao legislativo ordinário. Tendo por objeto de sua atuação a norma constitucional, o poder de reforma, na ampla acepção do termo, apresenta-se como o constituinte de segundo grau, subordinado ao poder constituinte originário, que é o responsável pela sua introdução no texto da Constituição e autor das regras que condicionam o seu aparecimento e disciplinam a sua atividade normativa.
II. A perda da representação parlamentar superveniente à propositura da ação direta de inconstitucionalidade retira do partido político a qualidade de legitimado ativo.
III. A interpretação conforme a Constituição pode ser apreciada como um princípio de interpretação e como uma técnica de controle de constitucionalidade. Como princípio de interpretação, o aplicador da norma infraconstitucional, entre mais de uma interpretação possível, deverá buscar aquela que se compatibilize com a Constituição, ainda que não seja a que mais obviamente decorra do seu texto. Como técnica de controle, consiste na expressa exclusão de uma determinada interpretação da norma.
IV. O princípio da igualdade tributária relaciona-se com a justiça distributiva em matéria fiscal, dizendo respeito à repartição do ônus fiscal do modo mais justo possível.
Assinale a alternativa CORRETA.

a) Apenas as assertivas I, III, IV.
b) Apenas as assertivas I e III.
c) Apenas as assertivas II e IV.
d) Todas as assertivas estão corretas.
e) Não respondida.

58. **(FMP/RS – 2012 – PGE-AC – Procurador) Assinale a alternativa CORRETA.**
    a) Antinomia jurídica ocorre quando há lacuna legislativa.
    b) No direito brasileiro, a equidade possui apenas função interpretativa.
    c) A analogia, assim como o costume e os princípios gerais de direito, tem função integrativa no sistema jurídico brasileiro.
    d) O critério ou princípio hierárquico – *lex superior derogat legi inferiori* – visa a solucionar o problema da necessidade de integração de lacunas axiológicas.

59. **(Site: <http://ezildamelo.blogspot.com.br/2012/03/prova-de-hermeneutica-primeira-unidade.html>) Analise as seguintes assertivas.**
    I. O termo *hermenêutica* é oriundo de "Hermes", o deus que, na mitologia grega, foi considerado o inventor da linguagem e da escrita. Hermes também tinha a função de trazer as instruções dos deuses para o entendimento do ser humano, o que já mostra as ligações iniciais entre hermenêutica e a teologia. A hermenêutica surgiu primeiramente na teologia pagã, depois migrou para a teologia cristã, de onde migrou para a filosofia e só depois para o direito. Na Antiguidade Clássica, recorria-se a Hermes, o mensageiro dos Deuses, pela busca da verdade escondida. Hermes foi retratado por Homero (no livro "Odisseia") e Hesíodo (na obra "Os trabalhos e os dias") por suas habilidades e considerado benfeitor dos mortais, portador da boa sorte e também das fraudes. Autores clássicos também adornaram o mito com novos acontecimentos. Ésquilo mostrou Hermes a ajudar Orestes a matar Clitemnestra sob uma identidade falsa e outros estratagemas, e disse também que ele era o deus das buscas, e daqueles que procuram coisas perdidas ou roubadas. Seu atributo característico era a

ambiguidade, pois ao mesmo tempo que era mensageiro dos deuses, era também fiel mensageiro do mundo das trevas. Não é de se estranhar que a palavra "hermenêutica" encontre consentâneos nas palavras "*hermeneuein*" (interpretar), "*hermeneia*" (interpretação), "*hermeios*" (sacerdote do oráculo de Delfos) e "Hermes" (o mensageiro, na mitologia antiga ocidental).

II. O estudo da hermenêutica jurídica, ou seja, a técnica e os métodos para a correta interpretação das leis se torna fundamental para o estudo da ciência do direito.

III. Tanto a norma, quanto a construção da interpretação (sentido) desta norma surgem nos debates, nas reuniões, nas sentenças proferidas por juristas e doutrinadores, que são intérpretes do direito.

IV. A hermenêutica jurídica tem como objetivo básico, a interpretação – esclarecer o sentido e o alcance das expressões jurídicas e a aplicação no caso concreto, porém ela não é exclusivamente um método de interpretação.

Em seguida, marque a opção que as analisa corretamente.

a) Todas as assertivas estão corretas.
b) Todas as assertivas estão erradas.
c) Apenas uma assertiva é errada.
d) Apenas duas assertivas são corretas.
e) Nenhuma resposta anterior.

60. (Site: <http://ezildamelo.blogspot.com.br/2012/03/prova-de-hermeneutica-primeira-unidade.html>) **Analise a matéria abaixo.**

O operador de produção Valdecir Kessler, 39 anos, conseguiu na Justiça Federal do Paraná o direito de receber o salário-maternidade. A sua mulher morreu no sétimo mês de gestação devido a complicações no parto, e ele ficou como único responsável por Ariane, uma menina que nasceu prematura. Este é o primeiro caso no regime de iniciativa privada em que é concedida licença-maternidade ao pai, destaca sua advogada, Fabiane Stockmanns. No serviço público, um funcionário da Polícia Federal de Brasília já havia obtido o benefício. Em dezembro de 2010, Kessler, que mora na cidade de Toledo (PR) e trabalha num frigorífico, requisitou o benefício ao INSS. O pedido foi negado em primeira instância, pois o órgão o considerou improcedente sob o fundamento que a legislação concede o benefício apenas à gestante, no caso a mulher. A empresa também se negou a pagar o salário. O pai ficou quatro meses em casa cuidando da filha, contando com ajuda de amigos.

Kessler recorreu. Um ano e dois meses depois de dar entrada com o processo, a Justiça Federal paranaense considerou o recurso procedente por maioria dos votos. Ele vai receber o valor dos quatro meses do salário-maternidade retroativo, com juros e correção monetária. Segundo Fabiane, a Justiça não pode negar um direito por ausência de previsão legal. "A Constituição prevê a proteção da vida da criança. Não é a mãe que precisa de cuidados, é a criança", argumentou ela. Qual método de interpretação foi utilizado pela Justiça Federal paranaense na situação em epígrafe?
a) Literal.
b) Histórico.
c) Gramatical.
d) Teleológico.
e) Extensivo.

61. (Site: <http://ezildamelo.blogspot.com.br/2012/03/prova-de-hermeneutica-primeira-unidade.html>) **Tomando como base os métodos interpretativos, marque a única alternativa incorreta.**
    a) Método literal: por meio deste método, o intérprete busca o sentido literal da norma jurídica. Em um primeiro momento, o intérprete deverá dominar o idioma em que a norma jurídica foi produzida e assim estabelecer uma definição; neste primeiro momento o intérprete buscaria fixar qual o sentido dos vocábulos do texto normativo.
    b) O método lógico, por sua vez, busca desvendar o sentido e o alcance das normas jurídicas, estudando-a através de raciocínios lógicos.
    c) Método teleológico: este método tem como objetivo a interpretação da norma jurídica a partir do fim social que ela almeja. Desta forma, a norma jurídica seria um meio – ou o meio – adequado para se atingir um fim desejado. A interpretação teleológica é oriunda do jurista Ihering, que defende que o

direito não evolui espontaneamente – contrapondo-se ao pensamento de Savigny – mas, sim, pela luta.
d) Método sociológico: este método permite que o intérprete possa empreender a pesquisa genética da norma, pois, usando esse método, o intérprete irá buscar os antecedentes da norma. Dessa forma, o intérprete irá considerar os motivos que levaram à elaboração da norma jurídica, quais os interesses dominantes que esta norma jurídica buscava resguardar. Esse método vê o direito como sendo um produto histórico, oriundo da vida social e, desta forma, capaz de adaptar-se às novas condições e realidades sociais.
e) O método histórico foi desenvolvido por Savigny, que trouxe para o Universo Jurídico o método histórico utilizado nas ciências sociais. Este jurista tinha como objetivo elevar o direito à categoria de ciência do espírito, daí o nome de sua Escola: Escola Histórica do Direito.

62. **(UFPR – 2013 – TJ/PR – Juiz) Método tradicional utilizável na interpretação constitucional que pretende garantir a compatibilidade e coerência dos diversos dispositivos do texto normativo, a fim de conceder-lhe efetividade geral. Essa caracterização corresponde ao método:**
a) sistemático;
b) lógico;
c) teleológico;
d) gramatical.

63. **(CIAAR – 2012 – Oficial Temporário) Indique a alternativa cujo princípio é utilizado para fundamentar a inexistência de hierarquia entre normas constitucionais e, consequentemente, impedir que normas constitucionais originárias sejam declaradas inconstitucionais.**
a) Efeito Integrador.
b) Unidade da Constituição.
c) Justeza ou Conformidade.
d) Concordância prática ou Harmonização.

64. **(TRT – 2012 – 23ª Região/MT – Juiz do Trabalho) Analise as proposições abaixo e indique a alternativa correta.**
   I. A colisão entre princípios constitucionais resolve-se com a técnica da ponderação.
   II. De acordo com o princípio da unidade da constituição, a interpretação constitucional deve ser realizada de maneira a evitar contradições entre suas normas.
   III. De acordo com o princípio da justeza os órgãos encarregados da interpretação da norma constitucional não poderão chegar a uma posição que altere o esquema organizatório-funcional constitucionalmente estabelecido pelo legislador constituinte originário.
   IV. O princípio da dignidade da pessoa humana representa o epicentro da ordem jurídica, conferindo a unidade teleológica e axiológica a todas as normas constitucionais. O Estado e o direito não são fins, mas apenas meios para realização da dignidade do Homem, que é o valor-fonte do ordenamento. Disso resulta que o princípio da dignidade da pessoa humana serve como critério material para fazer a ponderação de interesses, mas, enquanto princípio, não se sujeita ele mesmo a ponderações.
   V. De acordo com a posição jurisprudencial do STF, o artigo 37, I, da Constituição Federal, com a redação dada pela EC 19/98, consubstancia, relativamente ao acesso aos cargos públicos por estrangeiros, preceito constitucional dotado de eficácia limitada.
   a) Apenas as proposições I e II estão corretas e as demais, incorretas.
   b) Apenas as proposições I e V estão corretas e as demais, incorretas.
   c) Apenas as proposições I, III e V estão corretas e as demais, incorretas.
   d) Apenas as proposições I, II e III estão corretas e as demais, incorretas.
   e) Todas as proposições estão corretas.

65. **(VUNESP – 2012 – DPE/MS – Defensor Público)**
   I. Sinaliza, portanto, a aproximação, tão íntima quanto possível, entre o dever-ser normativo e o ser da realidade social.

II. (...) é uma especificação da interpretação sistemática, impondo ao intérprete o dever de harmonizar as tensões e contradições entre normas jurídicas.
(Luis Roberto Barroso. In: *Curso de direito constitucional contemporâneo*, Saraiva, 2009)
Os trechos de doutrina transcritos dizem respeito ao tema dos princípios de interpretação constitucional.
Assinale a alternativa que contempla, correta e respectivamente, esses dois princípios de hermenêutica sobre os quais trata o referido autor de direito constitucional.
a) Da força normativa e da interpretação conforme a Constituição.
b) Da efetividade e da unidade da Constituição.
c) Da concordância prática e da presunção de constitucionalidade.
d) Da supremacia da Constituição e da força normativa da Constituição.

66. **(TJ/DFT – 2012 – TJ/DF – Juiz) Responda à questão considerando as assertivas abaixo.**
I. Ao magistrado cabe, principalmente, a tarefa de interpretar a norma, buscando identificar o sentido e o alcance da mesma. Todavia, diante de norma infraconstitucional com diferentes possibilidades de interpretação, deve optar pelo sentido que seja compatível com a Constituição, já que não se declara inconstitucional uma norma à qual possa ser atribuída uma interpretação constitucional.
II. Ferdinand Lassale, que era defensor da teoria Decisionista, sustentou que a Constituição é fruto de uma decisão política fundamental. Para ele, somente são constitucionais as normas que organizam o Estado e limitam o poder, sendo as demais meras leis constitucionais.
III. A competência constitucional do Tribunal do Júri prevalece sobre a prerrogativa de foro atribuída aos Deputados Federais e Senadores para a hipótese de processo e julgamento dos crimes dolosos contra a vida.
a) Se somente a alternativa I for correta.
b) Se somente a alternativa II for correta.
c) Se somente a alternativa III for correta.
d) Se nenhuma estiver correta.

67. (FCC – 2012 – TRE/PR – Analista Judiciário – Área Judiciária) Em outubro de 2011, ao apreciar Recurso Extraordinário em que se discutia a constitucionalidade da exigência formulada em lei federal de aprovação em exame da Ordem dos Advogados do Brasil para exercício da profissão de advogado, o Supremo Tribunal Federal (STF) considerou que referido exame tem por fim assegurar que atividades de risco sejam desempenhadas por pessoas com conhecimento técnico suficiente, para evitar danos à coletividade. No julgamento, salientou-se que, quanto mais arriscada a atividade, maior o espaço de conformação deferido ao Poder Público; sob essa ótica, o exercício da advocacia sem a capacidade técnica necessária afeta tanto o cliente, indivíduo, como a coletividade, pois denega Justiça, a qual é pressuposto da paz social.
Nesse caso, o STF:
   a) reconheceu a eficácia limitada da norma constitucional que assegura a liberdade profissional, sujeitando seu exercício à autorização prévia do Poder Público;
   b) exerceu interpretação criativa e extrapolou o papel de guardião da Constituição, uma vez que se substituiu ao legislador, ao analisar o mérito da exigência legal;
   c) deu à exigência legal uma interpretação conforme à Constituição, para o fim de excluir do alcance da norma a possibilidade de exercício profissional sem prévia aprovação em avaliação promovida pelo Poder Público;
   d) procedeu à interpretação teleológica da norma constitucional, segundo a qual é livre o exercício de qualquer trabalho, ofício ou profissão, atendidas as qualificações profissionais que a lei estabelecer;
   e) restringiu o alcance da norma constitucional segundo a qual o advogado é indispensável à administração da justiça, ao condicionar o exercício profissional à aprovação prévia em avaliação promovida pelo Poder Público.

68. (CESPE – 2013 – CNJ – Analista Judiciário – Área Judiciária) De acordo com o princípio da unidade da Constituição, a interpretação constitucional deve ser realizada de forma a evitar contradição entre suas normas.
( ) Certo ( ) Errado

69. (UEG – 2013 – PC/GO – Delegado de Polícia) O Supremo Tribunal Federal, em suas decisões, tem enfatizado o princípio hermenêutico da interpretação conforme a Constituição, o qual aponta para uma diretriz de prudência por:
a) recomendar que, diante de normas de significados múltiplos, o intérprete eleja aqueles que as tornem constitucionais e não aqueles que as tornem inconstitucionais;
b) indicar a presunção de inconstitucionalidade das leis, determinando sua constitucionalização pelo ato do intérprete, no caso *sub judice*;
c) determinar que o intérprete deve constitucionalizar a lei por força da interpretação, e não afastá-la do ordenamento, salvando-a às custas da constituição;
d) reconhecer a presunção de constitucionalidade da lei, determinando a interpretação conforme a constituição de acordo com o significado da lei.

70. (FCC – 2013 – DPE/SP – Defensor Público) A doutrina elenca alguns princípios de interpretação especificamente constitucionais, nos quais se encarta o princípio da concordância prática, que consiste na busca do intérprete e aplicador das normas constitucionais.
a) Primazia de pontos de vista que favoreçam a integração política e social, de modo a alcançar soluções pluralisticamente integradoras.
b) Coexistência harmônica entre bens constitucionalmente protegidos que estejam em uma aparente situação de conflito entre eles, evitando-se o sacrifício total de um deles em detrimento de outro.

c) Uma interpretação que atenda a harmonia entre os três Poderes do Estado, evitando a ofensa ao princípio da tripartição dos poderes.
d) Garantia da manutenção do esquema organizatório-funcional estabelecido pela Constituição ao prever um sistema harmônico de repartição de competências entre os entes federativos.
e) Por uma solução que atenda aos anseios de diferentes setores da sociedade.

71. (CESPE – 2013 – ANTT – Analista Administrativo – Direito) Em sede de interpretação das normas constitucionais, o princípio do efeito integrador é muitas vezes associado ao princípio da unidade da Constituição, já que, conforme aquele, na resolução dos problemas jurídico-constitucionais, deve-se dar primazia aos critérios favorecedores da integração política e social, o que reforça a unidade política.
( ) Certo ( ) Errado

72. (CESPE – 2013 – DEPEN – Agente Penitenciário) O princípio da máxima efetividade, invocado no âmbito dos direitos fundamentais, determina que lhes seja atribuído o sentido que confira a maior efetividade possível, com vistas à realização concreta de sua função social.
( ) Certo ( ) Errado

73. (CESPE – 2013 – ANTT – Analista Administrativo – Direito) Para delimitar o âmbito normativo de cada norma constitucional, deve o aplicador do direito interpretar o preceito constitucional apenas explicitamente.
( ) Certo ( ) Errado

74. (MPDFT – 2013 – MPDFT – Promotor de Justiça) São, em regra, critérios definidores do ativismo judicial, EXCETO:
a) o caráter eminentemente progressista da jurisprudência;
b) a frequente declaração de inconstitucionalidade da lei;
c) a revogação ou desconsideração dos precedentes da própria corte;
d) a adoção de interpretação constitucional minoritária;
e) o reconhecimento de direitos fundamentais implícitos.

75. (CESPE – 2013 – CNJ – Analista Judiciário – Área Administrativa) O direito à saúde tem aplicabilidade mediata, uma vez que, desde sua inserção na CF, veicula um programa a ser implementado pelo Estado, que deve, para que esse direito produza todos os seus efeitos, editar lei infraconstitucional, o que caracteriza a disposição na CF sobre o direito à saúde como uma norma constitucional de eficácia contida, de acordo com a doutrina pertinente.
( ) Certo ( ) Errado

76. (CESPE – 2013 – TRT 8ª Região (PA e AP) – Analista Judiciário – Área Judiciária) Acerca dos princípios fundamentais, da aplicabilidade e interpretação das normas constitucionais e dos direitos e garantias fundamentais, assinale a opção correta.
a) É possível a ocorrência de antinomias entre as normas constitucionais, que devem ser resolvidas pela aplicação dos critérios cronológico, da especialidade e hierárquico.
b) Conforme previsão constitucional, o exercício do direito de greve, no âmbito do serviço público, depende de regulamentação infraconstitucional.
c) Segundo o entendimento do STF, os direitos e as garantias fundamentais são assegurados aos estrangeiros somente se eles forem domiciliados no Brasil.
d) De acordo com a jurisprudência do STF, é inconstitucional a fixação de limite de idade para a inscrição em concurso público, independente da justificativa.
e) São fundamentos da República Federativa do Brasil a soberania, a cidadania, o pluralismo político e a prevalência dos direitos humanos.

77. (CESPE – 2012 – MPE/PI – Analista Ministerial – Área Processual – Cargo 8) A técnica da interpretação conforme a Constituição não pode ser aplicada para declarar a não incidência da norma a determinada situação de fato.
( ) Certo ( ) Errado

78. (FCC – 2012 – MPE/AL – Promotor de Justiça) Certo governo estadual, tendo em vista o aumento do número de crianças nas ruas, decide intensificar programas de institucionalização, sob o argumento de que esta ação protegerá crianças em situação de risco com mais eficácia do que o investimento em programas de atendimento social a famílias carentes. O Ministério Público do Estado respectivo pretende acionar o Judiciário para que se pronuncie sobre a compatibilidade da decisão governamental com a disciplina dos direitos fundamentais da criança e do adolescente e fundamenta sua petição em princípio de hermenêutica constitucional, denominado princípio......, tecendo o seguinte raciocínio:
I. sob o prisma da......, conclui-se que a opção do governo não é idônea para os fins que busca, já que a principal causa do abandono reside no desajuste social das famílias. Assim, a institucionalização não atingiria a raiz do problema e não seria capaz de diminuir o número de crianças nas ruas;
II. no entanto, ainda que o Judiciário entenda que a medida é idônea, sob o prisma da......, conclui-se que a opção do governo não é a melhor escolha possível, pois existem outras políticas públicas menos gravosas para a garantia da proteção integral da criança, capazes, inclusive, de gerar melhores resultados do que a política de institucionalização;
III. todavia, ainda que o Judiciário entenda que a medida é idônea e se materializa na melhor escolha possível, sob o prisma da......, conclui-se que a opção do governo não é equilibrada e não gera mais vantagens para a sociedade, na medida em que a institucionalização transforma-se em uma espécie de punição à criança que se encontra em situação de pobreza, imputando-lhe uma carga demasiadamente onerosa para suportar.
Os termos jurídicos que completam corretamente as lacunas do texto são, respectivamente:
   a) do efeito integrador, idoneidade, proporcionalidade em sentido estrito; efetividade;
   b) da conformidade funcional; adequação; integração; proporcionalidade;

c) da unidade da Constituição; proporcionalidade; adequação; justeza;
d) da proporcionalidade; adequação; necessidade; proporcionalidade em sentido estrito;
e) da máxima efetividade; necessidade; razoabilidade; efetividade.

79. (CESPE – 2012 – TCE/ES – Auditor de Controle Externo – Direito) Entre os princípios instrumentais de interpretação constitucional, o princípio da máxima efetividade, ou da eficiência, impõe a ampla e concreta efetividade social à norma. Em conformidade com esse princípio, o legislador constituinte, com o objetivo de assegurar a efetividade dos direitos fundamentais, consagrou, na Constituição Federal de 1988 (CF), instrumentos como o *habeas corpus*, o *habeas data*, o mandado de segurança e a ação popular.
( ) Certo ( ) Errado

80. (CESPE – 2012 – TCE/ES – Auditor de Controle Externo – Auditoria Governamental) De acordo com o princípio da integração, nos termos da CF, caso haja normas polissêmicas, deve-se preferir a mais atual, ou seja, a editada mais recentemente.
( ) Certo ( ) Errado

81. (CESPE – 2012 – TJ/BA – Juiz) Com relação aos elementos da Constituição, à aplicabilidade e à interpretação das normas constitucionais, assinale a opção correta.
a) Apenas os dispositivos que versam sobre os direitos e deveres individuais e coletivos, por possuírem todos os elementos necessários à sua executoriedade direta e integral, podem ser considerados normas constitucionais de eficácia plena e aplicabilidade imediata.
b) Denomina-se hermenêutico-concretizador, o método desenvolvido por Rudolf Smend, para quem o intérprete constitucional não pode separar o programa normativo inseridos nas constituições da realidade social.

c) O método hermenêutico clássico de interpretação constitucional concebe a interpretação como uma atividade puramente técnica de conhecimento do texto constitucional e preconiza que o intérprete da Constituição deve se restringir a buscar o sentido da norma e por ele se guiar na sua aplicação, sem formular juízos de valor ou desempenhar atividade criativa.
d) Os elementos de estabilização constitucional consubstanciam-se nas normas que regulam a estrutura do Estado e do poder, a segurança pública e as Forças Armadas.
e) O preâmbulo da CF e as disposições constitucionais transitórias constituem exemplos de elementos limitativos, que restringem a atuação do legislador constituinte derivado e dos titulares do poder estatal.

82. **(CESPE – 2012 – AGU – Advogado) De acordo com o denominado método da tópica, sendo a Constituição a representação do sistema cultural e de valores de um povo, sujeito a flutuações, a interpretação constitucional deve ser elástica e flexível.**
( ) Certo ( ) Errado

83. **(PGR – 2012 – PGR – Procurador) Assinale a alternativa INCORRETA.**
a) A tópica desenvolvida por Theodor Viehweg, adota os chamados "topoi" (lugares ou premissas comuns) como norte da atividade interpretativa. Os tópicos, por sua vez, cobram o seu sentido sempre a partir de um problema a cuja elucidação se destinam.
b) No âmbito da metodologia jurídica, os tipos são regras configuradas conceitualmente, aos quais se aplica a subsunção por via do procedimento silogístico.
c) Para a metodologia concretista, desenvolvida, entre outros, por Friedrich Müller, a interpretação não significa apenas densificar a norma, mas produzir a norma de acordo com a qual o caso é decidido.
d) A ciência do direito não pode caracterizar-se como um sistema rigorosamente axiomático porque este exige um número fechado de conceitos fundamentais, logicamente compatíveis entre si.

84. (FUNCAB – 2012 – PC-RJ – Delegado de Polícia) Com base nas lições de Canotilho, os princípios de interpretação constitucional foram desenvolvidos a partir do método hermenêutico-concretizador e se tornaram referência obrigatória da teoria da interpretação constitucional. Segundo a Doutrina, há um princípio que tem por finalidade impedir que o intérprete-concretizador da Constituição modifique aquele sistema de repartição e divisão das funções constitucionais, para evitar que a interpretação constitucional chegue a resultados que perturbem o esquema organizatório-funcional nela estabelecido, como é o caso da separação dos poderes. A definição exposta corresponde ao Princípio:
a) da justeza ou da Conformidade Funcional;
b) da Máxima Efetividade;
c) da Harmonização;
d) da Força Normativa da Constituição;
e) do Efeito Integrador.

85. (PGR – 2012 – PGR – Procurador) Dentre os enunciados abaixo:
I. não é possível o uso do mecanismo da interpretação conforme a Constituição em relação a dispositivo legal que reproduz norma estabelecida pelo legislador constituinte originário;
II. a interpretação constitucional caracteriza-se como um ato descritivo de um significado previamente dado;
III. muito embora seja possível o controle de constitucionalidade de emendas constitucionais, este, no que diz respeito ao aspecto material, fica restrito à compatibilidade ou não da reforma constitucional às chamadas "cláusulas pétreas";
IV. o poder de revisão constitucional deve respeitar o núcleo essencial dos principais valores constitucionais, não convindo ao intérprete afastar-se de uma visão prospectiva, que permita às gerações vindouras decidir sobre o seu destino coletivo.
São corretas as assertivas:
a) I e III;
b) I, II e III;
c) II e III;
d) III e IV.

86. (CESPE – 2012 – TCE/ES – Auditor de Controle Externo – Direito) De acordo com o método hermenêutico concretizador, elaborado com base nos ensinamentos de Konrad Hesse, a norma deve ser interpretada a partir da análise do problema concreto, tendo-se a Constituição como um sistema aberto de regras e princípios.
( ) Certo ( ) Errado

87. (CIAAR – 2012 – CIAAR – Oficial Temporário – Serviços Jurídicos) Peter Häberle propõe um modelo de uma sociedade aberta dos intérpretes da Constituição. No direito brasileiro, são exemplos dessa possibilidade de interpretação pluralista e democrática a(s):
a) sentenças aditivas e substitutivas;
b) teoria dos poderes implícitos e a derrotabilidade;
c) figura do *amicus curiae* e das audiências públicas;
d) transcendência dos motivos determinantes da sentença no controle difuso e a intervenção de terceiros.

88. (CESPE – 2012 – DPE/ES – Defensor Público) Uma das características da hermenêutica constitucional contemporânea é a distinção entre regras e princípios; segundo Ronald Dworkin, tal distinção é de natureza lógico-argumentativa, pois somente pode ser percebida por meio dos usos dos argumentos e razões no âmbito de cada caso concreto.
( ) Certo ( ) Errado

89. (FCC – 2011 – DPE/RS – Defensor Público) No que se refere à interpretação e à eficácia e aplicabilidade das normas constitucionais, considere as seguintes afirmações.
I. A interpretação constitucional evolutiva, também denominada de mutação constitucional, não implica alteração no texto constitucional, mas na interpretação da regra.
II. As normas que consubstanciam os direitos fundamentais são sempre de eficácia e aplicabilidade imediata.
III. Os direitos e garantias fundamentais consagrados na Carta Magna são ilimitados, tanto que não podem ser utilizados para se eximir alguém da responsabilização pela prática de atos ilícitos.

IV. No direito constitucional brasileiro fala-se de uma certa relatividade dos direitos e garantias individuais e coletivos, bem como da possibilidade de haver conflito entre dois ou mais deles, oportunidade em que o intérprete deverá se utilizar do princípio da concordância prática ou da harmonização para coordenar e combinar os bens tutelados, evitando o sacrifício total de uns em relação aos outros, sempre visando ao verdadeiro significado do texto constitucional.

Está correto o que se afirma APENAS em:
a) I e III;
b) I e IV;
c) I, II e III;
d) I, II e IV;
e) II, III e IV.

90. (CESPE – 2011 – CBM/DF – Oficial Bombeiro Militar Complementar – Direito) Pelo método da comparação constitucional, o intérprete parte de um problema concreto para a norma, atribuindo à interpretação caráter prático na busca da solução dos problemas concretizados.
( ) Certo ( ) Errado

91. (FCC – 2011 – TCE/PR – Analista de Controle – Jurídica) Quando a interpretação de uma Constituição escrita se altera em decorrência da mudança dos valores e do modo de compreensão de uma sociedade, mesmo sem qualquer alteração formalmente realizada, no texto constitucional, pelo Poder Constituinte Derivado Reformador, está-se diante de uma:
a) interpretação histórica;
b) integração normativa;
c) desconstitucionalização;
d) mutação constitucional;
e) hermenêutica geracional.

92. (TRF1 – 2011 – Juiz) O conflito aparente de normas penais é resolvido:

a) pelos princípios da especialidade, da subsidiariedade e da consunção, alguns autores incluindo também o princípio da alternatividade;
b) pelos princípios da especialidade e da consunção, não dizendo respeito à questão o princípio da subsidiariedade, que é relativo à ação penal;
c) exclusivamente pelo princípio da especialidade;
d) pelos princípios da especialidade e da subsidiariedade.

93. **(TRF1 – 2011 – Juiz) Em face das proposições abaixo, assinale a única alternativa correta.**
I. Os termos interpretação e hermenêutica são tecnicamente sinônimos.
II. As disposições transitórias em uma lei nova, destinadas a dar um tratamento jurídico provisório a certas situações, em face da ab-rogação da lei anterior, constituem o que se denomina de segundo regime legislativo.
III. Dá-se a retroatividade mínima (temperada ou mitigada), quando a lei nova atinge os efeitos futuros de atos anteriores à sua vigência.
IV. No Brasil, o princípio da irretroatividade é meramente legal.
a) Todas estão incorretas.
b) Somente a III está correta.
c) Somente a III e IV estão corretas.
d) Todas estão corretas.

94. **(CESPE/UnB – 2008 – TJ/AL – Juiz) Considerando que teorias relativas aos princípios jurídicos sugerem que regras e princípios seriam espécies de normas jurídicas, assinale a opção congruente com essa ideia.**
a) As regras estabelecem o dever-ser mediante a imposição de deveres, proibições e permissões; diferentemente, os princípios atuam tão somente com função hermenêutica, para possibilitar a escolha das regras que melhor se conformem ao caso concreto.
b) O conteúdo das regras caracteriza-se por expressar determinações obrigatórias mais completas e precisas; diferentemente, o conteúdo dos princípios se apresenta com maior abstração e

generalidade, afetando significativamente o modo de sua implementação.
c) As regras restringem-se a regulamentar condutas em casos concretos; diferentemente, os princípios precipuamente estruturam o sistema jurídico, o que lhes confere caráter hierárquico superior às regras.
d) As regras são fundamentadas pelos princípios, sendo destes deduzidas; diferentemente, os princípios só podem ser revelados pelas regras, extraindo-se indutivamente de suas aplicações particulares os princípios implícitos ou explícitos no ordenamento jurídico.
e) As regras podem estar em oposição tanto a princípios quanto a outras regras, conflito este que causará ou sua validade, ou sua invalidade; diferentemente, os princípios só podem estar em oposição a outros princípios, conflito que só poderá se resolver pela técnica da ponderação.

95. **(CESPE/UnB – 2008 – TJ/AL – Juiz) Considerando as alusões à equidade pelo ordenamento jurídico brasileiro, revela-se importante identificar a posição dessa figura em face do quadro das fontes do direito. A respeito dessa relação, é correto afirmar que a equidade:**
a) não se revela como fonte do direito, pois a autorização de seu emprego apenas permite ao juiz criar normas para o caso concreto com base em preceitos de justiça.
b) não se revela como fonte do direito, pois a autorização de seu emprego apenas permite ao juiz aplicar ao caso concreto normas gerais de justiça previamente positivadas no ordenamento.
c) não se revela como fonte do direito, pois a autorização de seu emprego apenas permite ao juiz buscar uma melhor compreensão hermenêutica das normas particulares que se aplicam ao caso concreto.
d) se revela como fonte do direito, pois ela se compõe de um conjunto de valores e normas preexistentes ao ordenamento positivo, os quais incidirão sempre que autorizadas por este.
e) se revela como fonte do direito, pois ela prescreve parâmetros para a decisão judicial que não se apoiam nas normas positivadas no ordenamento.

96. **(CESPE – 2012 – DPE/RO – Defensor Público)** Considerando a hermenêutica jurídica, e ainda considerando a interpretação do direito, a superação dos métodos de interpretação mediante puro raciocínio lógico-dedutivo e o método de interpretação pela lógica do razoável, assinale a opção correta.

   a) Há um princípio geral informador de todo o ordenamento jurídico nacional, necessário à interpretação, que pode ser inferido da existência de várias normas e ao qual se chega por meio da indução.
   b) De acordo com o método de interpretação da lógica do razoável, devem ser considerados os fins em função dos quais a lei seja editada e haja de ser compreendida pela sua causa final.
   c) No processo lógico, a lógica formal, de tipo puro, *a priori*, só é adequada na análise dos conceitos jurídicos essenciais e, para tudo que pertence à existência humana – a prática do direito, inclusive –, impõe-se o uso da lógica do humano e do razoável (lógica material).
   d) Interpretar a norma jurídica corresponde a integrar, preencher lacunas e aplicar, de forma lógica, o direito ao caso concreto.
   e) Atualmente, utiliza-se, na interpretação das leis, a exegese escolástica, partindo-se do conjunto principiológico existente nas normas.

97. **(ESPP – 2012 – TRT 9ª Região/PR – Juiz do Trabalho)** Diz o art. 226, § 3º, da Constituição da República: "Para efeito da proteção do Estado, é reconhecida a união estável entre o homem e a mulher como entidade familiar, devendo a lei facilitar sua conversão em casamento". O art. 1.723 do Código Civil, por sua vez, estabelece: "É reconhecida como entidade familiar a união estável entre o homem e a mulher, configurada na convivência pública, contínua e duradoura e estabelecida com o objetivo de constituição de família". Considere as proposições abaixo, acerca do julgamento sobre a matéria pelo STF (ADI 4.277, rel. Min. Ayres Britto).

I. Estabeleceu o STF interpretação conforme a constituição do art. 1.723 do Código Civil, vetando o preconceito e a discriminação e excluindo da exegese desse dispositivo qualquer significado que impeça o reconhecimento da união contínua, pública e duradoura entre pessoas do mesmo sexo como família, idêntica à união estável heteroafetiva.

II. Adotou o STF a teoria da "norma geral negativa" de Kelsen, segundo a qual o que não estiver juridicamente proibido, ou obrigado, está juridicamente permitido.

III. Segundo o STF, o direito à liberdade de orientação sexual é direta emanação do princípio da dignidade da pessoa humana, inclusive no sentido de se tratar de direito à autoestima e à busca da felicidade.

IV. Deu ênfase, o STF, ao § 2º do art. 5º da Constituição, reconhecendo direitos fundamentais não expressamente enunciados no texto, emergentes do regime e dos princípios adotados pela Carta.

Considerando as proposições acima, assinale a alternativa correta.

a) Apenas a proposição I é correta.
b) Apenas a proposição II não é correta.
c) Apenas a proposição IV não é correta.
d) Apenas a proposição IV é correta.
e) Todas as proposições são corretas.

98. **(TJ/PR – 2010 – Juiz)** O pensador inglês Herbert Hart, tido como um dos principais representantes da escola do Positivismo Jurídico, que teve lugar na segunda metade do século XX, manteve a defesa da tese kelseniana da separação entre o Direito e a Moral, sendo que, a partir dessa premissa metodológica, propôs um conceito analítico de direito. Os críticos do pensamento de Herbert Hart normalmente lhe atribuem a aceitação de cinco teses que seriam consequências lógicas deduzidas da ideia de separação entre Direito e Moral, entre as quais apenas alguma(s) foi/foram verdadeiramente defendida(s) por Herbert Hart e, de resto, pelos principais autores positivistas do século XX, sob o argumento de que as tais cinco teses são logicamente independentes e que, nessa condição, pode-se

aceitar a validade de alguma(s) e, ao mesmo tempo, rechaçar outras sem que se caia em contradição. Das cinco teses abaixo que os críticos de Herbert Hart associam ao seu pensamento, marque como falsa(s) (F) aquela(s) que ele não defendeu e como verdadeira(s) (V) aquela(s) que ele de fato sustentou. Em seguida, assinale a opção CORRETA.

( ) A tese da Lei, segundo a qual o conceito de direito deve ser definido mediante o conceito de Lei.

( ) A tese da Neutralidade, segundo a qual o conceito de direito tem que ser definido prescindindo-se de seu conteúdo.

( ) A tese da Subsunção, segundo a qual a aplicação do direito pode ser levada a cabo em todos os casos mediante uma subsunção livre de valorações.

( ) A tese do Subjetivismo, segundo a qual os critérios do direito "reto" são de natureza subjetiva.

( ) A tese do Legalismo, segundo a qual as normas do direito devem ser obedecidas em todas as circunstâncias.

a) F, V, V, F, F.
b) V, F, F, V, F.
c) V, F, V, V, V.
d) F, V, F, V, F.

99. (FCC – 2010 – DPE/SP – Defensor Público) "Na fase madura de seu pensamento, a substituição da lei pela convicção comum do povo (*Volksgeist*) como fonte originária do direito relega a segundo plano a sistemática lógico-dedutiva, sobrepondo-lhe a sensação (*Empfindung*) e a intuição (*Anschauung*) imediatas. Savigny enfatiza o relacionamento primário da intuição do jurídico não à regra genérica e abstrata, mas aos 'institutos de direito' (*Rechtsinstitute*), que expressam 'relações vitais' (*Lebensverhältnisse*) típicas e concretas".

Esta caracterização, realizada por Tercio Sampaio Ferraz Júnior, em sua obra *A Ciência do Direito*, corresponde a aspectos essenciais da seguinte escola filosófico-jurídica:

a) Normativismo;
b) Positivismo jurídico;

c) Jusnaturalismo;
d) Historicismo Jurídico;
e) Realismo Jurídico.

100. **(FMP/RS – 2011 – TCE/RS – Auditor Público Externo) Sobre a interpretação das normas constitucionais, assinale a alternativa correta.**
   a) Para a hermenêutica constitucional contemporânea, dispositivo textual e norma são coisas idênticas, havendo, entre eles, uma correspondência biunívoca, de tal forma que todo dispositivo veicula uma e tão somente uma norma e para toda norma há um específico dispositivo textual.
   b) Conforme a denominada teoria subjetiva da interpretação, é tarefa da interpretação constitucional identificar ou descobrir a vontade objetiva da Constituição, afastando-se qualquer interferência, no processo interpretativo, da vontade e das pré-compreensões do intérprete.
   c) Aceita a distinção entre texto constitucional e norma constitucional, conclui-se que a norma constitucional não é o pressuposto da interpretação constitucional, mas o seu resultado.
   d) Em direito constitucional, é vedada a interpretação extensiva, sobretudo do âmbito de proteção de normas de direitos fundamentais, porque, invariavelmente, se trata de estratagema do intérprete para usurpar a vontade do Poder Constituinte.
   e) Na teoria constitucional contemporânea ganhou status de opinião comum a tese segundo a qual os métodos ou elementos tradicionais de interpretação, sistematizados por Friedrich Karl von Savigny, devem ser completamente afastados do processo de interpretação da Constituição, porque são historicamente anacrônicos e metodologicamente inadequados para aferir o verdadeiro sentido dos dispositivos constitucionais.

101. **(CESPE – 2012 – DPE/SE – Defensor Público) Com relação aos métodos de interpretação das normas constitucionais, assinale a opção correta.**
   a) Segundo o método tópico-problemático, as normas constitucionais são fechadas e determinadas, sem nenhum viés fragmentário.

b) Para cada caso concreto que envolva normas constitucionais, há um método de interpretação adequado que se revela o correto.
c) De acordo com o método hermenêutico clássico, devem-se adotar os critérios tradicionais relacionados por Savigny como forma de se preservar o conteúdo da norma interpretada e evitar que ele se perca em considerações valorativas.
d) Uma das características do método hermenêutico-concretizador é ignorar a pré-compreensão do intérprete.
e) Consoante o método científico-espiritual, a interpretação da Constituição restringe-se ao campo jurídico-formal, não sendo admitida qualquer perspectiva política ou sociológica de construção e preservação da unidade social.

102. **(CESPE – TJ/BA – 2012 – Juiz Substituto) O método hermenêutico clássico de interpretação constitucional concebe a interpretação como uma atividade puramente técnica de conhecimento do texto constitucional e preconiza que o intérprete da Constituição deve se restringir a buscar o sentido da norma e por ele se guiar na sua aplicação, sem formular juízos de valor ou desempenhar atividade criativa.**
( ) Certo ( ) Errado

103. **(CESPE – TJ/ES – 2011 – Juiz Substituto) De acordo com o princípio da interpretação conforme a Constituição, em face de normas plurissignificativas, o intérprete deve buscar o sentido da norma que mais a compatibilize com a CF, ainda que sua interpretação contrarie o texto literal da norma.**
( ) Certo ( ) Errado

104. **(Formulada pelo autor) Sobre os fundamentos filosóficos da hermenêutica jurídica, é incorreto afirmar.**
a) Para Schleiermacher, seria necessário abandonar a literalidade da interpretação gramatical em prol do que ele denominou de interpretação psicológica, a fim de mapear as circunstâncias concretas que influenciaram a elaboração do texto, recriando a mente do autor de acordo com os influxos sociais que marcaram sua existência.

b) Segundo Umberto Eco, a hermenêutica adquire o estatuto de um modo de conhecimento da vida humana, especialmente apto para apreender a cultura, situando a tarefa interpretativa no plano histórico, propondo pioneiramente a explicação e a compreensão como modos de cognição da natureza e da realidade cultural.
c) Para Martin Heidegger, a indagação hermenêutica considera menos a relação do intérprete com o outro do que a relação que o hermeneuta estabelece com a sua própria situação no mundo. O horizonte da compreensão é a apreensão e o esclarecimento de uma dimensão primordial, que precede a distinção sujeito/objeto: o ser-no-mundo.
d) Na visão de Hans Georg Gadamer, o significado emerge à medida que o texto e o intérprete envolvem-se na dialética de um permanente diálogo, norteado pela compreensão prévia que o sujeito cognoscente já possui do objeto – a chamada pré-compreensão.
e) Para Paul Ricoeur, a hermenêutica deve consolidar um modelo dialético que enlace a verdade como desvelamento (ontologia da compreensão) e a exigência de objetividade representada pelos métodos rigorosos das ciências humanas (necessidade de uma explicação).

105. (Formulada pelo autor) **Sobre as teses fundamentais do positivismo legalista e a interpretação do direito, pode-se afirmar que:**
a) o positivismo legalista valoriza a jurisprudência como fonte formal do direito;
b) o positivismo legalista realça o papel da sociedade civil na produção do direito;
c) o positivismo legalista nega a existência de lacunas jurídicas no plano legislativo;
d) o positivismo legalista admite a ocorrência de antinomias jurídicas no diploma legislativo;
e) o positivismo legalista sustenta ser possível a perda de efetividade normativa e a revolta dos fatos contra a lei.

106. (Formulada pelo autor) Esse processo de interpretação do direito objetiva: conferir a aplicabilidade da norma jurídica às relações sociais que lhe deram origem; elastecer o sentido da norma a relações novas, inéditas ao momento de sua criação; e temperar o alcance do preceito normativo, a fim de fazê-lo espelhar as necessidades atuais da comunidade jurídica. Eis o método:
    a) gramatical;
    b) lógico;
    c) histórico;
    d) sociológico;
    e) teleológico.

107. (Formulada pelo autor) Quando se utiliza esse método de interpretação jurídica, o intérprete perquire os antecedentes imediatos e remotos que influenciaram a criação da norma jurídica. Eis o método:
    a) gramatical;
    b) sistemático;
    c) histórico;
    d) sociológico;
    e) teleológico.

108. (Formulada pelo autor) Esse método interpretativo procura delimitar o escopo, vale dizer, a *ratio essendi* do preceito normativo, para a partir dele determinar o seu real significado. A delimitação do sentido normativo requer, pois, a captação dos fins para os quais se elaborou a norma jurídica. Eis o método:
    a) gramatical;
    b) sistemático;
    c) histórico;
    d) sociológico;
    e) teleológico.

109. (Formulada pelo autor) Esse processo de interpretação do direito objetiva: conferir a aplicabilidade da norma jurídica às relações sociais que lhe deram origem; elastecer

o sentido da norma a relações novas; e temperar o alcance do preceito normativo, a fim de fazê-lo espelhar as necessidades atuais da comunidade jurídica. Trata-se do uso do seguinte método:
a) gramatical;
b) sistemático;
c) histórico;
d) sociológico;
e) teleológico.

110. (Formulada pelo autor) Quando o hermeneuta utiliza esse método interpretativo, desenvolve-se uma interpretação jurídica meramente textual, buscando fixar o sentido literal do diploma normativo. Atualmente ele é visto como o ponto de partida e não mais como o término do processo hermenêutico, ante o risco da realização de injustiças. Eis o método:
a) gramatical;
b) sistemático;
c) histórico;
d) sociológico;
e) teleológico.

111. (Formulada pelo autor) O hermeneuta se debruça sobre as expressões normativas, investigando a origem etimológica dos vocábulos e aplicando as regras estruturais de concordância ou regência, verbal e nominal. Trata-se de um processo hermenêutico quase que superado, ante o anacronismo do brocardo jurídico – *in claris cessat interpretatio*. Esse é o método:
a) gramatical;
b) lógico;
c) histórico;
d) sociológico;
e) teleológico.

112. (Formulada pelo autor) Em se tratando dessa forma de interpretação jurídica, o intérprete perquire os antecedentes imediatos e remotos que influenciaram a criação

do modelo normativo constitucional ou infraconstitucional. Eis o método:
a) gramatical;
b) lógico;
c) histórico;
d) sociológico;
e) teleológico.

113. **(Formulada pelo autor) Diante da tensão dialética entre direitos fundamentais, considerada a inexistência de hierarquia prévia no plano normativo da Constituição, o conflito será dirimido pelo uso da seguinte técnica hermenêutica:**
a) gramatical;
b) lógico-sistemática;
c) histórica;
d) sociológica;
e) ponderação dos bens e interesses.

114. **(Mackenzie) Marque a alternativa falsa.**
a) Antes da aplicação não pode deixar de haver interpretação, mesmo quando a norma legal é clara, pois a clareza só pode ser reconhecida graças ao ato interpretativo.
b) Não raro, pratica injustiça o magistrado que, com insensibilidade formalística, segue rigorosamente o mandamento do texto legal. Há casos em que é necessário abrandar o texto, operando-se tal abrandamento por meio da equidade.
c) Interpretação analógica não é analogia, mas método de interpretação pelo qual se supre a falta de dispositivo legal preciso para o caso em análise, empregando preceito disposto para caso semelhante.
d) A Hermenêutica é a teoria científica da arte de interpretar.
e) De acordo com o sistema jurídico brasileiro atual, não poderá o juiz eximir-se de sentenciar, alegando lacuna ou obscuridade da lei.

115. **(Mackenzie) Assinale a alternativa correta.**
a) Ocorre interpretação declarativa ou estrita em face da correspondência entre a expressão linguístico-legal e a *voluntas legis*.

Neste caso, o comando normativo não apresenta significação mais ampla ou mais restrita.
b) Ocorre interpretação extensiva ao se concluir que o legislador expressou na norma mais do que queria dizer.
c) Ocorre interpretação declarativa ou estrita em face da correspondência entre a expressão linguístico-legal e a *voluntas legis*. Neste caso, o comando normativo apresenta significação mais ampla ou mais restrita.
d) Ocorre interpretação restritiva ao se concluir que o legislador expressou na norma menos do que queria dizer.
e) Ocorre interpretação declarativa ou estrita ao se concluir que o legislador expressou na norma mais do que queria dizer.

116. **(Formulada pelo autor) Sobre as escolas do pensamento jurídico e a interpretação do direito, pode-se afirmar que:**
    a) o sociologismo jurídico valorizava a jurisprudência como fonte de criação, interpretação e aplicação do direito;
    b) o historicismo jurídico negava o papel da sociedade civil na produção e interpretação do direito costumeiro;
    c) o positivismo legalista reconhecia a existência de lacunas jurídicas na interpretação das normas de uma legislação;
    d) o positivismo legalista admitia a necessária ocorrência de antinomias jurídicas na interpretação do diploma legislativo;
    e) o jusnaturalismo não discutia o problema da legitimidade na interpretação e aplicação das normas jurídicas.

117. **(OAB XIII 2014) Segundo Chaïm Perelman, ao tratar da argumentação jurídica na obra Lógica Jurídica, a decisão judicial aceitável deve satisfazer três auditórios para os quais ela se destina.**
Assinale a alternativa que indica corretamente os auditórios.
    a) A opinião pública, o parlamento e as cortes superiores.
    b) As partes em litígio, os profissionais do direito e a opinião pública.
    c) As partes em litígio, o parlamento e as cortes superiores.
    d) As cortes superiores, os organismos internacionais e os profissionais do direito.

118. **(OAB XIII 2014)** Em seu livro *Levando os Direitos a Sério*, Ronald Dworkin cita o caso Riggs contra Palmer, em que um jovem matou o próprio avô para ficar com a herança. O Tribunal de Nova Iorque (em 1889) julga o caso considerando que a legislação do local e da época não previa o homicídio como causa de exclusão da sucessão. Para solucionar o caso, o Tribunal aplica o princípio, não legislado, do direito que diz que ninguém pode se beneficiar de sua própria iniquidade ou ilicitude. Assim, o assassino não recebeu sua herança.

Com esse exemplo podemos concluir que a jusfilosofia de Ronald Dworkin, dentre outras coisas, pretende:
   a) revelar que a responsabilidade sobre o maior ou menor grau de justiça de um ordenamento jurídico é responsabilidade exclusiva do legislador que deve se esforçar por produzir leis justas;
   b) mostrar como as Cortes podem ser ativistas quando decidem com base em princípios e não com base na lei e que decidir assim fere o Estado de Direito;
   c) defender que regras e princípios são normas jurídicas que possuem as mesmas características e, por isso, ambos podem ser aplicados livremente pelos tribunais;
   d) argumentar que regras e princípios são normas com características distintas e em certos casos os princípios poderão justificar de forma mais razoável a decisão judicial, pois a tornam também moralmente aceitável.

119. **(OAB XIV 2014) O filósofo inglês Jeremy Bentham, em seu livro *Uma introdução aos princípios da moral e da legislação*, defendeu o princípio da utilidade como fundamento para a Moral e para o Direito.**

Para esse autor, o princípio da utilidade é aquele que:
   a) estabelece que a moral e a lei devem ser obedecidas porque são úteis à coexistência humana na vida em sociedade;
   b) aprova ou desaprova qualquer ação, segundo a tendência que tem a aumentar ou diminuir a felicidade das pessoas cujos interesses estão em jogo;

c) demonstra que o direito natural é superior ao direito positivo, pois, ao longo do tempo, revelou-se mais útil à tarefa de regular a convivência humana;
d) afirma que a liberdade humana é o bem maior a ser protegido tanto pela moral quanto pelo direito, pois são a liberdade de pensamento e a ação que permitem às pessoas tornarem algo útil.

120. (OAB XIV 2014) **O jusfilósofo alemão Gustav Radbruch, após a II Guerra Mundial, escreve, como circular dirigida aos seus alunos de Heidelberg, seu texto "Cinco Minutos de Filosofia do Direito", na qual afirma: "Esta concepção da lei e sua validade, a que chamamos Positivismo, foi a que deixou sem defesa o povo e os juristas contra as leis mais arbitrárias, mais cruéis e mais criminosas".**
De acordo com a fórmula de Radbruch,:
a) embora as leis injustas sejam válidas e devam ser obedecidas, as leis extremamente injustas perderão a validade e o próprio caráter de jurídicas, sendo, portanto, dispensada sua obediência;
b) apenas a lei justa pode ser considerada jurídica, pois a lei injusta não será direito;
c) o direito é o mínimo ético de uma sociedade, de forma que qualquer lei injusta não será direito;
d) o direito natural é uma concepção superior ao positivismo jurídico; por isso, a justiça deve sempre prevalecer sobre a segurança.

121. (OAB XV 2014) **Na doutrina do direito, Kant busca um conceito puramente racional e que possa explicar o direito independentemente da configuração específica de cada legislação. Mais precisamente, seria o direito entendido como expressão de uma razão pura prática, capaz de orientar a faculdade de agir de qualquer ser racional.**
Assinale a opção que contém, segundo Kant, essa lei universal do direito.
a) Age de tal maneira que uses a humanidade, tanto na tua pessoa como na pessoa de qualquer outro, sempre e simultaneamente como fim, e nunca como meio.

b) Age exteriormente, de modo que o livre uso de teu arbítrio possa se conciliar com a liberdade de todos, segundo uma lei universal.
c) Age como se a máxima de tua ação se devesse tornar, pela tua vontade, lei universal da natureza.
d) Age de forma que conserves sempre a tua liberdade, ainda que tenhas de resistir à liberdade alheia.

122. **(OAB XV 2014) Ao explicar as características fundamentais da Escola da Exegese, o jusfilósofo italiano Norberto Bobbio afirma que tal Escola foi marcada por uma concepção rigidamente estatal de direito. Como consequência disso, temos o princípio da onipotência do legislador.**
Segundo Bobbio, a Escola da Exegese nos leva a concluir que:
a) a lei não deve ser interpretada segundo a razão e os critérios valorativos daquele que deve aplicá-la, mas, ao contrário, este deve submeter-se completamente à razão expressa na própria lei;
b) o legislador é onipotente porque é representante democraticamente eleito pela população, e esse processo representativo deve basear-se sempre no direito consuetudinário, porque este expressa o verdadeiro espírito do povo;
c) uma vez promulgada a lei pelo legislador, o estado-juiz competente para interpretá-la buscando aproximar a letra da lei dos valores sociais e das demandas populares legítimas;
d) a única força jurídica legitimamente superior ao legislador é o direito natural; portanto, o legislador é soberano para tomar suas decisões, desde que não violem os princípios do direito natural.

123. **(OAB XVI 2015) O art. 126 do CPC afirma que o juiz não se exime de sentenciar ou despachar alegando lacuna ou obscuridade da lei. A questão das lacunas também é recorrente no âmbito dos estudos da Filosofia e da Teoria Geral do Direito. O jusfilósofo Norberto Bobbio, no livro *Teoria do Ordenamento Jurídico* apresenta um estudo sobre essa questão.**
O autor denomina por lacuna ideológica:
a) legitimamente produzida pelo legislador democrático;
b) justa, que enseje uma solução satisfatória ao caso concreto;

c) que atenda às convicções ideológicas pessoais do juiz;
d) costumeira, que tenha surgido de práticas sociais inspiradas nos valores vigentes.

124. (OAB XVI 2015) Rudolf Von Ihering, em *A Luta pelo Direito*, afirma que " do direito é a paz, o meio de atingi-lo", a afirmativa que melhor expressa o pensamento desse autor:
a) o direito de uma sociedade é a expressão dos conflitos sociais desta sociedade, e ele resulta de uma luta de pessoas e grupos pelos seus próprios direitos subjetivos. Por isso, o direito é uma força viva e não uma ideia;
b) o direito é o produto do espírito do povo que é passado de geração em geração. Por isso, quando se fala em direito, é preciso sempre olhar para a história e as lutas sociais. O direito romano é a melhor expressão desse processo;
c) o direito é parte da infraestrutura da sociedade e resulta de um processo de luta de classes, em que a classe dominante o usa para manter o controle sobre os dominados;
d) o direito resulta da ação institucional do Estado, e no parlamento são travadas as lutas políticas que definem os direitos subjetivos de uma sociedade.

125. (OAB XVII 2015) Hans Kelsen, ao abordar o tema da interpretação jurídica no seu livro *Teoria Pura do Direito*, fala em ato de vontade e ato de conhecimento. Em relação à aplicação do direito por um órgão jurídico, assinale a afirmativa correta da interpretação.
a) Prevalece como ato de conhecimento, pois o direito é atividade científica e, assim, capaz de prover precisão técnica no âmbito de sua aplicação por agentes competentes.
b) Predomina como puro ato de conhecimento, em que o agente escolhe, conforme seu arbítrio, qualquer norma que entenda como válida e capaz de regular o caso concreto.
c) A interpretação cognoscitiva combina-se a um ato de vontade em que o órgão aplicador efetua uma escolha entre as possibilidades reveladas por meio da mesma interpretação cognoscitiva.

d) A interpretação gramatical prevalece como sendo a única capaz de revelar o conhecimento apropriado da *mens legis*.

126. **(OAB XVII 2015)** "*Mister é não olvidar que a compreensão do direito como 'fato histórico-cultural' implica o conhecimento de que estamos perante uma realidade essencialmente dialética, isto é, que não é concebível senão como 'processus', cujos elementos ou momentos constitutivos são fato, valor e norma (...)*"
(Miguel Reale, in *Teoria Tridimensional do Direito*).
Assinale a opção que corretamente explica a natureza da dialética de complementaridade que, segundo Miguel Reale, caracteriza a Teoria Tridimensional do Direito.
   a) A relação entre os polos opostos que são o fato, a norma e o valor, produz uma síntese conclusiva entre tais polos.
   b) A implicação dos opostos na medida em que se desoculta e se revela a aparência da contradição, sem que, com esse desocultamento, os termos cessem de ser contrários.
   c) A síntese conclusiva que se estabelece entre diferentes termos, conforme o modelo hegeliano de tese, antítese e síntese.
   d) A estrutura estática que resulta da lógica de subsunção entre os três termos que constituem a experiência jurídica: fato, norma e valor.

127. **(OAB XVIII 2015)** "*A solução do conflito aparente de normas dá-se, na hipótese, mediante a incidência do critério da especialidade, segundo o qual prevalece a norma específica sobre a geral.*"
É conhecida a distinção no âmbito da Teoria do Direito entre antinomias aparentes (ou antinomias solúveis) e antinomias reais (ou antinomias insolúveis).
Para o jusfilósofo Norberto Bobbio, uma antinomia real se caracteriza quando estamos diante:
   a) de duas normas colidentes que pertencem a ordenamentos jurídicos diferentes;
   b) de normas que colidem entre si, porém essa colisão é solúvel mediante a aplicação do critério cronológico, do critério hierárquico ou do critério de especialidade;

c) de normas colidentes e o intérprete é abandonado a si mesmo pela falta de um critério ou pela impossibilidade de solução do conflito entre os critérios existentes;
d) de duas ou mais normas que colidem entre si e que possuem diferentes âmbitos de validade temporal, espacial, pessoal ou material.

128. (OAB XVIII 2015) Segundo o jusfilósofo alemão Karl Larenz, os textos jurídicos são problematizáveis porque estão redigidos em linguagem corrente ou em linguagem especializada, mas que, de todo modo, contêm expressões que apresentam uma margem de variabilidade de significação.

Nesse sentido, assinale a opção que exprime o pensamento desse autor acerca da ideia de interpretação da lei.

a) Deve-se aceitar que os textos jurídicos apenas carecem de interpretação quando surgem particularmente como obscuros, pouco claros ou contraditórios.
b) Interpretar um texto significa alcançar o único sentido possível de uma norma conforme a intenção que a ela foi dada pelo legislador.
c) Os textos jurídicos, em princípio, são suscetíveis e carecem de interpretação porque toda linguagem é passível de adequação a cada situação.
d) A interpretação dada por uma autoridade judicial a uma lei é uma conclusão logicamente vinculante que, por isso mesmo, deve ser repetida sempre que a mesma lei for aplicada.

129. (OAB XIX 2016) Segundo o art. 1.723 do Código Civil, "É reconhecida como entidade familiar a união estável entre o homem e a mulher, configurada na convivência pública, contínua e duradoura e estabelecida com o objetivo de constituição de família". Contudo, no ano de 2011, os ministros do Supremo Tribunal Federal (STF), ao julgarem a Ação Direta de Inconstitucionalidade 4.277 e a Arguição de Descumprimento de Preceito Funda-

mental 132, reconheceram a união estável para casais do mesmo sexo.

A situação acima descrita pode ser compreendida, à luz da Teoria Tridimendional do Direito de Miguel Reale, nos seguintes termos:
a) uma norma jurídica, uma vez emanada, sofre alterações semânticas pela superveniência de mudanças no plano dos fatos e valores;
b) toda norma jurídica é interpretada pelo poder discricionário de magistrados, no momento em que estes transformam a vontade abstrata da lei em norma para o caso concreto;
c) o fato social é que determina a correta compreensão do que é a experiência jurídica e, por isso, os costumes devem ter precedência sobre a letra fria da lei;
d) o ativismo judicial não pode ser confundido com o direito mesmo. Juízes não podem impor suas próprias ideologias ao julgarem os casos concretos.

130. **(OAB XIX 2016) Segundo o filósofo Immanuel Kant, em sua obra *Fundamentação da Metafísica dos Costumes*, a ideia de dignidade humana é entendida:**
a) como qualidade própria de todo ser vivo que é capaz de sentir dor e prazer, isto é, característica de todo ser senciente;
b) quando membros de uma mesma espécie podem ser considerados como equivalentes e, portanto, iguais e plenamente cooperantes se eles possuem dignidade;
c) como valor jurídico que se atribui às pessoas como característica de sua condição de sujeitos de direitos;
d) como algo que está acima de todo o preço, pois quando uma coisa tem um preço pode-se pôr em vez dela qualquer outra como equivalente; mas quando uma coisa está acima de todo o preço, e portanto não permite equivalência, então ela tem dignidade.

131. **(OAB XX 2016) A partir da leitura de Aristóteles (*Ética a Nicômaco*), assinale a alternativa que corresponde à classificação de justiça constante do texto:**

"(...) uma espécie é a que se manifesta nas distribuições de honras, de dinheiro ou das outras coisas que são divididas entre aqueles que têm parte na constitui-

ção (pois aí é possível receber um quinhão igual ou desigual ao de um outro) (...)."
   a) Justiça Natural.
   b) Justiça Comutativa.
   c) Justiça Corretiva.
   d) Justiça Distributiva.

132. (OAB XX 2016) O raciocínio analógico é típico do pensamento jurídico. Esse é um tema debatido por vários teóricos e filósofos do direito. Para Norberto Bobbio, na obra *Teoria do Ordenamento Jurídico*, trata-se de um método de autointegração do direito.

Assinale a opção que, segundo esse autor, apresenta o conceito de analogia.
   a) Subsunção de um caso (premissa menor) a uma norma jurídica (premissa maior) de forma a permitir uma conclusão lógica e necessária.
   b) Existindo relevante semelhança entre dois casos, as consequências jurídicas atribuídas a um caso já regulamentado deverão ser atribuídas também a um caso não regulamentado.
   c) Raciocínio em que se produz, como efeito, a extensão de uma norma jurídica para casos não previstos por esta.
   d) Decisão, por meio de recurso, às práticas sociais que sejam uniformes e continuadas e que possuam previsão de necessidade jurídica.

133. (OAB XX 2016 – REAPLICAÇÃO SALVADOR) Na sua mais importante obra, a *Summa Theologica*, Santo Tomás de Aquino trata os conceitos de justiça comutativa e de justiça distributiva de uma tal maneira, que eles passariam a ser largamente utilizados na filosofia do direito.

Assinale a opção que apresenta esses conceitos, conforme expostos na obra citada.
   a) A Justiça Comutativa regula as relações mútuas entre pessoas privadas e a Justiça Distributiva regula a distribuição proporcional dos bens comuns.

b) A Justiça Distributiva destina-se a minorar os sofrimentos das pessoas e a Justiça Comutativa regula os contratos de permuta de mercadorias.

c) a Justiça Comutativa trata da redução ou diminuição das penas (sanção penal) e a Justiça Distributiva da distribuição justa de taxas e impostos.

d) A Justiça Comutativa regula a relação entre súditos e governante e a Justiça Distributiva trata das relações entre diferentes povos, também chamadas de direito das gentes.

134. (OAB XX 2016 – REAPLICAÇÃO SALVADOR) *"O direito não é uma simples ideia, é uma força viva".*

(Rudolf von Ihering).

Em seu texto "A Luta pelo Direito", o jurista alemão Rudolf von Ihering apresenta o conceito de direito a partir da ideia de luta social.

Assinale a afirmativa que expressa o sentido que, no trecho citado, Ihering confere ao direito.

a) Trabalho incessante e uma luta sem tréguas nos quais participam o Poder Público e toda a população, isto é, qualquer pessoa que se veja na contingência de ter de afirmar seu direito.

b) Uma luta permanente que é travada por parlamentares no âmbito da arena legislativa, que o fazem em nome da população a partir das eleições que configuram o processo democrático de legitimação popular.

c) O resultado dinâmico da jurisprudência que cria e recria o direito a partir das demandas de cada caso concreto, adaptando a lei ao mundo real.

d) O produto das relações industriais e comerciais que são livremente travadas por agentes econômicos, trabalhadores e empregadores e que definem, no contexto de uma luta concreta, o sentido próprio das leis.

135. (OAB XXI 2017) De acordo com o contratualismo proposto por Thomas Hobbes em sua obra *Leviatã*, o contrato social só é possível em função de uma lei da natureza que expresse, segundo o autor, a própria ideia de justiça.

Assinale a opção que, segundo o autor na obra em referência, apresenta esta lei da natureza.
a) Tratar igualmente os iguais e desigualmente os desiguais.
b) Dar a cada um o que é seu.
c) Que os homens cumpram os pactos que celebrem.
d) Fazer o bem e evitar o mal.

136. (OAB XXI 2017) *Há um limite para a interferência legítima da opinião coletiva sobre a independência individual, e encontrar esse limite, guardando-o de invasões, é tão indispensável à boa condição dos negócios humanos como a proteção contra o despotismo político.*

John Stuart Mill

A consciência jurídica deve levar em conta o delicado balanço entre a liberdade individual e o governo das leis. No livro *A Liberdade. Utilitarismo*, John Stuart Mill sustenta que um dos maiores problemas da vida civil é a tirania das maiorias.

Conforme a obra citada, assinale a opção que expressa corretamente a maneira como esse autor entende o que seja tirania e a forma de proteção necessária.
a) A tirania resulta do poder do povo como autogoverno porque o povo não é esclarecido para fazer suas escolhas. A proteção contra essa tirania é delegar o governo aos mais capacitados, como uma espécie de governo por meritocracia.
b) A deliberação de juízes ao imporem suas concepções de certo e errado sobre as causas que julgam, produz a mais poderosa tirania, pois subjuga a vontade daqueles que estão sob a jurisdição desses magistrados. Apenas o duplo grau de jurisdição pode proteger a sociedade desta tirania.
c) Os governantes eleitos impõem sobre o povo suas vontades e essa forma de opressão é a única tirania da maioria contra a qual se deve buscar a proteção na vida social, o que é feito por meio da desobediência civil.
d) A sociedade, quando faz as vezes do tirano, pratica uma tirania mais temível do que muitas espécies de opressão política, pois penetra nos detalhes da vida e escraviza a alma. Por isso é ne-

cessária a proteção contra a tirania da opinião e do sentimento dominantes.

137. **(OAB XXII 2017) Um sério problema com o qual o advogado pode se deparar ao lidar com o ordenamento jurídico é o das antinomias.** Segundo Norberto Bobbio, em seu livro *Teoria do Ordenamento Jurídico*, são necessárias duas condições para que uma antinomia ocorra.
Assinale a opção que, segundo o autor da obra em referência, apresenta tais condições.

a) As duas normas em conflito devem pertencer ao mesmo ordenamento; as duas normas devem ter o mesmo âmbito de validade, seja temporal, espacial, pessoal ou material.

b) Ambas as normas devem ter procedido da mesma autoridade legislativa; as duas normas em conflito não devem dispor sobre uma mesma matéria.

c) Ocorre no âmbito do processo judicial quando há uma divergência entre a decisão de primeira instância e a decisão de segunda instância ou quando um tribunal superior de natureza federal confirma a decisão de segunda instância.

d) As duas normas aplicáveis não apresentam uma solução satisfatória para o caso; as duas normas não podem ser integradas mediante recurso a analogia ou costumes.

138. **(OAB XXII 2017) A principal tese sustentada pelo paradigma do positivismo jurídico é a validade da norma jurídica, independentemente de um juízo moral que se possa fazer sobre o seu conteúdo. No entanto, um dos mais influentes filósofos do direito juspositivista, Herbert Hart, no seu pós-escrito ao livro *O Conceito de Direito*, sustenta a possibilidade de um positivismo brando, eventualmente chamado de positivismo inclusivo ou *soft positivism*.**
Assinale a opção que apresenta, segundo o autor na obra em referência, o conceito de positivismo brando.

a) O reconhecimento da existência de normas de direito natural e de que tais normas devem preceder às normas de direito positivo sempre que houver conflito entre elas.
b) A jurisprudência deve ser considerada como fonte do direito da mesma forma que a lei, de maneira a produzir uma equivalência entre o sistema de *common law* ou de direito consuetudinário e sistema de *civil law* ou de direito romano-germânico.
c) O positivismo brando ocorre no campo das ciências sociais, não possuindo, portanto, o mesmo rigor científico exigido no campo das ciências da natureza.
d) A possibilidade de que a norma de reconhecimento de um ordenamento jurídico incorpore, como critério de validade jurídica, a obediência a princípios morais ou valores substantivos.

139. (OAB XXIII 2017) *(...) só a vontade geral pode dirigir as forças do Estado de acordo com a finalidade de suas instituições, que é o bem comum (...).*

Jean-Jacques Rousseau

A ideia de vontade geral, apresentada por Rousseau em seu livro *Do Contrato Social*, foi fundamental para o amadurecimento do conceito moderno de lei e de democracia.

Assinale a opção que melhor expressa essa ideia conforme concebida por Rousseau no livro citado.
a) A soma das vontades particulares.
b) A vontade de todos.
c) O interesse particular do soberano, após o contrato social.
d) O interesse em comum ou o substrato em comum das diferenças.

140. (OAB XXIII 2017) *A igualdade de recursos é uma questão de igualdade de quaisquer recursos que os indivíduos possuam privadamente.*

Ronald Dworkin

A igualdade é um dos valores supremos presentes na Constituição da República e, também, objeto de um debate profundo no âmbito da filosofia do direito.

Assinale a alternativa que apresenta a concepção de igualdade distributiva, defendida por Ronald Dworkin em seu livro *A Virtude Soberana*.

a) Circunstâncias segundo as quais as pessoas não são iguais em bem-estar, mas nos recursos de que dispõem.
b) Possibilidade de que todos os membros de uma comunidade política devem ter de usufruir o bem-estar em condição de igualdade.
c) Igual partilha dos poderes políticos e dos direitos individuais em uma dada sociedade.
d) Um conjunto de políticas que assegurem a maximização utilitária do bem-estar em médio a longo prazo para a maior parte da população.

141. (OAB XXIV 2017) *O povo maltratado em geral, e contrariamente ao que é justo, estará disposto em qualquer ocasião a livrar-se do peso que o esmaga.*

John Locke

O art. 1º, parágrafo único, da Constituição Federal de 1988 afirma que "todo o poder emana do povo, que o exerce por meio de representantes eleitos ou diretamente". Muitos autores associam tal disposição ao conceito de direito de resistência, um dos mais importantes da Filosofia do Direito, de John Locke.

Assinale a opção que melhor expressa tal conceito, conforme desenvolvido por Locke na sua obra *Segundo Tratado sobre o Governo Civil*.

a) A natureza humana é capaz de resistir às mais poderosas investidas morais e humilhações, desde que os homens se apoiem mutuamente.
b) Sempre que os governantes agirem de forma a tentar tirar e destruir a propriedade do povo ou deixando-o miserável e exposto aos seus maus-tratos, ele poderá resistir.
c) Apenas o contrato social, que tira o homem do estado de natureza e o coloca na sociedade política, é capaz de resistir às ameaças externas e às ameaças internas, de tal forma que institui o direito de os governantes resistirem a toda forma de guerra e rebelião.
d) O direito positivo deve estar isento de toda forma de influência da moral e da política. Uma vez que o povo soberano produza as leis, diretamente ou por meio de seus representantes, elas devem resistir a qualquer forma de interpretação ou aplicação de caráter moral e político.

142. (OAB XXIV 2017) *É verdade que nas democracias o povo parece fazer o que quer, mas a liberdade política não consiste nisso.*

Montesquieu

No preâmbulo da Constituição da República, os constituintes afirmaram instituir um Estado Democrático destinado a assegurar, dentre outras coisas, a liberdade. Esse é um conceito de fundamental importância para a filosofia do direito, muito debatido por inúmeros autores. Uma importante definição utilizada no mundo jurídico é a que foi dada por Montesquieu em seu *Do Espírito das Leis*.

Assinale a opção que apresenta a definição desse autor na obra citada.
   a) A liberdade consiste na forma de governo dos homens, e não no governo das leis.
   b) A disposição de espírito pela qual a alma humana nunca pode ser aprisionada é o que chamamos de liberdade.
   c) Liberdade é o direito de fazer tudo o que as leis permitem.
   d) O direito de resistência aos governos injustos é a expressão maior da liberdade.

143. (OAB XXV 2018) A ideia da existência de lacuna é um desafio ao conceito de completude do ordenamento jurídico. Segundo o jusfilósofo italiano Norberto Bobbio, no livro *Teoria do Ordenamento Jurídico*, pode-se completar ou integrar as lacunas existentes no direito por intermédio de dois métodos, a saber: heterointegração e autointegração.

Assinale a opção que explica como o jusfilósofo define tais conceitos na obra em referência.
   a) O primeiro método consiste na integração operada por meio de recursos a ordenamentos diversos e a fontes diversas daquela que é dominante; o segundo método consiste na integração cumprida por meio do mesmo ordenamento, no âmbito da mesma fonte dominante, sem recorrência a outros ordenamentos.
   b) A heterointegração consiste em preencher as lacunas recorrendo-se aos princípios gerais do direito, uma vez que estes não estão necessariamente incutidos nas normas do direito positivo; já a autointegração consiste em solucionar as lacunas por meio das convicções pessoais do intérprete.
   c) O primeiro método diz respeito à necessidade de utilização da jurisprudência como meio adequado de solucionar as lacunas

sem gerar controvérsias; por outro lado, o segundo método implica buscar a solução da lacuna por meio de interpretação extensiva.
d) A heterointegração exige que o intérprete busque a solução das lacunas nos tratados e nas convenções internacionais de que o país seja signatário; por seu turno, a autointegração está relacionada à busca da solução na jurisprudência pátria.

144. **(OAB XXV 2018) Uma punição só pode ser admitida na medida em que abre chances no sentido de evitar um mal maior. Jeremy Bentham, em seu livro *Princípios da Moral e da Legislação*, afirma que há quatro casos em que não se deve infligir uma punição.**
Assinale a opção que corresponde a um desses casos citados pelo autor na obra em referência.
a) Quando a lei não é suficientemente clara na punição que estabelece.
b) Quando o prejuízo produzido pela punição for maior do que o prejuízo que se quer evitar.
c) Quando o juiz da causa entende ser inoportuna a aplicação da punição.
d) Quando o agressor já sofreu o suficiente em função das vicissitudes do processo penal.

145. **(OAB XXVIII 2019)** *Isso pressupõe que a norma de justiça e a norma do direito positivo sejam consideradas como simultaneamente válidas. Tal, porém, não é possível, se as duas normas estão em contradição, quer dizer, entram em conflito uma com a outra. Nesse caso apenas uma pode ser considerada como válida.*

Hans Kelsen

Sobre a relação entre validade e justiça da norma, o jusfilósofo Hans Kelsen, em seu livro O Problema da Justiça, sustenta o princípio do positivismo jurídico, para afirmar que
a) a validade de uma norma do direito positivo é independente da validade de uma norma de justiça.
b) o direito possui uma textura aberta que confere, ao intérprete, a possibilidade de buscar um equilíbrio entre interesses conflitantes.

c) o valor de justiça do ato normativo define a validade formal da norma; por isso valor moral e valor jurídico se confundem no direito positivo.

d) a validade de uma norma jurídica se refere à sua dimensão normativa positiva, à sua dimensão axiológica, e também, à sua dimensão fática.

146. **(OAB XXVIII 2019) Uma das mais importantes questões para a Filosofia do Direito diz respeito ao procedimento que define uma norma jurídica como sendo válida.** Para o jusfilósofo Herbert Hart, em *O Conceito de Direito*, o fundamento de validade do Direito baseia-se na existência de uma regra de reconhecimento, sem a qual não seria possível a existência de ordenamentos jurídicos. Segundo Hart, assinale a opção que define regra de reconhecimento.

a) Regra que exige que os seres humanos pratiquem ou se abstenham de praticar certos atos, quer queiram quer não.

b) Regra que estabelece critérios segundo os quais uma sociedade considera válida a existência de suas próprias normas jurídicas.

c) Regra que impõe deveres a todos aqueles que são reconhecidos como cidadãos sob a tutela do Estado.

d) Regra que reconhece grupos excluídos e minorias sociais como detentores de direitos fundamentais.

147. **(OAB XXIX 2019)** *Mas a justiça não é a perfeição dos homens?*
PLATÃO, *A República*. Lisboa: Calouste Gulbenkian, 1993.
O conceito de justiça é o mais importante da Filosofia do Direito. Há uma antiga concepção segundo a qual justiça é dar a cada um o que lhe é devido. No entanto, Platão, em seu livro *A República*, faz uma crítica a tal concepção. Assinale a opção que, conforme o livro citado, melhor explica a razão pela qual Platão realiza essa crítica.

a) Platão defende que justiça é apenas uma maneira de proteger o que é mais conveniente para o mais forte.

b) A justiça não deve ser considerada algo que seja entendido como virtude e sabedoria, mas uma decorrência da obediência à lei.

c) Essa ideia implicaria fazer bem ao amigo e mal ao inimigo, mas fazer o mal não produz perfeição, e a justiça é uma virtude que produz a perfeição humana.

d) Esse é um conceito decorrente exclusivamente da ideia de troca entre particulares, e, para Platão, o conceito de justiça diz respeito à convivência na cidade.

148. **(OAB XXIX 2019)** *Costuma-se dizer que o ordenamento jurídico regula a própria produção normativa. Existem normas de comportamento ao lado de normas de estrutura... elas não regulam um comportamento, mas o modo de regular um comportamento...*
BOBBIO, Norberto. *Teoria do Ordenamento Jurídico.* São Paulo: Polis; Brasília EdUnB, 1989.

A atuação de um advogado deve se dar com base no ordenamento jurídico. Por isso, não basta conhecer as leis; é preciso compreender o conceito e o funcionamento do ordenamento. Bobbio, em seu livro *Teoria do Ordenamento Jurídico,* afirma que a unidade do ordenamento jurídico é assegurada por suas fontes. Assinale a opção que indica o fato que, para esse autor, interessa notar para uma teoria geral do ordenamento jurídico, em relação às fontes do Direito.

a) No mesmo momento em que se reconhece existirem atos ou fatos dos quais se faz depender a produção de normas jurídicas, reconhece-se que o ordenamento jurídico, além de regular o comportamento das pessoas, regula também o modo pelo qual se devem produzir as regras.

b) As fontes do Direito definem o ordenamento jurídico como um complexo de normas de comportamento referidas a uma dada sociedade e a um dado momento histórico, de forma que garante a vinculação entre interesse social e comportamento normatizado.

c) Como forma de institucionalização do direito positivo, as fontes do Direito definem o ordenamento jurídico exclusivamente em relação ao processo formal de sua criação, sem levar em conta os elementos morais que poderiam definir uma norma como justa ou injusta.

d) As normas, uma vez definidas como jurídicas, são associadas num conjunto específico, chamado de direito positivo. Esse direito positivo é o que comumente chamamos de ordenamento jurídico. Portanto, a fonte do Direito que institui o Direito como ordenamento é a norma, anteriormente definida como jurídica.

149. (OAB XXX 2019) *Um juiz pode dar uma sentença favorável a uma querelante com um rostinho bonito ou proveniente de determinada classe social, na realidade porque gosta do rosto ou da classe, mas ostensivamente pelas razões que apresentar para sua decisão.*

Neil MacCormick

Existem diferentes motivos pelos quais uma decisão é tomada, segundo MacCormick. Alguns argumentos podem ser até mesmo inconfessáveis, porém, de qualquer forma, a autoridade que decide precisa persuadir um auditório quanto à sua decisão.

Assinale a opção que, segundo Neil MacCormick, em seu livro *Argumentação Jurídica e Teoria do Direito*, apresenta a noção essencial daquilo que a fundamentação de uma decisão deve fazer.

a) Dar boas razões ostensivamente justificadoras em defesa da decisão, de modo que o processo de argumentação seja apresentado como processo de justificação.

b) Realizar uma dedução silogística por intermédio da qual a decisão seja a premissa maior, resultante da lei, que deve ser considerada a premissa menor do raciocínio lógico.

c) Proceder a um ato de vontade no qual cabe ao juiz escolher uma norma válida contida no ordenamento jurídico vigente e aplicá-la ao caso concreto.

d) Alinhar-se à jurisprudência dominante em respeito às decisões dos tribunais superiores expressas na firma de precedentes, enunciados e súmulas.

150. (OAB XXX 2019) *É preciso repetir mais uma vez aquilo que os adversários do utilitarismo raramente fazem o favor de reconhecer: a felicidade que os utilitaristas adotaram como padrão do que é certo na conduta não é a do próprio agente, mas a de todos os envolvidos.*

John Stuart Mill

Na defesa que Stuart Mill faz do utilitarismo como princípio moral, em seu texto *Utilitarismo*, ele afirma que o utilitarismo exige que o indivíduo não coloque seus interesses acima dos interesses dos demais, devendo, por isso, ser imparcial e até mesmo benevolente.

Assim, no texto em referência, Stuart Mill afirma que, para aproximar os indivíduos desse ideal, a utilidade recomenda que

    a) as leis e os dispositivos sociais coloquem, o máximo possível, a felicidade ou o interesse de cada indivíduo em harmonia com os interesses do todo.

    b) o Direito Natural, que possui como base a própria natureza das coisas, seja o fundamento primeiro e último de todas as leis, para que o desejo de ninguém se sobreponha ao convívio social.

    c) os sentimentos morais que são inatos aos seres humanos e conformam, de fato, uma parte de nossa natureza, já que estão presentes em todos, sejam a base da legislação.

    d) as leis de cada país garantam a liberdade de cada indivíduo em buscar sua própria felicidade, ainda que a felicidade de um não seja compatível com a felicidade de outro.

151. (OAB XXXI 2020) *É preciso sair do estado natural, no qual cada um age em função dos seus próprios caprichos, e convencionar com todos os demais em submeter-se a uma limitação exterior, publicamente acordada, e, por conseguinte, entrar num estado em que tudo que deve ser reconhecido como seu é determinado pela lei...*

Immanuel Kant

A perspectiva contratualista de Kant, apresentada na obra *Doutrina do Direito*, sustenta ser necessário passar de um estado de natureza, no qual as pessoas agem egoisticamente, para um estado civil, em que a vida em comum seja regulada pela lei, como forma de justiça pública. Isso implica interferir na liberdade das pessoas.

Em relação à liberdade no estado civil, assinale a opção que apresenta a posição que Kant sustenta na obra em referência.

    a) O homem deixou sua liberdade selvagem e sem freio para encontrar toda a sua liberdade na dependência legal, isto é, num estado jurídico, porque essa dependência procede de sua própria vontade legisladora.

b) A liberdade num estado jurídico ou civil consiste na capacidade da vontade soberana de cada indivíduo de fazer aquilo que deseja, pois somente nesse estado o homem se vê livre das forças da natureza que limitam sua vontade.
c) A liberdade civil resulta da estrutura política do estado, de forma que somente pode ser considerado liberdade aquilo que decorre de uma afirmação de vontade do soberano. No estado civil, a liberdade não pode ser considerada uma vontade pessoal.
d) Na república, a liberdade é do governante para governar em prol de todos os cidadãos, de modo que o governante possui liberdade, e os governados possuem direitos que são instituídos pelo governo.

152. (OAB XXXI 2020) *Temos pois definido o justo e o injusto. Após distingui-los assim um do outro, é evidente que a ação justa é intermediária entre o agir injustamente e o ser vítima da injustiça; pois um deles é ter demais e o outro é ter demasiado pouco.*

Aristóteles. *Ética a Nicômaco.* Coleção Os Pensadores. São Paulo: Abril Cultural, 1973.

Em seu livro *Ética a Nicômaco*, Aristóteles apresenta a justiça como uma virtude e a diferencia daquilo que é injusto. Assinale a opção que define aquilo que, nos termos do livro citado, deve ser entendido como justiça enquanto virtude.
a) Uma espécie de meio-termo, porém não no mesmo sentido que as outras virtudes, e sim porque se relaciona com uma quantia intermediária, enquanto a injustiça se relaciona com os extremos.
b) Uma maneira de proteger aquilo que é o mais conveniente para o mais forte, uma vez que a justiça como produto do governo dos homens expressa sempre as forças que conseguem fazer valer seus próprios interesses.
c) O cumprimento dos pactos que decorrem da vida em sociedade, seja da lei como pacto que vincula todos os cidadãos da cidade, seja dos contratos que funcionam como pactos celebrados entre particulares e vinculam as partes contratantes.

d) Um imperativo categórico que define um modelo de ação moralmente desejável para toda e qualquer pessoa e se expressa da seguinte maneira: "Age como se a máxima de tua ação devesse tornar-se, por meio da tua vontade, uma lei universal".

153. **(OAB XXXII 2021) Miguel Reale, ao tratar do tema da validade da norma jurídica em seu livro Lições Preliminares de Direito, fala de uma dimensão denominada por ele validade social ou, ainda, eficácia ou efetividade. Segundo Reale, a eficácia seria a regra jurídica enquanto momento da conduta humana.**
Com base no livro em referência, assinale a opção que apresenta a ideia de eficácia ou efetividade da norma jurídica.
   a) Executoriedade compulsória de uma regra de direito, por haver preenchido os requisitos essenciais à sua feitura ou elaboração.
   b) Obediência das normas jurídicas às determinações formais e materiais da Constituição Federal, sem o que uma norma jurídica não teria capacidade de produzir efeitos.
   c) O fundamento da norma jurídica, isto é, o valor ou o fim objetivado pela regra de direito; a razão de ser da norma, pois é impossível conceber uma regra jurídica desvinculada de sua finalidade.
   d) A norma em sua dimensão experimental, pois se refere ao cumprimento efetivo do direito por parte de uma sociedade ou, ainda, aos efeitos sociais que uma regra suscita por meio de seu cumprimento.

154. **(OAB XXXII 2021) Norberto Bobbio, em seu livro *O Positivismo Jurídico: lições de Filosofia do Direito*, afirma que o positivismo jurídico é uma teoria na medida em que se propõe a descrever o Direito, mas que também pode ser uma ideologia na medida em que se propõe a ser um certo modo de querer o Direito.**
Assinale a opção que, segundo Bobbio, no livro em referência, expressa essa suposta ideologia do positivismo jurídico, denominada por ele positivismo ético.

a) A ética como fundamento moral para a autoridade competente propor e aprovar a lei.
b) A lei só é válida se for moralmente aceitável por parte da maioria da população.
c) A lei deve ser obedecida apenas na medida em que se revelar socialmente útil.
d) O dever absoluto ou incondicional de obedecer a lei enquanto tal.

155. (OAB XXXIII 2021) *Este sistema, que consiste em fazer uso da oposição e da rivalidade dos interesses, na falta de motivos melhores, é o segredo de todos os negócios humanos, quer sejam particulares, quer públicos.*
MADISON, James; HAMILTON, Alexander; JAY, John. *In: O Federalista*
Os textos conhecidos na forma do livro O *Federalista* expressam um princípio de governo republicano que ficou conhecido como freios e contrapesos, que se propõe a assegurar a justiça e a liberdade que deveriam ser, segundo os autores, o fim de todo governo e da sociedade civil. Assinale a opção que melhor expressa, com base no livro em referência, o princípio dos freios e contrapesos.
a) Assegurar o devido processo legal, de modo que todos aqueles que sejam acusados de terem cometido um ilícito contra um particular ou contra o Poder Público possam se valer de todos os instrumentos de defesa técnica adequada, tendo em vista impedir que o magistrado da causa julgue com base em suas convicções morais, filosóficas ou religiosas.
b) Assegurar um sistema de representação eleitoral em que a população manifeste sua vontade, mas escolhendo apenas representantes que tenham passado por um devido processo de formação política oferecido pela Escola de Governo da República. Essa Escola deve ser mantida pela União e as vagas devem ser repartidas proporcionalmente entre os partidos políticos.
c) Assegurar a ampla defesa e o contraditório, de forma que no desenrolar de uma ação judicial os argumentos de acusação e defesa se coloquem em equilíbrio e, dessa forma, não haja um peso excessivo apenas para um dos lados da causa, o que geraria

uma inevitável injustiça.

d) Assegurar a vontade própria de cada Poder do Estado, de modo que aqueles que o exercitam tenham a menor influência na escolha dos representantes dos demais poderes. Além disso, deve-se organizar o poder legislativo em duas casas legislativas com eleições independentes, e deve-se, também, impedir que uma facção política destrua a outra.

156. (OAB XXXIII 2021) Norberto Bobbio, em seu livro Teoria da Norma Jurídica, considera a sanção uma das mais significativas características da norma jurídica. Ele diferencia a sanção jurídica da sanção moral e da sanção social, pelo fato de a sanção jurídica ser institucionalizada.

Assinale a opção que, segundo Bobbio na obra em referência, expressa as características da sanção institucionalizada.

a) A sanção que obriga a consciência dos destinatários da norma e que produz um sentimento de culpa, que é a consequência negativa ou desagradável decorrente da eventual violação da norma.

b) A sanção que resulta dos costumes e da vida em sociedade em geral, e que possui como fim tornar mais fácil ou menos difícil a convivência social.

c) A sanção que foi feita para os casos de violação de uma regra primária e que tem sua medida estabelecida dentro de certos termos, para ser executada por pessoas previamente determinadas.

d) A sanção instituída pelo direito natural e que decorre da natureza mesma das coisas, da vontade de Deus e da razão humana.

Gabarito

1. A
2. B
3. E
4. B
5. D
6. Certo
7. B
8. Errado
9. Errado
10. Errado
11. Certo
12. Certo
13. Certo
14. Certo
15. Errado
16. Certo
17. C
18. D
19. A
20. B
21. D
22. D
23. Certo
24. Certo
25. C
26. Certo
27. Errado
28. E
29. Certo
30. D
31. A
32. D
33. A
34. B
35. Certo
36. Certo
37. Errado
38. B
39. Errado
40. Errado
41. A
42. B
43. Certo
44. B
45. C
46. A
47. D
48. D
49. D
50. Certo
51. Errado
52. Certo
53. Errado
54. C
55. D
56. A
57. A
58. C
59. A
60. E
61. D
62. B
63. B
64. E
65. B
66. A
67. D
68. Certo
69. A
70. B
71. Certo
72. Certo
73. Errado
74. A
75. Errado
76. B
77. Errado
78. D
79. Certo
80. Errado
81. C
82. Errado
83. B
84. A
85. D
86. Errado
87. C
88. Certo
89. B
90. Errado
91. D
92. A
93. B
94. B
95. A
96. C
97. E
98. D
99. D
100. C
101. C
102. C
103. E
104. B
105. C
106. D
107. C
108. E
109. D
110. A
111. A
112. C
113. E
114. C
115. A
116. A
117. B
118. D
119. B
120. A
121. B
122. A
123. B
124. A
125. C
126. B
127. C
128. C
129. A
130. D
131. D
132. B
133. A
134. A
135. C
136. D
137. A
138. D
139. D
140. A
141. B
142. C
143. A
144. B
145. A
146. B
147. C
148. A
149. A
150. A
151. A
152. A
153. D
154. D
155. D
156. C

REFERÊNCIAS

ALEXY, Robert. *Teoria da argumentação jurídica*. São Paulo: Landy Editora, 2001.

_____. *Teoría de los derechos fundamentales*. Madrid: CEPC, 2002.

ANDRADE, Christiano José de. *O problema dos métodos da interpretação jurídica*. São Paulo: Revista dos Tribunais, 1992.

ARIZA, Santiago Sastre. *La ciencia jurídica ante el neoconstitucionalismo*. In: CARBONELL, Miguel (org.). *Neoconstitucionalismo(s)*. Madrid: Editorial Trotta, 2003.

ARRUDA JÚNIOR, Edmundo Lima de; GONÇALVES, Marcus Fabiano. *Fundamentação ética e hermenêutica – alternativas para o direito*. Florianópolis: Ed. CESUSC, 2002.

ASCENSÃO, José de Oliveira. *O direito: introdução e teoria geral*. 2. ed. Rio de janeiro: Renovar, 2001.

ATIENZA, Manuel. *As razões do direito – teorias da argumentação jurídica*. São Paulo: Landy Editora, 2003.

ÁVILA, Humberto. *Teoria dos princípios*. São Paulo: Malheiros, 2005.

ÁVILA, Humberto. *Segurança jurídica: entre permanência e realização no Direito Tributário*. São Paulo: Malheiros, 2011.

BARROSO, Luís Roberto. *Interpretação e aplicação da constituição*. São Paulo: Saraiva, 2002.

_____. *A nova interpretação constitucional*. Rio de Janeiro: Renovar, 2006.

BERGEL, Jean-Louis. *Teoria geral do direito*. São Paulo: Martins Fontes, 2001.

BERMAN, Marshall. *Tudo o que é sólido desmancha no ar:* a aventura da modernidade. São Paulo: Companhia das Letras, 1986.

BETTI, Emilio. *Teoria generale della interpretazione.* Milano: Giuffrè Editore, 1990.

BETTI, Emilio. *Interpretacion de la ley y de los actos jurídicos.* Madrid: Editoriales de Derecho Reunidas, 1956.

BLEICHER, Josef. *Hermenêutica contemporânea.* Lisboa: Edições 70, 1980.

BOBBIO, Norberto. *Teoria do ordenamento jurídico.* Brasília:UnB, 1996.

_____. *O positivismo jurídico*: lições de filosofia do direito. São Paulo: Ícone, 1999.

BONAVIDES, Paulo. *Curso de direito constitucional.* 11. ed. São Paulo: Malheiros, 2001.

BRASIL. Constituição (1988). *Constituição da República Federativa do Brasil.* Brasília-DF: Senado, 1988.

BUSTAMANTE, Thomas da Rosa de. *Teoria do precedente judicial:* a justificação e a aplicação das regras jurisprudenciais. São Paulo: Noeses, 2012.

CANARIS, Claus Wilhelm. *Pensamento sistemático e conceito de sistema na ciência do direito.* Tradução de A. Menezes Cordeiro. Lisboa: Fundação Calouste Gulbenkian, 1989.

CANOTILHO, José Joaquim Gomes. *Direito constitucional e teoria da constituição.* Coimbra: Livraria Almedina, 1991.

_____. *Direito constitucional e teoria da Constituição.* 3. ed. Coimbra: Almedina, 1998.

_____. *Direito constitucional e teoria da Constituição.* Coimbra: Almedina, 2001.

CHAUÍ, Marilena e outros. *Primeira filosofia*: lições introdutórias. São Paulo: Brasiliense, 1984.

COELHO, Fábio Ulhoa. *Roteiro de lógica jurídica.* São Paulo: Ed. Max Limonad, 1997.

COSSIO, Carlos. *La valoración jurídica y la ciencia del derecho.* Buenos Aires: Ediciones Arayú, 1954.

CRUZ, Sebastião. *Direito romano*: lições – Introdução. Fontes. Coimbra: Almedina, 1969.

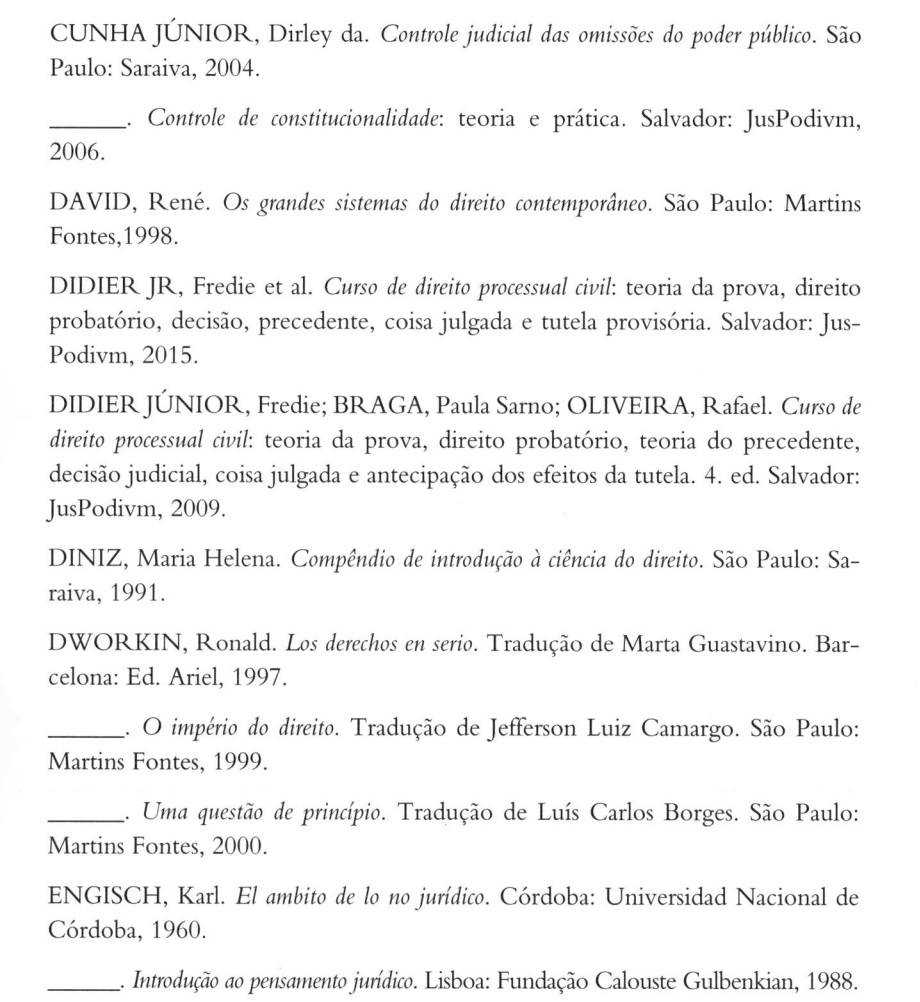

CUNHA JÚNIOR, Dirley da. *Controle judicial das omissões do poder público*. São Paulo: Saraiva, 2004.

_____. *Controle de constitucionalidade*: teoria e prática. Salvador: JusPodivm, 2006.

DAVID, René. *Os grandes sistemas do direito contemporâneo*. São Paulo: Martins Fontes,1998.

DIDIER JR, Fredie et al. *Curso de direito processual civil*: teoria da prova, direito probatório, decisão, precedente, coisa julgada e tutela provisória. Salvador: JusPodivm, 2015.

DIDIER JÚNIOR, Fredie; BRAGA, Paula Sarno; OLIVEIRA, Rafael. *Curso de direito processual civil*: teoria da prova, direito probatório, teoria do precedente, decisão judicial, coisa julgada e antecipação dos efeitos da tutela. 4. ed. Salvador: JusPodivm, 2009.

DINIZ, Maria Helena. *Compêndio de introdução à ciência do direito*. São Paulo: Saraiva, 1991.

DWORKIN, Ronald. *Los derechos en serio*. Tradução de Marta Guastavino. Barcelona: Ed. Ariel, 1997.

_____. *O império do direito*. Tradução de Jefferson Luiz Camargo. São Paulo: Martins Fontes, 1999.

_____. *Uma questão de princípio*. Tradução de Luís Carlos Borges. São Paulo: Martins Fontes, 2000.

ENGISCH, Karl. *El ambito de lo no jurídico*. Córdoba: Universidad Nacional de Córdoba, 1960.

_____. *Introdução ao pensamento jurídico*. Lisboa: Fundação Calouste Gulbenkian, 1988.

ENTERRÍA, Eduardo García. *Reflexiones sobre la ley y los principios generales del derecho*. Madrid: Editorial Civital, 1986.

ESPÍNDOLA, Ruy Samuel. *Conceitos de princípios constitucionais – Elementos para uma dogmática constitucionalmente adequada*. São Paulo: Revista dos Tribunais, 1999.

FERRAZ JR., Tercio Sampaio. *Introdução ao estudo do direito*: técnica, decisão e dominação. 3 ed. São Paulo: Atlas, 2001.

FERRAZ JR., Tercio Sampaio. *Introdução ao estudo do direito*: técnica, decisão e dominação. São Paulo: Atlas, 1994.

FRANÇA, R. Limongi. *Hermenêutica jurídica*. 9. ed. São Paulo: Revista dos Tribunais, 2009.

FRIEDE, Reis. *Ciência do direito, norma, interpretação e hermenêutica jurídica*. 8. ed. Rio de Janeiro: Forense Universitária Biblioteca Jurídica, 2006.

FOUCAULT, Michel. *A ordem do discurso*. São Paulo: Edições Loyola, 2002.

GADAMER, Hans-Georg. *Verdade e método*: fundamentos de hermenêutica filosófica. Petrópolis-RJ: Vozes,1997.

GOMES, Orlando. *A crise do direito*. São Paulo: Max Limonad, 1955.

_____. *Raízes históricas e sociológicas do Código Civil brasileiro*. São Paulo: Martins Fontes, 2003.

GRAU, Eros Roberto. *A ordem econômica na Constituição de 1988*. São Paulo: Malheiros, 2003.

_____. *Ensaio e discurso sobre a interpretação/aplicação do direito*. São Paulo: Malheiros, 2002.

GRENZ, Stanley J. *Pós-modernismo*: um guia para entender a filosofia do nosso tempo. Tradução de Antivan Guimarães Mendes. São Paulo: Vida Nova, 1997.

GUERRA FILHO, Willis S. *Autopoiese do direito na sociedade pós-moderna*. Porto Alegre: Livraria do Advogado, 1997.

_____. *Dos direitos humanos aos direitos fundamentais*. Porto Alegre: Ed. Livraria do Advogado,1997.

_____. *Sobre o princípio da proporcionalidade*. In: LEITE, George Salomão. *Dos princípios constitucionais*: considerações em torno das normas principiológicas da constituição. São Paulo: Malheiros, 2003.

HÄBERLE, Peter. *The constitutional state and its reform requirements*. Ratio juris. Oxford: Blackwell, v. 13, n. 1, 2000, p. 77-94.

HABERMAS, Jürgen. *A inclusão do outro*: estudos de teoria política. São Paulo: Loyola, 2002.

HABERMAS, Jürgen. *O discurso filosófico da modernidade*. Lisboa: D. Quixote, 1998.

HABERMAS, Jürgen. *Direito e democracia*: entre facticidade e validade. v. 1. Rio de Janeiro: Tempo Brasileiro, 1997.

HABERMAS, Jürgen. *Consciência moral e agir comunicativo*. Rio de Janeiro: Tempo Brasileiro, 1989.

HABERMAS, Jürgen. *Teoria de la acción comunicativa*: raionalidad de la acción y racionalización social. Madrid: Taurus, 1987.

HABERMAS, Jürgen. *Mudança estrutural da esfera pública*: investigações quanto a uma categoria da sociedade burguesa. Rio de Janeiro: Edições Tempo Brasileiro, 1984.

HABERMAS, Jürgen. *Direito e democracia*: entre facticidade e validade. Tradução de Flávio Beno Siebeneichler. Rio de Janeiro: Tempo Brasileiro, 1997.

HEIDEGGER, Martin. *Ser e tempo*. Petrópolis: Vozes, 1997.

HORKHEIMER, Max. *Eclipse da razão*. Rio de Janeiro: Labor, 1976.

JORGE JÚNIOR, Alberto Gosson. *Cláusulas gerais no novo Código Civil*. São Paulo: Saraiva, 2004.

KELSEN, Hans. *Teoria pura do direito*. Trad. João Baptista Machado. 7. ed. São Paulo: Martins Fontes, 2006.

_____. *O problema da justiça*. São Paulo: Martins Fontes, 2003.

_____. *O que é justiça?* São Paulo: Martins Fontes, 2001.

_____. *Teoria Pura do direito*. 6. ed. São Paulo: Martins Fontes, 1999.

_____. *Teoria pura do direito*. 4. ed. São Paulo: Martins Fontes, 1995.

_____. *Teoria pura do direito*. São Paulo: Martins Fontes, 1994.

LARENZ, Karl. *Metodologia da ciência do direito*. Lisboa: Fundação Calouste Gulbenkian, 1989.

LIMA, Hermes. *Introdução à ciência do direito*. 33. ed. Rio de Janeiro: Freitas Bastos, 2002.

LIMA, Tiago Asfor Rocha. *Precedentes judiciais civis no Brasil*. São Paulo: Saraiva, 2013.

LIMA JÚNIOR, Cláudio Ricardo Silva. *Precedentes judiciais no processo civil brasileiro*: aproximação entre *civil law* e *common law* e aplicabilidade do *stare decisis*. Rio de janeiro: Lumen Juris, 2015.

LOR, Encarnacion Alfonso. *Súmula vinculante e repercussão geral*: novos institutos do direito constitucional. São Paulo: Revista dos Tribunais, 2009.

MACHADO NETO, Antônio Luís. *Dois estudos de eidética sociológica*. Bahia: Universidade Federal da Bahia, 1975.

MAGALHÃES FILHO, Glauco Barreira. *Hermenêutica jurídica clássica*. Belo Horizonte: Mandamentos, 2002.

MANCUSO, Rodolfo de Camargo. *Divergência jurisprudencial e súmula vinculante*. 4. ed. São Paulo: Revista dos Tribunais, 2010.

MARINONI, Luiz Guilherme. *Precedentes obrigatórios*. 5. ed. rev., atual. e ampliada. São Paulo: Editora Revista dos Tribunais, 2016.

MARINONI, Luiz Guilherme. *Precedentes obrigatórios*. 3. ed. rev., atual. e ampl. São Paulo: Revista dos Tribunais, 2013.

MARINONI, Luiz Guilherme. A prova na ação inibitória. *Revista de Direito Processual Civil*, Curitiba: Genesis, n. 24, abril-junho de 2002.

MARMOR, Andrei. *Direito e interpretação*. Trad. Luís Carlos Borges. São Paulo: Martins Fontes, 2000.

MARQUES, Cláudia Lima. *Contratos no Código de Defesa do Consumidor*. São Paulo: Revista dos Tribunais, 1995.

MARTINS-COSTA, Judith; BRANCO, Gerson Luiz Carlos. *Diretrizes teóricas do novo Código Civil brasileiro*. São Paulo: Saraiva, 2002.

MAXIMILIANO, Carlos. *Hermenêutica e aplicação do direito*. 19. ed. Rio de Janeiro: Forense, 2003.

MELLO, Celso Bandeira de. *Discricionariedade e controle jurisdicional*. São Paulo: Malheiros, 1998.

MITIDIERO, Daniel. Fundamentação e precedente – dois discursos a partir da decisão judicial. *Revista de Processo* n. 206, São Paulo: RT, 2012.

MONTORO, André Franco. *Introdução à ciência do direito*. 25. ed. São Paulo: Revista dos Tribunais, 2000.

MORAES, Germana de Oliveira. *Controle jurisdicional da administração pública*. São Paulo: Dialética,1999.

MOREIRA, José Carlos Barbosa. *Temas de direito processual*. São Paulo: Saraiva, 1988.

MORIN, Edgar. *Para sair do século XX*. Trad. Vera Harvey. Rio de Janeiro: Nova Fronteira, 1986.

MOURULLO, Gonzalo Rodríguez. *Aplicación judicial del derecho y lógica de la argumentación jurídica*. Madrid: Editorial Civitas, 1988.

NEVES, Marcelo. *Entre Hidra e Hércules*: princípios e regras constitucionais como diferença paradoxal do sistema jurídico. São Paulo: Martins Fontes, 2014.

NOGUEIRA, Gustavo Santana. *Precedentes vinculantes no direito brasileiro e comparado*. 2. ed. rev., ampl. e atual. Salvador: JusPodivm, 2013.

NUNES, Luiz Antônio Rizzatto. *O princípio constitucional da dignidade da pessoa humana*. São Paulo: Saraiva, 2002.

PALMER, Richard E. *Hermenêutica*. Lisboa: Edições 70, 1999.

PASQUALINI, Alexandre. *Hermenêutica*: uma crença intersubjetiva na busca da melhor leitura possível. In: BOUCAULT, Carlos E. de Abreu; RODRIGUEZ, José Rodrigo. *Hermenêutica plural*. São Paulo: Martins Fontes, 2002.

PECES-BARBA, Gregório. *La dignidad de la persona desde la filosofía del derecho*. Madrid: Dykinson, 2003.

PERELMAN, Chaïm. *Ética e direito*. Trad. Maria Ermantina Galvão. São Paulo: Martins Fontes, 1999.

_____. *Lógica jurídica*: nova retórica. Trad. Verginia Pupi. São Paulo: Martins Fontes, 1998.

PETRINI, João Carlos. *Pós-modernidade e família*: um itinerário de compreensão. Bauru: EDUSC, 2003.

PIOVESAN, Flávia. *Direitos Humanos e o direito constitucional internacional*. 4. ed. São Paulo: Max Limonad, 2000.

RASELLI, Alessandro. *Studi sul potere discrezionale del giudice civile*. Milano: Giuffrè, 1975.

REALE, Miguel. *Fundamentos do direito*. São Paulo: Revista dos Tribunais/ Universidade de São Paulo, 1972.

_____. *Teoria tridimensional do direito*. São Paulo: Saraiva, 1994.

_____. *Filosofia do direito*. São Paulo: Saraiva, 1995.

_____. *Lições preliminares de direito*. São Paulo: Saraiva, 1995.

_____. *Lições preliminares de direito*. São Paulo: Saraiva, 1996.

RICOEUR, Paul. *Do texto à acção*. Porto: Rés Editora, 1989.

ROSITO, Francisco. *Teoria dos precedentes judiciais*: racionalidade da tutela jurisdicional. Curitiba: Juruá, 2012.

ROUANET, Paulo Sérgio. *Mal-estar na modernidade*. São Paulo: Companhia das Letras, 1993.

SALDANHA, Nelson. *Ordem e hermenêutica*. Rio de Janeiro: Renovar, 1988.

SANTOS, Boaventura de Sousa. *Pela mão de Alice*: o social e o político na pós-modernidade. São Paulo: Cortez, 1995.

_____. *A crítica da razão indolente*: contra o desperdício da experiência. São Paulo: Cortez, 2001.

SARLET, Ingo Wolfgang. *A eficácia dos direitos fundamentais*. Porto Alegre: Livraria do Advogado, 1998.

_____. *Dignidade da pessoa humana e direitos fundamentais na Constituição Federal de 1988*. Porto Alegre: Livraria do Advogado, 2001.

SCHLEIERMACHER, Friedrich. *Hermenêutica*. Petrópolis: Vozes, 1999.

SICHES, Luís Recasens. *Tratado general de filosofía del derecho*. México: Editorial Porrúa, 1959.

_____. *Nueva filosofía de la interpretación de derecho*. México: Fondo de Cultura Económica, 1980.

SIFUENTES, Mônica. *Súmula vinculante – Um estudo sobre o poder normativo dos tribunais*. São Paulo: Saraiva, 2005.

SOARES, Ricardo Maurício Freire. *Teoria geral do direito*. São Paulo: Saraiva, 2019.

_____. *O princípio constitucional da dignidade da pessoa humana*. São Paulo: Saraiva, 2010.

_____. *A nova interpretação do Código brasileiro de Defesa do Consumidor*. São Paulo: Saraiva, 2007.

SOUSA, António Francisco de. *Conceitos indeterminados no direito administrativo*. Coimbra: Almedina, 1994.

SOUZA, Marcelo Alves Dias de. *Do precedente judicial à súmula vinculante.* Curitiba: Juruá, 2013.

STRECK, Lênio Luiz. O efeito vinculante das súmulas e o mito da efetividade: uma crítica hermenêutica. *Revista do Instituto de Hermenêutica Jurídica.* Porto Alegre, n. 3, p. 83-128, 2005.

STRECK, Lenio Luiz. *Hermenêutica jurídica e(m) crise*: uma exploração hermenêutica da construção do direito. Porto Alegre: Livraria do Advogado, 2001.

TAVARES, André Ramos. *Direito constitucional econômico.* São Paulo: Editora Método, 2003.

TEPEDINO, Gustavo. *A parte geral do novo Código Civil*: estudos na perspectiva civil-constitucional. Rio de Janeiro: Renovar, 2002.

TOURAINE, Alain. *Crítica da modernidade.* Petrópolis: Vozes, 1994.

TUCCI, José Rogério Cruz e. *Precedente judicial como fonte do direito.* São Paulo: Editora Revista dos Tribunais, 2004.

VALDÉS, Joanquín Arce y Flórez. *Los principios generales del derecho y su formulación constitucional.* Madrid: Editorial Civitas, 1990.

VATTIMO, Gianni. *Para além da interpretação*: o significado da hermenêutica para a filosofia. Rio de Janeiro: Tempo Brasileiro, 1999.

VERDÚ, Pablo Lucas. *Teoria de la constitución como ciencia cultural.* 2. ed. Madrid: Dykinson, 1998.

VIEHWEG, Theodor. *Tópica e jurisprudência.* Brasília: Departamento de Imprensa Nacional, 1979.

WARAT, Luis Alberto. *Lenguage y definición jurídica.* Buenos Aires: Cooperadora de derecho y ciencias sociales, 1973.

WRÓBLEWSKI, Jerzy. *Constitución y teoría general de la interpretación jurídica.* Madrid: Editorial Civitas, 1988.

ZANETI JR, Hermes. *O valor vinculante dos precedentes.* Salvador: JusPodivm, 2015.

ZIULU, Adolfo Gambino. *Derecho constitucional*: princípios y derechos constitucionales. Buenos Aires: Depalma, 1997.